証券取引委員会
SEC
会計規制の政治力学

Political Dynamics of the SEC Accounting Regulations
under the Separation of Powers

杉本徳栄 著
SUGIMOTO TOKUEI

中央経済社

◆歴代 SEC 委員長◆
第23代委員長－第32代委員長
(@Chairman's Roundtable June 3, 2019)

- Richard C. Breeden（第24代委員長）
- Harvey L. Pitt（第26代委員長）
- William H. Donaldson（第27代委員長）
- Arthur Levitt Jr.（第25代委員長）
- David S. Ruder（第23代委員長）
- Christopher Cox（第28代委員長）
- Elisse B. Walter（第30代委員長）
- Jay Clayton（第32代委員長）
- Mary L. Schapiro（第29代委員長）
- Mary Jo White（第31代委員長）

[The Photo Source：SEC Historical Society（*www.sechistorical.org*）]

はしがき

　どうも気になる書物のタイトルがある。1934年に創設されたアメリカ証券取引委員会（SEC）の1984年までの50年史をまとめた手元にあるモノグラフは，表紙の中央に次の言葉がタイトルとして大きく記されている。

"…good people,
important problems and
workable laws"

　もとよりその出典や意義を見出せずにいた。
　この「善良な人々，重要な問題，そして実行可能な法律」という言葉は，1970年代に手数料の固定化を撤廃する決定に尽力したことをはじめ，SEC改革を推進したことで知られる民主党系のSECコミッショナー（委員）であったアルファンス・A・ゾマー Jr.（Alphonse A. Sommer, Jr.：在任期間は1973年8月6日から1976年4月2日まで）が，SEC創設50周年を祝う場でSECに宛てたスピーチ原稿（Sommer Jr. (1984)）のタイトルでもある。
　ゾマー Jr. のSECコミッショナー在任期間は，リチャード・M・ニクソン（Richard M. Nixon）大統領（共和党）に関わるウォーターゲート事件（Watergate Scandal：アメリカ大統領選挙の予備選挙時にワシントンD.C. にあるウォーターゲートビルの民主党全国委員会（DNC）本部での不法侵入と盗聴に関わる政治スキャンダル）やニクソン・ショック（米ドルの金交換停止などの米ドル防衛強化策）に加え，オイル・ショック（石油危機）に伴う景気後退と過剰流動性による株式市場暴落の時期と重なる。ゾマー Jr. は，在任中に投資家保護のためにコーポレートガバナンスと情報開示の強化を唱え，SECのブルーリボン委員会である企業情報開示諮問委員会（Advisory Committee on Corporate Disclosure）の委員長も務め，SECによる開示システムを支持する報告書（1977年）を取りまとめたことでも知られる。これ以外にも，たとえば，モルガン・ルイス＆バッキアス法律事務所（Morgan, Lewis & Bockius LLP）が，30年以上にわたって法曹界をはじめ，会計業界や証券市場の規制改革に尽力し，影響力を及ぼしたことに敬意を表して，「ゾマー Jr.」の名を冠した企業法，証券法，金融法に関する

講演会（A.A. Sommer, Jr. Lecture on Corporate Securities and Financial Law）を2000年から継続して開催していることをみても，ゾマー Jr. の功績をうかがい知れる。

　SEC コミッショナーとしての在任期間は，「喜びと満足感と幸福感が最高潮に達した3年間，私の人生で最高の3年間」(Sommer Jr. (1984)) であったと回顧する。その理由こそが，SEC のスタッフ，つまり「善良な人々」とともに手数料の固定化，1975年証券諸法改正法（Securities Acts Amendments of 1975）や地方債証券などの「重要な問題」に取り組むことが非常に刺激的で楽しい時間だったからである。ここでゾマー Jr. にとっての「善良な人々」とは，当時SEC委員長直属の補佐官や法律顧問を務め，後にSEC委員長に就いたハーヴェイ・L・ピット（Harvey L. Pitt），SEC 企業財務部門局長のアラン・B・レベンソン（Alan B. Levenson），SEC 企業規制部門局長のアーロン・レヴィ（Aaron Levy），SEC 投資管理部門局長のシドニー・H・メンデルソン（Sydney H. Mendelson），SEC 取引・市場部門局長のリー・A・ピカード（Lee A. Pickard），SEC 主任会計士室・主任会計士のサンディ・バートン（Sandy Burton）をはじめ，SEC コミッショナーの同僚であるレイ・ギャレット Jr.（Ray Garrett Jr.：共和党系）委員長，ロデリック・M・ヒルズ（Roderick M. Hills：共和党系）委員長，アーヴィング・M・ポラック（Irving M. Pollack：民主党系），ヒュー・F・オーウェンズ（Hugh F. Owens：民主党系），ジョン・R・エヴァンス（John R. Evans：共和党系），フィリップ・A・ルーミス Jr.（Philip A. Loomis Jr.：共和党系）を指す。

　歴史を遡れば，ニューディール政策（New Deal）によるアメリカ経済のまさに中心である資本市場を再構築することこそが「重要な問題」であり，「善良な人々」のなかでも優れた人々がSEC に集ったと言う。というのも，SEC こそが「山（丘）の上にある町」（City upon a Hill）だったからである。

　「汝らは世の光なり。山の上にある町は隠るることなし」（マタイによる福音書第5章14節）は，ジョン・F・ケネディ（John F. Kennedy）やロナルド・W・レーガン（Ronald W. Reagan）など多くのアメリカ大統領や政治家などが演説などで好んで用いた。イギリスの清教徒であったジョン・ウィンスロップ（John Winthrop）によるマサチューセッツ湾植民地の神との契約の説教でも知られるが，「山の上にある町」は比喩的に「希望の光」ないし「世界から注目を集めるもの」を指す言葉となっている。ゾマー Jr. は，山の上の町である「SEC

が施行した法律は，連邦議会が制定した時点では実行可能ではありませんでした。実行可能になったのは，先駆者たちの想像力，機知，創造性のお陰です」と振り返る（Sommer Jr. (1984)）。市場の規制，会計基準や監査実務などの「重要な問題」の解決に向けて，リソース，想像力，機知と創造性を投入する必要性を説いた。

つまり，SEC 創設50年史のモノグラフのタイトルの言葉は，アメリカ資本市場の再構築に向けた法律などの実行可能性を解き放った SEC の先駆者たちを讃えるものであり，またこのスピリットの重要性と必要性を SEC に喚起したものとして解することができる。

表紙の言葉（「…善良な人々，重要な問題，そして実行可能な法律」）から連想するものがある。

そう，プラトン（Plato）の名言の1つでもある，「善良な人々は責任ある行動をとるのに法律を必要としないが，悪人は法律の抜け道を見つけ出す」（Good people do not need laws to tell them to act responsibly, while bad people will find a way around the laws.）である。SEC 50周年史の表紙の言葉はそのアンチテーゼともいえる表現となっている。プラトンは，社会秩序を保つために法律の必要性と法律の役割の重要性を示すとともに，人間の行動を必ずしも制御できない法律の限界にも結びつく，心からの善の追求が不可欠であり，人間の本質的な倫理と道徳の大切さを説いた。人間の道徳的な自覚こそが，社会の健全性を維持する基盤なのである。

『書簡集』（Epistles）のディオン（Dion：イタリア共和国のシラクサの政治家であり，弟子）の身内と同志諸君に宛てた『第7書簡』（Epistle Ⅶ）を通じて，政治と哲学は不可分の関係にあるとした。

政治と哲学の統合を模索したプラトンというわけではないが，本書は，行政機関（政府機関）である SEC による規制と政治の不可分性の姿を描き出すことを模索したものである。行政国家という小宇宙で，行政機関の SEC という1つの星で繰り広げられる規制措置や執行措置が政治問題化され，アメリカの厳格なまでの権力分立のなかで3つの権力（立法権，行政権，司法権）からいかなる影響を受けて規制されるかについて，時代にもまれる内実を解き明かすことを試みた。また，政策科学による知見，とくに政策過程における政策決定モデルによる分析も一部取り込んで検討したものである。

2024年は，行政，司法および立法がアメリカ合衆国の行政機関による規制のあり方を大きく覆しうるエポックメイキングな年になったと言って間違いないだろう。アメリカ合衆国大統領選挙と連邦議会選挙が行なわれ，またアメリカ合衆国最高裁判所の重要な判決が下った年だからである。

　ポール・S・アトキンス（Paul S. Atkins）――2024年アメリカ合衆国大統領選挙で任期を連続しない再選を果たしたドナルド・J・トランプ（Donald J. Trump）が，復権した第2期政権の主要閣僚人事の1つで指名したSEC委員長である。

　これまでの大統領選挙の結果により政権交代となった場合と比べると，新たなSEC委員長を指名するタイミングが実に早い。選挙公約として負担の大きい規制の撤廃を掲げ，大統領就任当日（2025年1月20日）にジョセフ（ジョー）・R・バイデン（Joseph R. Biden）政権下のSEC委員長であるゲイリー・ゲンスラー（Gary Gensler：民主党系）を即刻解任して暗号資産（仮想通貨）に友好的な人物を指名するとも明言していた（テネシー州ナッシュビルでのBitcoin 2024カンファレンスで表明）ことが実行に移された形での指名である。

　大統領選挙結果を受けて，新大統領の就任までに選挙公約を政権運営に反映するために，人事審査（人事調整），政策立案，管理アジェンダの編成を行なう。現政権からの業務引き継ぎをはじめ，予算などの基本方針や連邦議会の上院の承認を必要とする主要閣僚や高官などの人事である，いわゆる「大統領の政治任用」などが行なわれる。この期間中にこれらの役割を担うために組織されるのが，政権移行チーム（Transition Teams）である。

　トランプ政権移行チームが作成したSEC委員長の候補者リストには，各種報道によれば，バラク・H・オバマ（Barack H. Obama）政権下にSECコミッショナーであったダニエル・M・ギャラガー（Daniel M. Gallagher），ウィルキー・ファー＆ギャラガー法律事務所（Willkie Farr & Gallagher）のロバート・B・スティビンス（Robert B. Stebbins），アメリカ連邦預金保険公社（FDIC）副総裁のトラビス・ヒル（Travis Hill），通貨監督庁（OCC）元長官代理のブライアン・ブルックス（Brian Brooks），ベーカー・ホステトラー法律事務所（Baker Hosteller）のテレサ・グッディ・ギジェン（Teresa Goody Guillén）らの名前が挙がる。候補者でもあった共和党系のSECコミッショナーのヘスター・M・パース（ピアース）（Hester M. Peirce）は，仮想通貨支持派でもあり，自らSEC委員長就

任を望んでいなかった。

　アトキンスは，大手金融機関を顧客とするコンサルタント会社のパトマック・グローバル・パートナーズ（Patomak Global Partners）の創業者であり，暗号資産プロジェクトのリザーブ・プロトコル（Reserve Protocol）のアドバイザーを務めることだけが指名の決め手ではない。実のところ，アトキンスのSEC委員長指名には第1期トランプ政権の誕生時にすでに伏線があった。政権移行チームの有力な一員として，とくに連邦金融規制当局の政策や金融関連人事に重要な役割を果たしており，連邦準備制度理事会（FRB）などの要職の最有力候補と目されていた（Ackerman and Tracy（2017））。しかし，結果的にはコンサルティング会社に留まった経緯がある。

　アトキンスはSECコミッショナーを務めた際，ヘッジファンドの登録義務づけなどの規制措置に反対してきた。金融規制の緩和を目指すとされる第2期トランプ政権下で，アトキンスがSEC委員長としての手腕を発揮し，その具体的影響が明らかになるのには時間を要する。

　合衆国最高裁判所は，第1期トランプ政権時に司法の保守化が強まった。合衆国最高裁判所判事は終身在職権を有するが，当時のトランプ大統領はニール・M・ゴーサッチ（Neil M. Gorsuch），ブレット・M・カバノー（Brett M. Kavanaugh），エイミー・V・コニー・バレット（Amy V. Coney Barrett）という3名の陪席判事を指名する機会に恵まれた。いずれも1967年生，1965年生，そして1972年生と若い保守系陪席判事である。合衆国最高裁判所の判事に対する終身在職権は，元来，大統領や連邦議会の上院議員からの政治的圧力を受けることなく，独立性を維持するために与えられている。第2期トランプ政権下でも若い保守系陪席判事に入れ替える機会が訪れれば，合衆国最高裁判所の保守派による勢力図の恒久化を強く描くことも現実味を増す（杉本（2025））。合衆国最高裁判所判事の任命過程の政治化が問われる所以でもある。

　合衆国最高裁判所判事の保守化に伴う直接的影響は，たとえば連邦議会乱入事件をめぐるトランプ大統領の刑事責任が争点となった *Trump v. United States* 判決（2024年7月1日）で見て取れるかもしれない。合衆国最高裁判所は，大統領の権力の性質上，合衆国憲法上の権限の範囲内での行為については刑事訴追から絶対的に免責され，またその他の公的行為については少なくとも推定上の訴追免責を享受する権利を有するが，非公式の行為（私的行為）について

は免責されないと判示し，起訴対象となった行動が公的行為かについては下級審での審理に差し戻している。

　加えて，合衆国最高裁判所による *Loper Bright Enterprises v. Raimondo* と *Relentless Inc. v. Department of Commerce* 判決（2024年6月24日）での多数意見を執筆したジョン・G・ロバーツ Jr.（John G. Roberts, Jr.）首席判事（最高裁判所長官）が，「行政手続法は，行政機関がその法的権限の範囲内で行動したかどうかを判断する際に，裁判所が独自の判断を下すことを求めており，裁判所は，法令が曖昧であるという理由だけで，行政機関の法解釈を支持することはできない」とした。連邦議会による法令が曖昧だからといって，その解釈を行政機関に委ねる，1984年の判例で確立された行政機関の解釈に対する司法の敬譲の枠組みを構築した「シェブロン法理」（Chevron Doctrine；*Chevron* Deference）を却下したのである。

　この判決での多数意見は，40年にわたって数多くの判決で拠り所とされたシェブロン法理を否認するだけでなく，行政機関の解釈についての連邦議会の意図をはじめ，行政機関の解釈に過度に依存することは権力分立を脅かすかなどを含むいくつかの論点を浮き彫りにしている。

　アメリカ政治に合衆国最高裁判所は大きな役割を果たす。だからこそ，司法権，とくに合衆国最高裁判所については判事を増やす「コート・パッキング案」（Court Packing：判事押し込み計画）は言うに及ばず，レーガン大統領が指名した保守派のロバート・H・ボーク（Robert H. Bork）を民主党多数の上院で指名承認が否決されたことを踏まえて，指名された合衆国最高裁判所判事の上院での承認手続きが政治化する「ボーキング」（Borking）が発生する。

　こうした司法での事例をみるまでもなく，大統領の所属政党と連邦議会の上下両院の政党が同じである「統一政府」（Unified Government）のもとでは，大統領が掲げる政策は実現しやすい。権力分立のもとで，行政府と立法府にとどまらず，司法府も同じイデオロギー的立場であれば，政策実現はより万全なものとなる。第2期トランプ政権は，まさにこの状態を形成しているのである。

　本書のもともとの出版企画案はおよそ10年前に遡る。当初は，アメリカにおける IFRS 導入の会計規制をめぐる政治力学だけの企画で進めていた。本書の第Ⅰ部だけで構成して原稿を順次書き進めてきた。しかし，SEC による IFRS 導入の規制をめぐる政策にブレーキが掛かり，事実上，政権政党の政策はもと

より，SECによる規制形成の計画は薄れた。その実態解明にもかなりの時間をかけてきたが，進展はみられず，政策形成の機運は消えたと言ってよい。

　ただし，政策は時の政権政党や大統領の公約を実現するために，新たな政策形成が展開していく。政策はその実現に向けて常に息づいている。

　とくにSECによる会計規制に目を凝らすと，新たな政策形成がリズムを刻み始め，その音が聞こえる。その音を聴き取り，あらためて問題意識を保ち，政策形成を幅広く捉えて出版企画を練り直すこと数回，ようやく直近のサステナビリティ（持続可能性）情報の開示の規制まで連綿とリズミカルにしたためてきた。ここにたどり着き振り返ると，2024年は，SECが1934年証券取引所法を根拠法として創設されて90周年を迎えた。

謝　辞

　デューク大学（Duke University）のブレーナード・カリー（Brainerd Currie）法学名誉教授のジェームズ・D・コックス（James D. Cox）にあらためてお礼を申し上げたい。フュークァ・ビジネス・スクール（Fuqua School of Business）のResearch Scholarとして会計学などの研究に従事していた際，ロースクール（Duke Law）で連邦証券法や企業法などの看板教授であったコックスに頼み込み，証券規制の講義を特別に受講する機会をいただいた。Cox, Hillman and Langevoort共著の *Securities Regulation: Cases and Materials*（Aspen Law & Business）を読破し，判例などとともにアメリカ連邦証券法の全容について理解できたことは，研究を支える大いなる礎となり，幅と深さを取ることができた。SECの規制に関する研究資料などもご提供くださり，読み解く力を養えた。スター級と評されるコックスのティーチングも素晴らしく，研究と教育の両面から接することができたことは宝でもある。

　政策立案や高品質な国際会計，監査，開示基準の推進などに取り組んできたジュリー・A・エルハルト（Julie A. Erhardt）には，SEC主任会計士室の副主任会計士を退任するまで，情報などを提供していただいた。また，SECや金融規制に関する数多くの貴重な資料のコレクションを擁するSEC歴史協会（SEC Historical Society：www.sechistorical.org）事務局長のキャスリーン・グラハム（Kathleen Graham）には，写真や資料などの利用をお許しいただいた。

　本書の本扉の裏に収録した写真は，SEC歴史協会が2019年6月3日にSEC創設85周年を記念して開催したラウンドテーブル（円卓討論）の出席者，つま

り第23代SEC委員長（デイビッド・D・ルーダー（David S. Ruder））から当時の第32代SEC委員長（ウォルター・J・クレイトン（Walter J. Clayton））までの10名のSEC元委員長が一堂に会した貴重な写真である。彼らの多くが本書の随所に登場する。その内容の理解を深めていただく一助となれば嬉しい。エルハルトとグラハムのご厚恩に感謝申し上げたい。

　本書の研究成果は，科学研究費補助金（学術研究助成基金助成金）を受けたものが多い。とくに，基盤研究（C）（一般）による一連の研究課題（課題番号：23530610，課題番号：15K03804，課題番号：18K01929，課題番号：24K05195）について多くの研究費の助成を受けたことは，また受けていることは，研究課題を解明することで知見を広げ，また知見を深めることにとても役立っている。ここに記して感謝したい。

　この場をお借りして，有限会社森山書店取締役社長の菅田直文氏に感謝の言葉を申し上げることをお許しいただきたい。

　博士学位論文をベースとした最初の出版以来，菅田氏は学会大会の会場でのさりげない会話や私信などからいつも研究への取り組みを確認しておられた。初出一覧をご覧いただくと一目瞭然であるが，本書のもととなる書き下ろし以外の論文は『會計』誌に掲載されたものが多い。固有簿記の記録計算構造はもとより，簿記・会計史，さらにSECによる会計規制などの研究を進めてこられたのは，菅田氏から絶妙なまでの間の取り方で『會計』誌への執筆依頼をいただけたお陰であり，一連の研究を進めることができた最大の恩人でもある。心より感謝申し上げたい。その意味からすれば，本来であれば『會計』誌の編集・刊行を担ってこられた有限会社森山書店から出版すべきところ，出版企画をあたためていただいた中央経済社からの出版もお許しくださった。この後の出版のお約束を果たしたい。

　最後となって恐縮であるが，本書の出版をお引き受けくださった株式会社中央経済社ホールディングスの皆様に感謝を申し上げたい。

　代表取締役会長の山本継氏は当初の出版企画からその見直し，さらに出版原稿の入稿と校正ゲラの返却などの際に，アメリカの政治動向やSECの規制の話などを通じて励ましていただいた。専務取締役の小坂井和重氏は，前著『アメリカSECの会計政策』に引き続き，続編の企画案から常に相談に乗ってくださった。編集担当の長田烈氏には小坂井氏とともに本書の企画案段階からす

べての編集作業についてお世話になったことは，筆舌に尽くしがたい。先述のとおり，企画案を数回改めて10年ほど要してしまった。この間に諸事に追われたとはいえ，遅筆をお詫び申し上げる。「必ずいい本にしましょう」との励ましが支えとなり，第2弾のSECの会計規制と政治に関する著作を出版できたことを，小坂井氏と長田氏にお礼申し上げるとともに，喜びを分かち合いたい。

2025年1月

新たなアメリカ大統領の就任式と政権移行をみつつ

杉本 德栄

CONTENTS

序章　本書の研究課題 ―――――――――――――― 1

第1節　アメリカ合衆国憲法の権力分立とSECのミッション ····· 1
第2節　立法府である連邦議会の行政監視－連邦議会とSECの
　　　　結びつき－ ··· 3
　1　常設委員会による行政監視／4
　2　連邦議会の立法機関としての機能／8
第3節　行政府の長である大統領の政治任用－大統領とSECの
　　　　結びつき－ ··· 9
第4節　司法府である連邦裁判所の判決－合衆国最高裁判所と
　　　　SECの結びつき－ ······································ 12
　1　合衆国最高裁判所の役割と判決／12
　2　合衆国最高裁判所の判事の構成／14
第5節　先行研究と研究課題：その1－権力分立下のSECの会
　　　　計規制に対する政治的影響－ ························· 17
　1　規制に関する先行研究／17
　2　大統領の政治任用に関する先行研究／19
　3　本書の中心的な研究課題／21
第6節　先行研究と研究課題：その2－政策のアジェンダ設定
　　　　の研究モデル－ ·· 22
　1　政策決定の科学としての政策科学／22
　2　「政策の窓」モデルによる分析／24

＊

第Ⅰ部 ■ 国際財務報告基準（IFRS）導入の会計規制をめぐる政治力学

第1章 民主党政権下のIFRS導入に向けた会計規制の基盤形成 ——— 33

第1節 はじめに－問題意識－ ………………………………… 33
　1　SECによる規制の光／33
　2　証券市場の国際化とテクノロジーの高度化／34

第2節 レビットJr.委員長による投資家保護の信念 …………… 38

第3節 レビットJr.委員長による「高品質な会計基準」の重要性の認識－IFRSの導入に向けた会計規制の素地－ …… 40
　1　プレスリリース（委員会発表）「1996年基本政策」（政策声明）（1996年4月11日）／41
　2　「1996年全米証券市場改革法第509条(5)に基づくアメリカ証券市場のグローバルな優位性の促進に関する報告書」（1997年10月）／43
　3　コンセプト・リリース（概念通牒）「国際会計基準」（2000年2月16日）／45

第4節 IFRSの導入に向けた会計規制の基盤形成の舞台裏－SEC主任会計士の役割－ ………………………… 46
　1　サットン主任会計士による会計規制の基盤形成に向けた支援／46
　2　ターナー主任会計士による会計規制の基盤形成に向けた支援／49

第5節 おわりに ………………………………………………… 51

第2章 共和党政権下のIFRS導入に向けた会計規制の基盤形成 ——— 57

第1節 はじめに－問題意識－ ………………………………… 57

第2節　ピット委員長による高品質な会計基準に向けた国際的コンバージェンス ……………………………………… 58
　1　「覚書：ノーウォーク合意」締結に向けた基盤の構築／58
　2　「覚書：ノーウォーク合意」締結に向けたSECの働きかけ－国際的コンバージェンスの根拠法とSEC主任会計士の任命－／61
第3節　PCAOB委員長任命にみる政治介入－ピット委員長体制の瓦解－ ……………………………………………… 63
第4節　ドナルドソン委員長によるIFRS導入と相互承認戦略 … 67
　1　ブッシュ大統領によるドナルドソン委員長の任命とその意義／67
　2　ドナルドソン委員長によるSEC主任会計士の任命とその期待／68
　3　外国民間発行体に対する規制措置－ニコライセンの調整表作成・開示要件の撤廃勧告案－／69
第5節　SECによる規制強化の加速と共和党コミッショナー間の意見分裂－ドナルドソン委員長への政治的圧力－ …… 73
第6節　おわりに－ブッシュ大統領のジレンマとドナルドソン委員長の退任－ ………………………………………… 78

第3章　共和党政権下のIFRS導入に関するSECの会計規制 ―― 85

第1節　はじめに－問題意識－ ……………………………………… 85
第2節　コックス委員長による投資家保護の信念 ………………… 87
第3節　内憂外患のアメリカ：その1－内憂：アメリカの資本市場の競争力の強化－ …………………………………… 89
　1　シューマー上院議員とブルームバーグニューヨーク市長の委託調査報告書／91
　2　ポールソンJr.財務長官のスピーチ／93
第4節　内憂外患のアメリカ：その2－外患：アメリカ会計基

　　　　　　準をめぐるEUへの対応－ ………………………………… 97
　　　1　SECとCESRの協力および連携強化とその継承／97
　　　2　会計基準の相互承認戦略の構築／99
　第5節　コックス委員長によるIFRS導入の規制措置の展開 …… 100
　　　1　SECの調整表作成・開示要件の撤廃に関するイニシアティブの
　　　　政策評価／101
　　　2　コックス委員長による調整表作成・開示要件の撤廃とIFRS導
　　　　入の会計規制／103
　第6節　アメリカへのIFRS導入の会計規制に関わるSECコ
　　　　ミッショナーの票決 ……………………………………… 108
　　　1　SECコミッショナーの票決データの構築と信頼性／108
　　　2　IFRS導入の規制措置に関わるSECコミッショナーの票決の特
　　　　徴／109
　第7節　おわりに ………………………………………………… 111

第4章　民主党政権下のIFRS導入に関するSECの会計規制 ── 117

　第1節　はじめに－問題意識－ ………………………………… 117
　第2節　シャピロ委員長のスピーチ・連邦議会証言等とIFRS規
　　　　制問題への関心度 ……………………………………… 118
　第3節　シャピロ委員長のもとでのSECによる規制措置とその
　　　　特徴 ……………………………………………………… 120
　　　1　シャピロ委員長のもとでのSECによる規制措置／120
　　　2　権限委任の規制措置／121
　第4節　アメリカの発行体に対するIFRS適用の規制措置 ……… 121
　第5節　規制措置に向けたSECコミッショナー間の合意形成と
　　　　対立構造 ………………………………………………… 123
　　　1　気候変動情報の開示（気候関連開示）に関する解釈指針の規制
　　　　措置／123
　　　2　ゴールドマン・サックスの証券詐欺罪での提訴／123

3　マネー・マーケット・ファンド（MMF）の規制強化／124
第6節　SEC 委員長としてのシャピロの功績 ………………… 125
第7節　シャピロ委員長在任中の SEC コミッショナーによる
　　　　IFRS 規制問題への関心度 …………………………… 126
第8節　第2期オバマ政権発足後のホワイト委員長による IFRS
　　　　規制問題への関心度 ………………………………… 129
第9節　第2期オバマ政権発足後の新 SEC コミッショナー …… 131
第10節　おわりに－ドッド＝フランク法で SEC に課された規制
　　　　措置への対応－ ……………………………………… 132

第5章　SEC 主任会計士室と IFRS のイニシアティブ
――― 137

第1節　はじめに－問題意識－ …………………………………… 137
第2節　「SEC と財務報告協会年次大会」と「SEC および
　　　　PCAOB の最近の動向に関する AICPA 全国会議」…… 141
　　　1　「SEC と財務報告協会年次大会」／142
　　　2　「SEC および PCAOB の最近の動向に関する AICPA 全国会議」
　　　　／142
　　　3　「SEC と財務報告協会年次大会」と「SEC および PCAOB の最
　　　　近の動向に関する AICPA 全国会議」における SEC 関係者の報
　　　　告／143
第3節　「SEC と財務報告協会年次大会」における SEC 関係者
　　　　の IFRS をめぐる見解表明 ………………………………… 143
第4節　アメリカの発行体の財務報告制度への IFRS の組込みと
　　　　「第4の選択肢」…………………………………………… 148
　　　1　SEC 主任会計士室の SEC スタッフによる個人的見解の表明
　　　　／148
　　　2　シュナー主任会計士による「第4の選択肢」／149
第5節　おわりに－「IFRS を葬り去る」見解の否定－ ………… 150

第6章 政権移行期のIFRS導入に関するSECの会計規制 ─── 153

- 第1節 はじめに－問題意識─ ………………………………… 153
- 第2節 シャピロのSEC委員長退任ならびにウォルターのSEC委員長就任と退任 ……………………………… 154
  1. シャピロのSEC委員長退任／154
  2. ウォルターのSEC委員長就任と退任／157
- 第3節 ホワイトのSEC委員長就任 ………………………… 158
- 第4節 ホワイト委員長のIFRS対応 ………………………… 161
- 第5節 トランプ政権移行によるSECコミッショナーの政治任用 …………………………………………………… 163
- 第6節 おわりに ……………………………………………… 166

第Ⅱ部 高頻度取引の監督強化規制と四半期開示廃止をめぐる政治力学

第7章 高頻度取引の監督強化に関するSECの規制と政治力学 ─── 171

- 第1節 はじめに－問題意識─ ………………………………… 171
- 第2節 高頻度取引規制とアメリカ連邦議会の政治力 ……… 173
- 第3節 高頻度取引規制に向けた政治力の拠り所─学術上の研究成果の役割─ …………………………………………… 175
- 第4節 フラッシュ・オーダーに対するSECの規制措置の取組み ………………………………………………………… 176
- 第5節 高頻度取引に対するSECの規制措置の取組み ……… 178
- 第6節 おわりに ……………………………………………… 180

CONTENTS VII

第8章 投資家のためのアメリカ財務報告制度とSEC主任会計士室の改革 ———— 185

第1節　はじめに－問題意識－ ………………………………… 185
第2節　SEC主任会計士室の役割と機能 ………………… 186
第3節　「公正で透明な市場のための偉大な十字軍戦士（改革運動家）の1人」であるターナー元SEC主任会計士による改革提案 ……………………………………… 187
第4節　SEC主任会計士室の改革提案とその理由 ………… 191
第5節　おわりに ……………………………………………… 192

第9章 四半期資本主義・短期主義批判と四半期開示廃止の政治力学 ———— 195

第1節　はじめに－問題意識－ ………………………………… 195
第2節　企業の短期主義（短期的利益志向）とSECの規制措置 ……………………………………………………… 197
　　1　ストック・オプションの最高所得税率の引下げ／197
　　2　自己株式取得（自社株買い）に関するセーフ・ハーバー・ルール（安全港規定）／198
第3節　大統領選挙公約でのクォータリー・キャピタリズム（四半期資本主義）批判 ……………………………… 199
第4節　ヒラリー・クリントンの短期主義のターゲット ……… 200
第5節　四半期開示の見直しの議論の発端－大統領によるTwitterでのツイート－ ………………………… 203
第6節　おわりに－SECの規制措置に向けた取組みの実態－ … 206

第Ⅲ部 サステナビリティ情報の開示規制をめぐる政治力学

第10章 気候関連開示規制をめぐる政治的駆け引きとSECの設定権限 ——— 213

第1節 はじめに－問題意識－ ……………………………………… 213
第2節 気候関連開示の規制措置に対する賛否とその特徴 …… 214
第3節 シンクタンクのコメントとその特徴 ……………………… 217
第4節 気候政策の設定権限－SECが気候関連開示を義務づける権限の存否－ ……………………………………………… 218
第5節 おわりに ………………………………………………… 221

第11章 サステナビリティ報告の基準開発に対するSECコミッショナーの意見発信 ——— 223

第1節 はじめに－問題意識－ ……………………………………… 223
第2節 FAF・FASB・GASBの2015年「戦略計画」－ミッション，ビジョンおよびバリューと戦略目標－ ……………… 225
第3節 FAFの2022年「戦略計画」－ミッション，ビジョンおよびバリューと目標－ ……………………………………… 228
第4節 SECコミッショナーによるFAFの2022年「戦略計画（案）」に対する反対表明－FAFによるサステナビリティ基準設定への批判－ ……………………………………… 233
第5節 SECコミッショナーによるISSB設立のためのIFRS財団定款修正案に対する反対表明－IFRS財団によるサステナビリティ基準設定への批判－ ……………………… 235
第6節 FAFの2022年「戦略計画（案）」に寄せられたコメントレターの分析 ……………………………………………… 244
　1　賛成意見，改善・修正勧告意見および要望とその特徴／244
　2　反対意見とその特徴／247

第7節　おわりに ……………………………………………… 249

第12章　SECコミッショナーの投票行動と財務会計財団（FAF）の戦略計画の策定 ── 253

第1節　はじめに－問題意識－ ……………………………… 253
第2節　パースSECコミッショナーが反対票を投じる理由 …… 254
　1　反対票を投じる理由とその際の考慮事項：その1／254
　2　反対票を投じる理由とその際の考慮事項：その2／258
　3　反対票を投じる理由とその際の考慮事項：その3／260
第3節　FAFの2022年「戦略計画」策定に対するSECの影響力 ………………………………………………………… 261
第4節　おわりに ……………………………………………… 263

第13章　SECの設定権限と合衆国最高裁判所のシェブロン法理 ── 267

第1節　はじめに－問題意識－ ……………………………… 267
第2節　シェブロン法理の定式化 …………………………… 268
第3節　政権交代に伴う解釈の変更 ………………………… 270
第4節　シェブロン法理の例外原則－重要問題の法理－ …… 271
　1　重要問題の法理の萌芽／271
　2　シェブロン法理の適用のターニング・ポイント／273
　3　「重要問題の法理カルテット」の代表的訴訟－行政機関の規制権限への挑戦－／275
第5節　おわりに ……………………………………………… 276

＊

| 終章 | **権力分立と会計規制の政治力学** ── 279 |

第1節 「政策の窓」モデルによる再整理 ………………………… 281
　1　政策過程の3つの流れ／281
　2　政策の窓と3つの流れの合流／283
　3　政策起業家／284
第2節 「政策の窓」モデルのIFRS導入に向けた会計規制への
　　　 適用可能性 ………………………………………………… 285
　1　外国民間発行体に対するIFRS導入に向けた政策／288
　2　アメリカの発行体に対するIFRS導入に向けた政策／289
第3節 重要な判例に基づく法理と政治理念 ……………………… 291

参考文献／299

索引／333

<初出一覧>

書き下ろしを除く初出原稿は，章の表題を含め，全面的に加筆・補正のうえ収録している。

序章　本書の研究課題
　書き下ろし

◆第Ⅰ部　国際財務報告基準（IFRS）導入の会計規制をめぐる政治力学
第1章　民主党政権下の IFRS 導入に向けた会計規制の基盤形成
　書き下ろし
第2章　共和党政権下の IFRS 導入に向けた会計規制の基盤形成
　書き下ろし
第3章　共和党政権下の IFRS 導入に関する SEC の会計規制
　書き下ろし
第4章　民主党政権下の IFRS 導入に関する SEC の会計規制
　『會計』第182巻第4号，2012年10月，39−52頁
　『會計』第184巻第5号，2013年11月，29−43頁
第5章　SEC 主任会計士室と IFRS のイニシアティブ
　『商学論究』第63巻第3号，2016年3月，297−313頁
第6章　政権移行期の IFRS 導入に関する SEC の会計規制
　『商学論究』第66巻第4号，2019年3月，213−232頁

◆第Ⅱ部　高頻度取引の監督強化規制と四半期開示廃止をめぐる政治力学
第7章　高頻度取引の監督強化に関する SEC の規制と政治力学
　『會計』第187巻第6号，2015年6月，26−40頁
第8章　投資家のためのアメリカ財務報告制度と SEC 主任会計士室の改革
　『會計』第200巻第6号，2021年12月，71−83頁
第9章　四半期資本主義・短期主義批判と四半期開示廃止の政治力学
　書き下ろし

◆第Ⅲ部　サステナビリティ情報の開示規制をめぐる政治力学
第10章　気候関連開示規制をめぐる政治的駆け引きと SEC の設定権限
　『會計』第202巻第6号，2022年12月，1−14頁

第11章　サステナビリティ報告の基準開発に対するSECコミッショナーの意見発信
　書き下ろし
第12章　SECコミッショナーの投票行動と財務会計財団（FAF）の戦略計画の策定
　書き下ろし
第13章　SECの設定権限と合衆国最高裁判所のシェブロン法理
　『會計』第205巻第4号，2024年4月，55-69頁

終　章　権力分立と会計規制の政治力学
　書き下ろし

本書の研究課題

　本書の中心的な研究課題は，アメリカの行政機関である証券取引委員会（SEC）による会計規制を公共政策として捉え，憲法理論に浸透した国家権力の分立のもとで権力を付与された立法府，行政府，そして司法府からいかなる政治的影響を受けて政策形成されるかを探求することにある。権力分立のもとでのSECによる会計規制に対する政治力学の解明を試みる。

第1節　アメリカ合衆国憲法の権力分立と SECのミッション

　諸権利の保障が確保されず，権力の分立も定められていないすべての社会には，憲法は存在しない――「フランス人権宣言」（「人および市民の権利の宣言」：1789年8月26日）の第16条は，権利保障と権力分立を謳う。
　国家権力が1つの機関に集中して濫用されるおそれを排除するために，権力分立によって互いに抑制して均衡を保つことで，国民の権利と自由を保障しようとする考え方は，シャルル・ド・モンテスキュー（Charles de Montesquieu）が『法の精神』（1748年：モンテスキュー著，野田ほか訳（1989））で説いた。権力を分割しない統治では，政治の自由が保障されないとして，国家権力を立法権，行政権，司法権に分割する三権分立論（Independence of the Three Branches of Government）[1]の姿は，近代の憲法理論に浸透し確立されている。
　アメリカ合衆国憲法（The United States Constitution）もこの影響を受けている。合衆国憲法は，前文，統治機構を定めた本文，ならびに，修正条項（10ヵ条の修正条項からなる人権保障規定の権利章典（Bill of Rights）とその後追加された修正条項）からなるが，本文での立法府，行政府（執行府），司法府に関する条

項こそが三権分立論に基づくものである。アメリカ合衆国の法律の制定・改廃を行なう機能としての立法権は立法府（上院と下院で構成される連邦議会）に（第1編第1節），法律に基づいて政治を行なう機能としての行政権は行政府（行政府の長である大統領）に（第2編第1節第1項），そして法律に従って係争を解決する機能としての司法権は司法府（合衆国最高裁判所（SCOTUS）と下位（下級）裁判所）に（第3編第1節）それぞれ委ねられている[2]。アメリカでは，法案はすべて立法府による議員立法であり，行政府が法案を提出することはない。

　ニューディール政策（New Deal）の一環として連邦証券諸法が制定されたことは，万人の知るところである。このうち，「1933年証券法」（Securities Act of 1933）は，発行体と一次市場である発行市場での上場に関わる規制として，また「1934年証券取引所法」（Securities and Exchange Act of 1934）は，投資家と二次市場である流通市場での証券会社との取引に関わる規制としての役割が与えられている。規制対象は異なるが，発行体が証券について十分かつ公正な開示を行なうこと，また証券取引での詐欺行為の防止や市場における不公平・不公正な慣習を防止するための規制であり，投資家保護を目的として連邦議会が開示の枠組みについてそれぞれ策定した。

　1916年にトーマス・W・ウィルソン（Thomas W. Wilson）大統領（民主党）から合衆国最高裁判所判事に任命されたルイス・D・ブランダイス（Louis D. Brandeis）が，就任前の1914年に出版した2冊目の著書『他人のお金，そして銀行家がそれをどう使うのか』（*Other People's Money and How the Bankers Use It*）（Brandeis（1914））で明言していた次の情報開示の理念という命を連邦証券諸法に吹き込んだのである[3]。

　■「宣伝は，社会的，産業的疾病の治療薬として賞賛に値する。日光は最良の消毒剤だと言われ，電灯は最も効率的な警察官だと言われる」（Brandeis（1914），p.92）。

詐欺的取引などの腐敗への特効薬（防止策）こそ，透明性（トランスパレンシー）と説明責任（アカウンタビリティー）を高める制度の必要性から生み出された規制なのである。

　連邦議会が大統領からある程度の独立性を保つように設立された連邦機関を，一般に「独立行政機関」（Independent Regulatory Agency）または端的に行政機関や政府機関と言う。「書面事務削減法」（Paperwork Reduction Act）はこの独立行政機関について定義する唯一の法律であるが，SECはこの法律で具体

に列挙された独立行政機関の1つである[4]。SECは，連邦証券諸法の執行を担当する行政機関として，1934年証券取引所法第4条により1934年6月6日に設立された。その設立以来，SECは，投資家を保護し，公正で秩序ある効率的な市場を維持し，資本形成を促進することをミッション（SEC（2024b），p.6）として掲げ続けている。

1934年証券取引所法によって，SECには証券取引所や金融取引業規制機構（FINRA）などの自主規制機関（SRO）に対する規制や監督をはじめ，証券業界に関わる広範な権限が付与されている。加えて，同法第13条は，投資家の適正な保護と証券の公正な取引を確保するために，SECに上場企業による定期的な情報開示（情報，文書および報告書）を要求する権限なども与えている。SECの会計規制の設定権限はここにある。

独立行政機関としてのSECは，その機構の運営のあり方やコミッショナー（委員）の選出はもとより，規制措置そのものが憲法上の基本原理である権力分立のなかで，密接に深く結びつく。つまり，連邦議会による行政監視，政権政党の大統領による政治任用および合衆国最高裁判所などの判決に結びつき，かつ，絡み合いながら，SECはその規制の強化と緩和を繰り広げている。

第2節　立法府である連邦議会の行政監視
－連邦議会とSECの結びつき－

連邦議会の上院（Senate）は「上位の議院」（Upper Chamber），また下院（House of Representatives）は「人民の議院」（House of the People）と称される。いずれも広範な立法権を備えているが，上院は下院よりも審議機能が高い。副大統領が上院議長を務め，議長が各議員に表決を求める採決時，可否同数であれば最終的な投票権（決定権）がある（第1編第3節第4項）。

合衆国憲法は，連邦立法権の制限を定めている。このうち，「国庫からの支出は，法律で定める歳出予算によってのみこれを行なわなければならない」（第1編第9節第7項）として，連邦議会に財政権限を付与している。

また，連邦議会の上下両院は各院に固有の権限も付与されている。大統領による主要役職の指名に対する上院の人事承認は，その一例である。連邦最高裁判所と連邦下級裁判所，行政府の主要な役職は上院の承認を必要とすることが法定されており（第2編第2節第2項），後述するように，大統領の政治任用に

も関わる人事面からの行政監視である。

こうした連邦議会による財政面と人事面での行政監視に加え，常任委員会などを通じた行政監視も行なっている（廣瀬（2013），8-14頁参照）。

1 常設委員会による行政監視

連邦議会の審議は，上下両院ともに設置した委員会で行なわれる。この委員会には，常設の常任委員会（Standing Committee）に加えて，特定目的のために設置される特別委員会（Special Committee）・特別調査委員会（Select Committee）や上下両院合同で運営する常設の両院合同委員会（Joint Committee）がある。

連邦議会で発議される法案審議は，基本的に上下院の各議院の常任委員会に付託される。常任委員会は付託された議案を審議し，承認されると本会議での公開討議に向け上程される。また，常任委員会は専門分野ごとに連邦機関の活動を監視する役割も担っている。特別委員会や両院合同委員会などでは公聴会や政策に関わる提言を行ない，一般的に法案審議は行なわない。

政府の立法府における効率性の向上を規定した「1946年立法府改革法」（Legislative Reorganization Act of 1946）は，その第136条で常任委員会による立法上の監督権，つまり行政監視について，次のように定めている（下線と強調は引用者）。

> 連邦議会が法律の施行を評価し，必要とみなされる修正案または関連法案を作成するのを支援するため，**上院および下院の各常任委員会は，当該委員会の管轄に属する法律の行政機関による執行を継続的に監視**し，そのために，行政機関から連邦議会に提出されたすべての関連報告書および資料を調査するものとする。

この行政監視は，最高裁判所の判例[5]により，合衆国憲法が連邦議会に付与している立法権を行使するうえで，その立法権から当然に導かれる連邦議会の権限として広く認識されている（廣瀬（2013），7頁）。

常任委員会の設置について合衆国憲法上の規定はないが，上院では「上院規則」（Standing Rules of the Senate）の第25条第1項によって，また下院では「下院規則」（Rules of the House of Representatives）の第10条第1項(h)に基づいて

それぞれ常任委員会が設けられている（いずれも第118議会の規則条項）。連邦議会の行政監視については，上院と下院にそれぞれ常設された常任委員会のなかで，次の委員会がSECへの行政監視の機能を付与されている（Levitt Jr.（2002），pp.247-248（レビット著，小川訳（2003），318-320頁）参照。一部現行の委員会名に修正）。

■上院：
　○銀行・住宅・都市問題委員会（Senate Committee on Banking, Housing, and Urban Affairs）
　○商業・科学・運輸委員会（Senate Committee on Commerce, Science, and Transportation）
■下院：
　○エネルギー商業委員会（House Committee on Energy and Commerce）
　○金融サービス委員会（House Financial Services Committee）

これら常任委員会のWebsiteにおける委員会紹介や先のLevitt Jr.（2002）（レビット著，小川訳（2003））などから，各常任委員会のSECへの行政監視は次のように整理することができる。

アメリカの銀行に関わる法案の起草に関わってきた上院の銀行・住宅・都市問題委員会のもとには，SEC，証券投資者保護公社（SIPC）および商品先物取引委員会（CFTC）を監督し，会計基準，金融取引所と市場などを管轄する証券・保険・投資（Securities, Insurance, and Investment）小委員会がある。SECの予算の決定をはじめ，大統領による政治任用で指名されたSECコミッショナーの承認の議案などが，銀行・住宅・都市問題委員会に付託されている。

州境を越えた通商に関する権限を有した商業委員会（Committee on Commerce）などを前身とする上院の商業・科学・運輸委員会は，証券問題に関わることがある。

一方，下院のエネルギー商業委員会は，電気通信，消費者保護，食品と医薬品の安全性，公衆衛生と調査研究，環境の質，エネルギー政策，州際・対外通商などの事項を担当する。会計問題や財務会計基準審議会（FASB）の監督の役割も担っている。

また下院の金融サービス委員会は，経済，銀行，住宅，保険，証券などに関

図表序－1　アメリカ連邦議会の構成および大統領と連邦議会との関係

大統領	政党	在任期間	連邦議会	年	上院（100議席）	
					民主党議員	共和党議員
Ronald W. Reagan	共和党	1981-1985	第97議会	1981-1983	46	53
			第98議会	1983-1985	46	54
		1985-1989	第99議会	1985-1987	47	53
			第100議会	1987-1989	55	45
George H.W. Bush	共和党	1989-1993	第101議会	1989-1991	55	45
			第102議会	1991-1993	56	44
Bill Clinton	民主党	1993-1997	第103議会	1993-1995	57	43
			第104議会	1995-1997	48	52
		1997-2001	第105議会	1997-1999	45	55
			第106議会	1999-2001	45	55
George W. Bush	共和党	2001-2005	第107議会	2001-2003	50	50
			第108議会	2003-2005	48	51
		2005-2009	第109議会	2005-2007	44	55
			第110議会	2007-2009	49	49
Barack H. Obama	民主党	2009-2013	第111議会	2009-2011	55	41
			第112議会	2011-2013	51	47
		2013-2017	第113議会	2013-2015	53	45
			第114議会	2015-2017	44	54
Donald J. Trump	共和党	2017-2021	第115議会	2017-2019	46	52
			第116議会	2019-2021	45	53
Joe Biden	民主党	2021-2025	第117議会	2021-2023	46	51
			第118議会	2023-2025	49	49

注：連邦議会の会期開始時期は，法律で別の日が指定されない限り，1月3日の正午である（合衆国憲法修正第20条第2項）。制定された法律とは，大統領が署名したか，拒否権の無効かまたは10日ルール（大統領が法案の送付を受けて10日以内に返付しないときは，その法案は大統領が署名した場合と同様に法律となる（合衆国憲法第1編第7節第2項））によって制定された制定法案（法律として制定される可能性のある共同決議を含む）を言う。

第107議会は，2001年1月から5月末は上院が共和党50議席，民主党50議席であった。法案投票で賛否同数の場合，上院の議長であるチェイニー副大統領（共和党）がキャスティングボードを握るため，上院の多数党は共和党であった。5月末に共和党の上院議員1人が離党したため，民主党が多数派となった（前嶋（2012），注(2), 13頁）。

(2024年11月5日現在)

	下院（435議席）			大統領と連邦議会との関係	制定された法律数
その他/空席	民主党議員	共和党議員	その他/空席		
1/0	242	192	1/0	分割政府	529
−	269	166	−	分割政府	677
−	253	182	−	分割政府	687
−	258	177	−	分割政府	761
−	260	175	−	分割政府	665
−	267	167	1/0	分割政府	610
−	258	176	1/0	統一政府	473
−	204	230	1/0	分割政府	337
−	207	226	2/0	分割政府	404
−	211	223	1/0	分割政府	604
−	212	221	2/0	統一政府	383
1/0	204	229	1/1	統一政府	504
1/0	202	232	1/0	統一政府	483
2/0	233	202	−	分割政府	460
2/2	256	178	0/1	統一政府	385
2/0	193	242	−	分割政府	284
2/0	200	234	0/1	分割政府	296
2/0	188	247	−	分割政府	329
2/0	194	241	−	統一政府	443
2/0	235	199	0/1	分割政府	344
2/1	222	212	0/1	分割政府	365
2/0	213	222	−	分割政府	274

出所：Office of the Clerk, U.S. House of Representatives（2024）および GovTrack.us, Statistics and Historical Comparison などをもとに作成。

する問題を管轄し，金融政策，国際政策，国際通貨機構，テロ資金対策も所管する。同委員会は，連邦準備制度理事会（FRB）と各準備銀行，財務省（USDT），通貨の生産と流通，資本市場の監督を通じて，国家経済を監督している。また，委員会の監督下にある機関には，FRB，USDTとともに，SEC，連邦預金保険公社（FDIC），全米信用組合管理局（NCUA），通貨監督庁（OCC），住宅都市開発省（HUD），輸出入銀行（EXIM）などが含まれる。

2　連邦議会の立法機関としての機能

権力分立による権力の分散は，切り離して実施される大統領と連邦議会議員の選挙の結果によっては，大統領の所属政党（支持政党）と連邦議会の上下両院多数派政党との食い違いが生じることもある。

大統領の所属政党と連邦議会の上下両院のいずれかの多数派政党が一致している状態を「統一政府」（Unified Government）と呼ぶ。これに対して，大統領の所属政党（支持政党）と連邦議会の上下両院のいずれかの多数派政党が異なるねじれ型になっている状態を「分割政府」（Divided Government）と言う[6]。この観点から，アメリカ連邦議会の構成および大統領と連邦議会との関係などを示すと，**図表序－1**のようになる。

アメリカ人が政府に参加できるように支援することをミッションとして掲げるGovTrack.usは，連邦議会を追跡して，連邦法の現状，投票記録を含む連邦議会の代表者や上院議員に関する情報をはじめ，法案の独自調査を公開するWebsiteだ。このGovTrack.usによれば，たとえば，第118議会では1万5,968件の法案と決議が提出されているが，そのうち法律になるのは約7％であり，その多くは委員会審議が行なわれないまま廃案となる。

統一政府か分割政府かによって，立法という政策決定やその変更のあり方に影響が出る。

政党の規律が弱いアメリカ連邦議会では党議拘束がなく，連邦議会での法案の採決時の投票は議員個人の見解で行なわれる。連邦議会で特徴的な政党を超える交差投票（Cross-voting：政党の決定による政党単位での投票にとらわれずに議員個人の見解による投票）が行なわれることを意味する。交差投票は，アメリカ政治における政党の存在意義を低下させるものでもあるが，分割政府期の政策決定の行き詰まりを緩和する一方，統一政府期には逆に障害として作用することにもなる（待鳥（2009b），30頁）。

第3節　行政府の長である大統領の政治任用
－大統領と SEC の結びつき－

　行政権を委ねられた行政府の長である大統領は，合衆国の陸軍および海軍ならびに現に合衆国の軍務に就くために召集された各州の民兵団の最高司令官である（第2編第2節第1項）。この位置づけをもとに，大統領に委ねられる権限として，次のものを規定する（第2編第2節第2項。下線と強調は引用者）。

> 　大統領は，上院の助言と承認を得て，条約を締結する権限を有する。ただし，この場合には，上院の出席議員の3分の2の賛成を要する。**大統領は，大使その他の外交使節および領事，最高裁判所の裁判官，ならびに，この憲法にその任命に関して特段の規定のない官吏であって，法律によって設置される他のすべての合衆国官吏を指名し，上院の助言と承認を得て，これを任命する。**ただし，連邦議会は，適当と認める場合には，法律によって下級官吏の任命権を大統領のみに付与し，または，司法裁判所もしくは各部門の長官に付与することができる。

　大統領の権限は幅広いが，無限なものではない。行政府（Executive Branch）は執行部門，独立機関，その他の審議会（Board），委員会（Commission および Committee）などで構成される⁽⁷⁾。大統領には，連邦議会が制定した法律などについての執行責任があるが，連邦政府の行政府の業務遂行にあたり，大統領は広範な行政権を有し，閣僚を含むいわゆる各省庁の行政府内長官や高官などを任命する権限もそれに含まれる。この権限こそが「大統領の政治任用」(プレジデンシャル・アポイントメント)である⁽⁸⁾。

　大統領の政治任用は，19世紀からの人事慣行の名残である（岡山（2020），69-70頁）。

　大統領の政治任用による人事制度は，「猟官制」（スポイルズ・システム）とも称される。これは，選挙での勝利により党人の幹部や支持者を官職に任用するもので，官職が得られることを狩りとその獲物に見立てた呼称である。当初は能力審査による公務員人事制度（メリット・システム（資格任用））がなく，公務員の業務は特別な能力が不要で，多くの市民が経験すべきとの考えから，頻繁に人員を入れ替える「官職交代制」の慣行が，政権政党を問わず踏襲され

てきた[9]。メリット・システムが確立された今日も大統領による政治任用が行なわれるのは、こうした人事慣行を引き継いだものなのである。

大統領の政治任用は、大統領による指名の後、連邦議会の上院による承認が必要である。政治任用職(ポリティカル・アポインティ)の上院での承認プロセスは、次のとおりである(American Center Japan Website, About the USA,「米国政府」でのチャートを一部加筆修正)[10]。

○連邦捜査局（FBI）、内国歳入庁（IRS）、政府倫理局（OGE）および省庁ごとの倫理問題担当官が提供する情報をもとに、新政権が主要候補者の履歴を調査
○任命候補者が資産を開示
○次期大統領が任命書を上院に提出
○関連の上院委員会で公聴会を開催（被任命者による証言。賛成派・反対派が出席を求められることもある）
○関連の上院委員会が上院本会議に委員会勧告を報告
○上院本会議での審議（上院での採決：単純過半数を得れば承認される）

大統領による政治任用職は、大部分の官職を占めている資格任用性によって採用される職業公務員とは異なる。

アメリカの非競争的指名対象の役職には、次のものがある。すなわち、①上院の承認を伴う大統領の政治任命の対象となる役職（PAS官職）、②上院の承認を得ずに大統領が政治任用する役職（PA官職）、③上級行政官「一般」に指定される役職（GEN官職）、④ノンキャリア任命による上級行政職一般職（NA官職）、⑤緊急または任期限定の任命による上級行政官職（TA官職）、⑥スケジュールCの例外任命による役職（SC官職）、および、⑦法令による例外任用の対象となる役職（XS官職）である。

直近の調査データ（2020年12月現在）によれば、アルファベット順に歴史的遺産の保存に関する諮問委員会（ACHP）からアメリカ国際貿易委員会（USITC）までの162の省庁・機関において、PAS官職（1,118）、PA官職（354）、GEN官職（2,510）、NA官職（724）、TA官職（83）、SC官職（1,566）およびXS官職（723）からなる（Committee on Oversight and Reform (2020), Appendix No. 1, pp.209-212）。大統領の政治任用に該当する4つの官職（PAS、PA、NAおよびSC）は、3,762である。この下院の委員会報告書によれば、本書の研究対象であるSECは、5つのPAS官職と12のSC官職を提示している（Committee on Oversight and Reform (2020), Appendix No. 1, p.212)。SEC コミッショナーの5名と幹部職以外の政治任用職（スケジュールC）の12名を指す。

　非競合的指名対象の役職データは，連邦議会の上院または下院の委員会が4年ごとに公表しているが，データ集計の基準日が年度により異なるものの（9月1日現在（1996年, 2000年, 2008年），9月30日現在（2004年），6月30日現在（2012年, 2016年, 2020年）），その推移を整理したのが**図表序－2**である。この推移表から，共和党のドナルド・J・トランプ（Donald J. Trump）政権になって非競合的指名対象の役職数は減少していることを確認できる。

　大統領には権限とともに義務も伴う。「大統領は，大使その他の外交使節を接受する。大統領は，法律が忠実に執行されることに留意し，かつ，合衆国のすべての官吏を任命する」（第2章第3条）ことはその義務の1つでもある。

図表序－2　アメリカの非競合的指名対象の役職数の推移

年＼官職	1996年	2000年	2004年	2008年	2012年	2016年	2020年
大統領（政党）	Bill Clinton（民主党）		George W. Bush（共和党）		Barack H. Obama（民主党）		Donald J. Trump（共和党）
PAS	1,119	1,203	1,137	1,141	1,217	1,242	1,118
PA	250	223	320	314	364	472	354
GEN	3,184	2,802	4,555	3,723	3,821	3,684	2,510
NA	701	648	701	665	680	761	724
TA	125	169	118	121	109	76	83
SC	1,465	1,287	1,596	1,559	1,392	1,538	1,566
XS	459	390	624	473	462	585	723
計	7,303	6,722	9,051	7,996	8,045	8,358	7,078

注：PAS：上院の承認を伴う大統領の政治任命の対象となる役職，PA：上院の承認を得ずに大統領が政治任用する役職，GEN：上級行政官「一般」に指定される役職，NA：ノンキャリア任命による上級行政職一般職，TA：緊急または任期限定の任命による上級行政官職，SC：スケジュールCの例外任命による役職，XS：法令による例外任用の対象となる役職。

出所：Committee on Government Reform and Oversight (1996), Committee on Governmental Affairs (2000), Committee on Oversight and Reform (2004), Committee on Homeland Security and Governmental Affairs (2008), Committee on Oversight and Governmental Reform (2012), Committee on Homeland Security and Governmental Affairs (2016), and Committee on Oversight and Reform (2020) の各 Appendix No. 1のデータをもとに作成。

大統領の政治任用は，基本的に政党人事である。とくに1981年に第40代大統領に就任したロナルド・W・レーガン（Ronald W. Reagan）大統領（共和党）は，政治任用の範囲を大きく変容させた。レーガンと政権移行委員会は，「イデオロギーと忠誠心を基準」として，それまでの閣僚にとどまらず，閣僚以下の次官補クラスまで自ら選んだ（久保（2018），5頁）。

第4節　司法府である連邦裁判所の判決
－合衆国最高裁判所と SEC の結びつき－

1　合衆国最高裁判所の役割と判決

合衆国憲法と法律のもとでの連邦裁判所制度は，合衆国最高裁判所と下位裁判所（地方裁判所や（地域別）控訴裁判所など）で構成される。このうち，最終調停者でもある合衆国最高裁判所は，解決を要する法律上の争いについて法律を解釈することではじめて政策決定機関としての役割を果たすことができる。

こうした政策決定機関としての合衆国最高裁判所の役割については，たとえば次のように説明されることがある。

■「最高裁は，立法府や行政府の政策決定者とは違う。<u>特に重要なのは，最高裁は政策立案を自発的に始める手段を持ち合わせていないことである</u>。判事たちは，問題が持ち込まれるまで待たなければならない。訴訟がなければ，司法による政策決定もない。しかし大統領や連邦議員にはこのような制約はないのである。しかも，どんなに主張の強い最高裁でも，下位裁判所の裁判官，連邦議会，大統領といったほかの政策決定者の行動によって，ある程度制約を受ける。最高裁の決定の履行と実行は，他者に頼ることになる」（Bureau of International Information Programs, United States Department of State（2004），pp.27-28（米国大使館／アメリカンセンター・レファレンス資料室（2012），28頁。下線は引用者））。

合衆国最高裁判所は首席判事と8名の陪席判事から構成される。合衆国最高裁判所で審理されるためには，首席判事を含む9名の判事のうち4名の判事による賛成を要する。また，審理した訴訟の判決は，参加した判事の過半数の賛成を必要とする。合衆国最高裁判所が担う役割から，その判決が必然的に論争を引き起こすことは避けられない[(11)]。

控訴裁判所や合衆国最高裁判所がSECを原告または被告として審理した訴訟は数多い。

合衆国憲法の権力分立について，独立行政機関であるSECに関係する合衆国最高裁判所による判決の1つに*Free Enterprise Fund v. Public Company Accounting Oversight Board (PCAOB)*がある。独立行政機関のなかの独立行政機関を無効とした判決である。2009年12月7日に審理，2010年6月28日に判決が下された本係争について簡潔にみておこう。

大手エネルギー会社エンロン（Enron Corporation）が引き起こした会計不祥事（エンロン事件，エンロン・ショック）に対応して投資家の保護，開示の正確性と信頼性の向上を図るための企業改革法として，「2002年上場企業会計改革および投資家保護法」(Public Company Accounting Reform and Investor Protection Act of 2002（「2002年サーベンス（サーベインズ）・オックスリー法」(Sarbanes-Oxley Act of 2002：SOX法))は2002年7月に成立した。監査の独立性，公正性，信頼性の確保に向けて，証券諸法に服する公開企業（上場企業）の監査や関連事項等を監視するために公開企業会計監視委員会（PCAOB）を設立することが，第1章に盛り込まれた。

PCAOBは，連邦議会によって設立された非営利法人ではある。しかし，PCAOBの予算の権限にとどまらず，この非営利法人のすべての規則や基準は理事会によって採決されるものの，SECによって承認されなければならない。PCAOBは，基本的にSECの監督下にある。

SOX法の第101条第(e)項(4)は，SECに対して同法施行後90日以内にFRB議長および財務長官と協議したうえで，PCAOBの議長を含む5名のメンバーを任命し，その任期を指定するよう求めた。証券法に基づいて公開企業を監査するすべての会計事務所は，PCAOBに登録し，年会費を収め，その規則と監視に従わなければならない。PCAOBには会計事務所を検査し，調査を踏まえて厳格な制裁を科すことができる。併せて，同条項の(6)は，PCAOBのメンバーは，その任期満了前であっても，正当な理由が示されれば，SECが譴責処分に関する規定（第107条第(d)項(3)）に基づき解任できるとした。

SOX法の当該条項について，PCAOBの合憲性に異議を唱えて提訴したのが，非営利団体のフリー・エンタープライズ・ファンド（Free Enterprise Fund）である。SOX法は，大統領の管理下に置かずにPCAOBのメンバーに行政権を付与しているため，権力分立に違反しているというのである。

PCAOBは「機関」(Agency)ではないが，合衆国最高裁判所は，PCAOBのメンバーの解任に対する「正当な理由」の制限は合衆国憲法の権力分立に反するため違憲だと5対4の判決を下した。この判決は，ジョン・G・ロバーツ Jr.(John G. Roberts, Jr.：保守派)首席判事が書き上げた法廷意見にアントニン・G・スカリア (Antonin G. Scalia：保守派) 判事，アンソニー・M・ケネディ (Anthony M. Kennedy：中道派) 判事，クラレンス・トーマス (Clarence Thomas：保守派) 判事，サミュエル・A・アリート Jr.(Samuel A. Alito, Jr.：保守派) 判事が同調し，スティーブン・ブレイヤー (Stephen Breyer：リベラル派) 判事，ジョン・P・スティーブンス (John P. Stevens：保守派→リベラル派) 判事[12]，ルース・B・ギンズバーグ (Ruth B. Ginsburg：リベラル派) 判事，ソニア・M・ソトマイヨール (Sonia M. Sotomayor：リベラル派) 判事が反対意見を述べた。

2　合衆国最高裁判所の判事の構成

合衆国最高裁判所は，正面玄関に堂々たる壮大な44段の階段を備えたポルチコ(柱で支えたポーチ)を擁する建物である。2005年に逝去したウィリアム・H・レンキスト (William H. Rehnquist) 首席判事の棺を正面玄関から合衆国最高裁判所に迎え入れるお別れの日から描いたジェフリー・トゥービーン (Jeffrey Toobin) の『ザ・ナイン－アメリカ連邦最高裁の素顔』(*The Nine : Inside the Secret World of the Supreme Court*) は，合衆国最高裁判所の判事の信念や信仰，思惑などが政治情勢などといかに絡まりあって判決に至るかを至極丹念に描いた。最終章での次の言葉こそ，合衆国最高裁判所と判事を見事に言い表している。

■「最高裁まで持ち込まれてくる先導的な政治問題になると，大事なのは議論の質ではなく，判事のアイデンティティとなる。たとえば，知性，適性，倫理の面で，スカリアとギンズバーグのあいだに大きな違いはない。ふたりを隔てているのは司法哲学――イデオロギーであり，最高裁ではそれがすべてである。この先も，判事としての条件を満たす，おなじような能力をもった人物が指名されるだろう。そんな彼らのイデオロギーが，最高裁を，ひいては国家を形作っていくのだ。

ゆえに1つの要素，ただ1つの要素が最高裁の未来を決める。大統領選挙の結果である。大統領はより多くの功績を残すために判事を選ぶ」(トゥービーン著，増子・鈴木訳 (2013), 423頁)。

合衆国憲法の第3編第1節は、非行なき限り、判事はその職を保持することができると規定しており、任期は終身または引退までである。だからこそ、合衆国最高裁判所の判事の指名権を有し、連邦議会の上院の助言と承認を得て任命する大統領が、在任期間中に新しい判事を指名し、任命できるとは必ずしも限らない。

図表序－3は、ウォーレン・E・バーガー（Warren E. Burger）が合衆国最高裁判所の首席判事を務めた「バーガー・コート」（1969年6月23日から1986年9月26日まで）以降の合衆国最高裁判所の判事（首席判事と陪席判事）の構成や指名した大統領などについて整理したものである。

合衆国最高裁判所の判事には司法哲学があり、また政治的過程によって任命されることから、保守派とリベラル派に大別される。多くの訴訟において、判事の政治的見解が判断に影響を及ぼす要因だとされる所以でもある。

もっとも、判事の政治的見解と司法上の信条・考え方などを明確に分けることは難しい[13]。

たとえば、保守派の判事が6名を占める合衆国最高裁判所において、次の2つの判決にもみられるように、共和党が任命した保守派の2人の判事（ロバーツJr. 首席判事とブレット・M・カバノー（Brett M. Kavanaugh）判事）が、民主党が任命したリベラル派の判事らに同調して、5対4の判決を下した。

■*Biden v. Missouri* 判決（2022年1月13日）
　アメリカ合衆国保健福祉（HHS）長官が、メディケアとメディケイドの資金を受け取るためには、参加施設の医療従事者がCOVID-19ワクチン接種を受けていることを保証する必要があるとしたことについて争われた。合衆国最高裁判所は、長官の法定権限を超えていないとして、医療従事者に対するワクチン接種義務化を認めた。

■*Biden v. Texas* 判決（2022年6月30日）
　ジョー・バイデンが大統領就任後、トランプ政権下の国土安全保障省が制定した、移民審査の間、移民をメキシコ側で待機させる「移民保護プロトコル」（MPP）を撤回したことが移民国籍法に違反したかなどが争点となった。合衆国最高裁判所は、隣接地域の返還規定の文言が裁量的であるとして、連邦政府によるMPPの撤回は移民国籍法第1225条に違反していないと判断した。

政権交代に伴う新たな政策に関わる訴訟に限らず、判事の判断には対立政党

図表序－3　合衆国最高裁判所首席判事と陪席判事（バーガー・コート以降）

合衆国 最高裁判所判事	指名大統領	就任期間	合衆国 最高裁判所判事
Warren E. Burger 首席判事（保守派）	Richard Nixon （共和党）	1969年6月23日～ 1986年9月26日	William Rehnquist 首席判事（保守派）
Harry Blackmun （リベラル派）		1970年6月9日～ 1994年8月3日	Stephen Breyer （リベラル派）
John P. Stevens （保守派→リベラル派）	Gerald Ford （共和党）	1975年12月19日～ 2010年6月29日	Elene Kagan （リベラル派）
Sandra D. O'Connor（保守派）	Ronald Reagan （共和党）	1981年9月25日～ 2006年1月31日	Samuel Alito （保守派）
Antonin Scalia （保守派）		1986年9月26日～ 2016年2月13日	Neil Gorsuch （保守派）
Anthony Kennedy （中道派）		1988年2月18日～ 2018年7月31日	Brett Kavanaugh （保守派）
David Souter（保守派→中間派→リベラル派）	George H.W. Bush （共和党）	1990年10月9日～ 2009年6月29日	Sonia Sotomayor （リベラル派）
Clarence Thomas （保守派）		1991年10月23日～	
Ruth Bader Ginsburg （リベラル派）	Bill Clinton （民主党）	1993年8月10日～ 2020年9月18日	Amy Coney Barrett （保守派）

出所：Supreme Court of the United States Website, About the Court, Justices 1789 to Present をもとに作成。

の大統領に任命された判断を下す判事にくみするものや任命した大統領の政治信条に沿わないものなど，判事自身の政治的見解だけが必ずしも大きな役割を果たしているわけでもない。こうした判決の実例は数多い。

合衆国最高裁判所に提出されたこれまでの事件は，人工中絶に関するものとそれ以外の2種類である（トゥビーン著，増子・鈴木訳（2013），49頁）。同性結婚などの判断も国民生活に影響を及ぼす。法律を解釈することではじめて政策決定機関としての役割を果たす合衆国最高裁判所にとって，判事の司法哲学が最も大きな要因となる。合衆国最高裁判所の判事の構成は，大統領の任期を超

指名大統領	就任期間	合衆国最高裁判所判事	指名大統領	就任期間
Ronald Reagan（共和党）	1986年9月26日～2005年9月3日	John Roberts 首席判事（保守派）	George W. Bush（共和党）	2005年9月29日～
Bill Clinton（民主党）	1994年8月3日～2022年6月30日	Katanji Brown Jackson（リベラル派）	Joe Biden（民主党）	2022年6月30日～
Barack Obama（民主党）	2010年8月7日～			
George W. Bush（共和党）	2006年1月31日～			
Donald Trump（共和党）	2017年4月10日～			
	2018年10月6日～			
Barack Obama（民主党）	2009年8月8日～			
Donald Trump（共和党）	2020年10月27日～			

えて，アメリカ社会に長きにわたって影響が生じる。

第5節　先行研究と研究課題：その1
　　－権力分立下のSECの会計規制に対する政治的影響－

1　規制に関する先行研究

　政治過程や行政過程を分析対象としてきた経済学では，規制を説明する経済

規制の理論や規制理論として公益説（Public Interest Theory），虜理論（捕囚理論）(とりこ)（Capture Theory）および利益団体説（Interest Group Theory）などの考え方が示されてきた。

ジョージ・J・スティグラー（George J. Stigler）が1971年に公表した「経済規制の理論」（The Theory of Economic Regulation）こそが，規制政策の分野にとどまらず，会計基準，新規事業参入の規則，貿易政策など幅広い政策領域に衝撃と影響を及ぼしてきた研究成果である（Carrigan and Coglianese (2016), p.5)。スティグラーは，「原則として，規制は産業によって獲得され，主に産業の利益のために設計され運用される」（Stigler (1971), p.3) と主張した。社会の利益（公益）のためにある産業を規制する目的で設立された政府の規制当局が，規制される産業に取り込まれ，当該産業の意向によって規制が歪められ，この産業の利益になる働きをしてしまうという考え方である。

スティグラーは「Regulatory Capture」（「規制の虜」や「規制の捕囚」）といった表現はしていないが，規制が私的利益（私益）に資する考え方に結びつき，その後，「規制の虜」，「虜理論」や「捕囚理論」という言葉で広く知られている。虜理論が「ミイラ取り説」と別称される所以でもある。こうした規制の虜は，まさに政府の失敗を意味する。

もとより，スティグラーの理論は多くの批判を招いてきたことも事実である。スティグラーの論文は，規制に対するビジネスの優位性を説くものとも読めること，立法者である連邦議会議員と規制当局の官僚を区分していないこと，実証的証拠が限定されることなどの批判がつきまとった（Carrigan and Coglianese (2016), pp.6-8)。

スティグラーの「経済規制の理論」は，規制政策の分野にとどまらず，会計規制の存在理由を私的利益に求める議論や会計基準の政策領域にも影響を及ぼした。Watts and Zimmerman (1978) や Watts and Zimmerman (1990) は言うに及ばず，上院の政府運営委員会（Committee on Government Operations）内の「報告書，会計および経営に関する小委員会」（Subcommittee on Reports, Accounting and Management）が会計基準設定過程を調査した，いわゆる「メトカーフ（Metcalf）委員会報告書」（U.S. Senate, Subcommittee on Reports, Accounting and Management of the Committee on Government Operations (1976)) を題材とした研究などはその例である[14]。

たとえば，メトカーフ委員会報告書が提示した会計体制の批判こそ，会計領

域における，まさに「虜理論」ないし「捕囚理論」の好例である。

会計実務や会計監査に関わるアメリカ公認会計士協会（AICPA）とビッグ・エイト会計事務所は，財務会計財団（FAF）の評議員の任命権や解任権という影響力を持つ。FAF の FASB が開発した会計基準は，SEC が連邦証券諸法の要件を満たすものとして当該会計基準を承認する構図のなかで，AICPA や会計事務所が自らの意向に沿う会計基準に変容させる影響力を行使しうる会計体制であることをメトカーフ委員会報告書は示したのである。

その後，会計規制の存在理由を私的利益に求める議論や会計規制の虜理論ないし捕囚理論の検証に関する実証研究へと連なる。こうした検証の試みは，辻川（2003）によれば，①利益集団の選好と審議会の集合的選好との関係，②利益集団の選好と審議会各委員の選好との関係，③審議会各委員の選好と審議会の集合的選好との関係などに分類されるという（295-297頁）。

2　大統領の政治任用に関する先行研究

大統領の政治任用にはどのような役割があり，またその役割をいかに果たしているのだろうか[15]。

大統領の政治任用制度の役割に関する研究には，政治学者でシンクタンクのブルッキングス研究所（Brookings）の大統領被任用者イニシアティブの顧問でもある G・カルビン・マッケンジー（G. Calvin Mackenzie）によるものがある。マッケンジーは，「アメリカの政治的創造性という稀有な本物の発明の1つ」である大統領の政治任用過程は国辱だとし，この政治任用が悪性状態に陥った責任は，共和党員，民主党員，連邦議会議員，最高経営責任者，ジャーナリスト，特別利害団体のすべてが共有しているとする（Makenzie (2001), p.46)。

連邦議会の上院で承認された政治任用者の推移や役職と候補者などについては，たとえば，公共サービスパートナーシップの大統領移行センター（Center for Presidential Transition, Partnership for Public Service）の Website や公共サービスパートナーシップと『ワシントンポスト』（*The Washington Post*）紙が運営する「被政治任用者トラッカー」（Political Appointee Tracker）が役に立つ。上院が承認する必要のある役職数は1960年以降60％増加していることは，政治任用者の推移データからも確認できるが，候補者の承認に要する時間も政権ごとに長くなっている。こうした問題の解消法として，これまでにも政治任用者数の削減を求める提案が繰り返されてきた（Pfiffner (2001)；Center for Presidential Transition Website)。

　大統領の政治任用に関する初期の実証的な検討については，たとえば，Moe（1985），Weingast（1984），Cohen（1998）などがある。

　ニューディール政策の一環で1935年に制定された全米労働関係法（National Labor Relations Act：ワグナー法）に基づく独立行政機関の全米労働関係委員会（NLRB）を分析対象としたMoe（1985）の問題意識は，不当労働行為の決定において企業と労働者の利益のバランスを取ることが時とともになぜ変化するのかにある。規制のなかでの大統領や連邦議会の委員会の影響力，裁判所の制約的役割，経済情勢の影響などの要因が，NLRBの機能に大きな影響を与えていることを示した。大統領や官僚機構を専門とするテリー・M・モー（Terry M. Moe）らしく，とくに規制行動を形成するうえで大統領が重要な役割を果たす証拠を提示している。

　市場，経済改革および規制の政治基盤を研究するバリー・R・ウェインガスト（Barry R. Weingast）は，連邦議会が規制を支配するという仮説が規制行動を理解するうえで有用であること，言い換えると，規制政策決定システムにおいて連邦議会が最も重要であることを明らかにした（Weingast（1984））。

　その後は，デイヴィッド・E・ルイス（David E. Lewis）が大統領の政治任用に関する優れた研究成果を提示している。ルイスが設定した問いは，大統領の政治任用の多い行政機関と少ない行政機関がなぜあるのかと，政治任用者はパフォーマンスにどのような影響を与えるのかの2つである。連邦危機管理庁（FEMA）の事例研究とジョージ・W・ブッシュ（George W. Bush）政権の事業評価格付指標（PART）と連邦職員への意識調査をもとに定量分析を実施し，政治任用者の数と組織への浸透度を増す行為と定義づけられる政治化によって政府全体のパフォーマンスが損なわれ，場合によってはその影響が甚だしいために破滅的な事態を生むことを明らかにした（Lewis（2008）（ルイス著，稲継監訳（2009）））。

　ルイスが導き出した結果には，政党間の違いに関するものもみられる。たとえば，民主党と共和党のいずれも同じように政治任用者の数と割合を増やしてきたものの，共和党と民主党では政治化の進め方が異なり，標的とする行政機関も異なる傾向がある。また，共和党の大統領が政策のために政治任用者数を増やすのは，伝統的にリベラル色を持つ行政機関だが，民主党の場合は伝統的に保守的な傾向の行政機関である。他方，情実任用のパトロネージ（Patronage）

のパターンは逆で，共和党は伝統的に保守的とされる機関で，民主党は伝統的にリベラルとされる機関で，パトロネージ任用を行なう傾向があることなどを見出した。

3 本書の中心的な研究課題

規制や大統領の政治任用などに関する先行研究による知見を踏まえ，ここまで述べてきたような権力分立での各権力と行政機関のSECとの結びつきを整理して取りまとめたものが，**図表序－4**である。

本書は，アメリカの権力分立のもとでの各権力と行政機関であるSECによる公共政策としての規制措置に関する重要な問いに取り組むことを目的としている。その問い（研究課題1）は，SECの会計規制という政策形成は，連邦議会の行政監視，大統領の政治任用および合衆国最高裁判所の判決によってどのような影響を受けているのかということである。連邦議会の上下両院の議員，大統領および合衆国最高裁判所の判事，そしてSECコミッショナーは，それぞれ政治理念やイデオロギーを持つ。したがって，この問いに取り組むことで，会計規制の政策形成に対する政治力学の解明を試みる。

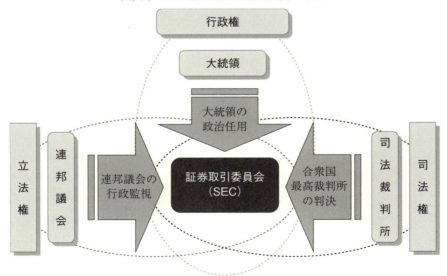

図表序－4　権力分立と行政機関のSEC

さまざまな SEC の規制措置のなかから，ここで分析・検討対象とするのは，次の4つの会計規制である。

〇国際財務報告基準（IFRS）導入に向けた会計規制
〇高頻度取引の監督強化規制
〇四半期開示規制
〇サステナビリティ情報の開示規制（主として気候関連開示規制）

いずれもアメリカでの証券市場の国際化やテクノロジーの高度化が，投資家保護に徹した規制の発達ないし変遷を導いた代表的な政策であり，かつ今日までおおよそ時系列に沿って展開されてきたものでもある。

第6節　先行研究と研究課題：その2
－政策のアジェンダ設定の研究モデル－

1　政策決定の科学としての政策科学

大統領の政治任用制度は，単に人材登用や人事の問題ではなく，優れて，政策や政策形成のあり方に関わる問題である（小池（2022），11頁）と言われる。そこで，政策決定に関する先行研究からの知見の理解も少し深めておく必要がある。

政策科学の創始者でもあるハロルド・D・ラスウェル（Harold D. Lasswell）の『政策科学序説』（*A Preview of Policy Science*）は，「政策科学は，公共的および市民的秩序の意思決定過程についての（of）知識，および，その過程における（in）知識に関わるもの」（Lasswell（1971），p.1）と定義した。この定義に従えば，政策科学は，政策過程について論じる知識（of の知識）と政策過程に用いられる知識（in の知識）という二分法となる。つまり，政策科学が持つ課題は，①政策過程そのものを分析し改善すること，および，②個々の政策に関連する知識の動員を促進することである。ラスウェルによれば，視野の断片性，問題に対する盲目性および単一方法という現代科学のアプローチの欠陥を克服すべく，「コンテクスト志向性（文脈性）」，「問題志向性」および「方法多様志向性（多様性）」という3つの特性（属性）を政策科学は追求すべきと言うので

ある。コンテクスト志向性は,「諸制度を通じて,資源に働きかけつつ,価値結果を最適化しようとする人間の相互作用する社会過程」と考えることを意味し,問題志向性は問題解決能力が問われ,また方法多様志向性は,コントラスト志向性と問題志向性に貢献するために用いる方法も多様となることが含意されている。

　政策決定の科学としての政策科学の全容を取りまとめた宮川（2002）によれば,複雑な政策過程への関心領域は,実体的政策問題の研究と政策過程（プロセス）の研究にあるとする（207頁）。前者は,たとえば,産業,インフレーション,医療および教育などの個別具体的な政策問題の性質といかにしてそれを解決するかについての研究であり,後者は,政策決定がどのような人,集団あるいは組織（つまり,参加する関係者のアクター）により,どのような影響力の作用のもとに,どのような段階を経て行なわれるかについての研究である。宮川（2002）に限らず,政策科学の研究では,実体的問題に関わる前者の研究よりも,とかく組織論,意思決定論あるいは国家,官僚制,権力などについての政治理論に関する後者の研究に関心が寄せられてきたと言ってよい。政策科学の研究は,「政府行為の原因と結果の記述と説明」と言われる所以でもある。

　ラスウェルによるモデル化をもとに言えば,さまざまな参加者ないしアクター（行為者）の相互作用によって政策が決定され,その政策が実施される過程における相互作用が政策過程である。つまり,政策過程とは,「政策目的の達成のために行われる意思決定とその実施に関わる一連の行為のすべてを含む」（宮川（2002）,207頁）もので,社会における公共政策が行なわれる過程のすべてを指す。政策の決定と決定された政策の実施過程における相互作用について解明する試みが広く政策過程の研究対象となる。

　元来,政策科学が複雑性を持つがゆえに,政策過程もきわめて複雑である。政策過程は,基本的には政策決定,政策実施,政策評価の3つの段階から構成される（宮川（2002）,210-211頁）。論者によって構成要素の捉え方にいくぶん違いはみられるが,政策過程は,より具体的には,政策の形成・実行の過程として,①問題の認識・定義に基づくアジェンダ（議題）の設定,②複数の多様な政策案の生成・特定化,③政策案の選択による正式な決定・正当化,④決定・正当化された政策の実行からなる。

　政策過程の出発点としての政策決定は,公共政策による解決が必要とされる政策問題（政策討議課題）の認識・定義から始まる。この認識ないし確認を踏

まえて、政策アジェンダとして設定され、展開する。

政策過程における政策決定は、いかなる要因や事象が影響を及ぼすかを論理的にモデル化することが試みられてきた。制度論モデル、過程論モデル、合理性モデル、増分主義モデル、混合スキャニング・モデル、ごみ箱モデル（Garbage Can Model）、公共選択モデル、ゲーム理論モデル、システム論モデルなどは、政策決定モデルの典型例である（宮川（2002）、179-205頁）。

2　「政策の窓」モデルによる分析

政策過程の事例研究は、解決を要する特定の政策課題について、政策過程に参加する関係者のアクターが繰り広げる政策要求をめぐる対立と妥協の過程の描写である。全体的な見取り図を与えることで、政策過程の特徴とともにその構造や個々の要因間の因果関係を見出そうとする試みである（大嶽（1990）、10頁）。ただし、政策過程の事例研究は、一般的に1つの事例を丹念に追ったものが多く、同じ分野での政策形成の問題について複数の事例を用いて分析したり、長い政策過程での大きな変化やそのなかでの複数の決定の合意形成の違いなどの検討に重きを置いたりしてこなかった。

そこで開発されてきたのが、政策形成や政策決定のさまざまな理論的枠組みないし分析的枠組みである。政策がどのように決定されるかではなく、その政策がどのように浮上したかの観点から導出されたのが、ごみ箱モデルを修正したジョン・W・キングダン（John W. Kingdon）の「政策の窓」モデル（Policy Window Model）である（初版：Kingdon（1984）、第2版：Kingdon（2011）（キングダン著、笠訳（2017）））。

ごみ箱モデルは、マイケル・D・コーエン（Michael D. Cohen）、ジェームズ・G・マーチ（James G. March）およびヨハン・P・オルセン（Johan P. Olsen）が「組織の選択に関するごみ箱モデル」（A Garbage Can Model of Organizational Choice）（Cohen, March and Olsen（1972））と題する論文で提唱した組織の意思決定（選択）を説明したモデルである。このごみ箱モデルでは、問題（Problems）、解（Solutions）、参加者（Participants）および選択機会（Choice Opportunities）の4つの要素が偶然に結びつくことで組織の意思決定が行なわれるとした。意思決定の解は、合理性モデルなどのように整理されたもとで見出せるものではなく、問題や解が多様に発生し、偶発性や不確実性を伴う曖昧かつ乱雑なごみ箱のなかで意思決定を行なうようなものだと言う。キングダンの「政策の窓」

モデルは，このごみ箱モデルにはなかった「政策起業家（政策企業家）」(Policy Entrepreneur) と「政策の窓」(Policy Window) という2つの概念[16]を加えてモデル化したものである。

　政策（公共政策）の形成・実行のプロセスは，①問題の認識・定義に基づくアジェンダの設定，②複数の多様な政策案の生成・特定化，③政策代替案の選択による正式な決定・正当化，④決定・正当化された政策の実行からなる。政策のアジェンダ設定に関する研究として高く評価されている「政策の窓」モデル[17]によれば，③と④の前提となる①と②のプロセスに焦点を合わせ，①～③の3つのプロセスを分析する。政策形成過程での「問題の流れ」(Problem Stream)，「政策の流れ」(Policy Stream)，「政治の流れ」(Political Stream) という3つの流れを考えるのである。

　同時に，「政策起業家」（政治家，官僚，学者，ロビイストなど）の概念を使って3つの流れの合流を促進させる人々の行動と役割も論究する。3つの流れを合流させ，政策の窓を開くことに成功すれば，大きな政策変容がもたらされるというのである。この分析の目的は，「目立つアジェンダや選択肢がある一方で無視されるものがあるのはなぜか，……どのようにして問題が認識され定義されるのか，どのようにして政策提案は展開するのか，どのようにして政治的出来事が加わり，どのようにしてこれらのものが決定的連結点で合流するのか」(Kingdon (2011), p.xi (キングダン著，笠訳 (2017)，7頁)) という4つの問いの解明にある。

　キングダンは従来の政策過程を順序立てた段階モデルには批判的で，「政策の窓」モデルで政策過程の構造とパターンを抽出する。キングダンは，このモデルにより，アメリカ連邦政府での第2次世界大戦後から1980年代までの保健と運輸の分野の政策形成に関する事例研究の成果を示した。初版の Kingdon (1984) はアジェンダ設定に関する研究の発展を刺激し，断続的均衡モデルをはじめその後多くの研究成果を生み出した（宮川 (2002)，225-226頁）。政策過程に関する事例研究の意義と有用性ならびに実践方法を明らかにした草野 (2012) は，スナイダー・モデルによる日本の民主党政権時の社会保障・税一体改革大綱までの政策形成過程の分析事例を紹介したが，当該モデルでは政策形成過程の流れを追いかけにくい問題があるため，「政策の窓」モデルによる事例研究結果も提示した。

　その一方で，「政策の窓」モデルは政策形成における能動的な知識創造プロ

セスを十分に考慮していないという問題点が見い出された。この問題を克服するため，従来のごみ箱モデル，政策の窓モデル，組織的知識創造モデルの3つに基づく「改訂・政策の窓モデル」（小島（2002））も提唱され，実証が試みられた。また，改訂・政策の窓モデルにおける，①知識資産の概念と②政策案の概念を拡張し，③「事例に適合した区分による年代記分析」に代わって新たに「準備期・形成期・実現期の普遍的な区分による年代記分析」の方法論を適用した「新・政策の窓モデル」（小島・平本（2022），26-50頁）も開発され，日本の劇的な「大きな変化」であった非営利法人制度改革を事例研究によって詳細に解明した。社会福祉法人制度改革やスポーツ基本法の制定などにも実証分析の対象を拡大している。

公共政策学や政治学などでは政策形成過程や政策転換の要因を分析する優れた枠組みが導出され，そのモデルによる政策形成の記述・分析の実証研究が進む。会計規制の政策形成についても，Becker *et al.*（2023）は，アメリカでの2015年から2017年のIFRS導入に関する政策立案に焦点を当て，「制度的企業家」（Institutional Entrepreneurship）の理論的枠組みをもとに「政策の窓」モデルによる3つの流れを含めた政策形成過程を分析した。ただし，Becker *et al.*（2023）は，SEC委員長の役割，つまりSEC委員長の動機，特徴，行動にのみ結びつけた検討にとどまっている。

そこで本書の第Ⅰ部と終章では，重要な政治力の源となる「大統領の政治任用」とその任用職であるSECコミッショナーによる会計規制（IFRS導入に向けた規制）の政策決定過程を「政治の窓」モデルも駆使することを想定して検討し，分析を深める。これを通じて，アメリカにおけるIFRS導入に向けた規制措置について，アクターをSEC委員長に限定していた先行研究の問題点を解消して克服し，大統領の政治任用と会計規制の政策形成との関係やその影響，SEC委員長や政治家をはじめとするさまざまなアクターの役割と多面的な要因の因果関係を析出することも，本書の第2の研究課題として設定している。

■注

（1） 『法の精神』の第11編第6章のなかで三権分立の原理を以下のように説いている。

> ■「各国家には三種の権力，つまり，立法権力（la puissance législative），万民法に属する事項の執行権力および公民法に属する事項の執行権力がある。
> 　第一の権力によって，君公または役人は一時的もしくは永続的に法律を定め，また，すでに作られている法律を修正もしくは廃止する。第二の権力によって，彼は講和または戦争をし，外交使節を派遣または接受し，安全を確立し，侵略を予防する。第三の権力によって，彼は犯罪を罰し，あるいは，諸個人間の紛争を裁く。この最後の権力を人は裁判権力（la puissance de juger）と呼び，他の執行権力を単に国家の執行権力（la puissance exécutrice）と呼ぶであろう。
> 　公民における政治的自由とは，各人が自己の安全についてもつ確信から生ずる精神の静穏である。そして，この自由を得るためには，公民が他の公民を恐れることのありえないような政体にしなければならない。
> 　同一の人間あるいは同一の役職者団体において立法権力と執行権力とが結合されるとき，自由は全く存在しない。なぜなら，同一の君主または同一の元老院が暴君的な法律を作り，暴君的にそれを執行する恐れがありうるからである。
> 　裁判権力が立法権力や執行権力と分離されていなければ，自由はやはり存在しない。もしこの権力が立法権力と結合されれば，公民の生命と自由に関する権力は恣意的となろう。なぜなら，裁判役が立法者となるからである。もしこの権力が執行権力と結合されれば，裁判役は圧制者の力をもちうるであろう。
> 　もしも同一の人間，または，貴族もしくは人民の有力者の同一の団体が，これら三つの権力，すなわち，法律を作る権力，公的な決定を執行する権力，犯罪や個人間の紛争を裁判する権力を行使するならば，すべては失われるであろう」（モンテスキュー著，野田ほか訳（1989）（上），291-292頁）。

（2）　アメリカ合衆国憲法の条項は，編（article），節（section），項（subsection）の順としている。

（3）　ブランダイスは，同書の第5章の「真の情報開示」の節のもとで，開示について以下のように続けている。「しかし，その開示は本物でなければならない。また，投資家に対する開示でなければならない。〔商務労働省の企業局（Bureau of Corporations）の長である：引用者〕企業局長（Commissioner of Corporations）や連邦・州を問わず数多くの役人に事実の陳述書を提出するだけでは不十分である。純正食品法（Pure Food Law）が，ラベルに記載することを義務づける代わりに，製造業者に単に成分表示書を同省に提出することを義務づけるのと同じように，ほとんど効果がない」。「効果的であるためには，事実に関する知識が投資家に実際にもたらされなければならず，これは投資家に購入を勧めるすべての通知，回覧，手紙および広告に事実を適切かつ大きな活字で記載することを義務づけることによって，最もよく行なうことができる。また，この要件の遵守は義務的であるべきであり，投資家が放棄できるものであってはならない」（Brandeis（1914），pp.104-105）。ブランダイス判事については中山（1950）などを参照されたい。

（4）　書面事務削減法によれば，「機関」（Agency）は，アメリカ会計検査院（GAO）や連邦選挙委員会（FEC）などを除く，「行政部門，軍事部門，政府法人，政府管理法人または政府の行政部門（大統領府を含む）内のその他の機関または独立規制機関を意味する」（44 USC 3502, (1)）としたうえで，独立行政機関を具体的に次のように列挙する（44 USC 3502, (5)）。すなわち，連邦準備制度理事会（FRB），商品先物取引委員会（CFTC），消費

者製品安全委員会（CPSC），連邦通信委員会（FCC），連邦預金保険公社（FDIC），連邦エネルギー規制委員会（FERC），連邦住宅金融局（FHFA），連邦海事委員会（FMC），連邦取引委員会（FTC），州際通商委員会（ICC），鉱山執行安全衛生審査委員会（FM-SHRC），国家労働関係委員会（NLRB），原子力規制委員会（NRC），労働安全衛生審査会（OSHRC），郵政規制委員会（PRC），証券取引委員会（SEC），消費者金融保護局（CFPB），金融調査局（OFR），通貨監督庁（OCC），および，法令により連邦独立規制機関または委員会として指定されているその他の同様の機関である。

(5)　McGrain v. Daugherty, 273 U.S. 135, 177, 181-182 (1927); Watkins v. United States, 354 U.S. 178 (1957); Barenblatt v. United States, 360 U.S. 109 (1959); Eastland v. United States Servicemen's Fund, 421 U.S. 491, 509 (1975); Nixon v. Administrator of General Services, 433 U.S. 435 (1977).

(6)　連邦議会での政権政党のあり方には，たとえば待鳥（2009a）のように，政党システムと政党内部組織の2つが影響するとして，「大統領制の現代化」のもとでの分割政府の多様性を整理する考えもある。政党システムの影響は，有効政党数の大小によって大統領支持派が連邦議会選挙以外の方法で形成される可能性が変わることを意味する。政党内部組織の影響は，公認権の意味や所在，政治資金の流れなどによって，その政党に所属する議員が一体性を保ちうるかどうかが変化することを意味する。これら2つの影響を政策過程における部門間対立の深刻さと組み合わせた検討を通じて，次のような結果を導き出している。すなわち，「有効政党数が小さい政党システム〔たとえば，二大政党制など：引用者〕であり，かつ内部組織の一体性が規律によって調達されている場合に，非政権党は最も強くかつ長期にわたって政権側との対決姿勢を取る。有効政党数が大きい政党システム〔たとえば，多党制：引用者〕であり，かつ内部組織の一体性が弱い場合には，議会と政権の対決は最も生じにくく，仮に生じても長続きしにくい。その他は中間形態となるが，有効政党数が増加するほど，また政党内部組織の一体性が弱まるほど，対立は先鋭化しなくなる」（待鳥（2009a），145-146頁）。

(7)　委員会（Commission）は，政府などが設置する公式の調査や監督を行なうために組織され，また委員会（Committee）は，ある課題や問題について対処するために組織される。

(8)　大統領選挙に伴う大統領移行にあたり，行政権限の秩序ある移行を促進するために「1963年大統領政権移行法」（Presidential Transition Act of 1963）が制定されている。政権移行に伴う数多くの事項についての実施時期などを定めており，大統領選挙が行なわれる年の9月15日までに，各機関の長は，政治任用職ごとに引継計画が実施されることを保障することなどが規定されている（第4条第f項第(2)号）。

(9)　スポイルズ・システムは，民主党のアンドリュー・ジャクソン（Andrew Jackson）第7代大統領以来の党人任用制である。このシステムによる政治任用から外れた人物が逆恨みして，1881年9月に時のジェームズ・A・ガーフィールド（James A. Garfield）大統領（共和党）を暗殺したことを契機に，1883年に競争試験による資格任用とする「ペンドルトン法」（Pendleton Civil Service Reform Act）が超党派で立法化された（岡山（2020），97-103頁参照）。

(10)　政治任用職の上院での承認プロセスの詳細については，たとえば，Hogue and Carey (2021) を参照されたい。

　また，政治任用の手続きが，次のように政治任用制度のデメリットとして指摘されることもある。「政治任用の候補者になってから上院による承認までの過程（Confirmation Process）の煩わしさである。その間，連邦捜査局（FBI）や国税庁（IRS）により，私生

活や資産に関する包括的な身辺調査等が行われるため，長期間にわたり（最近の平均で8ヵ月）いわば『店晒し』『生殺し』状態に置かれ，プライバシーも暴露され，候補者にとって負担が大きいと言われている。ある経験者などは，多忙な教授生活の合間に2ヵ月も書類作りに追われたと語っていた」（小林（2005））。
(11) 法学者のチャールズ・ウォーレン（Charles Warren）は，1923年ピューリッツァー賞（アメリカの歴史に関する年間最優秀書籍）受賞作の『アメリカ史における最高裁判所』（*The Supreme Court in United States History*）で次のように言い表している。

> ■「最高裁判所の歴史のなかで何より印象的なことは，思慮深く愛国的な人々から，最高裁判所は，連邦政府の形態のなかで，重要かつ必要な役割を果たしていることを常に認められてきたにもかかわらず，憲法のもとで設立された政府部門や政府機関のなかで，これほど執拗な攻撃にさらされてきた，あるいは激しい反対を経て現在の地位に至ったものは他にはないという事実である」（Warren（1922），p.4）。

(12) スティーブンス判事の司法哲学について正確に説明することは難しい。「ジョン・ポール・スティーブンスは，合衆国最高裁判所で35年間勤務し，共和党の反トラスト法弁護士から最高裁判所のリベラル派の率直なリーダーへと信じられないような変貌を遂げた」（Greenhouse（2019）というように，スティーブンス判事の政治的所属については，後に最もリベラルな判事とみなされている。「彼は弁護士としての能力で選ばれたのであって，今日よくあるように，イデオロギー色が強い事件でどのように投票するかではなかった」。また，「スティーブンス判事は数十年間合衆国最高裁判所で左派として活躍し，リベラル派のリーダーを務めたと多くの人が考えている。しかし，右派に傾いたのは合衆国最高裁判所の方だと同氏は言う」（Liptak（2019））。Rutherglen（2020）も参照されたい。

(13) 法学者のスザンナ・シェリー（Suzanna Sherry）によれば，合衆国最高裁判所の判事の判決が，判事の政治的見解に左右されるのではないかという懸念があることは認めつつ，その懸念は大きく誇張されていること，また判事の判決を説明するには，判事の政治的傾向より，多くの個人・制度的な要因の方が重要だと説く。判事の意思決定における政治的見解の影響力を抑制する役割を果たすものとして，たとえば，司法制度の構造と機能や審理の過程をあげる。また，合衆国最高裁判所の自由裁量の範囲を制限する要因として，先例拘束の原則を指摘する（Sherry（2009），pp.11-12（シェリー（2009），12-14頁））。

(14) メトカーフ委員会報告書をはじめ，会計規制の虜理論ないし捕囚理論のレビューなどについては，大石（2000）第6章，辻川（2003）などを参照されたい。

(15) 政治学や行政学における大統領の政治任用制度の先行研究は，①政治任用者とキャリア官僚（資格任用者）の研究，②政治任用制度の役割の研究，③政治任用制度の実証的研究の3つに類型化できるという（小池（2022），5-11頁）。

(16) キングダンは追加した2つの概念を次のように定義する。政策起業家は，「提案を主唱したりアイデアを主唱したりする人々」（Kingdon（2011），p.122（キングダン著，笠訳（2017），166頁））を言う。また，「政策の窓は，さまざまな提案を主唱する人々にとってお気に入りの解決策を推したり彼ら特有の問題に注意を促したりする好機である」（Kingdon（2011），p.165（キングダン著，笠訳（2017），221頁））。

(17) キングダンは，アジェンダについて「政府の公職者や政府の外側でこれらの公職者と密接に連携する人々が，特定のときに，かなり真剣な注意を払う主題や問題のリストのことである」（Kingdon（2011），p.3（キングダン著，笠訳（2017），16頁））と定義する。

第Ⅰ部

国際財務報告基準(IFRS)導入の
会計規制をめぐる政治力学

第1章 民主党政権下のIFRS導入に向けた会計規制の基盤形成

第1節 はじめに－問題意識－

1 SECによる規制の光

　証券取引委員会（SEC）やその監視機能を「ドアの陰に隠したショットガン」（Shotgun behind the Door）や「クローゼットのなかのショットガン」（Shotgun in the Closet）とたとえたのは，フランクリン・D・ルーズベルト（Franklin D. Roosevelt）大統領に第3代SEC委員長として指名されたウィリアム・O・ダグラス（William O. Douglas：民主党。在任期間：1937年9月21日から1939年4月16日まで）である[1]。ダグラスは，その後，合衆国最高裁判所判事として史上最長の36年209日に及ぶ在任期間（1939年4月17日から1975年11月12日まで）を誇り，権利章典（Bill of Rights）の自由の保障を支持して多くの反対意見を書いたことでも知られる。

　ニューディール政策の中心課題は，大恐慌とそれに伴う経済不況からの立て直しに向けた証券（や証券取引所）の信頼回復にあった。ニューディール政策による経済改革を推し進める規制機関として創設されたのが，SECでもある。

　コロンビア大学とイェール大学での教授のキャリアを持つダグラスにとって，培ったリアリズム法学（Legal Realism）は，法律が政策やイデオロギーから独立したものとしてではなく，法律が及ぼす現実の世界への影響について理解する立場にある。ダグラスはニューディール政策を擁護し，「SECのような行政機関は，法令に具体化された広範な国家政策を実施するもの」（SEC Historical Society Website, William O. Douglas and the Growing Power of the SEC），つまり，

現実主義(リアリズム)のイデオロギーの実践の場がSECであった。だからこそ,ダグラスは,SECの最も影響力のある政治的権限を持った委員長だとされ,「ドアの陰に隠したショットガン」が咆哮(ほうこう)する。

SECにはいつだって規制の光が降り注いでいるとは限らない。

ダグラスの時代からおよそ60年後に,同じ民主党系のSEC委員長に就いたアーサー・レビット Jr.(Arthur Levitt Jr.)は,SEC委員長の役割を「教師,ガイド,カウンセラー,裁判官,チアリーダー,説得者,聞き役,そして道徳的な羅針盤を兼ね備えた存在」(Fromson (1997))だと説いた。レビット Jr. は,ダグラスのような政治的権限を持たない。SEC委員長に就いた時期の景気や大統領と連邦議会との関係(統一政府,分割政府またはねじれ議会)などを背景に,規制の強化または緩和の訴えには違いが生じる。

加えて,規制当局者としての資質にもよる。敵を作ることを嫌い,外交と舞台裏での活動こそがレビット Jr. 流とも評される。そのため,レビット Jr. は,「革新的」な規制当局者ではなく,「進化的」な規制当局者としての評価が確立されている(Fromson (1997))。

レビット Jr. にはより厳しい会計規則を推進してこなかったという批判がつきまとうのもこうした理由に拠るところがある。最大の批判は,SEC委員長への就任を翌月に控えた1993年6月に,財務会計基準審議会(FASB)が全会一致で結論を出したストック・オプションを費用計上する会計基準案をめぐる姿勢やその対応にみられる[2]。

ここでの経験が,レビット Jr. に「〔連邦:引用者〕議会に任せておけないもの,それは軍用基地の閉鎖と会計基準の設定である」(Levitt Jr.(2002), p.105(レビット著,小川訳(2003), 143頁))と言わしめたのだろう。

2 証券市場の国際化とテクノロジーの高度化

証券市場の国際化やテクノロジーの高度化が時代のうねりとなって大きな変化をもたらす。証券市場の国際化は,発行体や投資家に多くの機会を創出し,規制当局にも誘発される証券市場構造の変化とともに課題をもたらし,投資家保護に徹した規制の発達ないし変遷が導かれる。

SECが証券市場の国際化について研究した起点ともなるべき年度は,1987年である。連邦議会の上院の銀行・住宅・都市問題委員会(Senate Committee on Banking, Housing and Urban Affairs)と下院のエネルギー商業委員会(House

Committee on Energy and Commerce) の命令により，SEC スタッフは「証券市場の国際化」と題する調査報告書（SEC (1987)）を取りまとめて提出している(3)。

この「証券市場の国際化」報告書が重要なのは，国際的な証券発行によって生じる重要な問題について説明したものだというだけでなく，規制当局であるSEC が直面する課題などを浮き彫りにしたことにある。

証券市場の国際化に伴い，海外で資金調達を行なうアメリカ企業にとっての連邦証券諸法上の主たる問題は，1933年証券法第5条の登録要件が国境を越えて適用されるかどうかである。というのも，郵便やその他の州際通商上の手段を用いて証券を公募する発行体に対してSEC への登録を課す第5条は，アメリカの資本市場で行なわれる証券の公募に適用されるとするコンセンサスが構築されていたからである。この「地域的アプローチ」(Territorial Approach)の概念は，進歩するテクノロジーや世界的なテレコミュニケーションを考慮に入れて，アメリカでの公募や販売の概念を策定すべきだと強調された（SEC (1987), Ⅲ-313-319）。

また，外国の発行体によるアメリカ市場への参入に伴う課題には，次のような点が示された（SEC (1987), Ⅲ-323-325)(4)。

(1) 公募を通じてアメリカの資本市場に参入したい外国民間発行体が，会計原則や監査基準等の開示要件の大幅な違いのために，参入しないことを選択することが多いこと
(2) 外国の発行体が自発的にアメリカの証券市場に参入することをためらうのは，アメリカ連邦証券法のもとでの責任，アメリカの訴訟環境に対する認識，および，SEC の監視への服従に対する懸念から生じていること
(3) 外国の発行体によるアメリカの資本市場への参入を容易にすることは，連邦証券法のもとでの不適切な開示に対する責任，外国の会計の開示とアメリカの会計原則への調整に必要な多大な時間とコスト，アメリカの監査基準への準拠，SEC の管轄への服従などといった課題を伴うこと

この後もSEC による証券市場の国際化への検討や対応が続く。SEC が1988年に公表した基本政策の声明「国際証券市場の規制」(SEC (1988)) は，証券市場の国際化がもたらす課題への取組みに向けた新たな歩みである。

ここでは国際証券市場の効果的な規制構造が持つ重要な特徴を3つ指摘した。

図表1-1　大統領による SEC 委員長・SEC コミッショナーの政治任用

大統領	Bill Clinton (民主党) 1993年1月20日～2001年1月20日				George W. Bush (共和党) 2001年1月20日～2009年1月20日							
年	1997年	1998年	1999年	2000年	2001年	2002年	2003年	2004年	2005年	2006年	2007年	2008年	2009年
SEC委員長	Arthur Levitt Jr. 1993年7月27日～2001年2月9日				Harvey L. Pitt 2001年8月3日～2003年2月17日		William H. Donaldson 2003年2月18日～2005年6月30日		Christopher Cox 2005年8月3日～2009年1月20日			

SECコミッショナー

民主党系:
- Paul R. Carey 1997年11月3日～2001年6月14日 (注②)
- Harvey J. Goldschmid 2002年7月31～2005年7月31日
- Annette L. Nazareth 2005年8月4日～2008年1月31日
- Isaac C. Hunt, Jr. 1996年2月29日～2001年12月20日
- Roel C. Campos 2002年8月22日～2007年9月18日

共和党系:
- Norman S. Johnson 1996年2月13日～2000年5月10日
- Cynthia A. Glassman 2002年1月28日～2006年7月14日
- Kathleen L. Casey 2006年7月17日～2011年8月5日
- Laura S. Unger 1997年11月5日～2002年1月25日
- Paul S. Atkins 2002年8月8日～2008年8月1日

注：網掛けの期間は SEC 委員長・SEC コミッショナーの空位期間を示している。
① Schapiro 委員長の退任後，Obama 大統領は2012年12月15日に Elisse B. Walter を SEC 委員長に任命している。SEC 委員長としての在任期間は2012年12月15日から2013年4月9日までである。

　そのうちの「健全な開示システム」では，証券規制当局は，国境を越えた資本形成を促すために，各国間の開示要件，会計原則，監査基準および監査人の独立性の違いを調整し，最小限に抑える方法を模索すべきとした。また，国際的な開示システムの基本的方向性が相互承認制度と国際的な会計基準にあることを打ち出した。

　この基本政策の意義を見出すとすれば，比較可能性とコストの観点からすると，相互に受け入れられる国際的な会計基準（国際会計基準）の開発や相互に同意できる監査および監査人の独立性基準を確立すべき目標の1つとしたことだろう（杉本（2009），65-66頁）。

　以上のような証券市場の国際化がもたらす課題やその取組みに向けた新たな歩みからも容易に理解できるが，1980年代から SEC が講じてきた措置の延長線上に位置づけられるもの――実のところ，それがアメリカにおける IFRS 導

第1章　民主党政権下のIFRS導入に向けた会計規制の基盤形成　37

(2024年12月現在)

	Barack H. Obama (民主党) 2009年1月20日〜2017年1月20日							Donald J. Trump (共和党) 2017年1月20日〜2021年1月20日				Joe Biden (民主党) 2021年1月20日〜	
2010年	2011年	2012年	2013年	2014年	2015年	2016年	2017年	2018年	2019年	2020年	2021年	2022年	2023年
Mary L. Schapiro 2009年1月27日〜2012年12月14日			注①	Mary Jo White 2013年4月10日〜2017年1月20日				Jay Clayton 2017年5月4日〜2020年12月23日				Gary Gensler 2021年4月19日〜	
Elisse B. Walter 2008年7月9日〜2013年8月9日				Kara M. Stein 2013年8月9日〜2019年1月2日					Allison H. Lee 2019年7月8日〜2022年7月15日				注③
Luis A. Aguilar 2008年7月31日〜2015年12月31日							Robert J. Jackson Jr. 2018年1月11日〜2020年2月14日			Caroline A. Crenshaw 2020年8月17日〜			
	Daniel M. Gallagher 2011年11月7日〜2015年10月2日							Hester M. Peirce 2018年1月11日〜					
Troy A. Paredes 2008年8月1日〜2013年8月3日				Michael S. Piwowar 2013年8月15日〜2018年7月6日				Elad L. Roisman 2018年9月11日〜2022年1月21日					注④

② Steven M.H. Wallman：在任期間は1994年7月5日から1997年10月2日まで。
③ Jaime Lizárraga：在任期間は2022年7月18日から現在。
④ Mark T. Uyeda：在任期間は2022年6月30日から現在。

出所：SEC Website, SEC Historical Summary of Chairmen and Commissioners をもとに作成。

入という課題なのである。

　そこでまず，SECによるIFRS導入をめぐる検討期のSEC委員長およびSECコミッショナーについて，大統領の政治任用（プレジデンシャル・アポイントメント）の視点で整理したのが**図表1−1**である。この図表は，本書全体を通じて，アメリカにおけるIFRS導入という課題とともにその他の会計規制の取組みについても順次，検討・考察する流れを示す役割を担っている。
　IFRS導入をめぐる検討期におけるSEC委員長は，時の政権の変遷とともに次の構図を描いている。

　○民主党のビル・クリントン（Bill Clinton）大統領のもとでのアーサー・レビットJr.
　○共和党のジョージ・W・ブッシュ（George W. Bush）大統領のもとでの3代にわ

たるハーヴェイ・L・ピット（Harvey L. Pitt）、ウィリアム・H・ドナルドソン（William H. Donaldson）、クリストファー・コックス（Christopher Cox）
○民主党のバラク・H・オバマ（Barack H. Obama）大統領のもとでのメアリー・L・シャピロ（Mary L. Schapiro）、エリス・B・ウォルター（Elisse B. Walter）、メアリー・ジョー・ホワイト（Mary Jo White）
○共和党のドナルド・J・トランプ（Donald J. Trump）大統領のもとでのジェイ・クレイトン（Jay Clayton）
○民主党のジョー・バイデン（Joe Biden）大統領のもとでのゲイリー・ゲンスラー（Gary Gensler）

この構図のもとで、SECがIFRS導入という課題の扉を開き、IFRS導入の基盤形成に向けていかに取り組み始めたかについて、まず紐解いていくことにしよう。

第2節　レビットJr.委員長による投資家保護の信念

歴代のSEC委員長のなかで最長在任期間を誇るのは、第25代委員長を務めた先のアーサー・レビットJr.である。1993年7月27日から2001年2月9日まで実に7年6ヵ月余りにわたりSEC委員長の職位に就いた(5)。大統領の政治任用職であるSEC委員長のポストにこれほど長期にわたって在任することは珍しい。

大統領の任期中にSEC委員長を1人で務め切ったのは、これまで5名いる。①ジェラルド・R・フォードJr.（Gerald R. Ford Jr.）大統領時（1974年8月9日から1977年1月20日まで）のロデリック・M・ヒルズ（Roderick M. Hills）委員長（共和党系：1975年10月28日から1977年4月10日まで）、②ジミー・カーターJr.（Jimmy Carter Jr.）大統領時のハロルド・M・ウィリアムズ（Harold M. Williams）委員長（民主党系：1977年4月18日から1981年3月1日まで）、③ジョージ・H・W・ブッシュ（George H.W. Bush）大統領時のリチャード・C・ブリーデン（Richard C. Breeden）委員長（共和党系：1989年10月11日から1993年5月7日まで）、④ドナルド・J・トランプ（Donald J. Trump）大統領時のジェイ・クレイトン（Jay Clayton）委員長（無党派：2017年5月4日から2020年12月23日まで）、および、⑤ジョー・バイデン（Joe Biden）大統領時のゲイリー・ゲンスラー（Gary Gensler）委員長（民主党系：2021年4月19日から2025年1月20日まで）である。

彼らはいずれも任用指名者である大統領の任期が1期であった。

1788年発効の「合衆国憲法」(Constitution of the United States)によれば，執行権を有する大統領は，各州の選挙人が投票する間接選挙制により選出され，その任期は4年である（第2章，第1条，第1項・第2項）。次の大統領選挙での政権政党の交代が行なわれるまで，2期にわたる大統領任期中にSEC委員長を1人で務めたのは，レビットJr.委員長だけなのである。

レビットJr.がSEC委員長として成し遂げた功績は数多い。たとえば，投資家教育支援室（または投資家教育部）(the Office of Investor Education and Assistance) の創設やSECのWebsiteの開設をはじめ，全米で40回以上開催したタウンミーティングを通じた投資家との直接交流，財務報告プロセスの質の向上，監査人の独立性の維持，NASDAQ（ナスダック）市場におけるスプレッドの縮小による投資家の節約，平易な英語の使用（やさしい英語で書く）促進，すべての投資家に対する重要情報の同時公開の義務づけ，インターネット詐欺との戦い，地方債市場の浄化などがある (SEC Biography, Arthur Levitt)。

「数合わせゲーム」(Number Games) の言葉が示すように，企業による会計操作が横行すると投資判断の拠り所である数字に対する投資家の信頼は失墜してしまう。これらの功績から，レビットJr.を個人投資家の擁護者と評することがある。

SEC委員長の職にあったレビットJr.が，自身の行動を振り返り，赤裸々に描いた『ウォール街の大罪』(*Take on the Street*) は貴重な文献である。レビットJr.初の著作である本書を執筆した理由は，「投資の世界での利益相反や本音，政治との馴れ合いといった実態に精通」し，「豊かな情報と真実を見抜く目を併せ持つ，精力的な投資家として成功する」(Levitt Jr. (2002), p.16（レビット著，小川訳（2003），26頁）) ことを願う一心の思いによる。ウォール街での16年間の「客に誤解を与え，時には欺くような業界のやり方と態度に抵抗を感じた」をはじめ，「業界は量より質を重視すべき」で，「営業担当者（ブローカー）の報酬は顧客の口座で扱った取引の回数ではなく，顧客が得た利益に基づいて与えられるべきだ」(Levitt Jr. (2002), p.7（レビット著，小川訳（2003），14頁）) などという言葉は，16年間のウォール街での経験によるもので，個人投資家の擁護者としての矜持が垣間みえる。

■「投資家の保護は公僕が良心にかけて行うべき任務であり，決して政党任せに

はできない──」(Levitt Jr. (2002), p.4（レビット著，小川訳（2003），11頁))。
■「ワシントンのロビー活動の序列では，企業が群を抜いて強力な勢力であり，次の労働者（組合組織の努力の賜物だ）と消費者がくる。株主，特に個人投資家は，最後尾である。個人投資家の利益だけを代弁してくれる人は一人もいないのが実情だ。つまり，個人投資家はアメリカで最も注目されず，味方の少ない利益集団なのだ。SECでの私の仕事は，このアンバランスを少しでも正すことだった」(Levitt Jr. (2002), pp.236-237（レビット著，小川訳（2003），306頁))。

1978年にニューヨーク市が財政危機に瀕した際に，州の年金基金の取崩しをめぐってエド・I・コッチ（Ed I. Koch）市長と監査人であったレビットの父，アーサー・レビット・シニア（Arthur Levitt, Sr.）が対峙した。実のところ，最終的に年金基金を死守し，市債に対する連邦政府の保証を取り付けることになったことを目の当たりにしたことから培われたレビットJr.の信念こそが，投資家保護なのである。

こうした「課題に取り組む場として最適なのはSECの委員長職だと……思っていた。だからもし依頼されたら躊躇することなく引き受けるつもりだった」(Levitt Jr. (2002), p.7（レビット著，小川訳（2003），14頁))レビットJr.にとって，クリントン大統領からSEC委員長ポストの打診を断る理由などあろうはずもない。

第3節　レビットJr.委員長による「高品質な会計基準」の重要性の認識 − IFRSの導入に向けた会計規制の素地 −

今日のIFRS会計基準（IFRS Accounting Standards）とSECの関わりないしSEC委員長のリーダーシップに着目した場合，アメリカのIFRSの導入に向けた会計規制の素地ないし基盤の形成は，レビットJr. SEC委員長の在任時にあると捉えるのが望ましいだろう。

レビットJr.のSEC委員長としての在任期間中（1993年7月27日から2001年2月9日まで），IFRSの導入に向けた会計規制の素地をなすのは，とくに次のSECによる一連の基本政策（政策声明）などの表明にあるからである。

第1章　民主党政権下のIFRS導入に向けた会計規制の基盤形成　41

■レビット Jr. 委員長在任中の IFRS の導入に向けた会計規制の素地

○1996年4月11日：プレスリリース（委員会発表）「1996年基本政策」（政策声明）
○1997年10月：「1996年全米証券市場改革法第509条(5)に基づくアメリカ証券市場のグローバルな優位性の促進に関する報告書」
○2000年2月23日：コンセプト・リリース（概念通牒）「国際会計基準」

　その内容を理解するうえで，いずれもどのような状況下で公表されたのかを知ることはとても重要である。

1　プレスリリース（委員会発表）「1996年基本政策」（政策声明）（1996年4月11日）

　クロスボーダーでのファイリング（証券の募集や販売を行なう際の提出書類（届出書））で使用する会計基準ないし財務報告基準の開発を促すために，また国際会計基準に関与するために，SECは証券監督者国際機構（IOSCO）を通じて行なう戦略を採った。SECが直接関与したIOSCOは，国際会計基準委員会（IASC）の基準策定の取組みに着目してきたという事実がある（SEC（2000a），p.8897）[6]。SEC企業財務局長のリンダ・クイン（Linda Quinn）がIOSCOのさまざまな作業部会の設立に取り組み，IOSCOの機構のもとで，発行体の会計・監査および開示を担う第1作業部会議長であったことは，1つの証左でもある（杉本（2009）第2章および第4章参照）。

　この時期にIOSCOとIASCが繰り広げた取組みを思い出すとよい。1995年7月に，IOSCOとIASCはコア・スタンダードの作業計画に合意し，IASCは翌年3月にはこの作業計画を1998年までに完成することを目指す意向を表明し，その活動下にあった。

　SECが1996年4月11日に公表したプレスリリース（委員会発表（Commission Announcement））は，いわゆる「1996年基本政策（政策声明）」とも呼ばれ，IOSCOとIASCとの取組みを支持し，IASCが1998年3月までの完成を目指して開発を加速化する計画に着手したことを歓迎する公式の表明である[7]。曰(いわ)く，SECは，「クロスボーダーのファイリング（提出書類）で使用される財務諸表の作成に使用できる会計基準を可能な限り迅速に開発するというIASCの目的を支持する」（SEC（1996），p.1）。IASCのコア・スタンダードの作業計画

が成功裏に完了した暁には，SECはアメリカ国内での外国の発行体による証券募集においてこの**コア・スタンダードの受入れを検討する**ことを示したのである[8]。

　なによりも，このコア・スタンダードをSECが承認するための評価基準として，次の「3つの重要な要素」（Three Key Objectives, Three Key Elements）[9]を措定し，この重要な要素の達成で見極めることとされた（SEC（1996），p.1）。これこそが，アメリカにおける今日のIFRS会計基準の導入に向けた会計規制の基盤形成をなすものとして捉えられ，1996年基本政策が注目される理由となっている。

【評価基準】
□基準は包括的で一般に公正妥当と認められた会計基準を構成する，コアとなる一組の会計基準を含んでいなければならない。
□基準は「高品質」でなければならない——つまり，基準は比較可能性と透明性をもたらし，完全な情報開示を提供しなければならない。
□会計基準は厳格に解釈され，適用されなければならない。

　これら3つの重要な要素は，「投資家と資本市場のニーズに応えるために形成されたシステムの特徴」であり，その認識が必要だとする。
　ただし，この1996年のSECのプレスリリースについては注意を要することがある。
　当時のマイケル・H・サットン（Michael H. Sutton）主任会計士によれば，このSECのリリースはもともとSECのマイケル・マン（Michael Mann）国際部長が作成したものであり，また3つの重要な要素も彼が起草したものだと言う。サットン主任会計士は，「それ〔プレスリリース：引用者〕は，議論の枠組みを作り，またSECがアメリカ資本市場における財務報告の完全性を損なうことを望まないことを明確にするための方法であった」（Camfferman and Zeff（2007），p.332）としている。このプレスリリースの目的や役割をこのように解する方が望ましいことについては，SECの立場や政策などを表明する舞台である公式スピーチをもとに，次節であらためて確認してみたい。

2 「1996年全米証券市場改革法第509条(5)に基づくアメリカ証券市場のグローバルな優位性の促進に関する報告書」(1997年10月)

　政策的な問題が関わっている――SEC が1997年10月に連邦議会に提出した「1996年全米証券市場改革法第509条(5)に基づくアメリカ証券市場のグローバルな優位性の促進に関する報告書」(1997年10月：SEC（1997））は，そのタイトルが示すように，連邦議会が1996年10月に制定した「1996年全米証券市場改革法」(NSMIA）で SEC に課した事案に応えたものである。NSMIA の第509条(5)は，外国企業のアメリカ市場への上場を促進する法律上の明確な権限に鑑み，国際会計基準に関わる２つの状況報告をこの法案の制定日から１年以内に連邦議会に提出することを SEC に求めていた。①国際会計基準の開発の進捗状況について，および，②外国企業がアメリカ市場で募集および上場を行なう際に，SEC が受け入れられるような一連の国際会計基準の完成に向けた見通しについての報告である。

　SEC が取りまとめて公表した報告書は，その構成からもうかがえるように，第509条(5)の要請にうまく応えている。

□「1996年全米証券市場改革法第509条(5)に基づくアメリカ証券市場のグローバルな優位性の促進に関する報告書」（SEC（1997））の構成

> Ⅰ．資本市場規制における会計基準の役割
> Ⅱ．高品質で包括的な国際会計基準の開発への取組み
> Ⅲ．コア・スタンダード・プロジェクトを支える取組み
> Ⅳ．コア・スタンダード・プロジェクトの進捗状況
> Ⅴ．完成したコア・スタンダードに期待される評価プロセス
> Ⅵ．評価が必要な課題
> Ⅶ．補完的取組み
> Ⅷ．結論
> Ⅸ．付録

　SEC が連邦議会の要請に応じて期日内に取りまとめたこの報告書は，その後の会計規制の基盤形成に貢献したことは確かである。しかし，それ以上に，連邦議会が NSMIA の第509条(5)に先んじて，同条(1)から(4)において提示した

内容を看過してはならない(下線は引用者)。

第509条 アメリカ証券市場のグローバルな優位性の促進
　連邦議会は次のように考えている——
(1) アメリカと外国の証券市場は，発行体と投資家が国境に関係なく新たな資本と流通市場の機会からの恩恵を得ようとするため，ますます国際証券市場になりつつある。
(2) 発行体は国境を越えて資本を調達しようとするため，さまざまな規制管轄区域で異なる会計要件に直面する。
(3) クロスボーダーの証券募集において，<u>一般に公正妥当と認められた高品質で包括的な国際会計基準を確立することは，国際的な資金調達活動を大いに促進し，最も重要なことは，外国企業がアメリカ市場にアクセスし，上場する能力を高めることである</u>。
(4) 証券市場の国際化の進展に対応するために SEC が本法の制定日以前に行なった努力に加えて，<u>SEC は高品質な国際会計基準の開発に対する積極的な支援を可能な限り早急に強化すべきである</u>。

　とくに NSMIA 第509条の(3)と(4)を通じて，連邦議会が高品質な国際会計基準を支持表明した事実は大きく，かつ重い。
　SEC が連邦議会への報告書を公表する同じタイミング(1997年9月29日)で行なった講演で，レビット Jr. 委員長は演題どおりに「高品質な会計基準」(High Quality Accounting Standards)の重要性を力説した。

　■「高品質な会計基準は一夜にして策定されるものではなく，その開発は長期的なプロセスとコミットメントの一部であり，規制当局と民間部門との継続的な対話の産物です。そのプロセスにはお金と政治的資源がかかります。しかし，それだけの価値はあります。繰り返しになりますが，高品質な会計基準は投資家の信頼を高め，流動性を向上させ，資本コストを削減し，公正な市場価格を可能にするのです」(Levitt, Jr. (1997))。

　これはまさに SEC の連邦議会への報告書に基づくものであると言ってよい。IOSCO への直接的関与を通じて，SEC は IOSCO と IASC のコア・スタンダードの完成に「高品質な会計基準」という評価基準の充足を課すことで，アメリカ証券市場のグローバルな優位性の促進を図る姿勢を明示しているのである。

3 コンセプト・リリース（概念通牒）「国際会計基準」（2000年2月16日）

クリントン政権下，レビット Jr. 委員長の在任時に SEC が公表したコンセプト・リリース（概念通牒）「国際会計基準」（または国際的会計基準）(SEC (2000a)) は，アメリカによる「IASC 基準の受入れ」と「グローバル化する資本市場に向けた世界的な金融構造の形成」という2つの問題について，国内外の関係者からのフィードバックを得るためのものである。その主たる目的は，IASC 基準を受け入れることでいかなる懸念が生じるかを特定するとともに，すべての財務諸表をアメリカ会計基準に一致させるという当時の SEC による要件（すなわち，IASC 基準を適用した際に SEC の調整表作成・開示要件を課すこと）を修正すべきかを検討することにあった。

そのうえで，コンセプト・リリースで提起された，IASC 基準の評価において対処すべき主な問題は，大きくは IASC 基準の評価基準と IASC 基準の承認に向けた採りうるアプローチについてのものであった（SEC (2000a), V）。

---

(1) IASC 基準の評価基準
 1．コア・スタンダードは十分に包括的かどうか（Q.1〜Q.3）
 2．IASC 基準は十分に高品質かどうか（Q.4〜Q.7）
 3．IASC 基準を厳密に解釈して適用できるか
  ① これまでの経験（Q.8〜Q.11）
  ② 財務報告インフラの必要性（Q.12）
   ・基準設定主体の解釈上の役割（Q.13）
   ・IASC の再編（Q.14）
   ・基準の適用における監査人の役割（Q.15〜Q.17）
   ・会計基準の解釈と施行における規制当局の役割（Q.18〜Q.20）
(2) クロスボーダーでのオファーリング（募集）・上場に関する IASC 基準の承認に向けた可能なアプローチ（Q.21〜Q.26）

このうち「IASC 基準は十分に高品質かどうか」は，4つの質問を通じて，IASC 基準がアメリカ会計基準と比較すると高品質と言えるか否か，また SEC の現行の調整表作成・開示要件を変更することで，アメリカ国内の登録者が外国の発行体に対して競争上不利になるかどうかについて問うたものである。加

えて,「クロスボーダーでのオファーリング(募集)・上場に関するIASC基準の承認に向けた可能なアプローチ」でも,現行の調整表作成・開示要件がさらに緩和された場合,ボトムラインの数値の調整は,依然として適切であるかという質問(Q.23)を設けている。これは,その後の外国民間発行体がIASC基準を適用した場合の調整表作成・開示要件の撤廃という会計規制のあり方に連綿と結びつく。

第4節　IFRSの導入に向けた会計規制の基盤形成の舞台裏 – SEC主任会計士の役割 –

　レビットJr.委員長の会計規制に対する取組みは,当時の主任会計士室(OCA)の主任会計士が支えており,果たしたその役割は大きい。マイケル・H・サットン(Michael H. Sutton)主任会計士(在任期間:1995年6月から1997年12月まで)とリン・E・ターナー(Lynn E. Turner)主任会計士(在任期間:1998年7月から2001年8月まで)である。

1　サットン主任会計士による会計規制の基盤形成に向けた支援

　サットンが主任会計士に就任した最初の数ヵ月間は,デリバティブに関する財務報告などのSECにとっての優先課題に取り組んでいる。そのなかで,会計基準の国際的調和化についても次のような明確な姿勢を明言している。

■「私は国際的調和化という目的を支持し,国際会計基準委員会(IASC)の1995年6月の〔コア・スタンダードの:引用者〕作業計画を支持します。SECもメンバーである証券監督者国際機構(IOSCO)の専門委員会は,IASCの作業計画が成功裏に完了した場合には,クロスボーダーでの提出書類での受入れが推奨されるような包括的なコア・スタンダードが作成されることに合意しています。<u>IASCは作業計画の完了を早める方法を検討しており,私もその努力を支持しています。しかし,この計画が成功するかどうかは,公表される基準の品質とIOSCOメンバーに受け入れられるかどうかにかかっています。</u>IASCが基準設定プロセスを進めるなかで,SECスタッフは包括的でコアなものとして提案される基準が高品質であることを主張するでしょう。SECは適切でないと思われる条項や適用範囲が十分ではないと考える条項については引き続き意見留保を表明していきます。
　また,SECスタッフは,SECへの提出書類においてコア・スタンダードを受け入れる場合には,厳格に適用することを主張します。これは,アメリカ基準とは

異なるかもしれませんが、現在アメリカ基準を適用するアメリカの登録企業に期待されているのと同程度の厳格さ、基準の精神と意図を遵守することで適用されるべきであるということです」(Sutton (1996a), 下線は引用者)。

SEC がプレスリリース「1996年基本政策」の公表を通じて IOSCO と IASC のコア・スタンダードの取組みを公式に支持表明するのに先立ち、サットン主任会計士はその旨を1996年2月に開催された「SEC の最近の動向に関する AICPA 全国会議」(AICPA Conference on SEC Developments) で明示している[10]。SEC にとっての包括的なコア・スタンダードは、高品質なものであり、アメリカ基準に求めてきたのと同じ水準の適用の厳格さが必要であること——この一点に尽きるのである。

そもそも IOSCO と IASC のコア・スタンダードの取組みに SEC が参画するのは、「アメリカ資本市場が成功しているのは、アメリカの上場企業が使用している会計基準や開示基準が高品質だという強い信念」(Sutton (1996b)) が根底にあるからである。サットン主任会計士は、こうした高品質な基準が投資家にアメリカの財務報告への信頼をもたらし、「妥協することのできない重要な要素」と説く。

この「アメリカ資本市場における財務報告の役割」(The Role of Financial Reporting in US Capital Markets) と題する講演のなかで、さらにサットン主任会計士は、IOSCO と IASC のコア・スタンダードの取組みに SEC が参画することへの誤解についても述べている。この見解は、SEC の目的や真意を、さらにその後の SEC による IFRS の導入に向けた規制措置のあり方を理解するうえで、見逃せず、傾聴に値する。

ここで表明された見解は、端的には次のとおりである。いずれもアメリカの姿勢を明確に示すものであり、きわめて重要である。

○第1に、SEC は、世界中の資本市場にアメリカ会計基準を受け入れさせようとしているわけではないこと。アメリカ会計基準を採用することだけが高品質な財務報告を達成する手段ではない。
○第2に、SEC は、アメリカ会計基準に匹敵する品質の透明性のある財務報告基準に基づく信頼性の高い資本市場の促進を目指していること。逆に言えば、これはアメリカ会計基準を国際会計基準に置き換えるということではない。アメリカの会計基準はアメリカの資本市場の成功に不可欠な要素であり続けたいと

考えている。
○第3に，SECは，アメリカでのファイリング（提出書類）においてIASC基準を受け入れることにまだ同意していないという事実を忘れてはならないこと。この問題は，IASCのコア・スタンダード・プロジェクトが完了した後に，それらの基準の内容が先の「3つの重要な要素」に基づいて決定されることになる。

IASC基準がアメリカの資本市場で受け入れられるための命題として，つまりサットン主任会計士は，あらためて「アメリカ会計基準に匹敵する信頼性と厳格性」こそが，「妥協することのできない重要な要素」と位置づけているのである。

サットン主任会計士は当時を振り返り，「もしアメリカの提出者が差別されていると感じれば，私の考えでは，SECがより低い基準と考えられるものを受け入れることは非常に難しくなるでしょう。だから，コンバージェンスでもなんでもいいから，国際基準を投資家がどの基準を使用しているかを気にしないレベルまで引き上げることが必要なのです……」(SEC Historical Society (2005b), pp.57-58) と語っている。強調すべきは，**外国の発行体にアメリカ企業よりも品質の高い基準を課そうとしているわけではなく**，アメリカの投資家の利益を保護するために，彼らに有用な情報提供を保証するという基本的な姿勢を貫いている点であろう。

民主党系のSECコミッショナーであるアイザック・C・ハントJr.(Isaac C. Hunt Jr.) が，「IOSCOは，本質的にはSECによって設立されたと思います」(SEC Historical Society (2015), p.42) と言うように，コア・スタンダードがIOSCOメンバーに受け入れられるかどうかは，結局のところ，この国際機関の中心的役割を果たすSECが握っている。

そもそもサットン主任会計士は，コア・スタンダード・プロジェクトは短期的なものではなく，完了するまでに時間を要すると認識していたことも重要である。

このプロジェクトは，サットンが主任会計士に就任する前に着手されており，最終的にSECへのファイリング（提出書類）で国際会計基準を受け入れることに繋がるという期待も一部にはあったようである。サットン主任会計士によれば，コア・スタンダード・プロジェクトを主導したのはレビットJr.委員長であり，サットン主任会計士とIOSCOの第1作業部会長でもあったSEC企業

財務局長のリンダだという。とくにリンダが中心的役割を果たし，SEC 主任会計士室の支援を受けて，IASC との主なやり取りも担当していた（SEC Historical Society（2005b），p.52, p.59）。

同時に，このプロジェクトが展開されるにつれて関心が高まり，サットン主任会計士はその対応に向けた新たなポジションを SEC の主任会計士室に設けている。メアリー・トーカー（Mary Toker）がその地位に就くとともに，IOSCO 専門委員会の第 1 作業部会（多国間会計および開示に関する作業部会）のアメリカ代表となり，またこの第 1 作業部会議長を務めた（SEC Historical Society（2005b），p.59；杉本（2009），49-50頁）。

2　ターナー主任会計士による会計規制の基盤形成に向けた支援

サットンの退任後，ジェーン・B・アダムズ（Jane B. Adams）が主任会計士代理を務めたが（1998年 1 月から1998年 6 月まで），ターナーが主任会計士に就いた。ターナーは主任会計士として監督規則の強化を強く主張し，コンセプト・リリース「国際会計基準」（SEC（2000a））の公表に尽力した人物である[11]。

ターナーは，主任会計士としてはじめて国際会計・監査基準の問題について触れた公式スピーチで，世界各国の企業結合に関する会計規則を例にあげて，次のような見解を示している。

■「他の国で使用されている基準の方が，現在アメリカで使われている基準よりも質が高いという意見もありますが，それは正当な根拠があると思います。さらに，海外の届出者にとって，アメリカ会計基準と自国での報告に使用している会計基準との差異を調整することは難しいことです。その結果，FASB が他の国の基準設定主体とも緊密に協力してこの問題に対処するグローバルで調和された基準を策定することは，シャレを言うつもりではなく，理に適っていると言えるでしょう。さまざまな世界の基準を調和させることで，代替的な会計やプーリング会計の使用をなくすことができるでしょう」（Turner（1998a），下線は引用者）。

ここでまず注目すべきは，上記の最初の下線部にあるように，SEC が外国の発行体に課しているアメリカ会計基準と自国の会計基準との差異に関する調整表作成・開示要件の適用の難しさを認識していることである。この問題認識は，この後の SEC の規制緩和，つまり調整表作成・開示要件の撤廃に向けた

コンセプト・リリース（概念通牒）「国際会計基準」の公表やヨーロッパ連合（EU）との政治交渉に結びつくことになる。

こうした理解が正しいことは，革新的なワークショップやプログラムを通じて最新の SEC 報告や会計教育などを提供する目的で1983年に設立された証券取引委員会研究所（SEC Institute）において翌1999年に行なわれた公式スピーチで，ターナー主任会計士が直接語っている。

■「完成したコア・スタンダードを評価した結果，SEC スタッフが現行の調整表作成・開示要件を縮小または削除すべきと結論づけた場合，スタッフは外国民間発行体に対する現行の提出要件を修正する規則案を SEC〔コミッショナー：引用者〕に提出する必要があります。

その後，SEC は修正案を公表し，パブリックコメントを求めます。スタッフは寄せられたコメントを分析し，SEC〔コミッショナー：引用者〕に対する最終的な勧告を作成します」（Turner (1999)）。

実のところ，この時点で計画されていたのが，それまでに特定した重要な論点のいくつかについて一般からの意見を求めることを目的としたコンセプト・リリースの公表である。そう，2000年2月23日に公表されたコンセプト・リリース「国際会計基準」は，こうした経緯を有するのである。

また，上記の2つ目の下線部にあるように，FASB が「グローバルで調和された基準」を策定することに賛意を示す。FASB が組織改編後の新たな IASB との会計基準のコンバージェンスに向けたポテンシャルを秘めるものでもある。ターナー主任会計士は，アメリカの関係者に対して国際会計基準に関する議論に参加することを勧める。

そこで，ここでのスピーチではこの問題に対する金融界の見解を積極的に求めており，同時にターナー主任会計士自身が「間もなく直面することになる……厳しい決断」（Turner (1998a)）についての意見を要請したことも見逃せない。直面することになる厳しい決断とは，次の3つの問題についてである。

(1) IASC 基準が採用された場合，アメリカの届出者はどのような影響を受けるのか。

(2) 現行のアメリカ会計基準との調整表は投資家にとって有益か。この調整表はアメリカ企業と外国企業の競争条件を「平準化」する有用なツールとなるか。

(3) 今日、IASC基準の厳格な実施を確保するために、質の高い国際的な監査基準や独立性基準など、十分なインフラが世界に存在するか。

　最初の問題は、IASCによるコア・スタンダードが完成した場合のアメリカへの影響の問いかけである。第2の問題は、SECによる調整表作成・開示規制の効力について、そして第3の問題は、コア・スタンダード基準の厳格な適用と解釈、および、それを保証するための質の高い監査基準の整備と効果的な品質管理を行なう監査法人の品質保証などについてである。IASCによるコア・スタンダードの作業計画に呼応する形で、この時点でSECがすでに問題認識していた事実を把握しておくことは、その後のSECによるIFRSの導入に向けた会計規制の展開上、重要な意味を持つ。
　なお、この「銀行および貯蓄金融機関に関するアメリカ公認会計士協会（AICPA）全国会議」でターナー主任会計士が示した国際会計・監査基準に関する見解は、翌月に開催された「SECの最近の動向に関するAICPA全国会議」の聴衆にも繰り返された（Turner（1998b））[12]。

第5節　おわりに

　SECコミッショナーのなかで国際的なことに関心を持っていたのは、民主党系のSECコミッショナーであるハントJr.である（SEC Historical Society (2005b), p.52）。「私は、国際的調和化の目的と、IOSCOの専門委員会のメンバーとしてのSECの活動を支持しており、この問題に関するSECの立場を明確にする〔1996年基本政策による：引用者〕声明を公表したことを嬉しく思います」（Hunt Jr.（1996））とする見解からもうかがえるように、ハントJr.は国際証券規制当局であるIOSCOとSECとの関係をより明確にするのに貢献したことで知られる（Williamson（2017））。
　同じく民主党系のSECコミッショナーであるスティーブン・M・H・ウォールマン（Steven M.H. Wallman）も忘れてはいけない。彼はアメリカの会計規則の現代化とともに国際会計基準の調和化を提唱していた。
　たとえば、国際会計基準について語るとき、とかくアメリカが会計基準のレベルを引き下げるべきか、あるいは、国際社会が会計基準のレベルを引き上げるかという点に視線を注いでいるとして、ウォールマンはこれを大事な問題や

事柄から注意をそらす無関係なものという意味を持つ「燻製のニシン」(Red herring)⁽¹³⁾だと一蹴した。こうした特定の会計基準が異なるかどうかではなく，むしろ当を得た問題は，「企業の財政状態を公正に表示するという目的に適うかどうかである。このことを念頭に置いて，われわれはこの要件を満たす包括的な国際会計基準の作成を促進・支援するために，この分野でより多くのことができるはずであり，またそうしなければならない」(Wallman (1996))との見解の陳述からもこれをうかがい知ることができるだろう。

本章で明らかにしたように，民主党系のレビット Jr. 委員長のもとでのIFRS 導入に向けた会計規制の基盤の形成にあたって最も重要なことは，NSMIAの第509条にみられたように，連邦議会がIASC 基準を支持していたという事実である。

連邦議会サイト (Congress.gov) によれば，下院の通商委員会 (House Commerce Committee) でのNSMIA法案の議案提出者 (Sponsor) は，1995年私募証券訴訟改革法 (PSLRA) や1996年電気通信法を主導した，ジャック・M・フィールズ Jr.（Jack M. Fields Jr.：共和党，テキサス州）下院議員である。

第104回連邦議会での審議で法案に対する下院と上院の意見が一致せず，両院協議会 (Conference Committee) を開催したうえで意見の相違が調整されている。両院協議会で得られた妥協案は両院協議会報告書 (Conference Report) としてまとめられ，改めて票決された。1994年11月8日の中間選挙で，共和党は40年ぶりに上下両院の多数党の地位を占め，下院の商業委員会の委員長に選出されたトーマス（トム）・J・ブライリー Jr.（Thomas J. Bliley Jr.：バージニア州）が提出した両院協議会報告書は，下院でまず合意（9月28日）した。続く上院でも，エネルギー・天然資源委員会委員長のフランク・H・マーカウスキー（Frank H. Murkowski：共和党，アラスカ州）の発議により全会一致で妥協案の報告書に合意（10月1日）した。上下両院を通過した法案は大統領に送付され，10月10日に大統領が署名して，翌日公法律 (Public Law) No. 104-290として NSMIA が成立している。

下院は，両院協議会報告に合意する動議に対して点呼投票 (Roll-Call Vote：（イヤーズ・アンド・ネイズ投票））ではなく発声投票 (Voice Vote) を行なっている。したがって，この法案に対する議員ごとの賛否は不明である⁽¹⁴⁾。

上院での全会一致合意の取決め (Unanimous Consent Agreement) は，上院議員の発言権を制約し，審議の効率化を図るために行なわれる。この取決めは

出席議員全員の賛成が必要で，この合意を取り付けるために，民主党と共和党の指導部の間における協議だけでなく，政治信条や選挙区の事情から議案に反対意見を有する個々の議員の調整も必須とされる（松橋（2004），8頁）[15]。つまり，1996年のNSMIAの成立は，上院議会では民主党と共和党の協議と調整による帰結であり，党派間の意見の対立がみられなかった。

アメリカ証券市場のグローバルな優位性を促進すべく，SEC が受け入れられる一連の国際会計基準の完成に向けた見通しは，党派を超えて共通の関心事であったことを理解しておく必要がある。

■注

(1) ダグラスが，1936年の連邦議会の委員会でSECのような政府機関と証券取引所の関係について述べたものである。つまり，「政府は，ショットガンをいわばドアの陰に隠しておき，弾を装填し，十分に油を塗り，洗浄し，いつでも使えるようにしておきながら，決して使わなくて済むように願う」ようなもの（Douglas (1938), p.3）とたとえた。

なお，ダグラスは，ジョセフ・P・ケネディ（Joseph P. Kennedy）初代SEC委員長の在任期間中（1934年7月2日から1935年9月23日まで）はSECスタッフとして，またジェームズ・M・ランディス（James M. Landis）第2代SEC委員長の在任期間中（1935年9月23日から1937年9月15日まで）はSECコミッショナーを務めた（ダグラスのSECコミッショナーとしての在任期間はSEC委員長時を含め，1936年1月31日から1939年4月16日までである）。

(2) レビット Jr. は FASB のストック・オプションの会計基準案について，当時を次のように振り返っている。

■「問題は議会である。議論は1994年1月の〔大統領：引用者〕選挙が終わるまで続いた。この選挙で共和党が下院で優勢になり，ジョージア州の保守派の議員ニュート・ギングリッジが下院議長の座についた。国家が右に急旋回したようなものだ。どんな規則も厳密に精査されるようになった。FASBが提案した会計原則も例外ではなかった。絶望的な成り行きだ。このままストック・オプション基準をごり押ししたら，基準作成機関としての役割まで失いかねない。FASBを敵視する企業が議会に圧力をかければ，そうなることは火を見るよりも明らかだ。私にとっては，そちらのほうがストック・オプション基準よりも重大問題だった。

〔基準設定主体のFASBが所在する：引用者〕ノーウォークで私はFASBと内輪の会合を持った。そこで，引き下がるよう勧めた。FASBが新基準を採択しても，SECは施行しないと釘もさした。FASBが譲歩し，ストック・オプション付与については損益計算書の脚注の中で公表するという緩やかな規則に変更したのは，それから間もなくだった。

今思うと，私は間違っていた。降伏を勧めなければ，FASBはあくまでも頑張り通したはずだ。これが一番FASBのためになると思い込んで，私はこの勇気ある組織の窮状を救えなかった。それどころか，企業と議会の干渉を強めるきっかけを作ってしまったのかもしれない。私はFASBを権力闘争には巻き込みたくなかった。ころころ変わる企業のCEOや気紛れなワシントンの議員の顔色をうかがうようになれば，FASBはその役割を果たすことができないからだ。しかし，私は政治状況を見誤っていたのかもしれない。1995年半ば，ギングリッジ下院議長と共和党下院議員の行き過ぎた言動が有権者にそっぽを向かれ，再び中道寄りのムードが高まってきた。結局，

私はFASBの将来について取り越し苦労をしていたのである」(Levitt (2002), pp.110-111 (レビット著, 小川訳 (2003), 149-150頁)。下線と強調は引用者)。

(3) SECが証券市場の規制で国際化に本格的に対応したのは, アメリカの国内外の投資家による外国株式やアメリカの株式の売買が1980年代になって急増したことと符合する (杉本 (2009), 第3章)。連邦議会への調査報告書の提出に先立つ1985年2月に, SECは多国籍証券募集の円滑化に関する開示方法などの証券法リリース (SEC (1985)) を公表し, 相互目論見書アプローチ (Reciprocal Approach) と共通目論見書アプローチ (Common Prospectus Approach) という2つの政策を打ち出していた。これらのアプローチは, それぞれ相互承認制度と統一的な国際的な会計基準の設定の考えに結びつく (SEC (1985); 杉本 (2009), 64-67頁)。1987年2月には, 証券市場の国際化に関するラウンドテーブル (円卓討論) を開催し, 国際的文脈での流通市場取引と公募などについて議論している。

(4) 「証券市場の国際化」の報告書は, 次のような構成となっている。

> Ⅰ はじめに
> Ⅱ 証券市場の国際化の趨勢に影響を及ぼす要因
> Ⅲ 証券の多国間および国際的な発行に関する開示および流通基準
> Ⅳ 多国間および国際的な証券発行に関する会計・監査基準
> Ⅴ 国際取引と国際的な証券市場
> Ⅵ 投資会社・アドバイザーと証券市場の国際化
> Ⅶ 国際的な証券市場におけるアメリカ証券法の執行

SEC (1985) での相互目論見書アプローチと共通目論見書アプローチの政策を踏まえ, SECが直面する開示規制や会計・監査基準についての課題とそのあり方を次のように記している。

■「**アメリカの開示制度で中心となるのは, 要求される財務諸表および関連する財務情報の開示である。会計原則, 監査基準, 監査人の独立性基準の違いが, 外国の発行体がアメリカで証券を公募する際の主な障害となっている。**外国の会計による開示をアメリカの会計原則に調整することは可能であるが, 時間とコストがかかる可能性がある。監査基準の遵守は非常にコストがかかる可能性があり, 過去に準拠していない場合は不可能な場合もある。とはいえ, **会計原則と監査基準は開示制度の中核をなすものなので, 国際的な会計基準と監査基準が進化するまでは, 外国の基準や実務を受け入れることは制限されてきた。そのプロセスはまさに進行中である。**

　外国の発行体はまた, アメリカの証券法によって課された責任や, SECの管轄に服することに懸念を表明している。おそらくこうした懸念は, 本国がより積極的に相互監視および執行協定を策定し, 利用するようになれば軽減されるだろう。

　SECは, 初期の実験的な取組みとして, 特定証券の登録に関する互恵的な開示の提案を作成している。互恵的な開示の登録届出書のフォーム (様式) は, 発行体の本国で要求される募集書類をアメリカでの募集のための目論見書として使用するものである。**このアプローチを実施するうえでカギとなるのは, 会計原則と監査基準である。**互恵的アプローチ (相互目論見書アプローチ: Reciprocal Approach) が採用される場合, これらの分野は, どの管轄 (法域) を含めるべきか, また, どのようなクラスの発行体や証券の種類を認めるべきかを決定するうえで中心となる。

　SECは当初, イギリスとカナダとの間で互恵的なアプローチを実施することを提案したが, その理由は, これらの国の開示および会計慣行がアメリカのそれと最も類似していること, また, これらの国の発行体がアメリカで頻繁にファイリングする頻度が高く, これらの国々の基準に精通しているためである。互恵的な登録は, 主に投資適格債を発行するワールドクラスの発行体に

第 1 章　民主党政権下の IFRS 導入に向けた会計規制の基盤形成　●　55

　　　適用される。なぜなら，これらの証券は，大部分が利回りと格付けによって取引されるからである。したがって，本国表示からの会計と監査の調整は不可欠ではない」（SEC（1987），Ⅲ-323-325。下線と強調は引用者）。

(5)　レビット Jr. が SEC 委員長に就任したのは，民主党のクリントン政権が発足した 6 ヵ月後の1993年 7 月27日である。興味深いことに，実は民主党に属するレビット Jr. を SEC 委員長に推す声は，共和党のレーガン政権時にもみられた。当時のジョン・シャド（John Shad）SEC 委員長（共和党系：在任期間は1981年 5 月 6 日から1987年 6 月18日まで）の後任として，アラン・K・シンプソン（Alan K. Simpson）上院議員（共和党：ワイオミング州）が大統領に宛てた1987年 5 月 4 日付の推薦書簡（Simpson（1987））がそれを物語る。
　　　後のオバマ政権時に，超党派委員会の「財政責任および改革委員会」（NCFRR）の共同委員長を務めることになるシンプソン上院議員は，アメリカ証券取引所の会長であったレビット Jr. が金融市場の仕組みに最も精通した優れた資質を有していることに加えて，連邦議会で優れた関係を築いていることを推薦理由としてあげる。「SEC は今後連邦議会で『厳しい試練』に直面するだろうが，アーサー・レビットならそれに対処できるだろう。アーサー・レビットにはさまざまな分野の議員と効果的に付き合う能力がある」（Simpson（1987））と言う。当時，レビット Jr. の資質への高い評価は党派を超えてのものだったのである。とはいえ，シャド委員長の後任は，ノースウェスタン大学のデビッド・S・ルーダー（David S. Ruder）（共和党系：在任期間は1987年 8 月 7 日から1989年 9 月30日まで）が就いた。
(6)　この点については，たとえば，SEC の元国際企業財務室室長であったサラ・ハンクス（Sara Hanks）の見解（Hanks（2003），Chapter 14・16）（世界の証券監督者が加盟する IOSCO に SEC が加盟していることが，国際会計基準の開発に対する SEC のコミットメントを示している）や，Camfferman and Zeff（2007）は，IASC も SEC を経由して IOSCO とのコンタクトを確立していたとの見解（pp.295-298）などでも裏打ちされる。
(7)　1996年基本政策の公表時，SEC コミッショナーの構成は，民主党系のレビット Jr. 委員長，アイザック・C・ハント Jr.（Isaac C. Hunt Jr.），スティーブン・M・H・ウォールマン（Steven M.H. Wallman）と共和党系の J・カーター・ビーズ Jr.（J. Carter Beese Jr.）の 4 名であった。
(8)　1996年基本政策に込められた真意の汲み取りを誤ってはならない。IASC によるコア・スタンダードが構築されれば，そのままアメリカ国内で当該会計基準の受入れを表明したものではないということである。外国の発行体がアメリカでコア・スタンダードを使用することを容認するか否かについて，SEC が検討するお膳立てがようやく整うことを意味しているだけである。
(9)　「3 つの重要な目的」，「鍵となる 3 要素」とも言われる。
(10)　「SEC の最近の動向に関する AICPA 全国会議」および「SEC および PCAOB の最近の動向に関する AICPA 全国会議」の性格やこの全国会議での SEC の役割，および，SEC 主任会計士室をはじめとする SEC 関係者の報告のありようなどについては，第 5 章を参照されたい。
(11)　コンセプト・リリース「国際会計基準」についての SEC コミッショナーによる票決については，第 3 章の図表 3 - 4 を参照されたい。
(12)　ターナー主任会計士は，3 つの重要な要素による評価基準を使った SEC の評価プロセスで考慮すべき問題として，繰り返しになる事項もあるが，さらに次の 3 つがあるとい

う（Turner（1999））。
① **インフラの支援**：IASC 基準が厳格に解釈され適用されるように十分に支援されているか。
② **移行問題**：「改善されていない」IASC 基準を適用している過去の財務諸表をどのように対処すべきか。
③ **解釈上および適用上の問題**：IASC が適用指針よりも原則の明確化に重点を置いていることで問題は生じないか。

(13) この「Red herring」という用語は，外国の発行体がアメリカ市場に参入しやすくしないとアメリカ市場の優位性が失われ，より多くの資本がロンドン市場に流れ込んでしまうといったアメリカの証券取引所側の懸念に対して，サットン主任会計士も「真っ赤な嘘」だと考えていた（SEC Historical Society（2005b），p.52）として用いたものでもある。

(14) 6月19日に行なわれた下院での当初の修正法案の可決動議に対しては点呼投票によって可決している。その票決は，賛成407票（共和党224票，民主党183票），反対8票（共和党4票，民主党3票，無党派1票），無投票18票（共和党7票，民主党11票）であった（CLERK, Rall Call 249：Bill Number：H.R. 3005参照）。

(15) その手順として，「議案の本会議上程に際しては，多数党院内総務は，まず全会一致合意を取り付けるため，少数院内総務，所管の委員長，さらにはその議案に特別の関心を有すると通告（ホールド）してきた個々の議員にいたるまで，幅広く協議・調整する。その協議が整えば，多数党院内総務は，その議案の上程・審議のための全会一致合意取決めの要求を本会議に提出する」（松橋（2004），26頁））。

第2章
共和党政権下のIFRS導入に向けた会計規制の基盤形成

第1節　はじめに - 問題意識 -

　アメリカ大統領選挙は現職有利と言われるなか，1992年アメリカ合衆国大統領選挙で民主党のビル・クリントン（Bill Clinton）は，現職で共和党のジョージ・H・W・ブッシュ（George H.W. Bush）を下して当選した。民主党や共和党には政党の党首は存在せず，連邦議会の上下各院に院内会派のリーダーとして院内総務が置かれている。4年に一度実施される大統領選挙であるが，1996年アメリカ合衆国大統領選挙では，現職で民主党のクリントン大統領が，上院議会の院内総務としてはじめて大統領指名を受けた共和党候補のロバート・J・ドール（Robert J. Dole）を破り再選を果たしている。

　クリントンの2期の大統領任期満了後の新たな大統領を選出する2000年アメリカ大統領選挙は，最も接戦となった選挙の1つでもある。

　アメリカの大統領選挙は，一般投票（一般選挙）で有権者が選挙人を選出し，その選挙人が大統領と副大統領を選出する間接選挙制をしいている。この選挙人の選出数は各州に割り当てられており，しかも最多得票の一団を指名した政党がその州のすべての選挙人投票をする，いわゆる勝者独占方式を採る。

　2000年アメリカ合衆国大統領選挙は，民主党の現職の副大統領であるアルバート・A・ゴア Jr.（Albert A. Gore Jr.：アル・ゴア）と共和党候補のジョージ・W・ブッシュ（George W. Bush）との争いによるもので，連邦法が定める一般投票での選挙人確定期日まで再集計をめぐる合衆国最高裁判所の判決にまで展開し，きわめて僅差でブッシュ勝利という激戦区フロリダ州の州務長官（Secretary of State）の公式認定が確定した。これにより，ブッシュが当選し，

次期の第43代大統領への就任が決定する。歴代のアメリカ大統領のなかで、第2代大統領の連邦党のジョン・アダムズ（John Adams）と第6代大統領の民主共和党のジョン・Q・アダムズ（John Q. Adams）の親子に続いて2組目の親子による大統領の誕生である。

　政治理念の異なる民主党から共和党への政権交代は、国際的な枠組みのもとでアメリカの国際規制協力に関する政策にも変化をもたらすのか。この点について、とくに機運の高まりとともに国際機関を通じて直接的に関与しつつ、同時にその後に必然的に生じるアメリカの資本市場における会計規制の課題にいかに向き合うべきか——形成されたアメリカのIFRS導入に向けた会計規制の基盤を継承して維持発展させるのか否か、複雑な政策形成過程についてその解明を順次試みていくことにしよう。

第2節　ピット委員長による高品質な会計基準に向けた国際的コンバージェンス

1　「覚書：ノーウォーク合意」締結に向けた基盤の構築

　民主党のクリントンからブッシュの共和党政権への2001年1月の移行は、同時に、アメリカの財務報告制度におけるIFRS導入に向けた素地をなすさまざまなアクションに結びつく。

　最長在任期間のSEC委員長であり、しかも投資家の擁護者と評された民主党系のアーサー・レビット Jr.（Arthur Levitt Jr.）が、2001年2月9日にSECを辞した後、ブッシュ大統領は8月3日に新たな第26代のSEC委員長として共和党系のハーヴェイ・L・ピット（Harvey L. Pitt）を任命した。その1ヵ月後の9月11日にはアメリカ同時多発テロ事件（いわゆる「9.11事件」）が発生し、2001年12月には巨額の会計不正により破綻した大手エネルギー会社によるエンロン（Enron）事件などにも直面し、混乱した市場への迅速な対応やサーベンス・オックスリー法（SOX法：いわゆる「企業改革法」と称される「2002年上場企業会計改革および投資家保護法」（Public Company Accounting Reform and Investor Protection Act of 2002））による規制措置の実施という難局を乗り切るリーダーシップを発揮したとの評価を後に得たSEC委員長でもある。

　2001年以降の共和党政権下で、アメリカの財務報告におけるIFRS導入をめ

ぐる SEC の規制措置の素地やその方向性については，ピット委員長がロンドンで開催された『フィナンシャル・タイムズ』(Financial Times) 紙のカンファレンス (2002年10月8日) やブリュッセルで開催されたイングランド・ウェールズ勅許会計士協会 (ICAEW) のカンファレンス (2002年10月10日) で行なったスピーチから如実にうかがえる。いずれの論調もおおむね同じで，そのスピーチの一端は，次のとおりである。

■「エンロンが提起した会計問題の検討に加えて，世界中の規制当局は，世界市場に歩調を合わせるために，他の多くの会計上および財務報告上の問題についても進めてきました。過去12ヵ月の間に，ヨーロッパ連合 (EU) 域内の財務報告のインフラには大きな変化がありました。そのなかでおそらく最も重要なものは，2005年までに約7,000社の EU 上場企業の公式の会計基準として国際会計基準 (IAS) を使用することを義務づける規制を採択したことでしょう。**ヨーロッパのほとんどの発行体が特定の期日までに単一の会計基準を使用することによる影響のため，2005年の期限は，SEC が財務情報の開示と監査プロセスを改善する際に念頭に置く興味深い目標期日となっています。**2005年までに会計基準の改善と短期的コンバージェンス (Convergence)，IAS の一貫した解釈と適用のためのプロセスと構造の開発，財務報告のインフラの強化において十分な発展がみられた場合，**2005年は，EU 加盟国の外国民間発行体が IAS からアメリカ会計基準 (U.S. GAAP) への調整を継続することを SEC が要求すべきかどうかを決定するための適切な目標期日になる可能性があると私は考えています。FASB と IASB は，主要な国際資本市場全体で高品質な会計基準を策定するために協力することに取り組んでいます。彼らは最近，現行のアメリカの一般に認められた会計原則と国際会計基準との間の重要な相違点を解消することを目的とした，歴史的かつ非常に重要な共同プロジェクトに着手する意向を発表しました。両審議会のスタッフは，証券取引委員会 (SEC) のスタッフとともに，このプロジェクトの範囲について協力して取り組んできました。SEC は，FASB と IASB の両審議会に対し，会計原則の相違をできる限り排除するための合理的かつ実用的な短期的解決策を開発するよう促してきました**」(Pitt (2002a)。下線と強調は引用者)。

■「過去12ヵ月の間に，EU の財務報告のインフラには大きな変化がありました。そのなかで最も重要なものは，2005年までに，EU 上場企業の約7,000社に対して国際会計基準 (IAS) を公式の会計基準として使用することが義務づけられていることでしょう。

　2005年1月1日までにヨーロッパのほとんどの公開企業が国際会計基準に移行することで，首尾一貫性と透明性のある財務報告を奨励するために，ヨーロッパ

では他にも多くの動向が始まっています。監査の品質保証のための最低基準を導入し，監査人の独立性を強化する取組みが進められています。私は，ヨーロッパ証券規制当局委員会（CESR）が執行原則に関する声明案を発表する準備を進めていることを承知しています。

2005年までにヨーロッパのほとんどの発行体が単一の会計基準を使用するようになることは，財務情報の開示と監査プロセスを改革するうえで興味深い目標期日となります。2005年までに，会計基準の改善と短期的コンバージェンス，IASの首尾一貫した解釈と適用のためのプロセスと構造の開発，財務報告のインフラ強化において十分な発展がみられた場合，EU加盟国の外国民間発行体がIASからアメリカ会計基準（U.S. GAAP）への調整を継続する必要性を再検討することが適切でしょう。

会計基準のコンバージェンスへの欲求はこれまで以上に高まっています。私たちにとって，コンバージェンスは最終的には，すべての基準設定主体が公平に適用される単一の高品質な会計基準に合意することを目指しています。これにより，公表された財務諸表の比較可能性に関する不確実性が大幅に軽減され，市場に対する情報の透明性が大幅に向上します。世界の基準設定主体は，この最終目標に向けて努力しているので，長期的なプロジェクトだけでなく，短期的なプロジェクトにおいても，その過程で差異を削減することが重要です」（Pitt（2002b）。下線と強調は引用者）。

　これらのスピーチは，ピットがSEC委員長に就任して1年2ヵ月ほど経過したときのものである。ほぼ時が同じ頃に公表されたのが，国際的な2つの会計基準を改善し，コンバージし，共同での基準開発を展開することを約した，財務会計基準審議会（FASB）と国際会計基準審議会（IASB）による「覚書：ノーウォーク合意」（Memorandum of Understanding "The Norwalk Agreement"）である。この覚書は，「〔アメリカ：引用者〕国内の財務報告においても国境を越えた財務報告においても利用できるような，高品質で互換性のある会計基準を開発することで合意した」もので，2002年9月18日にアメリカのコネチカット州ノーウォークで開催されたFASBとIASBの共同会議を踏まえたものであった。

　コンバージェンス（Convergence）は，生物学，数学，科学技術などでの現象，特性および傾向などを捉える際に幅広く用いられている。近年のサステナビリティ・サイエンスでもコンバージェンスの概念が利用されている。国際環境シンクタンクNGOのクライメート・アクション・トラッカー（CAT）が温室効果ガス（GHG）排出量の削減枠組みでの衡平性指標ないし評価指標の1つとし

て利用する1人当たり排出量均等化(収束と収斂(コンバージェンス))こそその利用例である。

　会計の分野では,「覚書:ノーウォーク合意」が国際的な2つの会計基準のコンバージェンスをより具体化したものである。しかし,会計基準の国際的なコンバージェンスは必ずしも新しい概念ではない。FASBのWebsiteで整理された「国際会計基準の比較可能性の沿革」(Comparability in International Accounting Standards-A Brief History)によれば,コンバージェンスの概念は,第2次世界大戦後の経済統合とそれに関連する国境を越えた資本移動の増加に対応して,1950年代後半にはじめてみられたという。当初の取組みは,世界中の主要な資本市場で使用されている会計原則間の差異を削減すること,つまり調和化(Harmonization)に焦点が当てられていた。1990年代までに,この調和化の概念はコンバージェンスの概念に置き換えられ,少なくともすべての主要な資本市場で使用される単一の高品質な国際会計基準の開発を意味するに至ったと説く。「覚書:ノーウォーク合意」の締結は,IASCからIASBへと組織再編して開発するIFRSをアメリカ会計基準とともに改善し,コンバージェンスするための協力のイニシアティブ(目標達成のための主体的行動)なのである。

2　「覚書:ノーウォーク合意」締結に向けたSECの働きかけ
―国際的コンバージェンスの根拠法とSEC主任会計士の任命―

　アメリカにとって,国際的な2つの会計基準のコンバージェンスは,SOX法第108条(会計基準)が根拠規定でもある。この条項により改正された1933年証券法第19条の第(b)項の(1)(A)(v)は,証券諸法の目的に照らして,SECが「一般に認められた」会計原則として認定できるものを定めるアメリカの基準設定主体は,「会計原則を採用する際には,ビジネス環境の変化に対応するために基準を常に最新のものとする必要性,および公益,投資家保護のために高品質な会計基準に向けた国際的コンバージェンスが必要または相当とされる範囲について検討するものとする」(下線は引用者)と規定する。

　この規定について,当時のFASBのロバート・H・ハーズ(Robert H. Herz)議長は,「基準設定活動の一環としてアメリカの会計基準設定主体に国際的コンバージェンスについて検討することを要求しているが,国際的コンバージェンスの達成は求めていない。むしろ,アメリカの基準設定主体に対してコンバージェンスのメリットについて検討することを要求している」(Herz(2013), p.84（ハーズ著，杉本・橋本訳（2014），98頁））と解した。ただし，同時にこの規定は，国際的コンバージェンスのメリットの具体的な検討のあり方などは一切述べていない。「この法律は，SECの監視の下で，それを基準設定主体に一任しているように思われる」（Herz（2013），p.84（ハーズ著，杉本・橋本訳（2014），99頁））と理解していた。

国際的な2つの会計基準のコンバージェンスを一貫して支えてきたのは，SECである。

そもそもSOX法第108条は，1933年証券法第19条の改正とともに，追加条項を実施するための権限をSECに付与した。その意味からすれば，高品質な会計基準に向けた国際的コンバージェンスの達成は，SECによる権限行使に大きく委ねられたと理解してよい。

時のSEC委員長であったピットは，FASBとIASBによる「覚書：ノーウォーク合意」によるコンバージェンスの合意は，「アメリカおよび世界中の投資家にとって積極的な措置」であり，「短期と長期の両面でより大きなコンバージェンスを目指しながら，投資家向けの情報を改善する方法に注目を集める絶好の機会」（SEC（2002b））の到来と捉えている。それもそのはずである――FASBとIASBに対して両会計基準間の差異をできる限り取り除くための短期的解決策を展開することを促したのは，ピット委員長自身だからである。

SEC主任会計士の任命にこそその戦略が込められている。

ピット委員長は，「覚書：ノーウォーク合意」が締結される前年の2001年9月19日にロバート・K・ハードマン（Robert K. Herdman）をSEC主任会計士に任命した。前職が大手監査法人のアーンスト・アンド・ヤング（Ernst & Young）LLPのトップ・パートナーだったハードマンには，アメリカの会計および財務開示制度の改定と最新化を主導するとともに，「国際会計基準に関するアメリカの政策を策定する首席顧問（Principal Advisor）」（SEC（2001a））の役割も担わせた。その役割を果たすべく，ハードマンは主任会計士への就任早々，グローバルな資本市場の継続的かつ効率的な拡大への「基準設定主体による会計基準のコンバージェンスの重要性」を主張した。とくに，「コンバージェンスがより短期的な目標となる」べきとの期待を表明している（Herdman（2001））[1]。

こうした表明は，ピット委員長の政策や戦略の考え方のうえにたつと捉えることは決して誤りではない。

現にピット委員長は，2001年11月14日に開催されたSEC歴史協会（SEC Historical Society）のカンファレンスでのスピーチにおいて，「われわれは，高品質な国際会計基準を作成することを目的としたすべての協力的な努力に刺激され，勇気づけられています。……<u>将来を見据えれば，これらの基準の解釈と適用において国家間の整合性に向けて協力しなければならず，互換性のあるコア（中核的）な会計基準の価値が一部失われることも認識しなければいけません</u>」（Pitt（2001）。下線は引用者）と明言しているからである[2]。

その後もハードマン主任会計士は，IASBとの短期的コンバージェンスを達成するための取組みを加速し，SECの財務報告や開示改革の取組みと連携する必要性を繰り返し説いている（Herdman（2002））。

ところで，IFRS財団の定款やIASB創設時の「国際財務報告基準に関する趣意書」（Preface to International Financial Reporting Standards）には，IASBの目的の1つに「IFRSs，すなわちIASBが公表する基準および解釈指針の採用を，各国会計基準とIFRSsとのコンバージェンスを通じて，推進し促進すること」が盛り込まれた。IASBが当初検討していたこのコンバージェンスの可能性についてアクションを起こした者こそが，ハードマン主任会計士である。彼は2002年4月に，IASBのデイビッド・トゥイーディ（David Tweedie）議長宛の書簡を通じて，IASBのコンバージェンスの計画について問い合わせたことに加え，8月初めに国際的な2つの会計基準の審議会議長をワシントンD.C.のSEC本部に招き，会談した。アメリカ会計基準とIFRSとの差異を削減する短期コンバージェンス・プロセスの計画について検討することが目的である（Camfferman and Zeff（2015），p.128）。翌月のノーウォークでのFASBとIASBによるコンバージェンス戦略の採択に弾みがついたのは，ピット委員長の政策や戦略の考えを踏まえた，ハードマン主任会計士の積極的な働きかけに負うところが大きい。

第3節　PCAOB委員長任命にみる政治介入
－ピット委員長体制の瓦解－

ルイス・ロス（Louis Loss）およびトロイ・パレデス（Troy Paredes）とともに全11巻からなる共著『証券規制』（*Securities Regulation*）を著わした，アメリカ連邦証券法の第一人者であるジョエル・セリグマン（Joel Seligman）は，

SECの歴史のなかで，ピットが委員長を務めた最後の激動の数ヵ月ほどSECコミッショナー間の関係が緊張したことはなかったという (Seligman (2006), p.1482)[(3)]。

エンロンやワールドコム (Worldcom) の会計不正による経営破綻を受けて，ピット委員長のもとで2002年7月30日に制定されたSOX法の第1章 (第101条～第109条) は，証券諸法に服する公開企業の監査および関連事項を監視するための公開企業会計監視委員会 (PCAOB) について規定する。このPCAOBの設置は，財務情報開示の強化に伴う内部統制とともにSOX法の中核をなす措置であり，第101条第(e)項(4)によれば，SOX法施行後90日以内に (つまり，2002年10月28日までに)，連邦準備制度理事会 (FRB) 議長と財務長官との協議の後，PCAOBの委員長と最初のメンバーの任命を求めている。このPCAOBのメンバーの任命プロセスが機能不全に陥ったことが，コミッショナー間で緊張感が高まった最大の理由である。

その本質として，PCAOB委員長の候補者であるジョン・H・ビッグス (John H. Biggs) とウィリアム・H・ウェブスター (William H. Webster) を推す構図そのものが政党対立を如実に表している。

ピット委員長，民主党系のSECコミッショナーであるハーヴェイ・J・ゴールドシュミット (Harvey J. Goldschmid) およびハードマン主任会計士は，9月1日にアメリカ教職員保険年金連合会・大学退職株式基金 (TIAA-CREF) のCEOであったビッグス[(4)]に会い，PCAOBの委員長になることを支持し，他の3名のSECコミッショナーに提示する意向を示した (Goldschmid (2002), Campos (2002))。共和党と民主党の党派を問わず，すべてのSECコミッショナーに支持されるはずと評された候補者である。

SOX法が規定する「施行後90日以内」の期日が迫る10月25日に開催した公開のコミッショナー会議で，SECはPCAOBの創設時メンバーを選出したことを発表している (SEC (2002a))。このプレスリリースによれば，450件の推薦者・応募者のなかから，SECが委員長として選出したのは，ビッグスではなく，連邦捜査局 (FBI) 元長官や中央情報局 (CIA) 元長官のウェブスターであり，また委員としてカイラ・J・ジラン (Kayla J. Gillan：カリフォルニア州職員退職年金基金 (CalPERS) 元主任法律顧問)，ダニエル・L・ゲルツアー (Daniel L. Goelzer：SEC元法務担当責任者)，ウィリス・D・グラディソン Jr. (Willis D. Gradison Jr.：元下院議員)，そしてチャールズ・D・ニーマイヤー (Charles D.

Niemeier：SEC法執行局の主任会計士）を選出した。

当日のSECコミッショナー会議は紛糾した。というのも，当日朝までPCAOBの候補者名が各コミッショナーに知らされていなかったからである。「選出プロセスに欠陥があった」（Goldschmid（2002））と批判される理由がここにある。

図表 2 － 1 は，PCAOB初代委員長の任命に関するSECコミッショナーの票決結果を整理したものであるが，明らかに政党間での分裂がうかがえる。なによりも注目すべきは，上述したように，ピット委員長は当初から委員長候補として，政党という枠組みを超えてゴールドシュミットとともにビッグスを支持していたにもかかわらず，その票決時には翻意している。なにがあったのか――SEC委員長への政治的圧力である。

図表 2 － 1　PCAOBの創設時委員長の任命に関するSECコミッショナーの票決

SECコミッショナーの票決	PCAOBの創設時委員長としてWebsterの任命（2002年10月25日）	
	賛成票	反対票
	Pitt（共），Glassman（共），Atkins（共）	Goldschmid（民），Campos（民）
	⇧	⇧
	共和党（系）	民主党（系）

注：「共」は共和党，「民」は民主党を意味する。
出所：Campos（2002），Glassman（2002），Goldschmid（2002）およびSEC（2002a）をもとに作成。

ピット委員長がゴールドシュミットおよびハードマン主任会計士とともにビッグスを擁立したことに対してアクションを起こしたのは，会計業界の監査人である。

監査人のロビイング（ロビー活動）が連邦議会下院の共和党に圧迫を一層加え，その後共和党がピット委員長にその矛先を向けた。ピット委員長はそれに屈し，ビッグスに代わる「政治的に安全な代替案」として判事であるウェブスターに変心したのである（The Washington Post（2002））。監査人がロビー活動を展開したのは，大規模年金基金のCEOであるビッグスが，監査人の影響力から独立しすぎていることへの懸念からである（The Wall Street Journal（2002））。SECの監督下にあるPCAOBが，公開企業の監査および関連事項を

監視して、投資家の利益を保護し、公益を増大させる目的に照らし合わせれば、監査人監督にあたっての監査の専門知識がある程度問われるが、ウェブスターにはその知識がほとんどない。保守派、共和党寄りの立場にある『ウォール・ストリート・ジャーナル』紙の報道（The Wall Street Journal（2002））でさえ、ウェブスターが同意したことは謎だとする。

　SEC コミッショナーとは違って、PCAOB の委員長などは大統領の政治任用（プレジデンシャル・アポイントメント）によるものではない。創設時の委員長の任命は、ロビー活動に伴う連邦議会の共和党からの政治的圧力によるものであるが、SOX 法第101条第(e)項(2)により、任命される5名の委員のうち現職または元の公認会計士は2名とする資格制限があることも、監査人のロビー活動を積極的に展開させた1つの理由だったのかもしれない。PCAOB 創設時メンバーの5名のうち、公認会計士はゲルツアーとニーマイヤーの2名である。

　ロビー活動に伴う政治的圧力には、時として副次的影響をもたらすことがある。

　こともあろうに、任命されたウェブスターが詐欺容疑で捜査を受けているハイテク企業のUSテクノロジーズ（U.S. Technologies）社の監査委員長であったと主要紙の『ニューヨークタイムズ』（The New York Times）紙や『ワシントン・ポスト』紙などで報道された（Labaton（2002）；Day（2002））。ここで明るみに出たのは、ピット委員長とハードマン主任会計士の関係悪化である。

　というのも、ハードマン主任会計士は、ウェブスターが同社の監査委員長であった在任期間を把握せず、また会計不正に関与している事実を他のSEC コミッショナーなどに知らせていなかった。これが原因で、ハードマンはSEC 主任会計士を辞任した。「選出プロセスに欠陥があった」と言われるもう1つの所以でもある。

　実はその4日前（2002年11月5日）には、ピットは自身の給与やSEC 委員長の閣僚への引上げ要求をはじめとするたび重なる失策の汚名により、ブッシュ大統領に辞表を提出していた（Cummings et al.（2002））[5]。ピットは、雇われ召使だとも揶揄されたウェブスターの任命が追い打ちとなり、SEC に向けられた批判の連鎖による政治的混乱とともに、波乱万丈のSEC 委員長の在任期間の幕を引いた。

第4節　ドナルドソン委員長による IFRS 導入と相互承認戦略

1　ブッシュ大統領によるドナルドソン委員長の任命とその意義

　ピットが SEC を辞した後のアメリカにおける IFRS 導入の展開を振り返れば，SEC の2つの最重要人事，つまり大統領による SEC 委員長の政治任用と新たな委員長による SEC 主任会計士室の主任会計士の任用が優れて機能したものだと言ってよい。

　ピットの後任として白羽の矢が立ったのは，ウィリアム・H・ドナルドソン（William H. Donaldson）である。

　2002年12月10日に，ブッシュ大統領は SEC 委員長としてドナルドソンを任命した[6]。ブッシュ政権にとって，「会計業界との繋がりがあまりにも親密すぎると非難されたピットに対する解毒剤」（Thomas and Henriques（2002））こそドナルドソンの任命であった。上院の銀行・住宅・都市問題委員会での SEC 委員長指名に関する公聴会資料（The United States Senate（2003），Biographical Sketch of Nominee）をはじめ，ホワイトハウス（The White House）や SEC Website 上の公式バイアグラフィ（略歴）でも紹介されているが，ドナルドソンは政府，ビジネス，学識経験者でもある。ニクソン政権で国務長官のヘンリー・A・キッシンジャー（Henry A. Kissinger）の国務次官（国際安全保障問題担当），フォード政権でのネルソン・A・ロックフェラー（Nelson A. Rockfeller）副大統領の特別顧問，ニューヨーク証券取引所（NYSE）や保険大手エトナ（Aetna Inc.）の会長兼 CEO であり，またイェール大学経営大学院（Yale School of Management）を共同設立して終身在職権（ウィリアム・S・バイネッケ経営学教授（William S. Beinecke Professor of Management））を有する初代大学院長を務めるなどの輝かしい経歴を持つ。

　ドナルドソンは，上院の銀行・住宅・都市問題委員会での SEC 委員長指名に関する公聴会（2003年2月5日）での承認を受けて，2003年2月18日に第27代 SEC 委員長に就任した。

　ここで特筆すべきことは，ブッシュ家とドナルドソンのイェール大学（Yale University）を縁とした深い繋がりである。

より具体的に言えば「ボーンズマン」(Bonesmen)、つまりイェール大学に創設された名家出身の学生が入会する秘密結社「スカル・アンド・ボーンズ」(Skull and Bones：頭蓋骨と骨。髑髏と肢骨)のメンバーだという共通項がある。ブッシュ大統領によるドナルドソンのSEC委員長の任命は、この固い絆を礎に展開されたものであり、信頼はきわめて厚い[7]。

時のブッシュ大統領（第43代大統領）の祖父は、銀行家で連邦議会上院議員（共和党：コネチカット州選出）のプレスコット・S・ブッシュ（Prescott S. Bush）である。その次男は後に第41代大統領となるジョージ・H・W・ブッシュ（George H.W. Bush）で、三男は銀行家のジョナサン・J・ブッシュ（Jonathan J. Bush）である。ブッシュ家3代にわたるボーンズマンであるが、ドナルドソンも1953年にイェール大学を卒業する前にボーンズマンとなり、「そこで大統領の叔父であるジョナサン・ブッシュとはじめてブッシュ家とのコネクションを築いた」(Thomas and Henriques (2002))。ドナルドソンがウォール街で最初に就いた仕事も、ブッシュ大統領の父（ジョージ・H・W・ブッシュ）の母方の祖父であるジョージ・H・ウォーカー（George H. Walker）が設立した投資銀行・証券会社のG.H.ウォーカー＆カンパニー（G.H. Walker & Co.）においてである（Zuckerman and Coile (2002)）。

なお、2004年アメリカ合衆国大統領選挙で現職のブッシュと激戦を繰り広げた民主党候補のジョン・F・ケリー（John F. Kerry）もイェール大学の卒業生であり、しかもボーンズマンである（ジョージ・W・ブッシュは1968年のボーンズであり、ケリーは1966年のボーンズである）。それまでボーンズマンから3名の大統領（第27代大統領：ウィリアム・H・タフト（William H. Taft：共和党）、第41代大統領：ジョージ・H・W・ブッシュ（共和党）、第43代大統領：ジョージ・W・ブッシュ（共和党））が当選しているが、ジョージ・W・ブッシュが再選を果たしたこの大統領選挙は、2人のボーンズマンによる争いでもあった[8]。

2　ドナルドソン委員長によるSEC主任会計士の任命とその期待

投資家の信頼回復には時間を要する。ニューディール政策以来、最も抜本的なアメリカ企業の改革法であるSOX法とSECがすでに打ち出した規則や規制を精力的に施行して、着実に投資家の信頼回復に努めることが、ドナルドソン委員長の基本姿勢である。とくにドナルドソン委員長にとって、SEC前委員長が退任する直接的原因であったPCAOB委員長の人選は最優先事項である

(The United States Senate（2003））。だからこそ，SEC 委員長に就任した2週間後に，PCAOB 委員長の選出プロセスに関する SEC 声明（SEC（2003a））を素早く発表した。SOX 法による法定基準とともに新たな追加基準（候補者を評価する際に，必須ではないが SEC が望ましいと考える基準）からなる委員長選出基準を含み，候補者の絞り込みから任命を承認する SEC コミッショナーの投票までの手順をより明確にしている。その甲斐あって，SEC コミッショナーは PCAOB 委員長にニューヨーク連邦準備銀行（Federal Reserve Bank of New York）総裁ウィリアム・J・マクドノー（William J. McDonough）を全会一致で承認し（SEC（2003b）），SOX 法上の滞っていた懸案を解決した。

　ドナルドソン委員長は，アメリカの証券市場の基礎をなす5つの目標を掲げた——①投資家の信頼を回復すること，②国民の信頼を損ねる者への責任を追及すること，③証券市場をより効率的で透明性の高いものにすること，④SEC の予測力（先見性）を高めるための構造改革を実施すること，⑤責任あるコーポレート・ガバナンスを推進すること，である（Donaldson（2004）参照）。この目標達成に向け，ドナルドソン委員長は大手監査法人のプライスウォーターハウスクーパース（PwC）のシニアパートナーであったドナルド・T・ニコライセン（Donald T. Nicolaisen）を SEC 主任会計士室の主任会計士に任命した。

　2003年8月14日の任命時にドナルドソン委員長が表明した期待[9]は，その後，現実のものとなっている。

　たとえば，後述する調整表（Reconciliation）作成・開示要件の撤廃に向けたロードマップの公表に加え，会計基準の国際的コンバージェンスおよび SOX 法の第404条に基づく財務報告に係る内部統制の特定条項の導入などがあり，規制強化の実績を積んだ。ニコライセンは，主任会計士の在任中（2003年9月から2005年11月まで）に SEC の主任会計士室も強化・再構築し，その規模をそれまでの2倍以上に拡大したことなどから改革推進派であり，また「国際主義者，進歩的な思想家，アメリカ会計専門職のリーダー」（Zeff and Persson（2020））などとも評される[10]。

3　外国民間発行体に対する規制措置
－ニコライセンの調整表作成・開示要件の撤廃勧告案－

　アメリカの IFRS 導入の規制措置に向けたターニングポイントの始まりは，

SECスタッフによる調整表作成・開示要件の撤廃勧告案の公表にある。これは，SEC主任会計士室のニコライセン主任会計士が，2005年4月に当初は私案として取りまとめた「SEC調整表作成・開示要件の撤廃勧告のロードマップ」（Nicolaisen（2005））である。このロードマップは，副主任会計士であったジュリー・A・エルハルト（Julie A. Erhardt）からの多大な支援により作成されたものである[11]。

ニコライセン主任会計士のロードマップは，ノースウェスタン大学の紀要（*Northwestern Journal of International Law & Business*）での春季シンポジウム「会計基準のコンバージェンスに関するシンポジウム」（Symposium on the Convergence of Accounting Standards）に掲載されたものである[12]。国際貿易法のトップジャーナルとして創刊25周年を迎えて開催されたシンポジウムであるが，その立役者がノースウェスタン大学ロースクール教授のデビッド・S・ルーダー（David S. Ruder）である。

そう，ルーダーは，ロナルド・W・レーガン（Ronald W. Reagan）政権下の第23代SEC委員長（共和党系）である（在任期間は1987年8月1日から1989年9月30日まで）。1961年から同大学の教授を務める，SEC元委員長のルーダーによるものだったからこそ，ニコライセンは会計基準のコンバージェンス問題の一環として，懸案であったIFRS使用時の調整表作成・開示要件の撤廃の展望について論じたのである。

ところで，このニコライセン主任会計士によるロードマップは，より正しくは，「IFRSsに従って作成した財務諸表をU.S. GAAPに調整する外国民間発行体に対するSEC要件を撤廃するSECスタッフ勧告のロードマップ」（A Possible Roadmap to an SEC Staff Recommendation to Eliminate the SEC Requirement for Foreign Private Issuers to Reconcile Financial Statements Prepared under IFRSs to U.S. GAAP）という。このロードマップの特徴は，調整表作成・開示要件の撤廃に向けて，SECスタッフが次の2つの作業を展開することにある（杉本（2017），961-963頁）。

(1) FASBとIASBによる「覚書：ノーウォーク合意」に基づくU.S. GAAPとIFRSとのコンバージェンス作業の進捗度を段階的かつ反復的に検討すること
(2) IFRSに準拠した連結財務諸表と添付書類としてのU.S. GAAPへの調整表の忠実性と首尾一貫性について段階的かつ反復的に検討すること

「覚書：ノーウォーク合意」は，2001年に設立されたIASBがその目的の1つとして，IASBが公表する基準などの採用を促すことを「各国会計基準とIFRSsとのコンバージェンス」を通じて実現することを掲げたことを受けて，2002年に締結されたものである。IASBとFASBによる，事実上世界で最初の会計基準のコンバージェンスの始動である。

ニコライセン主任会計士によるロードマップに関する論稿やその後開催されたラウンドテーブル（円卓討論）などでの発言から整理すると，外国民間発行体がIFRSを使用した際の調整表作成・開示要件の撤廃案の考えは，EUでのIFRS適用命令により，IFRSに準拠する外国民間発行体が趨勢的に増加を続ける事実を直視したものだということである。さらに重要なことは，調整表作成・開示要件の撤廃と会計基準のコンバージェンスは相互に関連しているということである。この調整表作成・開示要件の撤廃に向けた実現要因は，IFRSとU.S. GAAPのコンバージェンスであるという。

この点については，ニコライセン主任会計士の根底に流れる考え，つまり「U.S. GAAPモデルとIFRSモデルの両方がアメリカの資本市場において適切な地位を占めており，両者が共存できるようにするのはコンバージェンスである」（Nicolaisen（2005），p.671）との考えから見出せる。この考えを危言覈論（きげんかくろん）して次のように述べている。

■「調整表の問題について具体的に言及する前に，まずコンバージェンスの問題についてコメントすることが適切だと思います。私は，U.S. GAAPモデルとIFRSモデルの両方がアメリカの資本市場において適切な地位を占めており，**両者が共存できるようにするのはコンバージェンスである**と考えています。重要なことは，各基準が完全であること，各基準が高品質な財務諸表を作成すること，各基準が広く受け入れられて使用されていること，各基準が相互に合理的に比較可能であること，そして投資家が2つの基準の違いの性質を理解する能力があり，快適さを備えていることです。**IFRSに基づいて作成された財務諸表をSECに提出することは，そうした財務情報に依存するアメリカの投資家やその他の投資家にとって大きな利益をもたらすはずです。**というのも，われわれ〔アメリカ：引用者〕の投資家は，〔作成・開示される調整表とともに：引用者〕多数の異なる国内基準を使用して作成された財務諸表を理解するよりも，グローバルに認められた単一の会計基準を使用して作成された財務諸表をさらによく理解できると期待できるからです」（Nicolaisen（2005），p.671。下線と強調は引用者）

高品質な会計基準のコンバージェンスの重要性やSECによる支援は，ドナルドソン委員長のもとでも裏打ちされている。
　ドナルドソン委員長のもと，SECは投資家の保護とその信頼回復に向けた方向性を大幅に強化し，リスク評価により重点を置いた「2004年－2009年戦略計画」（SEC（2004g））を策定して2004年8月5日に公表した。SECの「なすべきこと」（存在意義），「あるべき姿」（理想像・目標），「やるべきこと」（行動指針）を示すMVV（ミッション・ビジョン・バリュー）に続いて，次の4つの目標（Goal）を掲げている（SEC（2004g），Chapter Four – Chapter Seven）。

目標1：連邦証券諸法の遵守を徹底すること
目標2：効果的かつ柔軟な規制環境を維持すること
目標3：情報に基づいた投資意思決定を奨励し促進すること
目標4：SECのリソースを最大限活用すること

　各目標には成果とイニシアティブを掲げる。
　目標2には3つの成果を盛り込んだが，その1つが「投資家は，企業およびファンドのガバナンスを強化し，世界中の高品質な財務報告基準を遵守する規制によって保護されている」（Outcome 2.1）である。ここでは5つのイニシアティブが示され，その1つが「グローバル会計基準」である。「SECは，世界中の財務報告の品質を高めるために，財務会計基準審議会と国際会計基準審議会との間で進められているコンバージェンスの取組みを支援する。また，SECは世界中の監査基準とモニタリング・メカニズムを改善するための継続的な取組みを支援する」（Initiative 4）とある。先にみたピット委員長による高品質な会計基準の国際的コンバージェンスの働きかけと支援が，ドナルドソン委員長のもとで強化された戦略計画でも，SECによるイニシアティブとして明記されたのである。

　ところで，EUが2005年度からIFRSの強制適用を開始したことは，IFRSに基づく財務諸表に対するアメリカ会計基準との調整表作成・開示の規制問題への対処を促すとともに，緊急性を帯びるものにした。
　このロードマップ案の展開と歩調を合わせる形で，SECは2005年4月13日

に，アメリカに参入する外国民間発行体がIFRSを初度適用した際の当該発行体の年次報告書（Form-20）の修正案を採択している（SEC (2005b)）。適格な発行体は，IFRS初度適用時の年次報告書などで，IFRSに準拠して作成した純損益およびその他の包括利益計算書，株主持分変動計算書およびキャッシュ・フロー計算書などの開示を3年間分ではなく2年間に短縮されることになる。

この採択結果を受け，ニコライセン主任会計士は，その目的とともに期待との関わりについて，次のようなコメントを表明した。

■「これらの修正は，外国登録会社によるIFRSへの移行を促進し，比較可能で高品質な情報を要求することで投資家保護を促進することになります。われわれは，投資家と発行体がIFRSをより広範に使用することで生じる比較可能性の向上は有益であり，多くの企業がSECへの提出書類においてIFRSに切り替えることを期待しています」(SEC (2005b))。

SECによる外国民間発行体のIFRS適用に関わる規制措置がこのタイミングで動き始めているのである。

第5節　SECによる規制強化の加速と共和党コミッショナー間の意見分裂－ドナルドソン委員長への政治的圧力－

SECの規制措置に対する政治的圧力をはじめ，会計規制と政治との結びつきは，ドナルドソン委員長の取組みに顕著にみられる。アメリカにおけるIFRS導入の問題とは直接関係せずにいくぶん話がそれるが，本書の研究課題の核心に直結するものでもあるため，ドナルドソン委員長を軸にここで少し詳しく論じてみたい。

SECコミッショナーは大統領の政治任用だということを前提とすれば，政権政党による政策や規制強化への賛否の姿勢が，委員長を含むSECコミッショナーの投票行動にそのまま結びつくものと考えられる。ところがどっこい，規則案審議での投票行動において政治的な影響を受けないのがドナルドソン委員長だ。これこそがドナルドソン委員長のもとでのSEC運営の最大の特徴である。

数々の企業不祥事と前任者の混乱に満ちた在任期間によってSECの権威が失墜したなかで、ドナルドソン委員長による舵取りの評価は非常に高い。その一方で、信念により推し進めた政策や規制措置のあり方には、攻撃的な規制当局だとして企業などからの批判もつきまとう。一方的かつ断定的に攻撃的との評価をつけられたドナルドソン委員長率いるSECではあるが、こうした批判が微妙なまでに共和党政権の政策方針にも結びつき、SEC規則案の審議でSECコミッショナー間の意見分裂を招き、改革を損なう可能性も秘めている。

　ここでSECコミッショナー間の意見分裂が、共和党と民主党による二大政党間の対立によるものと捉えることは誤りである。正しくは、3名の共和党系コミッショナー間の対立である。つまり、ドナルドソン委員長とポール・S・アトキンス（Paul S. Atkins）およびシンシア・A・グラスマン（Cynthia A. Glassman）との間の亀裂である。

　SECへの批判に結びつくのは規制強化である。規制強化をめぐるSECの規則案の票決結果が全会一致ではなく、3票対2票と賛否が拮抗して承認された。ドナルドソン委員長のもとでの意見分裂となった代表的な規制措置の案件は、整理した**図表2－2**で確認できる。

　規制強化に向けた改革支持派の2名の民主党系コミッショナーと改革反対派の2名の共和党系コミッショナーという構図のもとで、SEC規則案審議は妥協案を探って全会一致を模索する。妥協案も奏功しないとき、規則案審議はSEC委員長の意向で決する。共和党政権下にあって共和党系のSEC委員長とコミッショナーが過半数を占めるなかで、二大政党による二項対立での票決ではなく、ドナルドソン委員長も規制強化側（リベラルな民主党側）に立つ。

　この図表2－2には示していないが、本書第12章でも取り上げるプロキシー・アクセス（Proxy Access）、つまり公開企業の委任状勧誘に関わるもので、投資家が直接、企業の取締役会に自らの候補者を指名・選任する（取締役選出の株主関与）規則案の審議も、SECコミッショナー間の意見分裂が鮮明な事案である。

　1940年代にまで遡るプロキシー・プロセスは、2003年10月14日にSEC規則案「証券保有者による取締役の指名」（Security Holder Director Nominations：SEC（2003d））が提案された。「5対0で票決・承認されたこの物議を醸す計画」（Peterson（2003））ではあったが、改革支持派の2名の民主党系コミッショナーと改革反対派の2名の共和党系コミッショナーという構図は変わらない。

図表 2 − 2　共和党系 SEC コミッショナー間の意見分裂を示す規制措置の票決

■「投資会社のガバナンス」			
SEC コミッショナーの票決	SEC 規則案「投資会社のガバナンス」(2004年1月15日) 賛否記載なし		
	賛成票	反対票	
	Donaldson (共), Goldschmid (民), Campos (民)	Glassman (共), Atkins (共)	
	SEC 最終規則「投資会社のガバナンス」(2004年7月27日)		
	賛成票	反対票	
	Donaldson (共), Goldschmid (民), Campos (民)	Glassman (共), Atkins (共)	
■「レギュレーション全米市場システム (NMS)」			
SEC コミッショナーの票決	SEC 規則案「レギュレーション NMS」(2004年2月26日) 賛否記載なし		
	賛成票	反対票	
	Donaldson (共), Goldschmid (民), Campos (民)	Glassman (共), Atkins (共)	
	SEC 最終規則「レギュレーション NMS」(2005年6月9日)		
	賛成票	反対票	
	Donaldson (共), Goldschmid (民), Campos (民)	Glassman (共), Atkins (共)	
■「ヘッジファンド運用者の SEC 登録」			
SEC コミッショナーの票決	SEC 規則案「ヘッジファンド運用者の1940年投資顧問法に基づく登録」(2004年7月20日)		
	賛成票	反対票	
	Donaldson (共), Goldschmid (民), Campos (民)	Glassman (共), Atkins (共)	
	SEC 最終規則「ヘッジファンド運用者の1940年投資顧問法に基づく登録」(2004年12月2日)		
	賛成票	反対票	
	Donaldson (共), Goldschmid (民), Campos (民)	Glassman (共), Atkins (共)	

（賛成票欄↑）委員長(共和党)＋民主党(系)　（反対票欄↑）委員長を除く共和党(系)

注：「共」は共和党，「民」は民主党を意味する。
出所：SEC (2004e), SEC (2004f), SEC (2004h), SEC (2005e) をもとに作成。

　この規則案を決議しながらも，改革反対派の「グラスマン SEC コミッショナーは，連邦議会，SEC，自主規制機関 (SRO) によって制定された最近のガ

バランス改革がどのように展開されるかを忍耐強く見守ることが,現時点での最善の行動方針である」(Atkins (2003)) と疑問を呈している。一方,改革支持派のゴールドシュミットは,「本日提案した規則が採用されれば,企業経営者と株主のバランスは大きく変化します。提案された規則は,国民の信頼と信用を回復するのに役立つはずです」(Goldschmid (2003)) との見解を述べている。改革支持派と改革反対派の両者ともまったく譲歩しない。

こうしたSECコミッショナー間の膠着状態のなかでのドナルドソン委員長の規制強化の姿勢については,連邦議会議員の政治的な思惑からの強力な後押しもみられる。

連邦議会の各委員会における最年長の有力野党議員は「有力メンバー」(Ranking Member) と呼ばれる。ブッシュ大統領の共和党政権下にあった当時,下院議長や下院のエネルギー委員会委員長を務める有力メンバーであったジョン・D・ディンゲルJr. (John D. Dingell Jr.:ミシガン州) は,民主党の下院議員であるダイアナ・デゲット (Diana DeGette:コロラド州),エドワード・J・マーキー (Edward J. Markey:マサチューセッツ州),トーマス・H・アレン (Thomas H. Allen:メイン州),バーニー・フランク (Barney Frank:マサチューセッツ州) およびキャロリン・J・マロニー (Carolyn J. Maloney:ニューヨーク州) との連名で,保留中の規則である「証券保有者による取締役の指名」の採択を強く求める次の書簡をドナルドソン委員長に宛てて出している。

■「SECは60年以上にわたって,株主が会社の投票用紙に候補者を記載する権利を認める提案を検討してきました。最近の〔エンロンやワールドコムなどの:引用者〕企業不祥事に鑑みれば,SECがこのよく練られた規則を最終的に採択するのに,これ以上絶好の機会はないと考えています。企業の委任状へのアクセスを提供することは画期的なアイデアではありませんが,この規則を採択することは,SECがわが国における優れたコーポレート・ガバナンスに取り組んでいることを示す強力な指標となるでしょう。

われわれは,SECがバランスの取れた規則を考案したことを讃えるとともに,SECがこの規則案を採用することを強く求め,アメリカのコーポレート・ガバナンスを改善するためのSECの継続的な取組みを支持します」(Degett et al., (2004))。

と同時に,規制強化への不満は,企業による訴訟を誘発した。規制強化を理由として,企業が規制当局のSECを相手取って訴訟を起こす動きは当然であ

る。上場企業には株主の圧力もあるからである。批判の矛先は政府にも向かい，共和党政権はSECへの政治的圧力を強めざるを得なくなった。如何に況や，2004年はアメリカ合衆国大統領選挙イヤーでもある。

　SEC委員長に向けられた規制強化を加速させることへの不満に対し，ドナルドソン委員長も黙して語らずではない。すでに当時，SEC委員長就任以降1,607回の委員会投票のうち，全会一致にならなかった投票は1％にも満たない。求められているすべての決定が簡単かつ自明なものであれば，SECに5名のコミッショナーなど不要であり，また多数決での決定に基づいて行動する能力を規定するSECの創設理念そのものに疑問を投げかけることになると反論する（Donaldson（2004），Conclusion and Call for Vote）。全会一致にならなかった票決事案を際立たせすぎだと言うのである。

　ドナルドソン委員長が規制強化側に立つのは信念からである。民主党系のSECコミッショナーであるゴールドシュミットとは，党派を超えた信念からの友好関係を築き上げている。こうした事実は，たとえばゴールドシュミットの次のスピーチからもうかがえる。

■「〔2005年夏に退任する：引用者〕私の後継者を誰にするかは非常に重要な問題です。評議会（Council）に対する私からの唯一の勧告は，ドナルドソン委員長とうまく連携できる最高の資質を備えた新しいコミッショナーを求めることです」（Goldschmid（2005a））。

■「ついに，これがドナルドソン委員長の最後の公開会議となります。私は，個人レベルでも，金融市場のすべてのまともな参加者にとっても，深い悲しみを表現しなければなりません。ビル，あなたはアメリカの金融市場の完全性と公平性に対する投資家の信頼を回復するうえで重要な役割を果たしてきました。また，あなたはSECに対する国民の信頼を回復しました。あなたのリーダーシップ，誠実さ，勇気は長く称賛され，大いに惜しまれるでしょう」（Goldschmid（2005b））。

　また，セリグマンは『コロンビア・ロー・レビュー』（*Columbia Law Review*）誌での序文「ハーヴェイ・J・ゴールドシュミットに敬意を表して」で，超党派でのドナルドソン委員長とゴールドシュミットの関係を次のように紹介するとともに，それを高く評価する。

■「〔民主党系のSECコミッショナーである：引用者〕ハーヴェイの役割は，ある面

では、〔民主党の：引用者〕レビット委員長に協力したときよりも、〔共和党の：引用者〕ドナルドソン委員長に協力した方がさらに顕著だった。2人は異なる政党に属していましたが、うまく協力し、建設的に協力しました。ドナルドソンは多くの場合、レビットと同様に、ハーヴェイの判断を信頼するようになりました。確かに時折意見の相違もあり、とくに株主のプロキシー・アクセスをめぐってはそれが顕著でした。しかし、ビル・ドナルドソンとハーヴェイ・ゴールドシュミットが建設的に協力して取り組んだ問題の数に比べればはるかに少ないものでした」(Seligman (2006), pp.1480-1481)。

第6節　おわりに
　－ブッシュ大統領のジレンマとドナルドソン委員長の退任－

　ブッシュ大統領がドナルドソンを SEC 委員長に任命した際に寄せた期待は、「明確なミッションを持った強力な指導者となり、企業の腐敗行為を禁止するアメリカの法律を精力的に執行し、証券市場における最高水準の誠実さを守る」(The White House (2002)) ことであった。SEC Website に掲載されたドナルドソンの公式バイアグラフィ（人物紹介）による、「ドナルドソンの在任中、金融市場が直面した課題への対応は、1934年の創設以来、SEC にとって最も歴史的な時代となった」との一文が、その期待の実現を裏づけている。

　とはいえ、先の図表2－2に示した規制措置案の票決は、「SEC が不必要な規制を課すことが多すぎる」(Solomon and McKinnon (2005)) という共和党系の SEC コミッショナーであるアトキンスとグラスマンによる抗議を押し切り、ドナルドソン委員長が民主党系の2人の SEC コミッショナーの支持を得て規則案を押し通したと報じられる。この図式こそが、SEC の同一政党系内の分裂であり、改革を損なう可能性も併せ持つ。

　ドナルドソン委員長への政治的圧力も増す。
　「金融市場に関する大統領作業部会」(PWG) は、1987年10月19日にニューヨーク証券取引所で起きた株価大暴落のブラックマンデー（暗黒の月曜日）を受けて1988年3月に設立された。株価大暴落に関連する問題に加え、アメリカの金融市場に関する規制政策などを調整するフォーラムとしての役割を担う。作業部会のメンバーは、財務長官、FRB 議長、SEC 委員長および商品先物取引委員会（CFTC）委員長（またはそれぞれの指名者）である。
　ブッシュ政権時についてみると、PWG の議長であるジョン・W・スノー

(John W. Snow）財務長官は，2003年11月14日に開催した会議後の声明で，次のように述べている。

■「ミューチュアルファンド（投資信託）は所有権社会のビジョンの重要な部分です。ミューチュアルファンド業界の内部関係者が，勤勉な投資家に損害を与えるような不正を行なった場合，責任を問われるべきです。SEC のドナルドソン委員長は不正行為の取締りに非常に力を入れています。私は，彼が始めた改革がミューチュアルファンドの投資家を保護するのに役立ち，不正を行なった者は法律の範囲内で罰せられると確信しています」（U.S. Department of the Treasury（2003））。

ここで重要な点は，スノー財務長官は SEC のドナルドソン委員長によるミューチュアルファンドの改革，つまりその規制措置のあり方を全面的に支持していることである。にもかかわらず，その後スノー財務長官は，規制の行き過ぎだとしてドナルドソン委員長を痛烈に批判する。

2004年11月2日に行われた2人のボーンズマンによる大統領選挙は，現職のブッシュ大統領が民主党のケリー上院議員を破って再選を果たした。SEC のドナルドソン委員長は2007年に任期満了を迎える。

ドナルドソンを SEC 委員長に留任させるかどうか――これこそがドナルドソンに対するブッシュ大統領のジレンマである。

2002年の SOX 法で義務づけられた規制の遵守に労力とコストを費やすことを強いられている企業にとって，SEC が矢継ぎ早に繰り出す規制強化は不満の温床となり，SEC 委員長の交代を望む。ブッシュ政権の政策と SEC の規制措置が一致していないとの指摘もある一方で，社会保障制度見直しのイニシアティブを取るうえでも，厳格な証券規制・監督機関が不可欠との見解もある（Solomon and McKinnon（2004））。企業に屈して解任するか，金融市場を精力的に監視する規制強化を維持するかという相反する難しい決断を迫られた。

「わが国の企業と市場の健全性と強靭さを維持し強化するためにやるべきことは常にありますが，引退して民間部門と家族のもとに戻る時期が来たと思います」――ドナルドソンが2005年6月1日に30日付で SEC 委員長を退任する意向を表明した（SEC（2005d））。金融市場が直面した課題の対応手腕が高く評価されたなかで，ドナルドソンの SEC 委員長の退任は，「政略」や「秩序ある権力移譲というよりも政治的動機に基づくクーデター」（Parker（2005））と評されたのは無理もない。

SEC委員長の退任時に，ブッシュ大統領がドナルドソンに宛てた手書きのメモが残っている[13]。

■「親愛なるビル。
　SEC委員長，私はあなたにわが国の歴史の重要な時期に厳しい仕事を引き受けるようお願いしました。私たちの市場の信頼を回復するうえで，あなたのリーダーシップは非常に重要でした。
　私はあなたに官民での傑出したキャリアを経て奉仕するようお願いし，あなたはその才能と経験を賢明に活用してくださいました。感謝とご多幸をお祈りします」(SEC Historical Society (2005a))。

ジレンマと戦った後に託したこの手書きのメモの文面から，ブッシュ大統領がドナルドソンに寄せる厚い信頼を読み取れる――秘密を持った驚くべきクラブの「スカル＆ボーンズ」という共通項を有する者がなせる手書きのメモである。

ドナルドソンのSEC委員長としての最後の公式スピーチ(2005年6月29日)は，1934年にSECが創設されて以来6番目のSEC本部の建物であるステーション・プレイス(Station Place)のオープン記念式典でのものであり，SECスタッフへの別辞(Donaldson (2005))であることも深い因縁を感じる[14]。SOX法によりSECの予算と人員を増やしたことで，SEC本部はペンシルベニア大通りからユニオン駅とサーグッド・マーシャル連邦司法ビル(TMFJB)に面する2番街の超近代的な建物に移設されたのである。

■注
(1)「基準設定主体が直面するもう1つの問題は，国内の会計基準と国際的な会計基準をコンバージェンスする必要性です。会計基準をコンバージすることは，グローバルな資本市場の継続的かつ効率的な拡大にとってきわめて重要です。基準設定主体は，将来活動を行なう際に国際会計への影響を認識すべきであり，私はコンバージェンスがより短期的な目標となることを期待しています」(Herdman (2001))。
(2)　SEC歴史協会は，内国歳入法(IRC)第501条第c項第3号の規定による課税優遇を受ける非営利組織(501(c)3団体)であり，SECから独立した，証券法や資本市場規制の歴史に関するバーチャル・ミュージアムである。ピットは，SEC委員長であったデビッド・S・ルーダー(David S. Ruder)の要請により，1999年の同協会の創設者兼会長を務めた(SEC Historical Society Website, In Memoriam Harvey L. Pitt)。
(3)　SECとの関わりでセリグマンについて触れておきたい。2007年以降，脳・認知科学教授によって繰り返された女性大学院生へのいわゆる「ロチェスター大学(University of

Rochester) セクハラ事件」が発生したが，当時の同大学の学長がセリグマンであった。教員グループなども9月1日に大学に対して雇用機会均等委員会（EEOC）に告訴状を提出している。2005年に同大学学長に就任していたセリグマンの声明（University of Rochester（2017））によれば，徹底的に調査を行なったが，事実を立証できなかったという。EEOCへの申立を受けて大学側が設置した第三者委員会の委員長は，2013年4月10日から第31代SEC委員長に就任し，その退任後は法律事務所のデビボイス・アンド・プリンプトン（Debevoise & Plimpton）LLPのパートナーに復帰したメアリー・ジョー・ホワイト（Mary Jo White）であった。この第三者委員会の調査には杜撰さがみられ，また報告書は，当時の大学規則には反したものではないとする，原告を落胆させるものであった。

(4) ビッグスは，1996年にSEC元委員長のルーダーやFRB元副議長のマニュエル・H・ジョンソンJr.（Manuel H. Johnson Jr.）とともに財務会計基準審議会（FASB）を監視する財務会計財団（FAF）評議員会評議員に就き，2000年には国際会計基準委員会（IASC）財団の評議員を歴任している。ビッグス，ルーダー，そしてジョンソンJr.がFAF評議員会評議員に就任したのは，FAF評議員会評議員の議席の半分を一般人から選出すべきとするSECのレビットJr.委員長による強力な圧力の結果である。回顧録を通じて，レビットJr.委員長は次のように詳細に述懐している。

■「ストック・オプション〔の会計処理の基準づくり：引用者〕の勝利で勢いづいた産業界は，次に基準設定プロセスを乗っ取ろうと企てた。標的はFASBの運営委員会である財務会計財団（FAF）だ。FAFはFASBの委員と委員長〔議長：引用者〕を任命する。〔1987年からデニス・R・ベレスフォード（Dennis R. Beresford）が務めていた：引用者〕この委員長の座が，まもなく空席になろうとしていた。企業の財務担当の役員たちはFAFに働きかけて委員長人事に干渉しようとしていた。なんとかして委員会に自分たちの影響力を及ぼして，FASBの運営に首を突っ込もうとしていたのだ」（Levitt Jr.（2002），pp.111-112（レビット著，小川訳（2003），151頁））。
■「SECも黙ってはいなかった。FAF自体の立て直しを要求したのである。われわれはFAFの理事の中にもっと中立メンバーを増やすべきだと考えていた。公益を守る組織として機能を果たすには，それが必要だった。当時の14人の理事のうち，真に中立で公益の代表者と言えるのはわずか2人だった。その他は4人が会計士，3人が企業役員，3人が州政府および地方自治体の代表，そして投資マネジャーが1人である。14人のうち10人が特定の利益集団によって選ばれ，そのグループの息がかかっていた。会計士業界は4人の指名枠を持ち，FEI〔財務管理者協会：引用者〕が2人，SIA〔証券業者協会：引用者〕が1人である。われわれの狙いは，FAFから特定の利益集団の圧力を排除すること，一般人のメンバーを過半数まで増やすことだった。またSECは，一般人のメンバー選出に拒否権を持つべきだとも考えていた。この要求が受け入れられなければ，FASBからSECの基準設定者としての役割を剥奪すると脅しをかけた」（Levitt Jr.（2002），p.113（レビット著，小川訳（2003），153頁））。
■「それ以上を求めて交渉することもできたが，相手の誠意を受け止めて半々で手を打つことにした。われわれは拒否権も取り下げた。ただし，理事の任命に先立ってSECに相談するとの確約をFAFから取りつけた。アーサー・レビットのクローン人間を続々と送り込みたいところだったが，相手を安心させるためにも人望の厚い3人を起用した。FRB（米連邦準備理事会）の前副議長を務めたマニュエル・ジョンソン，前SEC委員長のデビッド・ルーダー，そして年金基金のTIAA-CREF（米教職員保険年金連合会・大学退職株式基金）会長兼CEOのジョンソン・ビッグスの3人である」（Levitt Jr.（2002），p.114（レビット著，小川訳（2003），155頁））。

(5) ピットは2003年2月17日までSEC委員長を務めている。
(6) 大統領による任命時に，ドナルドソンは次のような所信を表明している。

■「この最も重要かつ困難な時期に，わが国に奉仕する機会を私に提供していただいたことに感謝いたします。
　アメリカの企業および金融業界に対する信頼は，ここ数年で著しく損なわれています。市場の健全性に対する投資家の信頼を回復することは，私たち全員の責任です。企業経営者，取締役会，運営担当者，金融市場の規制当局，さらには銀行家，弁護士，会計士などの助言者は，株主が自分たちに寄せている信頼を常に意識しなければいけません。私たち1人ひとりがその信頼を真剣に受け止めなければいけません」（The White House（2002），p.2）。

　ドナルドソンはハーバード大学でMBAを取得しているが，著名な卒業生へのインタビューのなかで，SEC委員長への就任に同意した最大の理由を，次のように述べている。「1990年代の好景気の後に表面化した不正行為と，その結果として連邦議会にサーベンス・オックスリー法の可決を余儀なくさせた社会的騒動は，1929年の市場暴落に至るまでの時期と不気味なほどに似ているように私には思えた。ニューヨーク証券取引所の会長が投獄され，その後主要な証券法の制定とSECの設立がみられました」（Thompson（2004））。

（7）　スカル・アンド・ボーンズに関する数少ない文献として，イェール大学卒業生のアレクサンドラ・ロビンス（Alexandra Robbins）による『墓陵の秘密』（*Secret of the Tomb*）（邦訳は『スカル＆ボーンズ－秘密クラブは権力への通路』（Robbins（2002）（ロビンス著，太田監訳（2004）））がある。書名の「墓陵」とは，イェール大学キャンパス内にあるスカル・アンド・ボーンズの窓のない石造のクラブハウスの呼称である。
　スカル・アンド・ボーンズは1832年に設立され，1990年まで白人，男性，アングロサクソン，プロテスタント派キリスト教徒の条件をもとにイェール大学3年生から候補者を選抜してきた秘密結社である。ロビンスは，スカル・アンド・ボーンズを「秘密を持った驚くべきクラブ」（Robbins（2002）（ロビンス著，太田監訳（2004），20-22頁））と表現し，数多いその秘密には本物と人を惑わせるだけのいい加減なものもあるという。
　ブッシュ家のネットワークや政権運営は，ボーンズマンで固められている。ドナルドソンのSEC委員長の任命について，次のような記述がある。

■「父親同様，ジョージ・W・ブッシュも自分の大統領としての力を利用して仲間のボーンズマンに報いた。就任式後に彼がホワイトハウスで何度か開いた親睦会（もしかしたらその最初だったかもしれない）のなかには，スカル＆ボーンズの同窓生の親睦会も含まれていた。しかし彼のボーンズのグループの何人かは，ホワイトハウスでの集会以上のお返しを受け取ることになる。2003年2月，上院はブッシュがウィリアム・H・ドナルドソン（1953年ボーンズ）を証券取引委員会の委員長……〔に：引用者〕任命〔したこと：引用者〕を承認した。さらにブッシュは2001年11月，新設された国土安全保障局の総合委員会と国家安全保障のための大統領への上級副顧問にエドワード・マクナリー（1979年ボーンズ）を任命した」（Robbins（2002）（ロビンス著，太田監訳（2004），209-210頁））。

　スカル・アンド・ボーンズはロックフェラーやロスチャイルドを超えると表現されることもある（Millegan ed.（2003）（ミレガン＆サットンほか著，北田訳（2004）））。スカル・アンド・ボーンズについては，CBSテレビのドキュメンタリー番組「60ミニッツ」（60 Minutes）でのLeung（2003）も参照されたい。
（8）　なお，第38代大統領のジェラルド・R・フォードJr.（Gerald R. Ford Jr.：共和党）と第42代大統領のビル・クリントン（民主党）は，イェール大学ロースクールの卒業生である。
（9）　ドナルドソン委員長は，ニコライセンの主任会計士任命時に次のような期待を示して

いる。「ドン〔ニコライセン：引用者〕は卓越したキャリアを通じて，変革の協力の推進者であり，そのリーダーシップにより高品質の企業の財務報告と開示に向けた戦略目標の特定，合意形成，達成に貢献してきました。ドンの経験，専門知識，熱意が SEC と一般投資家に大きな利益をもたらすと確信しています」（SEC（2003c））。

(10) FASB 議長を務めたハーズは，ニコライセンが SEC 主任会計士として密接に関与した分野として，次のものをあげている（Herz（2019a））。
- ・内部統制報告に関する第404条を含む，SOX 法の主要な規定の実装
- ・会計基準のグローバルなコンバージェンスに関する FASB と IASB の作業を支援
- ・IFRS に基づいて報告する外国登録者に対する SEC の調整表要件の撤廃に向けた「ロードマップ」の策定
- ・企業内部から大きな反対や政治介入の試みに直面し，FASB と協力して役員および従業員の株式報酬の会計処理を改善
- ・SEC の自主的な XBRL 申請プログラムの開始
- ・公認会計士事務所による改革の必要性の説得

(11) この点について，ニコライセン主任会計士はこのロードマップを発表した原稿のなかで次のように明らかにしている。「私は，SEC スタッフがわれわれの計画した行動を効果的かつ効率的にできるのは，この作業を遂行できる十分献身的で熟練した人材が揃っている場合に限られると認識しています。そのため，私は最近3人目の副主任会計士であるジュリー・エルハルトをスタッフに加えました。ジュリーはわれわれの国際的な作業にフルタイムで取り組んでおり，すでに配置されている経験豊富な専門家の強力なチームのサポートを受けています。彼女の貢献は，IASB の基準設定の取組みと国際財務報告解釈指針委員会（IFRIC）の解釈指針を評価するうえで，SEC スタッフが以前から行なってきた作業にとってより良いものになるでしょう」（Nicolaisen（2005），pp.674-675）。また，ニコライセン主任会計士は，2007年3月6日に SEC が主催した「国際財務報告基準ロードマップの円卓討論」（SEC（2007b））においても，「私はこの〔SEC 調整表作成・開示要件の撤廃勧告のロードマップ：引用者〕の文書の主執筆者ですが，SEC スタッフ，とくにジュリー・エルハルトから多大な支援を受けました。それを認めたいと思います」と述べている。

(12) Nicolaisen（2005），Appendix 1, p.686。ニコライセン主任会計士によるロードマップの全容については，たとえば，杉本（2017），962頁を参照されたい。

(13) この手書きメモは，ジョージ・W・ブッシュ大統領図書館・博物館（George W. Bush Presidential Library and Museum）が所蔵しており，SEC 歴史協会はその画像を転載・所蔵している。

(14) ステーション・プレイスの記念式典には，ポール・S・サーベンス（Paul S. Sarbanes）上院議員とマイケル・G・オックスリー（Michael G. Oxley）下院の金融委員会委員長が参加した。

第3章
共和党政権下のIFRS導入に関するSECの会計規制

第1節 はじめに－問題意識－

　アメリカの財務報告制度にIFRSを導入するSECの規制措置を語るとき，その規制措置は対象の違いで2つの流れによるものだと理解することが重要である。①アメリカに参入する，SECに登録する外国民間発行体に対する規制措置に向けた流れと，②アメリカの発行体に対する規制措置に向けた流れである（図表3－1参照）。

　SECコミッショナー（委員）が規制措置を決定する観点からすると，アメリカの財務報告制度ならびに当該制度で適用可能な会計基準のあり方についてのターニングポイント（転換点）は，「2007年11月15日」である。

　SECコミッショナーは同日開催の会議で，SECに登録する外国民間発行体に限定してではあるが，IFRSに準拠して作成した連結財務諸表を容認することを決定したのである。つまり，それまでIFRSも本国基準（外国基準）として扱われ，アメリカの会計基準に準拠した場合の調整表を作成・開示しなければならなかったが，IFRSについては本国基準の枠内から外され，このSECによる調整表作成・開示要件が撤廃されたのである。このSECコミッショナーによる決定は，アメリカの財務報告制度における会計基準が，事実上のダブル・スタンダードへの道（会計基準の共存による「二元的GAAPシステム」ないし「ダブルGAAPシステム」）を歩むことを意味する。

　そうだとすれば，外国民間発行体に限らずアメリカの発行体にもIFRSへの準拠を容認してもこのダブル・スタンダードの制度枠組み内のものであることに変わりはなく，当該制度枠組みを崩すものではないはずである。アメリカの

図表3−1　SECによるIFRS導入の規制措置の動向

大統領（政党）	アメリカの発行体に対する規制措置	SEC委員長	外国民間発行体に対する規制措置
George W. Bush（共和党）	「アメリカの発行体に対するIFRS適用に関するコンセプト・リリース」（2007年8月7日）／「アメリカの発行体に対するIFRSの適用に向けたロードマップ規則案」（2008年11月14日）	William・H・Donaldson／Christopher Cox	ニコライセン主任会計士「調整表作成・開示要件の撤廃勧告に関するロードマップ」（2005年4月21日）／「外国民間発行体によるIFRS準拠の財務諸表を容認するリリース案」（2007年7月3日）／「外国民間発行体によるIFRS準拠の財務諸表を容認するリリース」（2007年11月15日）／アメリカ市場に参入する外国民間発行体にIFRSを適用した連結財務諸表を容認
	沈黙の期間		
Barack H. Obama（民主党）	「コンバージェンスとグローバル会計基準を支持するSEC声明」と「作業計画」（2010年2月24日）／「作業計画」の進捗報告書（2010年10月29日）・スタッフ・ペーパー（2011年5月26日、11月16日）／「SEC最終スタッフ報告書」（2012年7月13日）／?	Mary L. Schapiro	

注：SEC委員長の写真は，SEC Website，各Biographyによるものである。

発行体に対する制度枠組みを構築する規制措置の検討も併せて進められた理由がここにある。

　この2つの流れによるアメリカのIFRS導入をめぐるSECの規制措置は，共和党のジョージ・W・ブッシュ（George W. Bush）大統領の政権下のSECによって展開されてきたことに特徴がある。とくに，クリストファー・コックス（Christopher Cox）がSEC委員長に就任したことが当該規制措置に向けた起爆剤となったと言ってもよい。

　本章では，SECのウィリアム・H・ドナルドソン（William H. Donaldson）委員長によって基盤形成された共和党政権下のIFRS導入の土壌が，コックス委

員長によっていかに守られ，肥沃なものへと結実したかをたどり，その実像を解き明かしたい。

第2節　コックス委員長による投資家保護の信念

　ドナルドソンが SEC 委員長の退任表明を行なった翌日（2005年6月2日），ブッシュ大統領が後任の SEC 委員長として連邦議会のコックス下院議員（共和党，カリフォルニア州）を指名した（The White House (2005)）。歴代の SEC 委員長のなかでは，現職の下院議員がこの職位に就任するのはコックスが最初である。

　コックスとはどのような人物か――IFRS 導入に関する SEC の規制措置に手腕を振るったその人物像を捉えておこう。

　ハーバード・ビジネススクールの MBA の学位とロースクールの法学博士号を取得しているコックスは，国際法律事務所であるレイサム＆ワトキンス（Latham & Watkins）LLP のパートナーとして活躍した。そのキャリアから，ロナルド・W・レーガン（Ronald W. Reagan）政権時に大統領（ホワイトハウス）上級顧問を務めた後，政界に進出する。連邦議会議員の人名辞典 Website（Biographical Directory of the United States Congress）によれば，コックスは，カリフォルニア州選出の下院議員として，第101連邦議会（1989年1月3日開会・1990年10月28日閉会）から第109連邦議会（2005年1月4日開会・2006年12月9日閉会）まで活躍し，その間に主としてアメリカの国土安全保障の政策課題に関する調査・研究および勧告に関わる特別委員会委員長などを務めた。具体的には，アメリカの国家安全保障および中華人民共和国との軍事・商業上の懸念に関する下院特別委員会委員長（第105連邦議会・第106連邦議会）と国土安全保障特別委員会委員長（第108連邦議会）などである。

　下院議員の任期は2年であり，1議会期（Congress）となる。1議会期は2つの会期（Session）からなるが，第109連邦議会の西暦奇数年の第1会期中の2005年6月2日に，コックスは，ブッシュ大統領から SEC 委員長の指名を受けている。

　企業不祥事を受けて2002年7月に制定されたサーベンス・オックスリー法（SOX 法）には，第404条に財務報告に係る内部統制が盛り込まれており，コストや労力を要する企業は，共和党政権での規制緩和を願っている。ドナルドソ

ンが厳格な政策立案と規制措置の執行を展開しただけに，下院議員のコックスがSEC委員長に就任することへの期待は大きい(1)。

ただし，大統領指名時のホワイトハウスでのコックスの意思表明からは，規制強化を「継続する」姿勢がうかがえる。

■「SECが執行する法の支配により，アメリカは世界で最もダイナミックで活気のある資本市場を実現しました。私たちの自由な企業経済のあらゆる生産的な部分に関する前例のない情報の共有は，明確で一貫して施行される規則によってのみ可能となります。そして，その規則は，規模の大小を問わず，すべての市場参加者を平等に管理する必要があります。グローバル・コミュニケーションが瞬時に行なわれるこの驚くべき世界では，資本の自由かつ効率的な移動が人類史上最大の繁栄を生み出すのに役立っています。この経済的驚異の敵は詐欺と不公正な取引です。大統領〔に申し上げます：引用者〕。議会と政府は，投資家と金融市場を保護する法律を強化するためにそれぞれの役割を果たしてきました。もし〔上院でSEC委員長への就任が：引用者〕承認されれば，私は証券取引委員会が担う特別な役割において，その任務を遂行することを楽しみにしています」(The White House (2005))。

上院は7月29日に，新たな委員長の就任を全会一致で承認した。8月3日に，連邦準備制度理事会（FRB）のアラン・グリーンスパン（Alan Greenspan）議長から宣誓を受け，コックスは第28代SEC委員長に就任している。

なぜグリーンスパンから宣誓を受けたか——コックスとグリーンスパンは旧知の仲である。

レーガン政権時にコックスは大統領（ホワイトハウス）上級顧問であったことは先述したが，彼は上級顧問として1987年の株価暴落（いわゆる「ブラックマンデー」）を調査する市場メカニズムに関する大統領特別委員会（The President Task Force on Market Mechanism）の設置に深く関わった。ニコラス・F・ブレイディ（Nicholas F. Brady）財務長官のもとに設置された委員会（いわゆる「ブレイディ委員会」）の1988年1月の調査報告書（The Presidential Task Force on Market Mechanisms (1988)）は，大統領とともにFRB議長のグリーンスパンに提出されたものである。

コックスは，SEC委員長就任の宣誓でグリーンスパンを「投資家の良き理解者」と讃えるとともに，SEC委員長としての職務を開始する初日に行なったSECスタッフに対する演説で，投資家保護とSECが果たす役割を力説して

いる。

- ■「投資家が幸せでなければ，だれも幸せになれない」。
- ■「SECの活動なくして，今日のアメリカの資本市場は存在し得ない。私たちの市場が繁栄しているのは，私たちが獲得した世界的な信頼のお陰です。そのため，SECそのものが，世界中の無数の人々に生活の質と自由を保証するアメリカの重要なインフラの一部となっています。これは計り知れない富です。

　ですから，皆さん1人ひとりに感謝します。

　アメリカの金融市場を守るというミッション（使命）に参加できることを光栄に思います。

　さあ，始めましょう」(Cox (2005a))。

アーサー・レビット Jr.（Arthur Levitt Jr.）委員長が在任中の1998年8月に，SECは投資家向けの『わかりやすい（平易な）英語ハンドブック：明確な SEC 開示文書の作成方法』(SEC Office of Investor Education and Assistance (1998))を作成して公表済みである。コックスがSEC委員長の就任段階から，この「わかりやすい英語」の取組みを継承したことは，投資家保護の姿勢を貫く証左の1つでもある（Cox (2007d)）。この投資家保護の規制は，投資家とのコミュニケーションでの法律用語を排除して明確な言語を用いるというもので，上場企業の最高経営責任者（CEO），最高財務責任者（CFO），その他一部の経営幹部に支払われる役員報酬について，年次株主総会招集通知などで明確で簡潔かつ理解しやすい開示を新たに求めた。その対象は，ミューチュアルファンドや投資顧問などの開示規制にも及ぶ。

第3節　内憂外患のアメリカ：その1
－内憂：アメリカの資本市場の競争力の強化－

アメリカに参入する，SECに登録する外国民間発行体に対する規制措置に向けた流れは，内憂外患一時にこもごも至ることに整合する。

アメリカ国内では，企業不祥事が原因で投資家の信頼が損なわれ，アメリカ会計基準の信用が失墜した。アメリカの資本市場は，世界で最も効率的で，最も透明性の高い市場だとの矜持を持つだけに，資本市場が問題を抱えれば迅速な解決が図られてきた。2002年のSOX法をはじめ，ニューヨーク証券取引所

によるコーポレートガバナンスに関する規則変更（取締役の独立性を強化し，コーポレートガバナンスの実践を強化することで投資家の信頼回復を目的としたニューヨーク証券取引所によるコーポレートガバナンスに関する規則変更：SEC (2003e)）などは最たる例だが，アメリカ資本市場の健全性の維持とともにその競争力の強化が叫ばれることへの対応でもある。

また国外では，強く団結し，統合されたヨーロッパ連合（EU）でのIFRSのアドプションとそれに伴って展開されたアメリカ会計基準を含む第三国の会計基準に対する同等性評価への交渉が問われた。

振り返れば，ターニングポイントである「2007年11月15日」のSECコミッショナーによる規制措置の決定は，アメリカとEU双方の共通利害のもと，会計基準ないし財務報告基準の「相互承認戦略」を軸に据え，それに向けた綿密な交渉が繰り広げられた結果なのである。

共和党政権下のIFRS導入に向けた基盤形成は，①会計基準のコンバージェンスの展開と，②SECによる外国民間発行体に対する調整表作成・開示要件の撤廃に向けたEUとアメリカとの間の政治交渉の賜物である。

そもそも外国民間発行体がアメリカの資本市場に参入しやすいように規制緩和を求める声や政治的圧力は，証券監督者国際機構（IOSCO）と国際会計基準委員会（IASC）がコア・スタンダード・プロジェクトを展開する時点でみられたことでもある。こうした要望や政治的圧力などについて，第1章で考察したように，民主党政権下のIFRS導入に向けた基盤形成の時期にSECの主任会計士を務めたマイケル・H・サットン（Michael H. Sutton）は，次のように明言している。

■「すべては外国の発行体がアメリカ市場に参入しやすくなるようにしたいという，アメリカの証券取引所側の強い要望に焦点を当てていました。アメリカ市場の優位性が失われ，ロンドン市場に資金が流れ込んでしまうのではないかという懸念がありました。私はいつも，そんなことは真っ赤な嘘だと考えていましたが……」(SEC Historical Society (2005b), p.52)。
■「証券取引所は，少なくともアメリカのファイリング（提出書類）に国際基準を受け入れるようにするために，コミッショナーに影響を与えようとかなり熱心にロビー活動で働きかけました」(SEC Historical Society (2005b), p.53)。
■「政治的圧力，あるいは取引所や他の組織からの圧力は，参加するのは構わないが，2年間ただそこに座っていて，その後立ち去ることはないだろうというも

のでした」(SEC Historical Society (2005b), p.55)。

　アメリカ資本市場の競争力の強化が叫ばれるのは，ニューヨーク証券取引所をはじめとするアメリカ資本市場への外国企業の新たな参入はおろか，撤退が市場の弱体化あるいは魅力喪失の原因と考えられるからである。
　リック・グラッソ，つまり1995年から2003年までニューヨーク証券取引所の会長兼最高経営責任者であったリチャード・A・グラッソ（Richard A. Grasso）からの強い要望とそれを体現した連邦議会議員などへの私的な政治活動があった。グラッソは，グローバル企業がアメリカ市場に参入する際の大きな障害が調整表作成・開示の要件にあること，またこの問題の解決策は，IASC が策定した原則を SEC が承認することだとする見解を示してきた（Grasso (1996), p.1115)。
　より顕著なのは，2006年秋から2007年春にかけてである。行政府，政治家および産業界などから，アメリカ資本市場の競争力の強化をはじめ会計基準のコンバージェンスなどに関わる調査報告ならびに提言などがみられる。論の展開上，ここではとくに政治家と行政府などの取組みや提言を中心に取り上げることにしよう[2]。

1　シューマー上院議員とブルームバーグニューヨーク市長の委託調査報告書

　アメリカ資本市場の競争力の強化について，俄然注目を集めた新聞記事がある。『ウォール・ストリート・ジャーナル』（*The Wall Street Journal*）紙の社説や論説をはじめとした意見の広場としてのエディトリアル・ページに掲載されたもので，ニューヨーク州の民主党上院議員のチャールズ・E・シューマー（Charles E. Schumer）とニューヨーク市長のマイケル・R・ブルームバーグ（Michael R. Bloomberg）による「ニューヨークを救うにはロンドンから学べ」（Schumer and Bloomberg (2006)）の論説記事である。
　ニューヨークに所縁のある連邦議会議員と市長は，ニューヨークが依然として世界の取引所の中心地であることに変わりないが，資本形成のリーダーとしての地位は失いつつあるとの危機感を抱く。「ニューヨークは金融サービスのグローバル・リーダーとしての地位を失うわけにはいかない。私たちはこのイノベーションと規制のバランスを慎重に再定義しなければならない。それが，

今後数ヵ月の間に私たちが行なおうとしていることだ」(Schumer and Bloomberg (2006))との見解を示す。「今後数ヵ月の間に」と予告しているのは，金融サービス業界に悪影響を及ぼしている変数を特定し，それを是正するための行動計画を提言する報告書を2007年1月に発表する予定ということにも符合する。この報告書こそ，シューマーとブルームバーグがマッキンゼー（McKinsey & Company）に委託して取りまとめた調査報告書（McKinsey & Company (2007)）である。

あらかじめこの紙面で2人は，悪影響を及ぼしているのは，①資本市場のグローバル化，②過剰規制，③不当な訴訟，および，④互換性のない会計基準という4つの要因だと特定した。

テクノロジーと通信の進歩により，資本がより自由に流れるようになり，金融活動を世界のどこにでも展開することがはるかに容易になったことを直視すれば，第1の要因はそもそもコントロールが及ぶものではない。そこで，ニューヨークの競争力を維持し拡大するためには，残りの3つの要因についてなんらかの対策を講じることができるし，また講じなければならないと言うのである。

シューマーとブルームバーグは，この3つの要因に次の問いを投げかける。

○**第2の要因【過剰規制】**：
　第1に，他の国の規制制度からどのような教訓を得られるのか。
○**第3の要因【不当な訴訟】**：
　第2に，他の国の法的環境からどのような教訓が得られるのか。
○**第4の要因【互換性のない会計基準】**：
　第3に，他の国の国際会計基準の経験からどのような教訓が得られるのか。

論説記事のタイトル「ニューヨークを救うにはロンドンから学べ」からも明らかなように，第2と第3の要因の各問いは，主としてイギリスから規制制度や法律などのあり方の実態から解答を導き出している[3]。

ここで注目すべきは，第4の要因「互換性のない会計基準」での問いについてである。この問いに関わる実態として，「ヨーロッパやアジアのほとんどの国では，すでに国際会計基準の導入が始まっており，企業はアメリカのシステムよりも国際会計基準を好む傾向にある。しかし，ニューヨークは国際会計基準を導入するためのスケジュールを定めていない」と続ける。

こうした展開を踏まえて，「それ〔イノベーションと規制のバランスを慎重に再

定義すること：引用者〕ができるかどうか，そしてこの３つの問いに答えることができるかどうかが，ニューヨークの将来を，そしていろいろな意味でこの国の将来を左右することになるでしょう」(Schumer and Bloomberg (2006)) と結ぶのである。

2007年1月に発表されたマッキンゼーへの委託調査報告書では，アメリカとニューヨークのグローバル金融サービスのリーダーシップを維持するための8つの提言を提示したが，そのうちの提言5が会計基準についてである。IFRSに対して調整表作成・開示要件の撤廃と会計基準のコンバージェンスの促進が謳われている。

■「**提言5－IFRSを調整表なしで承認し，会計基準と監査基準のコンバージェンスを促進すること。SECは，アメリカに上場する外国企業にアメリカ会計基準（GAAP）との調整を要求することなく，国際財務報告基準（IFRS）を承認することを検討すべきである。**同様に，公開企業会計監視委員会（PCAOB）は単一でグローバルな監査基準の制定に向けて，他の国や国際機関と協力すべきである。一方，アメリカの財務会計基準審議会（FASB）と国際会計基準審議会（IASB）は，マテリアリティ（重要性）と投資家やその他の公表された財務情報の利用者への情報提供の必要性とのバランスをとる『両方の良いとこどり』のアプローチ（Best-of-Both Approach）を目指し，グローバルな会計基準のコンバージェンスに向けた現在の取組みを継続し，できれば加速すべきである。

　2つの高品質な会計基準のコンバージェンスを加速させることで，投資家保護を損なうことなく，また市場情報を損なうことなく，規制遵守コストを削減することができる。監査規則の調和化は，より優れた基準が勝利すれば，作成される財務諸表の品質を低下させることなく，ほとんどの上場企業の監査コストを同様に削減するだろう」(McKinsey & Company (2007), p.23, p.109。下線と強調は引用者。冒頭の提言の強調は原文のまま）。

■「**世界が会計基準のコンバージェンスを待つ間に，SECは外国企業がアメリカ会計基準と調整することなくIFRSで報告することを認めるべきである。そうすれば無用なコストがなくなり，アメリカでの上場を目指す外国企業の障壁がなくなる**。また，世界の金融サービス業界に対して，アメリカは自国以外で考案されたアプローチに尊厳をもって接し，尊重する意思があるという強力なシグナルを送ることになる」(McKinsey & Company (2007), p.110。下線と強調は引用者）。

2　ポールソンJr.財務長官のスピーチ

匿名性のもとで観測気球を上げるアドバルーン発言とは違って，実名による政治的に対処すべき課題や提言を示すところに，シューマーとブルームバーグ

の政治的力量と絶対的自信がうかがえる。現に，この金融紙の論説記事は各方面に少なからず影響を及ぼした。行政府のヘンリー・M・ポールソン Jr. (Henry M. Paulson, Jr.) 財務長官も影響を受けた1人である。

ニューヨーク経済クラブ (Economic Club of New York)[4]での講演「アメリカ資本市場の競争力について」(On the Competitiveness of U.S. Capital Markets) の序盤で，ポールソン Jr. 財務長官は，「資本市場はアメリカ経済の生命線」と言い表した。そのうえで，「私たちの目標は，市場の競争力を維持しつつ，その健全性を保つことです。最近，ブルームバーグ市長とシューマー上院議員は，ウォール・ストリート・ジャーナル紙の論説でこの点を強調しました。この論説は，金融業界の多くの人々が抱えている議論，つまり，アメリカの資本市場における新規株式公開 (IPO) の減少は競争力に対するより広範な議題を示唆しているのだろうか，という問いに焦点を当てたものです」(Paulson Jr. (2006)) と述べている。

これを踏まえて，この講演では，アメリカの資本市場の競争力の指標として市場における外国企業の IPO の減少という数字だけでなく，外国の公共政策をはじめ，その減少の原因を検証する必要性を論じている。考えられる要因として，①海外市場開拓（アメリカ以外のロンドンや香港の市場の発展とアメリカの投資家がこれらの市場に参加する能力），②法的負担（市場参加者を重大な訴訟リスクにさらすアメリカの法制度），③規制構造（複雑でわかりにくい規制構造と執行環境），および，④会計（必要ではあるが，不必要なコストを生み出し，アメリカ経済に新たなリスクをもたらす可能性のある方法で実施されている新しい会計・ガバナンス規制）を指摘する。これらの要因は，先のシューマー上院議員とブルームバーグ市長が特定した要因とも重なるところがある。

このうち，海外市場開拓の要因について触れるなかで，外国民間発行体のアメリカ会計基準への調整表の要件が障害ないし参入障壁だとの認識を示していることを看過してはならない。次のような見解を示しているのである。

■「多くの海外市場では，優れた基準やプロトコル（規約・議定書）が開発されています。世界の一部の地域，とくにヨーロッパでは，上場企業は国際財務報告基準を採用しており，これはアメリカとは異なる会計システムです。

IFRS 会計システムの重要な特徴の1つは，規則主義ではなく原則主義だということです。原則主義とは，特定の問題について考えるための枠組みを提供する比

較的少数の考え方や概念を中心に体系化されていることを意味します。原則主義のシステムの利点は，新しい状況や特殊な状況に柔軟かつ賢明に対応できることです。規則主義のシステムは，原則主義のシステムよりも具体的なガイダンスを提供するのが一般的ですが，厳格すぎる場合があり，〔チェックボックスにチェックを入れるだけの：引用者〕チェックボックス方式（tick-the-box approach）に繋がる可能性があります。本日は，原則主義のシステムと規則主義のシステムの違いについて，さまざまな文脈からお話ししたいと思います。

　アメリカに上場しているグローバル企業は，IFRS 財務諸表をアメリカ会計基準（U.S. GAAP）と調整する必要があります。アメリカ市場〔への参入：引用者〕を検討している外国企業にとって，IFRS 財務諸表の調整と修正再表示にかかる時間とコストは割に合わないコストかもしれないことを認識すべきです。会計基準のコンバージェンスが進んでいることから，アメリカと EU はロードマップを策定しており，IFRS を使用して作成された財務諸表に基づいてアメリカ市場への上場を許可し，同様に，〔U.S.：引用者〕GAAP に従って作成された財務諸表に基づいて EU での上場を引き続き許可することを目標としています。こうした努力は心強い」（Paulson Jr.（2006））。下線と強調は引用者）。

■「私たちの資本市場は依然として強固で競争力がありますが，容易な解決策や即効性のある解決策を見出せない重大な課題に直面しています。財務省は来年早々，『資本市場と経済競争力に関する会議』を開催する予定です。投資家の視点を中心に，幅広い視点をお持ちの方にご参加いただきます。この会議では，本日お話しした3つの主要分野，すなわち規制構造，会計制度，法制度について取り上げる予定ですが，これらはすべてわが国の資本市場に影響を与えるものであり，わが国の経済競争力全体にとってきわめて重要です。私たちの目的は，超党派の議論を促し，これらの問題の長期的な戦略的検討のための基礎を築くことです」（Paulson Jr.（2006））。

　ポールソン Jr. のこの講演のエッセンスは，「実行可能な範囲で原則主義のシステムに移行することが望ましい」（Paulson Jr.（2006））ということである。原則主義のシステムについて論じているのは，連邦議会が SOX 法第108条（会計基準）で SEC に検討要請してきたこととも整合する。

　そのなかで，調整表作成・開示要件が参入障壁の1つだとの認識は，シューマー上院議員とブルームバーグ市長が委託したマッキンゼー報告書での提言とまさに一脈相通ずる[5]。

　なお，この講演で予告したように，2007年3月13日にアメリカ資本市場の競争力に影響を与える問題を調査する会議として資本市場競争力会議（Capital Markets Competitiveness Conference）をジョージタウン大学（Georgetown University）で開

催した。

■「<u>財務省では，本日お聞きした意見と，このテーマを研究してきた他の多くの団体の提言を慎重に検討します</u>。これらの提言は，今後数ヵ月でアメリカの資本市場を世界で最も強力かつ革新的な市場に保つための具体的なフォローアップ策を策定するうえで参考になります。<u>財務省では，規制当局と協力して，競争力に対するこれらの課題に対処するために，短期的にいくつかの対策を講じるとともに，より長期的な取組みも行ないます</u>。<u>これは私にとって最優先課題です</u>」(Paulson Jr. (2007)。下線と強調は引用者)。

　時の財務長官が，行政府がアメリカの資本市場の競争力の強化に関わる各種団体からの報告書による提言を検討しているという事実，そして「競争力に対するこれらの課題」に対処すべく，規制当局つまりSECと協力のうえ短期的に対策を講じると明言した。このことから，IFRSの利用とその場合の調整表作成・開示要件の撤廃のあり方が政府に裏打ちされて加速化する流れが，政策科学で言われる制度的変化を引き起こすための「問題の流れ」と「政治の流れ」を形成したと捉えられるのである。
　内憂であるアメリカ資本市場の競争力の強化に関わる一連の機運について，SECのコックス委員長および他の4名のコミッショナーは，連邦議会で次のような共同証言を行なっている。

■「昨年来，ますますグローバル化する資本市場にどう対処すべきかについて，SECと連邦議会に助言する報告書が数多く発表されています。これらの報告書は，SECと連邦議会および行政府の政策立案者たちに多くの勧告（提言）を提示しており，今後もこのような勧告（提言）が増えることは間違いありません。私たちは，これらの報告書の勧告や結論の1つひとつに個別に同意することはできませんが，投資家，発行体，会計士，弁護士，アナリスト，ブローカー，投資アドバイザー，消費者保護団体，そして当委員会の管轄の重要な部分を構成する多数の金融サービス提供者や消費者から当委員会に寄せられる絶え間ない多様な助言と同様に，これらの分析に費やされた詳細な調査を真摯に受け止めています」(Cox et al. (2007))。

第4節　内憂外患のアメリカ：その2
　　　　－外患：アメリカ会計基準をめぐるEUへの対応－

1　SECとCESRの協力および連携強化とその継承

　SECとEUのヨーロッパ証券規制当局委員会（CESR）による両規制当局間の協力と連携を強化するという目標は，SECのウィリアム・H・ドナルドソン（William H. Donaldson）委員長が提案したものとされる。この目標については，国際通であったSECコミッショナーのロエル・C・カンポス（Roel C. Campos：民主党系）とCESRのアーサー・ドクターズ・ファン・リューヴェン（Arthur Docters van Leeuwen）による2004年6月の会談で，両規制当局の今後の連携のあり方が示された。このなかで，2004年後半と2005年のアジェンダを定義する対話の分野を設定するのに，「国際財務報告基準の使用を支援するための効果的なインフラの開発，とくに各国のGAAPとの調整表の作成・開示を回避することを最終目的とした国際財務報告基準の首尾一貫した適用，解釈および執行に関するインフラの開発」に関する問題を話し合うことが特定された（SEC（2004d））。
　この会談で連携の方向性が示されたからこそ，その後のSECのドナルドソン委員長とチャールズ・マクリービー（Charles McCreevy）EU域内市場担当委員による会談（2005年4月21日：SEC（2005c））へと連なる。この席上，高品質な国際会計基準の利用拡大などに限らず，IFRSを使用する外国民間発行体を対象とするU.S. GAAPへの調整表作成・開示要件を撤廃するために必要な措置を盛り込んだ，SECのドナルド・T・ニコライセン（Donald T. Nicolaisen）主任会計士が作成した「ロードマップ」に議論が及んだ点が大切である。
　2005年8月3日にSEC委員長に就任したコックスも，このCESRとの連携の方向性を共有することになる。
　SECのコックス委員長は，あらためて12月14日にCESRのファン・リューヴェン委員長と会談し，IFRSおよび2006年の共同作業におけるアジェンダなどについて話し合っている。この会談は，「大西洋をまたぐ資本市場における投資家保護と市場の健全性を維持・促進するための緊密な交流を続けていくことに対する支持を表明」（SEC（2005g））するものでもあったが，会談の席上，

懸案の1つであった外国民間発行体の登録抹消要件に関するSEC規則案についても報告されている。この規則案は，1934年証券取引所法に基づいて登録された証券について外国民間発行体が報告義務を廃止できるプロセスに関する規則[6]に関わるもので，会談当日にSECコミッショナーによって票決されたものであった（SEC（2005f））。

　コックス委員長は，CESR委員長に加えて，2006年2月8日にはマクリービーEU域内市場担当委員とも会談を行なっている。先のCESR委員長との会談からある程度の時間的空白があるのは，コックス委員長がすでに診断されていた良性胸腺腫瘍の摘出手術を1月30日に受けたことにもよる（SEC（2006c））[7]。

　この会談の席上では，IFRSとU.S. GAAPとの間の調整表作成・開示の必要性を排除するための進捗状況を確認している。また，外国民間発行体がIFRSに基づく財務諸表をU.S. GAAPに調整するSECの要求を遅くとも2009年までに撤廃するという「ロードマップ」へのコミットメントを再確認している（SEC（2006b））[8]。基盤形成された方向性のあり方は，ぶれることなく継承されたことを示すものである。

　こうした政策の継承性について確認することはとても重要である。

　というのも，ファン・リューヴェン委員長との会談に先立って，2005年11月に東京で開催された第12回XBRL国際会議で，コックス委員長は，「会計の『正しい』やり方をめぐる世界的な論争に決着がつくことは永遠にないかもしれない。グローバルな会計エスペラント語が誕生することはないかもしれない」（Cox（2005c））との見解を述べているからである。

　ともすればIFRSを開発する目的はもとより，アメリカのIFRS受入れを否定する発言とも取れる。これは，拡張可能なビジネス報告原語であるXBRLの普及やインタラクティブ・データの持つさまざまな可能性に主眼を置いたスピーチによるものである。コックス委員長による同じ時期の，また類似のスピーチなどから真意を汲み取れば，そうしたインタラクティブ・データの持つ可能性の活用が，真にグローバルな会計基準の開発を加速することになるとの見解として理解することは誤りではない[9]。

　ちなみに，1980年代からの法定開示書類の電子情報開示システムであるEDGAR（エドガー）の後継版として，XBRLフレームワークのインタラクティブな情報開示システム「IDEA（アイディア）」（Interactive Data Electronic Application）が発表され，また2008年12月には，上場企業とミューチュアルファンドに対して財務情報にイ

ンタラクティブ・データを使用することを義務づける規制措置が行なわれている（SEC（2008c）；SEC（2008f））。コックス委員長が新たなテクノロジーの取組みを主導した一端でもある。

2　会計基準の相互承認戦略の構築

ところで，SEC と CESR との間で，もう1つ重要な取組みが行なわれていることが見過ごされがちである。財務報告に焦点を当てた「SEC-CESR 作業計画」（SEC-CESR Work Plan：SEC（2006d））が取りまとめられ，公表されたことである。

2006年8月2日に公表された「SEC-CESR 作業計画」がカバーする重要な問題は，①国際的に活動する発行体による IFRS と U.S. GAAP の導入，②財務報告と開示の現代化，③リスクマネジメントの規制プラットフォームの3つである。最初の問題に関する目標は，高品質な会計基準の開発を促進することをはじめ，世界中で IFRS の高品質で首尾一貫した適用を促進し，また，その結果として，ロードマップでのこのマイルストーンの達成に向かうことなどの4つからなる。「これらの目標に向けた取組みは，アメリカでの U.S. GAAP への IFRS の調整表作成・開示の必要性を撤廃する条件を作成するのに役立たなければならない」（SEC（2006d），I, A）と謳っている。

併せて，この作業計画には SEC スタッフと CESR 財務報告グループ（CESR-Fin）が今後採るべき5つのステップを盛り込んでいる。これら一連のステップで示されているものこそ，会計基準（財務報告基準）の相互承認戦略（自国の会計基準に基づく財務諸表について調整を行なうことなく，国家ないし地域間で相互に相手先の財務諸表を容認する戦略）の展開なのである（杉本（2017），964-972頁）。

この作業計画は，各管轄（法域）での IFRS 報告のレビューや2006年の共同作業について議論した，2005年12月14日に開催された SEC のコックス委員長と CESR のファン・リューベン委員長の会談を踏まえて策定されたものである（SEC（2005g）；杉本（2017），969頁）。

ところで，EU にはグローバルな市場を規制する EU の一方的なパワーがある。これは「ブリュッセル効果」（The Brussels Effect）と呼ばれるもので，強制も多国間協力もないままグローバル市場を一方的に規制できる（Bradford（2020）（ブラッドフォード著，庄司監訳（2022）））。

このブリュッセル効果には，EU 内で経済活動をする外国企業の域外の活動にも EU 規制を拡張し「域外適用」する「事実上のブリュッセル効果」(ブリュッセル効果を補強する手段）がある。また，一方的な「同等性条項」により，EU 規制と同等の国内法を制定することを条件に域外企業の市場アクセスを認める，規範上のブリュッセル効果を補強している。EU は域内の規制市場での IFRS をアドプションする規制を導入するとともに，併せて当時，アメリカを含む第三国の会計基準を対象に展開した同等性評価は，まさにこの「同等性条項」による規範上のブリュッセル効果の補強なのである。

2回にわたって繰り広げられた EU による第三国の同等性評価は，第1回同等性評価（2005年～2007年）を経て実施された第2回同等性評価（2007年～2008年）でアメリカ会計基準は IFRS と同等であると評価された。アメリカの立場からすれば，この評価結果は立てられた「SEC-CESR 作業計画」を遂行し，目標が達成されたことを物語る。

第5節　コックス委員長による IFRS 導入の規制措置の展開

SEC Website の「グローバル会計基準」(Global Accounting Standards) に関するアーカイブ情報には，SEC によるその規制措置に向けた取組みが整理され，全容を捉えることができる。アメリカにおける IFRS 導入に向けた起点は，これまでに考察してきた IFRS を使用する外国民間発行体に対する調整表作成・開示要件の撤廃の是非を問うことである。

上述した SEC と CESR の両委員長の会談には，アメリカ大統領と EU 議長・EC 委員長による定例の「U.S.-EU サミット」（米 EU 首脳会談）の存在もある。

SEC による IFRS の受入れに向けた一連の規制動向のなかで，この「U.S.-EU サミット」がきわめて重要な役割を果たしたことはすでに指摘しつまびらかにしたが（杉本 (2009)，第9章），この首脳会談の役割をあらためて別の角度からより包括的に示しておきたい。

国際秩序の基礎のもとで大西洋横断パートナーシップの再構築に向けて，アメリカと EU による政治交渉やサミットは2001年からスタートした。2005年以降の「U.S.-EU サミット」でも会計基準のコンバージェンス問題が協議されてきた。首脳会談で会計基準のコンバージェンス問題を取り上げる直接的な契機

は，2005年4月21日のドナルドソン委員長とマクリービーEU域内市場担当委員の会談で，SECのニコライセン主任会計士によるロードマップの公表にある（杉本（2009），249頁）。2007年の「U.S.-EUサミット」では，会計基準のコンバージェンスに加えて，外国民間発行体に対する調整表作成・開示要件の撤廃問題も加わり協議された。

この定例のサミットのなかで，とくに2007年に開催された「U.S.-EUサミット」での経済進捗報告書には次のような記述がある。

■「SECは，アメリカでU.S. GAAPとの調整表を必要とせずにIFRSを受け入れるための『ロードマップ』を実施している最中である。同様に，EUは2008年末までにEU市場でのU.S. GAAPの受入れについて最終決定を下す予定である。SECは2007年3月，ワシントンで『ロードマップ』に関するラウンドテーブル（円卓討論）を開催し，アメリカ市場でのIFRS受入れについてアメリカ市場参加者の意見を求めた。コックス委員長とチャーリー・マクリービー委員は冒頭で，この分野での持続的な進展を支持する発言を行ない，遅くとも2009年までにIFRSとU.S. GAAPを両市場で受け入れるという目標を確認した。SECは，IFRSを使用したEUの発行体による最初の一連の提出書類のレビューを完了しつつあり，EUもIFRSを使用した最初の公表済み財務諸表一式に関して同様の立場にある。IFRSを使用した財務諸表の2回目のレビューは，2007年夏にSECに提出される書類から開始することが予定されている」（The White House（2007a））。

1 SECの調整表作成・開示要件の撤廃に関するイニシアティブの政策評価

ニコライセン主任会計士が2005年4月に公表した調整表作成・開示要件の撤廃に向けたロードマップに関する取組みは，その後どのような展開をみせたか——。

アメリカ人の貯蓄と投資は健全な資本市場に依存していることを踏まえ，当時のSECは「効果的かつ柔軟な規制環境を通じた健全な資本市場の促進」を戦略目標の1つに掲げた。SECによる調整表作成・開示要件の撤廃というイニシアティブ（目標達成のための主体的行動）は，この戦略目標のもとで展開されてきた。2005年の当該ロードマップの公表以降，このイニシアティブについて，2007年までの2年間の各年度の計画とその実績を**図表3-2**のように整理してみた[10]。

各年度の計画と実績から明らかなように，調整表作成・開示要件の撤廃に関する政策評価は，ニコライセンのロードマップでのSECスタッフが取り組む

図表 3 − 2　IFRS を使用する外国民間発行体に対する調整表作成・開示要件の撤廃に関する政策評価

政策評価 国際規制協力のマイルストーン（2007年度目標達成） 説明：ますますグローバル化する金融市場に直面して，効果的かつ柔軟な規制環境を維持するために，SEC は，多くの証券規制当局や証券監督者国際機構（IOSCO）を含む国際機関と協力して，グローバルな透明性と情報開示を改善し，グローバル企業と市場の監督を強化し，規制基準を強化し，国境を越えた執行協力を強化しています。また，SEC スタッフは，国境を越えて活動する市場参加者を規制するための共通のアプローチを模索するために，外国当局と二国間規制対話（ダイアログ）を行ないました。		
イニシアティブ： 　IASB が公表する国際財務報告基準（IFRS）を使用する外国発行体に対するアメリカ会計基準への調整表作成・開示要件の撤廃		
2005年 アニュアル・ レポート	2005年度	SEC スタッフが公表した「ロードマップ」
2006年 アニュアル・ レポート	2006年度 計画	外国民間発行体の2005年度 IFRS 財務諸表と附属の調整表の整合性のレビュー（見直し）に着手する。
	2006年度 実績	外国民間発行体の2005年度 IFRS 財務諸表と附属の調整表の一貫性のレビューに着手した。国際的に活動する企業によるアメリカとヨーロッパ連合（EU）における IFRS とアメリカ会計基準の適用に関して，ヨーロッパ証券規制当局委員会（CESR）と協力することで合意した。
2007年 アニュアル・ レポート	2007年度 計画	レビューの影響について一般構成員と議論する。IFRS に準拠して作成された外国民間発行体の財務諸表と附属の調整表の忠実性および一貫性のレビューを継続する。調整表作成・開示要件の撤廃に伴って必要となる SEC 規則の変更を特定する。高品質な会計基準の開発と IFRS の一貫した適用について，CESR および IOSCO のメンバーと引き続き緊密に協力する。適用と執行に関する国際的なカウンターパートの立場を十分に考慮する。IFRS とアメリカ会計基準の適用に関して矛盾する規制上の決定を回避する。少なくとも半年ごとに CESR との

		会合を開催する。
	2007年度 実績	調整表作成・開示要件を撤廃する規則案と，SEC に提出される財務諸表でアメリカの発行体に IFRS の使用を認めることに関するコンセプト・リリース（概念通牒）に先立ち，IFRS の品質と完全性に関するアメリカの市場参加者の見解を入手した。二重上場企業による IFRS 適用に関する発行体固有の機密で非公開の情報を共有するためのテンプレートを作成し，イギリスの金融サービス機構（FSA）とイギリスの財務報告評議会（FRC）との最初のプロトコルを締結することで，SEC-CESR 共同作業計画を推進した。IOSCO メンバーと引き続き協力した。

出所：SEC（2005a），Exhibit 2.6, p.40, SEC（2006a），Exhibit 2.5, p.44, SEC（2007a），Table 2.16, p.35をもとに作成。

べきことと符合する。ロードマップの計画に沿った内容で進められている。同時に，「SEC-CESR 作業計画」での SEC スタッフと CESR-Fin との間で交わした5つのステップについて，SEC スタッフによる取組みの実態とその経緯を示すものでもある。

ロードマップでの計画の1つとして，SEC スタッフは，2006年に IFRS に準拠してはじめて作成された財務諸表を含む，100社以上の外国民間発行体のアニュアル・レポート（年次報告書）についてレビューを行なっている（SEC（2007i）；SEC（2007k））。このレビューによれば，たとえば，IAS 第1号「財務諸表の表示」や SEC の Form 20-F で要求する IFRS への準拠に関する記述上の問題をはじめ，表示方法の問題（同じ管轄（法域）の企業や同一業種の企業で損益計算書の様式が異なることやキャッシュ・フロー計算書の表示など）や IFRS が要求する開示事項が分散していたり不明瞭であることなどの問題があることが指摘されている。

2　コックス委員長による調整表作成・開示要件の撤廃と IFRS 導入の会計規制

先述のとおり，コックス委員長は2006年2月8日のマクリービーEU 域内市場担当委員との会談で「ロードマップ」を承認している。コックス委員長の数

多くの公式のスピーチを読み解いてみると，調整表作成・開示要件の撤廃を支持することを公に表明したのは，インタラクティブ・データに関わる技術の近代化での発言である。2006年12月5日に開催された第14回XBRL国際会議でのスピーチで次のように言う。

■「企業，投資家，アナリストがインタラクティブ・データを活用する多くの用途にとどまらず，この強力な新機能を利用して世界ができることを想像するのは簡単です。デビット〔トゥイーディ：引用者〕卿と私は，両機関が策定した2009年までのロードマップに従って，国際財務報告基準を使用した報告書をU.S. GAAPに調整させるという要件を撤廃したいと考えていますが，特定の会計規則に偏ることなく記述されたXBRLタクソノミを使用すれば，財務データをある会計システムから別の会計システムに瞬時に変換することができることはすでに想像することができます。つまり，たとえ世界がグローバルな会計のエスペラント語を入手できなかったとしても，私たちは同じ言語を話すことができるようになります。
　もちろんアメリカは，国境を越えた証券取引において，高品質で包括的な一連の一般に認められた国際会計基準を確立することに強くコミットしています。私たちは，これがグローバルな資本形成を促進し，外国の発行体がアメリカの資本市場にアクセスし，アメリカで上場することを容易にすると信じてきました。XBRLの普及とインタラクティブ・データの持つさまざまな可能性の活用が，真にグローバルな会計基準の開発を加速することは間違いありません」（Cox (2006c)）。

下院の共和党議員として長年務めたコックス委員長は，「キャリア政治家の反射神経」と評される社交スキルを持つ（SEC Historical Society Website, Regulating the Regulators: The Executive Branch and the SEC, 1981-2008 – George W. Bush Administration: Cox Commission）。SECコミッショナーの間の協調を回復しようと努めた。

そこでコックス委員長が採用した方法の1つが，ラウンドテーブルである。イギリス伝承の古典童話で何人かの作家が再話してきた『アーサー王と円卓の騎士』（Sutcliff (1981)（サトクリフ著，山本訳 (2001)））に登場するアーサー王に仕えた精鋭の騎士が囲んだ円卓は，立場や身分にとらわれずすべてが対等であることを表象する。円卓を囲み，平等な立場で自由に意見交換する機能を持つ。

図表3－3は，IFRS導入に向けてSECが開催したラウンドテーブルとSECの会計規制を時系列に示したものである。ラウンドテーブルに協力者を動員することで，IFRS導入に向けた流れを作り出したと言ってよい。

第3章　共和党政権下のIFRS導入に関するSECの会計規制　105

図表3－3　IFRS導入に向けてSECが開催したラウンドテーブル（円卓討論）と
　　　　　SECの会計規制

ラウンドテーブル（円卓討論）	開催日／公表日	SEC規則案／規則
国際財務報告基準の「ロードマップ」に関するSECスタッフのラウンドテーブル	2007年3月6日	
	2007年7月2日	外国民間発行体によるIFRS準拠の財務諸表を容認するリリース案
	2007年8月7日	アメリカの発行体がU.S. GAAPまたはIFRSに準拠できるか否かのコンセプト・リリース（概念通牒）
	2007年12月21日	外国民間発行体によるIFRS準拠の財務諸表を容認するリリース案を決定
国際財務報告基準に関するSECラウンドテーブル①	2007年12月13日	
国際財務報告基準に関するSECラウンドテーブル②	2007年12月17日	
サブプライム危機におけるIFRSとU.S. GAAPのパフォーマンスに関するラウンドテーブル	2008年8月4日	
	2008年11月14日	アメリカの発行体がIFRSに準拠して作成した財務諸表の使用可能性についてのロードマップ規則案
国際財務報告基準に関するラウンドテーブル	2011年7月7日	

　最初の国際財務報告基準の「ロードマップ」に関するSECスタッフのラウンドテーブル（2007年3月6日）は，アメリカ資本市場におけるIFRSモデルとU.S. GAAPモデルが共存する潜在的影響についての意見聴取のためのものである。①アメリカ資本市場における資金調達プロセスへの影響，②アメリカ資本市場の投資家への影響，および，③アメリカ資本市場の発行体への影響をトピックとした。

　2007年12月13日に開催された国際財務報告基準に関するSECラウンドテー

ブルは，アメリカ市場で現在2つの会計基準が並存していることから生じる問題についてのもので，また12月17日のSECラウンドテーブルは，アメリカにおけるIFRSの利用を取り巻く実務上の問題とアメリカ企業によるIFRSの将来的な使用に関する実務上の問題について扱われた。

　SECが2008年8月4日に開催したラウンドテーブルは，サブプライム危機による市場混乱時の市場への圧力のなかで，IFRSとU.S. GAAPが公正価値やオフバランス企業の会計問題に対してどのように機能したかについて，意見をもとに分析することを目的としたものである。このラウンドテーブルは，SECがその後の2008年10月29日に開催した時価会計に関するラウンドテーブルにも結びつく。世界金融危機による金融不安に対処するために，公的資金により金融機関の不良債権を買い取ることを定めた「2008年緊急経済安定化法」(Emergency Economic Stabilization Act of 2008) が2008年10月3日に制定されたことを受けて開催したものであり[11]，投資家と規制当局にとっての時価会計の有用性，時価会計による市場行動への潜在的な影響，会計基準の改善などをトピックとした。

　これら一連のラウンドテーブルは，IFRS導入に向けた2段階（2つの流れ）での構図を築き上げている。

　第1段階は，①国際財務報告基準の「ロードマップ」に関するSECスタッフのラウンドテーブルと，②相互承認に関するラウンドテーブルを踏まえて，①外国民間発行体によるIFRS準拠の財務諸表を容認するリリース案（SEC (2007h)）と最終リリース（SEC (2007l)），および，②すべての発行体（外国民間発行体とアメリカの発行体）がU.S. GAAPまたはIFRSに準拠できるか否かのコンセプト・リリース（概念通牒）（SEC (2007j)）の公表へと連なる。第2段階では，①国際財務報告基準に関するSECラウンドテーブルと，②サブプライム危機におけるIFRSとU.S. GAAPのパフォーマンスに関するラウンドテーブルを踏まえて，アメリカの発行体がIFRSに準拠して作成した財務諸表の使用可能性についてのロードマップ規則案（SEC (2008e)）が公表されるに至っているのである。

　外国民間発行体によるIFRS準拠の財務諸表を容認する政策の選択肢を形成し，ひいてはIFRS導入に向けて2段階でのラウンドテーブルを開催できたのは，コックス委員長が第1段階のラウンドテーブルで調整表作成・開示要件の撤廃について「非常に好意的な意見をいただきました」（Cox (2007b)）と解釈

したことによるものである。

　FASBとIASBが会計基準間の差異を解消するコンバージェンスに取り組む目的は，2つの会計基準を最高品質のレベルに引き上げることにある。この取組みがあるからこそ，SECは外国民間発行体に加えて，アメリカの発行体にもIFRSを使用できるようにする政策の選択肢を検討し始める。この点についても，国際財務報告基準の「ロードマップ」に関する第1段階のラウンドテーブルにおいて，コックス委員長がパネリストに向けた質問からうかがい知れる。

■「アメリカに上場し，アメリカの投資家に証券を売り出し，同じ取引所規則の適用を受け，1933年証券法と1934年証券取引所法のもとで同じ法定要件の適用を受けるなど，居住地以外のあらゆる点でアメリカの登録者と同一の外国の登録者が，なぜアメリカの登録者と同じである必要があるのでしょうか。アメリカ企業が〔U.S.：引用者〕GAAPまたはIFRSのいずれを使用するかを選択できていないのに，なぜ外国の発行体は〔U.S.：引用者〕GAAPまたはIFRSのいずれを使用するかを選択しなければならないのでしょうか」（SEC（2007b）でのCoxの発言）。

　ところで，民主党のバラク・H・オバマ（Barack H. Obama）政権に移行後の2011年7月7日にも，時のSEC委員長であるメアリー・L・シャピロ（Mary L. Schapiro）のもとで国際財務報告基準に関するラウンドテーブルが開催されている。
　ここでのトピックは，IFRSの投資家の理解，中小企業への影響，IFRSをアメリカの発行体の財務報告システムに組み込むことの利点と課題である。最後のトピックであるIFRSをアメリカの財務報告システムに組み込むアプローチは，第5章で詳しく論じるが，ポール・A・ベスウィック（Paul A. Beswick）副主任会計士が提唱した「コンドースメント・アプローチ」（Condorsement Approach）によるものである。コンドースメントは，コンバージェンスとエンドースメントを組み合わせた造語である。このアプローチは，移行期間においてU.S. GAAPとIFRSの差異を解消して既存のIFRSにU.S. GAAPを組み込むコンバージェンス・アプローチの要素と，今後公表される個別のIFRSをエンドースメント・プロセスを経てU.S. GAAPに組み込むエンドースメント・アプローチの要素によって構成される。

第6節 アメリカへのIFRS導入の会計規制に関わるSECコミッショナーの票決

　SECコミッショナーは，アメリカの財務報告制度へのIFRS導入に向けた会計規制にいかなる投票行動を取ったのだろうか。
　この投票行動について具体的に分析するためには，なによりも信頼しうるデータが必要である。この投票行動の分析のために最も適したデータとして，「情報公開法」（「情報自由法」とも言う）（the Freedom of Information Act）[12]に基づきSECが情報開示するものがある。SECの決定，命令，規則および類似の規制措置に対するSECコミッショナーの票決データ（SEC Websiteでの「委員会の投票」（Commission Votes）と「コミッショナーの最終投票」（Final Commissioner Vote））である。
　本書では，大統領（プレジデンシャル・アポイントメント）の政治任用の影響をはじめSECコミッショナーの投票行動の分析にあたって，このSECによる「委員会の投票」の票決データを随所で集計し活用している。このSECの「委員会の投票」の票決データの信頼性の高さを示すためにも，まずはこのデータが提供されるまでの経緯とアメリカ合衆国憲法をはじめとした関係法令との関わりを確認しておこう。

1　SECコミッショナーの票決データの構築と信頼性

　イギリスの不文憲法における根本法の「権利章典」（Bill of Rights）[13]に由来する同名の権利章典が，アメリカ合衆国憲法にもある。7,762文字からなるアメリカ合衆国憲法（いわゆる「1787年憲法」）の修正条項（Amendments），つまり修正第1条から修正第10条こそがアメリカの権利章典である。
　最初の修正条項でもある修正第1条（1791年成立）は，連邦議会に対して，信教の自由，言論・出版の自由，ならびに，集会の権利や政府への請願権について制限する法律を制定してはならないことを定める。修正条項が，「人権保障規定」との別名を有する所以でもある。
　にもかかわらず，20世紀の2つの世界大戦を通じた人権の抑圧や侵害をはじめ，政府による情報の抑圧なども増大した。これに対し，第3回国際連合総会で採択された「世界人権宣言」（Universal Declaration of Human Rights：1948年12月10日採択）が，「すべての人民とすべての国とが達成すべき共通の基準」（前

文）として公布されたことを踏まえ，その展開のもとで，とくに第19条[14]との関わりで制定されたのが，アメリカの「1966年情報公開法（情報自由法）」である。この情報公開法は，行政府の行政手続きを立法化した1946年の「行政手続法」（Administrative Procedure Act）の情報公開の規定（第3条）を改正して制定したものでもある。

　情報公開法は，1967年の施行以降，アメリカの連邦機関の各種記録へのアクセスを要求する権利を一般市民に提供している。この情報公開法の§552（公開情報，代理規則，違憲，命令，記録，議事録）(a)(5)は，「2人以上のメンバーを有する各機関は，すべての機関の手続きにおける各メンバーの最終投票の記録を保持し，公衆の閲覧に供するようにするものとする」と規定する。この条項による要求に基づき，SECも各決定，命令，規則または同様の措置へのリンクと，各事例におけるSECコミッショナーの最終投票結果へのリンクなどをオンライン上に提供している。これこそが，SEC Websiteでの「委員会の投票」や「コミッショナーの最終投票」による情報公開なのである。

2　IFRS導入の規制措置に関わるSECコミッショナーの票決の特徴

　SECコミッショナーの票決データのうち，「コミッショナーの最終投票」は，2006年4月から2015年12月までを収録期間とする。2016年以降のコミッショナーの最終投票は，「委員会の投票」で情報開示している[15]。つまり，SECコミッショナーの票決データは，2006年3月以前の決定，命令，規則および類似の規制措置の投票を盛り込んでいない。したがって，2006年3月以前の票決については，SECコミッショナーの声明やスピーチをはじめ，SECによるプレスリリースなどの関連文書などを通じて確認する必要がある。

　図表3－4は，ビル・クリントン（Bill Clinton），ブッシュ，オバマの3代にわたる政権時に形成されたアメリカへのIFRS導入に向けたSECによる一連の会計規制の政策について，SECコミッショナーの票決をまとめたものである。SECコミッショナーと大統領の政治任用の結びつきが明確になるように，各票決の時の政権ごとに整理している。ここではとくに，2000年2月16日の票決後に公表されたSECコンセプト・リリース「国際会計基準」のSECコミッショナーの票決について，票決データ以外のSECが公表した関連文書に基づいて捉え，その全体像を描いている。

　興味深いことは，民主党と共和党のいずれの政権政党のもとでの規制措置で

図表 3－4　アメリカへの IFRS 導入の会計規制に関わる SEC コミッショナーの票決

■パネル A：クリントン大統領（民主党）政権下のレビット Jr. 委員長（民主党系）在任時		
SEC コンセプト・リリース（概念通牒）「国際会計基準」 （2000年2月16日）		
SEC コミッショナーの票決 （2000年2月16日）	賛成票	反対票
	Levitt（民），Johnson（共），Hunt, Jr.（民），Carey（民），Unger（共）	なし
■パネル B：ブッシュ大統領（共和党）政権下のコックス委員長（共和党系）在任時		
【外国民間発行体に対する会計規制】		
SEC 規則案「外国民間発行体による IFRS 準拠の財務諸表を容認するリリース案」 （2007年7月2日）		
SEC コミッショナーの票決 （2007年6月20日）	賛成票	反対票
	Cox（共），Atkins（共），Campos（民），Nazareth（民），Casey（共）	なし
SEC 規則「外国民間発行体による IFRS 準拠の財務諸表を容認するリリース」 （2007年12月21日）		
SEC コミッショナーの票決 （2007年11月15日）	賛成票	反対票
	Cox（共），Atkins（共），Nazareth（民），Casey（共）	なし
【アメリカの発行体に対する会計規制】		
SEC コンセプト・リリース（概念通牒） 「アメリカの発行体に対する IFRS 適用に関するコンセプト・リリース」 （2007年8月7日）		
SEC コミッショナーの票決 （2007年7月25日）	賛成票	反対票
	Cox（共），Atkins（共），Campos（民），Nazareth（民），Casey（共）	なし
SEC 規則案「アメリカの発行体に対する IFRS 適用に向けたロードマップ規則案」 （2008年11月14日）		
SEC コミッショナーの票決 （2007年8月27日）	賛成票	反対票
	Cox（共），Casey（共），Walter（民），Aguilar（民），Paredes（共）	なし
■パネル C：オバマ大統領（民主党）政権下のシャピロ委員長（無党派）在任時		
【アメリカの発行体に対する会計規制】		
SEC 規則案「アメリカの発行体に対する IFRS 適用に向けた ロードマップ規則案」（コメント期間の延長） （2009年2月3日）		
SEC コミッショナーの票決 （2007年2月3日）	賛成票	反対票
	Schapiro（無），Casey（共），Walter（民），Aguilar（民），Paredes（共）	なし

SEC 声明「コンバージェンスとグローバル会計基準を支持する SEC 声明」 (2010年2月24日)		
SEC コミッショナーの票決 (2010年2月24日)	賛成票	反対票
	Schapiro（無），Casey（共），Walter（民），Aguilar（民），Paredes（共）	なし

全会一致

注：「共」は共和党，「民」は民主党を意味する。シャピロ委員長は二大政党に属さない無党派である。また，カンポス SEC コミッショナーは2007年9月18日に退任しており，SEC 規則「外国民間発行体による IFRS 準拠の財務諸表を容認するリリース」（2007年12月21日）の票決時は，SEC は5名のフルコミッション体制ではなく，民主党系コミッショナーが1名空位であった。
出所：SEC（2000b）および SEC Website, Final Commissioner Votes（April 2006-December 2015）に収録された各規則案と規則の票決データをもとに作成。

あれ，すべての議事手続きでの SEC コミッショナーの票決が，**賛成の意思を表示した全会一致で承認されている**ことである。党派を問わず，グローバル化の流れのなかでのアメリカの置かれた状況を直視していた表れとも言えよう。

ただし，以下の章で具体的に明らかにするが，オバマ大統領（民主党）政権下のシャピロ委員長（無党派）在任時に執行されたアメリカの発行体に対する会計規制案（パネル C）も全会一致で承認されてはいるが，シャピロ委員長による IFRS 導入に向けたアクションにはそれまでとは異なり一気にブレーキがかかっている。大統領や政権政党，さらには SEC の規制措置の優先順位のあり方が大きく影響しており，ここでの IFRS 導入に向けた会計規制のあり方に関わる SEC コミッショナーの票決は必ずしも他の票決と同じ特徴を有するものではないことに注意する必要がある。

第7節　おわりに

ブッシュ大統領政権下で IFRS 導入に向けた SEC の会計規制の政策を形成したコックス委員長ではあるが，世界金融危機へと連なる崩壊の序章期の対応には批判もつきまとう。

投資銀行ベアー・スターンズ（Bear Stearns）が破綻の危機に瀕した際，ニューヨーク連邦準備銀行（Federal Reserve Bank of New York）の支援で JP モルガン・チェース（JPMorgan Chase & Co.）が買収した。コックス委員長へ

の批判は，財務長官をはじめとした金融規制当局の首脳らが救済計画を練る会議に，SECが関与していなかったとする見解によるものである。ただし，SECの関与の有無については見解に相違がある[16]。

このときのコックスの対応については，歴代のSEC委員長の間でも評価が分かれる。

デイビッド・S・ルーダー（David S. Ruder）は，企業法を専門分野とするコックスがこの危機に対処するために最良の市場チームを配置したと評価する。その一方で，レビットJr.とピットは，SECの権限を守るためにももっと積極的に行動することや議論を先導すべきと手厳しい見解を示した（Scannell and Craig（2008））。

アメリカの金融規制の枠組みに潜む欠陥が浮き彫りとなり，SECをFRBに移す案のように金融規制を再編する声を煽る形となった。長期的には3つの規制機関を新設すべきとするポールソンJr.財務長官の提言では，短期的な措置として，SECと商品先物取引委員会（CFTC）を統合するという考えも示されていた（Paulson Jr.（2010），pp.126-127（ポールソン著，有賀訳（2010），166-167頁））。

ところで，SEC委員長と大統領の政治任用について語るとき，注目すべきアクションがある。大統領選挙時の候補者の支持表明についてである。

ルーダー，レビットJr.に加えてドナルドソンが，大統領選挙に臨むイリノイ州上院議員であったオバマを支持した（Mason（2008））。ルーダー（共和党系）をSEC委員長として任命したのはレーガン大統領であり，レビットJr.（民主党系）はクリントン大統領によって，またドナルドソン（共和党系）はブッシュ大統領によってそれぞれSEC委員長に任命されている。大統領によるSEC委員長の政治任用は同一党派からの人選であった。この点を踏まえると，民主党大統領候補者がまさに超党派による3名のSEC委員長歴任者から支持獲得した異例なものなのである。

民主党のジミー・カーターJr.（James Earl "Jimmy" Carter, Jr.）政権のもとで連邦準備制度理事会（FRB）議長に指名され（1979年7月25日），共和党のレーガン政権でもその職に就いた，民主党を支持するポール・A・ボルカーJr.（Paul A. Volcker, Jr.）は，すでにオバマを支持していた[17]。3名の超党派のSEC委員長歴任者とボルカーがオバマを称賛する理由は，4名の共同声明でもみられるように，経済政策や規制改革にある（Mason（2008））。

アメリカが直面する経済問題や規制改革のあり方こそが，大統領候補の支持

表明に結びついている。SEC委員長を含むSECコミッショナーの指名，つまり大統領の政治任用を検討するうえで，SECによる規制措置のあり方が，定石どおりに大統領と同一党派による展開には必ずしもなりえないことも示唆するものだということを理解しておく必要がある。

オバマ政権の誕生後の2009年2月に，課題である経済成長と金融市場安定化に向けて対応すべく，「大統領が経済回復計画を策定し実行する際に，情報，分析，助言を確実に入手できるようにすることで，国家経済の強靭さと競争力，そしてアメリカ国民の繁栄を強化すること」(U.S. Department of the Treasury (2009), C) を目的とした大統領経済回復諮問委員会（PERAB）が新設されている。この超党派の諮問委員会のメンバーを，ドナルドソンSEC元委員長が務めている（The White House, Office of the Press Secretary (2009)）。

■注

(1) SEC委員長就任2回目の公開会議（2005年9月21日）で，コックス委員長も，「SOX法第404条に基づく財務報告に係る内部統制に関する要件は，SOX法のもとでおそらく企業にとって唯一最大の課題であり，最大のコストを課してきた」(Cox (2005b)) と明言している。大企業による報告の迅速化を求められた早期提出企業は，「二重苦に見舞われた」とも言う。

このSOX法第404条の財務報告に係る内部統制については，コックスはSEC委員長として，財務報告の重要な虚偽記載リスクから企業を保護する内部統制に経営者を集中させることでコンプライアンスを強化し，とくに中小企業にとっての不必要なコストを削減することを目的とした解釈指針を策定している（SEC (2007e)）。

(2) アメリカ資本市場の競争力の低下を踏まえ，その競争力の強化に関わる調査報告などには，たとえば，①超党派の有識者によるアメリカ資本市場規制に関する委員会の中間報告（「スコット・ハバート・ソントン委員会中間報告」：Committee on Capital Markets Regulation (2006)) や，②全米商工会議所・21世紀のアメリカ資本市場規制に関する委員会の報告・提言書（Commission on the Regulation of U.S. Capital Markets in the 21st Century (2007)) などがある。

前者のアメリカ資本市場規制に関する委員会の中間報告は，競争力，規制プロセスの改革，執行システム，株主の権利，SOX法第404条の5つのセクションで構成されている。全体で32の提言が行なわれているが，このうち規制プロセスの改革の提言12において，SECに対して効果的な規制の明確な原則を確立する必要性を説き，SECが規則を制定する際は，コストベネフィット分析（費用対効果分析）を体系的に実施することを求めている（Committee on Capital Markets Regulation (2006), p.8）。

後者の全米商工会議所の委員会が行なった提言は，次の6つである。

> 提言1：金融市場と市場参加者に対する連邦政府の規制アプローチを改革し，近代化すること
> 提言2：SOX法を1934年証券取引所法の一部とすることにより，SOX法の実施に関

連する問題に対する柔軟性を SEC に与えること
提言3：上場企業に対して業績予想の発表を止めるよう説得するか，あるいは，1株当たり利益（EPS）数値のみを示す四半期業績予想から，EPS の数値に幅を持たせた年次業績予想に移行すること
提言4：国内外の政策担当者に対して，破滅的な訴訟から監査法人が直面する甚大な訴訟リスクに対処するための他の提案や，国内の監査法人がパートナー以外の民間株主から資本を調達することを認めるという委員会の提案を真剣に検討すること
提言5：退職年金制度のない従業員21人以上の従業員を雇用するすべての事業主を，退職金制度を提供する金融機関に連携させて退職金制度を拡充すること
提言6：雇用主に退職年金制度のスポンサーとなることを奨励し，より簡素で統合された401(k)タイプのプログラムを導入することで退職金口座のポータビリティを強化すること

　アメリカ資本市場が弱体化する誘因は外国民間発行体に対する調整表作成・開示要件だとして，その撤廃を強く要望している点も共通している。これらの報告書の紹介については，杉田（2007），関・岩谷（2007），関（2007），大川（2007）を参照されたい。
(3)　シューマーとブルームバーグは，第2の要因の問いの後，次のように述べてその解答を示している（Schumer and Bloomberg (2006)）。「現在，アメリカには10以上の連邦，州，業界の規制機関があります。イギリスにはそうした機関は1つしかありません。業界の専門家は，アメリカ企業にかかる金融規制コスト総額はイギリスの15倍と推定しています。コスト削減以外にも，イギリスには別の利点があります。アメリカの規制機関は，街で最も厳しい警官になろうと競い合っていますが，イギリスの規制機関は，より協力的で解決策を重視している（ソリューション志向の）ようです。
　アメリカで事業を行なうすべての上場企業に新たな規制の枠組みを課した2002年のサーベンス・オックスリー法も，後知恵ですが，再検討する必要があります。この法案が可決されて以来，アメリカで事業を行なう企業の監査コストは，連邦議会の予想をはるかに超えて増大しています。もちろん，企業の不正行為を発見し，投資家を保護する能力を決して低下させてはなりません。しかし，規制当局の過剰な介入により個人的な金銭的制裁を科せられることを恐れて，企業のリーダーが成長のための革新的な戦略よりもコンプライアンス（法令遵守）の些細なことに過度の時間を費やすという憂慮すべき傾向があるようです」。
　また，第3の要因の問いについては，「アメリカにおける証券集団訴訟の総額が近年急増しており，1997年の1億5,000万ドルから2005年には96億ドルに達している。イギリスや他の国々では，根拠のない訴訟をはるかに効果的に阻止する法律があります。正当な訴訟を排除することなく，根拠のない訴訟を減らす最善の方法を再検討すべき時期なのかもしれません」と述べている。
(4)　ニューヨーク経済クラブは，社会，経済政治問題の研究と議論の促進を目的とする，1907年に設立された非営利，無党派，非政治的な組織である。首都圏に拠点を置く企業や金融機関の上級幹部を会員とする，世界が直面するさまざまな問題について講演者と会員が議論するフォーラムである（Economic Club of New York Website 参照）。
(5)　シューマーとブルームバーグは，イノベーションと規制のバランスを説いたが，ポールソン Jr. も規制のあり方について次のような見解を示している。すなわち，「規制に関しては，バランスが重要です。そして，正しいバランスを取るには，私たちの行動が及ぼす

経済的影響を考慮する必要があります。過度な規制はイノベーションを遅らせ，投資家に無用なコストを課し，競争力と雇用創出を阻害します。同時に，コスト削減を追求するあまり，投資家にとって必要なセーフガードを排除しようとするような，規制による底辺への競争を行なうべきではありません。適切な規制のバランスは，高い水準の誠実さと説明責任をイノベーション，成長，競争力のための強固な基盤とを結びつけるものでなければいけません」（Paulson Jr.（2006））。

(6) 外国民間発行体は，アメリカ居住者である保有者が300人未満の場合，取引所法上の登録や報告制度から離脱できる。しかし，アメリカ国内の投資家の関心が比較的低いにもかかわらず，取引所法上の登録や報告義務を終了させることが困難となる可能性があった。新たな取引所法規則12h-6により，こうした点を改善して外国民間発行体の登録抹消について定めたものである（SEC（2005f））。

(7) サンディエゴ大学（University of San Diego）で開催されたフォーラムでのコックスのスピーチは，ビデオ録画されたものであった（Cox（2006a））。SECからの公式発表も検査による健康証明書が付与された2月28日付であるが，手術後の2週間は非常勤勤務で対応している。

(8) コックス委員長は後のスピーチで，「2005年初頭，SECのスタッフは『ロードマップ』を公表し，私は2006年2月に委員長としてこれを正式に承認しました」（Cox（2007c））と語っている。

(9) たとえば，Cox（2005d）やCox（2006c）のスピーチなどからその真意を汲み取ることができる。

(10) なお，調整表作成・開示要件の撤廃に関するイニシアティブについては，SECの2008年度のアニュアル・レポートには計画と実績の記載はない。これに代わって，アメリカの発行体がIFRSに準拠して作成した財務諸表を使用するためのロードマップについて記している（SEC（2008a），pp.35-36）。

(11) 「2008年緊急経済安定化法」は，上院では賛成74票，反対25票で可決し，下院では賛成263票（民主党172票，共和党91票），反対171票（民主党63票，共和党108票）で可決した。「2008年緊急経済安定化法」が規定するSECに関わる規定は，公正価値測定に関わる2つの条項（第132条と第133条）である。SECが，連邦証券諸法に基づき公共の利益に適うもので，投資家保護に合致すると判断した場合，FASBの財務会計基準書（SFAS）第157号「公正価値測定」の適用を停止する権限を有するとした。また，SECは連邦準備制度理事会と財務省と協議のうえ，SFAS第157号が規定する時価会計基準（Mark-to-Market Accounting Standards）について，金融機関に適用される場合の貸借対照表に及ぼす影響や財務情報の品質への影響などの調査を実施し，その調査結果を90日以内に連邦議会に報告することが求められた。

(12) 情報公開法を含むアメリカ連邦政府における情報公開制度の概要については，一般財団法人自治体国際化協会（2002）を参照されたい。

(13) イギリスの権利章典は，正式には「臣民の権利と自由を宣言し，かつ，王位の継承を定める法律」（An Act Declaring the Rights and Liberties of the Subject and Settling the Succession of the Crown）と言う。

(14) 「世界人権宣言」第19条は，「すべての人は，意見および表現の自由に対する権利を有する。この権利は，干渉を受けることなく自己の意見を持つ自由ならびにあらゆる手段により，また，国境を越えると否とにかかわりなく，情報および思想を求め，受け，および伝える自由を含む」と規定する。

(15) 2016年以降の「委員会の投票」では，各事案の規制措置に対するSECコミッショナーの賛否が記されている。これに対して，2006年4月からの「コミッショナーの最終投票」では，各事案の規制措置の表紙ページに記されたSECコミッショナーは，基本的に賛成票を投じたことを示している。SECコミッショナーが票決に参加していない，反対あるいは一部反対している場合は，右片隅に手書きでその氏名が記されている。

(16) 『ウォール・ストリート・ジャーナル』紙や「ロイター」(Reuters) 通信は当時を次のように報じた。

■「3月のある金曜日〔3月14日の金曜日：引用者〕，投資銀行のベアー・スターンズが破綻の危機に瀕しているなか，アメリカの金融規制の首脳は，救済策を練るため午前5時の電話会議に臨んだ。……証券取引委員会のクリストファー・コックス委員長は，誰にも電話しなかった。SECはベアー・スターンズの監督官庁であったが，彼は会議に参加しなかった」(Scannell and Craig (2008))。

■「大きな危機はワシントンの規制当局に試練を与える。今回の金融危機でも，コックスは重要な局面で重要な役割を担っていなかった。翌日の夜，FRBと財務省のトップが救済策を交渉している最中，コックスは誕生日パーティーに出席していた。ベアー・スターンズの売却とFRBによる投資銀行への資金融資計画を発表する日曜日の電話会議に出席していなかった。翌週末，コックスは家族旅行に出かけた」(Scannell and Craig (2008))。

■「クリストファー・コックスは，大恐慌以来最悪の金融危機の際に投資家を十分に保護できなかった規制当局者として記憶される可能性が高いだろう。
　アメリカ証券取引委員会の第28代委員長が今年はじめに退任すると，規制上の失策で汚名を着せられ，改革志向の連邦議会によって再編されて消滅の危機にさらされている機関が残されることになる」(Younglai (2009))。

電話会議を行なった2008年3月14日（金曜日）について，ポールソンJr.財務長官は，次のように回顧する。

■「金曜の朝，髭を剃り終えてシャワーを浴びようとしていると電話が鳴った。5時ごろに電話会議をはじめるというロバート・スティールからの知らせだった。Tシャツにボクサーショーツという寝起き姿のまま，ウェンディを起こさないように書斎のある3階へ上がる。電話会議にはFRBからティモシー・ガイトナー，ベン・バーナンキ，ケビン・ウォーシュ，ドナルド・コーン，財務省からはアンソニー・ライアンとロバート・スティール，SECからエリック・シリが参加した。最初は一同でクリストファー・コックスにつながるのを待った。コックスはSECのオフィスで待機していたが，回線の混乱のせいで参加できなかった。ベアーの決済銀行であるJPモルガンのジェイミー・ダイモンCEOにも，数分ほど加わってもらった。ダイモンは暗い見通しを示した。ベアー・スターンズの破綻は金融市場に壊滅的な打撃をおよぼす，カギはベアーを週末まで持ちこたえさせることができるかどうかだ，と言葉に力を込めた」(Paulson Jr. (2010), pp.100-101（ポールソン著，有賀訳 (2010), 133-134頁))。

(17) ボルカーによるオバマの支持表明で次のように述べている。「強力で新鮮なリーダーシップの可能性を提供してくれるのは，その人柄，考え方，そして私たちのニーズと希望の両方を理解し，明確に表現できるバラク・オバマだけだ。そのリーダーシップはここアメリカで始まらなければならないが，しかし，世界中で私たちのビジョン，強さ，目的に対して必要な自信を取り戻すこともできる」(Hanrahan (2008))。

第4章 民主党政権下のIFRS導入に関するSECの会計規制

第1節 はじめに−問題意識−

　証券取引委員会（SEC）の政策決定メカニズムとメアリー・L・シャピロ（Mary L. Schapiro）委員長が担うミッション（使命）が，国際財務報告基準（IFRS）適用の規制措置（Regulatory Action）やその姿勢にも如実に表れる（杉本（2012a），4頁）。

　SECのシャピロ委員長は，2011年10月に広報担当者を通じて，「少なくともあと1年間は現職にとどまる意向」（Ackerman（2011））を表明した。この表明は，SECにとって逆風になる問題（主任法務官の倫理スキャンダルやNASDAQ（ナスダック）のバーナード・L・マドフ（Bernard L. Madoff）元会長の巨額投資詐欺事件関連の見直しを踏まえて，SECの調査・検査の多大な改善を促したH．デヴィッド・コッツ（H. David Kotz）SEC監察官の報告書など）を受けて，シャピロがSEC委員長を退任に追い込まれるとの観測に対して行なわれたものである。「少なくともあと1年」後は，アメリカ合衆国大統領選挙の時期にもおおむね合致する。

　SECの規制措置は，「規則案」や「最終規則」などによるデュー・プロセスからなる。SEC委員長の就任（2009年1月27日）以降，IFRS適用問題について多くを語らないシャピロ委員長は，アメリカの発行体（自国企業）に対するIFRS適用の規制措置について，退任までにSECコミッショナー（委員）の合意形成を諮るだろうか。そもそも，なぜシャピロ委員長はIFRS適用問題について多くを語らないのだろうか。これらの疑問を解く糸口は，委員長就任以降のSECによる規制措置とその動向にある。

　本章では，民主党政権下にシャピロ委員長が就任した後のSECの規制措置

をもとに，政権移行に伴うSECの規制対応の特徴を導き出し，アメリカの発行体に対するIFRS適用への規制措置のあり方などについて検討してみたい。

第2節 シャピロ委員長のスピーチ・連邦議会証言等とIFRS規制問題への関心度

アメリカにおけるIFRS適用問題のうち，外国民間発行体に対するIFRS適用と調整表作成・開示要件の撤廃の最終規則化に加えて，アメリカの発行体に対するIFRS適用のロードマップ規則案（「アメリカの発行体がIFRSに準拠して作成した財務諸表の使用可能性についてのロードマップ；規則案」（2008年11月14日）（SEC（2008e）））は，クリストファー・コックス（Christopher Cox）前SEC委員長の在任時に規制措置されたものである。後任のSEC委員長は，二大政党のうち，同一党派の共和党系または民主党系からではなく，歴代委員長のなかではじめて無党派のシャピロが就任したことで，アメリカの発行体に対するIFRS適用の規則案の動向にはおのずと世界の耳目を集めてきた。

バラク・H・オバマ（Barack H. Obama）大統領の誕生後，SEC委員長に指名されたシャピロは，委員長としての在任も，今後の大統領選挙のありようによって終止符を打つ。**図表4－1**は，シャピロがSEC委員長としての在任期間中（2009年1月27日から2012年12月14日まで）に行なった公式のスピーチ，ステートメント（声明）および連邦議会証言において，アメリカの発行体に対するIFRS適用問題はもとより，IFRSそのもの（IFRS，1組のグローバル会計基準など）について言及した実態について，年度別に整理集計したものである。

SEC委員長の在任期間中，シャピロ委員長はスピーチとステートメントを151回行なっているが，そのうちIFRS等について言及したのは7回である（全体の4.64%）。4年にわたる総計46回の連邦議会証言のなかでのIFRS等の言及は1回だけである（全体の2.17%）。シャピロ委員長がIFRS等について多くを語らない姿が鮮明に映し出される。

IFRS等に言及したスピーチとステートメントは2010年に集中しているが，図表4－1のパネルBから，それはSEC声明（「コンバージェンスとグローバル会計基準を支持するSEC声明」（2010年2月24日）（SEC（2010d）））の公表後であることがわかる。それらはSEC声明の公表についての言及であり，このSEC声明は，事実上，アメリカの発行体に対するIFRS適用のロードマップ規則案

第4章　民主党政権下のIFRS導入に関するSECの会計規制　119

図表4－1　シャピロSEC委員長による在任期間中のスピーチ・連邦議会証言などでのIFRS等に関する言及

【パネルA】IFRS等に言及した年度別スピーチ・連邦議会証言（該当回数／総回数）

在任期間	2009年1月27日～2012年12月14日							
	2009年		2010年		2011年		2012年	
スピーチ等	議会証言	スピーチ等	議会証言	スピーチ等	議会証言	スピーチ等	議会証言	
7回／151回	1回／46回	1回／41回	0回／10回	4回／50回	0回／10回	1回／45回	1回／18回	1回／15回	0回／8回

【パネルB】2010年・2011年のSEC声明とSECスタッフペーパー公表前後のスピーチ・連邦議会証言の内訳

2010年				2011年					
SEC声明（2月24日）公表日まで		SEC声明（2月24日）公表以降		SECスタッフペーパー（5月26日）公表日まで		SECスタッフペーパー（11月16日）公表日まで		SECスタッフペーパー（11月16日）公表以降	
スピーチ等	議会証言	スピーチ等	議会証言	スピーチ等	議会証言	スピーチ等	議会証言	スピーチ等	議会証言
1回／9回	0回／1回	3回／41回	0回／9回	1回／23回	0回／11回	0回／20回	1回／5回	0回／2回	0回／2回

注：スピーチ等にはSEC Open Meetingでのステートメント等を含む。
出所：SEC WebsiteにおけるSpeeches, Public StatementsおよびCongressional Testimony by Chairman, Commissioners of the SECの内容をもとに作成。

の公表後，SECが表明した最初の公式声明であり，寄せられたコメントやラウンドテーブル（円卓討論）での意見などを勘案してのものである。2010年から翌年にかけて公表された一連のSECスタッフ・ペーパー（SEC Office of the Chief Accountant and Division of Corporation Finance (2010); SEC Office of the Chief Accountant (2011a); SEC Division of Corporation Finance (2011); SEC Office of the Chief Accountant (2011b); SEC Office of the Chief Accountant (2012))[1]は，SEC声明に付された作業計画の進捗状況や検討課題を分析したものだけに，ロードマップ規則案の公表後，SEC声明とその付録の作業計画はアメリカの発行体に対するIFRS適用のあり方や方向性を示す原点である。その後IFRS等について言及しても，SEC主任会計士室がアメリカの一般に認められた会計原則（U.S. GAAP：アメリカ会計基準）とIFRSを統合し，世界中の投資家に正確な財務報告を提供するグローバル・システムを構築するための取組みを主導していることだけの紹介にとどまる（たとえば，2012年3月20日に開催された証券業・金融市場協会のコンプライアンス＆法律（SIFMA C&L）カンファレンスでのスピーチ（Schapiro (2012b)））。

これまでの46回に及ぶシャピロ委員長の連邦議会証言は，各委員会等が基本的な論点をあらかじめ要請するが，総じてSECの規制上のミッションに関わ

る各提案が採り上げられている(2)。この連邦議会証言での特徴ないし傾向は，当時の SEC の規制措置に符合する。

第3節　シャピロ委員長のもとでの SEC による規制措置とその特徴

1　シャピロ委員長のもとでの SEC による規制措置

　ゴールドマン・サックス（Goldman Sachs）の提訴，フラッシュ・クラッシュ（株価の瞬間的な急落：2010年5月6日）の原因究明，逆さ合併企業による北米での裏口上場規制，上場金融機関に対するヨーロッパの債務へのエクスポージャー開示の厳格化，JP モルガン・チェース（JPMorgan Chase & Co.）の巨額損失問題，S&P の商業不動産担保証券（CMBS）格付け基準の調査など，SEC が取り組んだ，また取り組むべき規制問題は枚挙にいとまがない。シャピロ委員長のもとで，SEC が展開した「規則案」と「最終規則」などによる規制措置を整理すると，基本的にはその多くが，①フラッシュ・クラッシュ関連の規制措置と，②アメリカ金融改革法の「ドッド＝フランク　ウォール・ストリート改革および消費者保護法」（Dodd-Frank Wall Street Reform and Consumer Protection Act（ドッド＝フランク法）：2010年7月21日）関連の規制措置に集約される。

　当時，SEC が関心を寄せる具体的な規制上のテーマには次のものがあった（Spotlight on Topics of Current Interest at the SEC）。すなわち，マネーロンダリング防止の規則制定，法執行の協力イニシアティブ，連邦海外腐敗行為防止法，ドッド＝フランク法の履行，規制の改善，インサイダー取引，インタラクティブデータと XBRL イニシアティブ，投資家諮問委員会，新規事業活性化法（JOBS 法：新興成長企業等が，資本市場での資金調達を容易に行なえることを目的とした法律），新たに発生する規制上の問題を検討するための商品先物取引委員会（CFTC）− SEC 合同諮問委員会，格付け機関の NRSROs，公開企業会計監視委員会（PCAOB）の指名推薦プロセス，マドフ事件後の改革，委任状，マネー・マーケット・ファンド（MMF）とシステミック・リスクに関する円卓討論，金融危機に関する SEC の執行行為，空売り，地方債市場の現状，ストック・オプションの権利付与日の遡及，引退年齢別（償還期限別）ファンド（Target

Date Funds), そしてグローバル会計基準の作業計画である。

いずれもアメリカ投資家保護というミッションに密接に関わるものである。とくに, グローバル会計基準の作業計画はアメリカの発行体に対する IFRS 適用の規制問題であり, その作業計画と進捗報告などは SEC スタッフが務めている。

2 権限委任の規制措置

シャピロ委員長のもとでの SEC による規制措置のうち, とくに最終規則にはいくつかの特徴がある。

その特徴の1つは, SEC の「法執行局長への権限委任」(2009年8月5日, 2010年1月13日, 8月11日, 9月1日, 2011年6月13日, 6月30日) が顕著なことである。もちろん, シャピロの前任者であるコックスの SEC 委員長在任中 (2005年8月3日から2009年1月20日まで) も権限委任はみられたが, それは主任行政法審判官 (2006年12月4日), 企業財務局長 (2008年2月4日) およびコンプライアンス検査局長 (2008年11月13日) に対する3件に限られる。シャピロ委員長の就任後は, 主任法務官 (2009年4月28日), 取引市場局長 (2010年10月6日) や主任会計士 (2011年1月11日) に対する権限委任もみられ, なによりも法執行局長に対する権限委任は際立っている。

シャピロが委員長就任後間もなく, 法務執行局長に抜擢し, 重層的に権限委任した人物こそ, ロバート・クザミ (Robert Khuzami) である[3]。言うまでもなく, 法務執行局長であるクザミへの権限委任は, エンロン (Enron) 事件, NASDAQ のマドフ元会長やスタンフォード・フィナンシャル・グループ (Stanford Financial Group) の巨額投資詐欺事件およびリーマン・ショック (リーマン・ブラザーズの破綻 (Bankruptcy of Lehman Brothers)) などで失墜した SEC の規制監督機関としての信頼回復への模索と密接に結びつく。

第4節 アメリカの発行体に対する IFRS 適用の規制措置

アメリカ投資家保護のミッションのもとに, 監督規制当局である SEC が取り組むべき課題は多い。アメリカの発行体に対する IFRS 適用の規制措置のあり方は, それら課題の1つにすぎない。

シャピロ委員長の就任以降, IFRS 適用に関する SEC の規制措置は, 規則案

である2009年2月3日付のアメリカの発行体に対するIFRS適用ロードマップ規則案（SEC（2009a））が唯一のものである。この規則案は，コックス前委員長時に公表されたアメリカの発行体向けの先の規則案（SEC（2008e））に対するコメント期限延長（2009年4月20日まで）を提案したものである。したがって，シャピロ委員長在任中にSECコミッショナー間で合意形成したアメリカの発行体に対するIFRS適用の規制措置は，事実上，なにもない。

コメント期限延長というSECの規制措置は，SEC委員長の就任時に暗示されていた。

というのも，SEC委員長就任にあたり，シャピロが第111議会での上院の銀行・住宅・都市問題委員会（Senate Committee on Banking, Housing, and Urban Affairs）の公聴会（2009年1月15日）で，「現在コメントを募集しているロードマップ〔規則案：引用者〕については懸念がありますし，またIFRS基準全般についても懸念があります」と答弁していたからである。とくに，最も懸念しているのは国際会計基準審議会（IASB）の独立性，彼らの基準設定プロセスを監視する能力と，そのプロセスでの厳格さの度合いについてであり，「この領域全体を慎重に見直して，コメントを募集中の既存のロードマップ〔規則案：引用者〕に必ずしも縛られない」（The United States Senate（2009），p.21）ということを語っていたからである。SEC（2008e）に対するコメント期限延長の提案は，ロードマップ規則案に対するさらなるコメント要請であると同時に，この公聴会での証言を裏打ちしたものでもある。

また，これまでにシャピロ委員長がIFRS等に言及した唯一の連邦議会証言は，下院の金融サービス委員会（Committee on Financial Services）での「金融規制改革：国際的コンテクスト」（2011年6月16日）である（図表4－1参照）。

この連邦議会証言（Schapiro（2011））では，懸案であったアメリカ金融改革法のドッド＝フランク法が特段取り組んだ課題ではない「グローバル会計基準」について触れている。SEC声明での取り組むべき作業計画の分野や進捗状況とともに，財務会計基準審議会（FASB）とIASBによる会計基準開発の共同プロジェクトなどを紹介している。また，1組の高品質なグローバルに認められた会計基準の展開に向けた代替的なアプローチも披露した。①エンドースメント・メカニズムを持たずに，特定日にIFRSをフルアドプションする，②コンバージェンスを継続する，③IFRSを任意適用（アメリカの発行体に選択肢を提供）する，または，④IFRSの開発を斟酌しながら，U.S. GAAPを存続

するという代替的アプローチの考えは，SECやSECスタッフによる各種フォーラムとラウンドフォーラムなどでもコメント要請のために紹介されてきたものである[4]。

第5節 規制措置に向けた SEC コミッショナー間の合意形成と対立構造

SECの規制措置の展開には，SECコミッショナー間の合意形成は不可欠である。しかし，シャピロがSEC委員長に就任してからは，事案の規制措置化にあたってとかくSECコミッショナー間に深刻な意見の相違が散見される。

1 気候変動情報の開示（気候関連開示）に関する解釈指針の規制措置

たとえば，公開企業に対する気候変動情報の開示に関する解釈指針（SEC解釈通達リリース「気候変動関連開示に関する委員会ガイダンス〈指針〉」（SEC（2010b）））の公表は，SECコミッショナー間の対立構造をみて投票により決した（本書第Ⅲ部を参照されたい）。そもそも気候変動情報の開示に関する解釈指針を策定することについては，州政府関係者や投資家などからの嘆願書（2007年9月）がSECに提出されており，上院の歳出委員会（Senate Committee on Appropriations）も2009年予算決議の際に当該解釈指針の策定を要請していただけに，共和党系のコミッショナー2名（キャスリーン・L・ケイシー（Kathleen L. Casey）とトロイ・A・パレデス（Troy A. Paredes））が政治迎合（党派政治迎合）だと非難して，反発したものである。

2 ゴールドマン・サックスの証券詐欺罪での提訴

アメリカ金融市場史上，SECが強烈な対立構造を浮き彫りにしたゴールドマン・サックスの証券詐欺罪での提訴（2010年4月16日）も，SECコミッショナー間の意見の対立構造（党派間の対立構造）をもたらし，シャピロが賛成票を投じて確定したものである。

SECはマドフの巨額投資詐欺事件などを見過ごしただけではなく，当時，金融取引業規制機構（FINRA）理事長であったシャピロはその摘発を仕損じただけに，ゴールドマン・サックスの提訴でその汚名をそそぐとともに，それをSECの組織再生のために活用したとも言われている。なによりも，ゴールド

マン・サックスの提訴に踏み切ったSECの姿勢は，5名のコミッショナー全員による合意形成なしでも事案の規制措置に取り組むという「SECの大きな方向転換」(Longley, et al. (2010))であったと捉えられているが，先の気候変動情報の開示に関する解釈指針の公表に対する対立構造がすでに根底にある。

3 マネー・マーケット・ファンド（MMF）の規制強化

SECコミッショナー間の不協和音は，懸案であるMMFの規制措置にも及んでいる。MMFはドッド＝フランク法に関わるSECの規制措置の1つで，その対立構造はSEC内部にとどまらず，「SEC・連邦準備制度理事会（FRB）・財務省（USDT）」対「MMF業界・連邦議会・一部投資家」の構図にある。

現金に準じるMMFについては，2008年に破綻したリーマン・ブラザーズの社債を保有していた資産運用会社リザーブ・マネジメント（Reserve Management）のMMFが損失を被って破綻（2008年9月）し，財務省が公的資金を投入することでMMF業界を救済した経緯がある。その際，SECはリザーブ・マネジメントを提訴し，また連邦議会は財務省から救済権限をはく奪した。

MMFがアメリカ資本市場に占める位置づけは大きいだけに，金融危機とMMFの実態を背景に，SECはMMFの規制措置を展開してきた（規則案のSEC（2009c）とその最終規則のSEC（2010d））。規制改革の主たる内容は，①ポートフォリオの安全性を維持するための基準の強化，②ポートフォリオの流動性を確保するための制度的な手当ての実施，③MMFの元本割れ回避策としての資産運用会社によるMMFからの資産買取りに関する制限の緩和，④投資家やSECへの情報開示にある（三宅（2010）参照）。

この規制措置は，あくまでも「（MMF規制の）枠組みを強化するSECの努力における重要な第一歩」(Schapiro (2010a))としていたように，たとえば1ドルに設定（固定制）されている機関投資家向けの（プライム）MMFの基準価格（NAV）の算定方法について，他の投資信託のように投資資産の市場価格に基づいたものとする変動NAVを導入するなど，SECはMMFの安定維持のための新たな規制強化を模索し始めてきた。その牽引役はシャピロ委員長であり，変動NAVの導入はもとより，MMFがポートフォリオに組み入れている資産に対する準備金を厚くし，投資家の全額解約を制限する案を支持する立場にある。

しかし，このMMF規制強化には，共和党系のSECコミッショナー（パレ

デスとダニエル・M・ギャラガー（Daniel M. Gallagher））に加えて民主党系のSECコミッショナー（ルイス・A・アギラール（Luis A. Aguilar））も反対してきた。

そのなかにあって，シャピロ委員長はMMFの調査結果（これまでMMFの元本割れは2件で，資産運用会社が自主的に救済した例は過去30年間で300件超あることなど）を示し，同時にヨーロッパの銀行向けのMMF融資残高があることや，MMFがシステミック・リスクを引き起こす可能性があることを2012年6月21日の上院の銀行・住宅・都市問題委員会で連邦議会証言（Schapiro（2012c））した。この連邦議会証言は，シャピロ委員長が膠着状態の続くMMF規制強化論議に対して採決を要請（Ackerman（2012））するメッセージの役割も果たしている。

これまでの気候変動情報の開示に関する解釈指針の公表やゴールドマン・サックスの提訴のときとは違って，MMF規制強化には反対する民主党系のコミッショナーもみられるだけに，否決された場合は，SECに代わってドッド＝フランク法によって設置された金融安定監視委員会（FSOC）が調整作業に動くことになる。

第6節　SEC委員長としてのシャピロの功績

こうしたなか，詳しくは次章で触れるが，シャピロがSEC委員長を辞する展開をみる。

シャピロがSEC委員長を任期途中の2012年12月14日付で退任した汚名をすすぐことを目的としたかのような，SECによる異例の公表物がある。「活性化され，改革された，投資家を保護するSEC」（SEC（2012d））と題する文書である。

この9頁にわたって取りまとめられた文書の内容は，シャピロのSEC委員長在任中の規制措置に関わる取組みや功績である。歴代のSEC委員長の退任後にはみられなかった，まさにシャピロに賛辞を呈するものであることは，当該文書の冒頭の文面からも明らかである。

■「アメリカ証券取引委員会委員長として，メアリー・シャピロは，同委員会の強化と活性化に貢献し，より厳格な執行プログラム（エンフォースメント・プログラム）を監督し，またウォール・ストリートが遵守すべき新たな規則を策定しました。

委員長在任中，同委員会の全スタッフによる献身的な働きかけで，過去最多の執行活動を行ない，2010年5月6日のフラッシュ・クラッシュ（株価の瞬間的な急落）に迅速に対応し，投資者保護のための大幅な規制改革を成し遂げました」（SEC (2012d), p.1）。

この文書によれば，シャピロが委員長在任中に SEC を活性化し改革するために，12項目にのぼるアクションが取られたという[5]。しかし，この文書はあいにく IFRS 適用問題に触れていない。あらためて，シャピロの SEC 委員長としてのミッションのなかで，IFRS 適用問題の優先度が高くなかったことを再確認できる。

SEC 委員長在任中に，シャピロが IFRS 適用問題について多くを語らなかった最大の理由は，自らがマドフ事件の摘発を仕損じたこともあいまって，失墜した SEC の規制監督機関としての信頼回復に向けた，2008年の金融危機を踏まえたアメリカ金融改革法のドッド＝フランク法のもとでの SEC の組織再生化にあった。しかし，1年6ヵ月余りを残した任期（シャピロ委員長の当初の任期は2014年6月まで）途中での SEC 委員長退任の主たる理由は，皮肉にも金融規制改革の停滞などにあると言われてきた。

2012年11月に行なわれたアメリカ合衆国大統領選挙の際に，ウォール・ストリートのアメリカ金融機関はオバマ大統領に対抗する共和党指名候補（ウィラード・ミット・ロムニー（Willard Mitt Romney：元マサチューセッツ州知事）候補）の勝利を願ってきた。オバマ大統領の再選により，アメリカ国民の支持が高い当該ドッド＝フランク法に伴う金融システム強化が，さらに厳格なものとなることをアメリカ金融機関が嫌ったためである。また，党派対立から膠着状態が続いた「財政の崖」（Fiscal Cliff）問題[6]は，SEC などによる規制措置にも重くのしかかり，その機動性が失われていたときでもある。退任時期を見計らい，退任直後に公表された SEC 委員長在任中の功績に関わる文書には，シャピロの SEC 委員長としての自負がにじみ出ている。

第7節　シャピロ委員長在任中の SEC コミッショナーによる IFRS 規制問題への関心度

シャピロが SEC 委員長を2012年12月14日に辞した翌日，オバマ大統領は

SECコミッショナーであるエリス・B・ウォルター（Elisse B. Walter）を後任の第30代SEC委員長に指名した。

ジョージ・W・ブッシュ（George W. Bush）大統領の指名を受けて，ウォルターは2008年7月9日からSECコミッショナーを務めてきたが，SEC委員長の任務を事実上，2度経験している。いずれもシャピロがSEC委員長に就任する直前（シャピロに対する上院のSEC委員長承認手続きの誤りに伴うSEC委員長代理（杉本（2012b），注3，72頁））とその退任直後に務めたが，それは民主党系のSECコミッショナーであるがゆえであろう。規制措置に向けたSECコミッショナー会議のアジェンダ（議題）提案権は，SEC委員長にあるため，なによりも委員長不在の「空白期間」を回避しなければならない。

シャピロがSEC委員長の就任以降行なった公式のスピーチ，ステートメント（声明）および連邦議会証言において，IFRSそのもの（IFRS，1組のグローバルな会計基準など）について多くを語らなかった実態は，すでに明らかにした。これと同様に，他のSECコミッショナーが，在任期間中にIFRSそのものを言及した実態は，次のように整理集計できる（（該当回数／総回数）：いずれもSEC WebsiteにおけるSpeeches, Public StatementsおよびCongressional Testimony by Commissioners of the SECの内容をもとに整理集計）。

○ルイス・A・アギラール（Luis A. Aguilar）（民主党系：在任期間は2008年7月31日から2015年12月31日まで）
　　公式のスピーチとステートメント：2回／238回
　　連邦議会証言：0回／1回
○トロイ・A・パレデス（Troy A. Paredes）（共和党系：在任期間は2008年8月1日から2013年8月3日まで）
　　公式のスピーチとステートメント：4回／112回
　　連邦議会証言：0回／1回
○ダニエル・M・ギャラガー（Daniel M. Gallagher）（共和党系：在任期間は2011年11月7日から2015年10月2日まで）
　　公式のスピーチとステートメント：0回／120回
　　連邦議会証言：0回

アギラールとパレデスは，数は非常に少ないものの，公式のスピーチやステートメントでIFRSについて言及している。いずれも，いわゆるSEC声明（「コ

ンバージェンスとグローバル会計基準を支持するSEC声明」(2010年2月24日)(SEC (2010c)))の公表日のスピーチによるもので,当該声明内容について言及したにすぎない。

これに対して,ウォルターがSECコミッショナー在任中およびSEC委員長在任中に行なった公式のスピーチ,ステートメントおよび連邦議会証言のなかで,IFRSそのものについて言及した実態は,**図表4-2**のように年度別に整理集計できる (SEC退任時の2013年8月9日現在)。

ウォルターは,明らかにシャピロSEC委員長よりもIFRS適用問題について多くを言及してきた。しかも,2008年8月27日に開催されたSEC Open Meetingで,第4のアジェンダ「アメリカの発行体に対するIFRSに準拠して作成した財務諸表の使用可能性についてのロードマップ」を提案するか否かの審議において,ウォルターはIFRSの教育と訓練の重要性を指摘するとともに,このロードマップ案を明確に支持していた (Walter (2008))。その後の2009年

図表4-2 ウォルターSECコミッショナーによる在任期間中のスピーチ・連邦議会証言などでのIFRS等に関する言及

【パネルA】SECコミッショナー在任中のIFRS等に言及した年度別スピーチ・連邦議会証言(該当回数/総回数)

在任期間		2008年7月9日~2013年8月9日(SEC委員長在任期間を除く)					
		2008年		2009年		2010年	
スピーチ等	議会証言	スピーチ等	議会証言	スピーチ等	議会証言	スピーチ等	議会証言
10回/97回	1回/5回	1回/1回	0回/0回	3回/21回	1回/3回	3回/33回	0回/0回
		2011年		2012年		2013年	
		スピーチ等	議会証言	スピーチ等	議会証言	スピーチ等	議会証言
		0回/17回	0回/0回	2回/16回	0回/1回	1回/9回	0回/1回

【パネルB】SEC委員長在任中のIFRS等に言及した年度別スピーチ・連邦議会証言

在任期間		2012年12月15日~2013年4月9日			
		2012年		2013年	
スピーチ等	議会証言	スピーチ等	議会証言	スピーチ等	議会証言
1回/10回	0回/1回	0回/0回	0回/0回	1回/10回	0回/1回

注:・スピーチ等にはSEC Open Meetingでのステートメント等を含む。
 ・2009年の議会証言は,委員長とコミッショナーによる共同の証言(1回)を含む。
出所:SEC WebsiteにおけるSpeeches, Public StatementsおよびCongressional Testimony by Chairman, Commissioners of the SECの内容をもとに作成。

1月27日に，シャピロがSEC委員長に就任したこともあり，IFRS適用問題はSEC関係者の間で沈黙が続く。この沈黙を破ったのもウォルターであり，ロードマップ案を支持する立ち位置は不変であると説いた（Walter（2009a））。IFRS適用問題について多くを語らないシャピロ委員長に発言を促すスピーチが，ウォルターによって繰り返される。

　SECコミッショナーのなかで，ウォルターはアメリカの発行体に対するIFRS適用賛成派ないし推進派の論者であると理解して間違いない。ウォルターはSECコミッショナーに加えて，SEC委員長を務めただけに，退任後のSECコミッショナー間におけるIFRS適用問題の勢力図は大きく変わる。SECコミッショナーと委員長の各後任者のIFRS規制問題に対する姿勢は，その後のSECによる当該規制措置の方向性を大きく左右することになる。

第8節　第2期オバマ政権発足後のホワイト委員長によるIFRS規制問題への関心度

　2013年1月からのオバマ大統領の2期目の政権発足に伴い，主要な金融規制当局者の人事に着手された。シャピロのSEC委員長残任期間を埋めるべく，大統領が2月7日に，メアリー・ジョー・ホワイト（Mary Jo White）を新たなSEC委員長として指名したのもその一環である。2013年4月8日の上院での承認と4月10日の連邦議会宣誓を通じて，第31代SEC委員長が誕生している。

　ホワイトは，連邦検事（ニューヨーク南部地区の連邦検事）から登用された初のSEC委員長である。また，ホワイトは，シャピロに続く2人目の無党派のSEC委員長でもある。

　シャピロの前任者であるコックスは，外国民間発行体に対するIFRS適用の容認とその際の調整表作成・開示要件の撤廃の規制措置（SEC（2007l））はもとより，アメリカの発行体に対するIFRS適用に関するロードマップ案（SEC（2008e））を公表したが，当時のSEC企業財務局長（Director, Division of Corporation Finance）がホワイトの夫のジョン・W・ホワイト（John W. White）であった。「外国の発行体に国際財務報告基準（IFRS）の使用を認めることで，財務報告の比較可能性と有用性を促進し，またアメリカの発行体へのIFRSの使用を検討した」こと，別言すれば「外国の発行体にIFRSの使用を認めるというSECの革新的な新規則を採択する先頭に立つことに加えて，……アメリ

カの発行体がIFRSを利用する複数年に及ぶロードマップ勧告の開発に企業財務局を導いた」(SEC (2008d)) ことは，2006年3月から2008年末までの企業財務局長を務めたジョン・W・ホワイトの功績の1つに掲げられている。

　そうだとすると，アメリカの発行体に対するIFRS規制問題の打開策や最終的判断の表明を，ホワイト委員長に期待することはあまりに都合がよすぎるだろうか。

　もちろんホワイト委員長は，SECが直面するすべての意思決定が，ジョン・W・ホワイトの法律事務所から影響されることのないように控えると誓った (Gordon (2013))。しかし，少なくとも，ホワイトの前任者であるウォルターがIFRS適用賛成派ないし推進派であっただけに，ホワイト委員長はIFRS規制問題についていかに舵取りをするのか――SEC最終スタッフ報告書 (SEC Office of the Chief Accountant (2012)) を踏まえた，SECコミッショナーによるアメリカの発行体に対するIFRS適用への規制措置のありようは，おのずと注目される。

　ミューチュアルファンドの業界団体である投資会社協会 (ICI) の会員総会 (2013年5月1日) で行なったスピーチ (「グローバル金融システムにおける規制」) で，ホワイトはIFRSについて語っている[7]。

　2007年の外国民間発行体へのIFRS適用の容認後，450社を超す外国民間発行体が数兆ドルもの資金調達を展開している事実や，FASBがIASBと共同プロジェクトを展開し，またIFRS財団の会計基準アドバイザリー・フォーラム (ASAF) の創設メンバーでもあることを例示しながら，アメリカがグローバルな会計基準開発に積極的に参画している事実を認識する。「しかし，グローバルな会計基準の適用，インプリメンテーションおよび執行に首尾一貫性がないと，この基準の誓いは次第に色褪せていきます。繰り返し申し上げますが，外国民間発行体の提出書類に対するSECスタッフのレビュープロセスを通じてだけではなく，証券監督者国際機構 (IOSCO) に加えて，外交相手とともに協力することで，われわれは積極的に関与していきます」(White (2013a)) と断ずる。この言明は，SEC最終スタッフ報告書にみられる「単一の高品質でグローバルな会計基準」となるのに十分なほど開発され適用されているかどうかの評価基準 (たとえば，IFRSの監査可能性および執行可能性) に結びつくものでもある。

第9節　第2期オバマ政権発足後の新SECコミッショナー

　第2期オバマ政権の運営にあたり，SEC委員長に加えて2名のSECコミッショナーが交代した。
　上院の銀行・住宅・都市問題委員会委員長を務めたクリストファー（クリス）・J・ドッド（Christopher J. Dodd：コネチカット州選出（民主党）。現アメリカ映画協会（MPAA）会長）の後任であるティム・P・ジョンソン（Tim P. Johnson：サウスダコタ州選出（民主党））は，カラ・M・ステイン（Kara M. Stein）とマイケル・S・ピオワー（Michael S. Piwowar）のSECコミッショナー指名を超党派による幅広い支持を得て承認したステートメント（The United States Committee on Banking, Housing, and Urban Affairs (2013)）を発表した。同時に，このステートメントを通じて，ホワイトSEC委員長の任期を2019年6月5日とすることも承認している。
　民主党系のステインはウォルターの後任として，2013年5月23日にオバマ大統領から指名を受け，8月9日にSECコミッショナーに就任した。ステインは，2009年からSECコミッショナー就任直前まで，ジャック・リード（Jack Reed：ロードアイランド州選出（民主党））上院議員の法律顧問や主席政策顧問を務めてきた。アメリカの発行体に対するIFRS適用に関するロードマップ案が公表された際，リード上院議員は会計プロフェッションのIFRSへの対応や大学でのIFRS教育などを問題視し，会計基準の共存による「二元的GAAPシステム」ないし「ダブルGAAPシステム」への移行は時期尚早だと反対した代表者の1人でもある（Johnson (2007)）。SECコミッショナーの前任者がIFRS適用賛成派ないし推進派だっただけに，ステインがアメリカの発行体に対するIFRS規制問題にどのような姿勢で臨むのか興味深い。
　共和党系のピオワーは，2013年8月3日にSECコミッショナーを辞したパレデスの後任である。ピオワーは，エコノミストとしてSECに従事したことがあり，経済分析を規則設定に統合して改善することを期待されている。
　さらに，ホワイト委員長によるSECスタッフの整備にも注目すべきである。アン・K・スモール（Anne K. Small）をホワイトハウス（大統領官邸）から法律顧問として再度任用し（SEC (2013c)），批判の多いSECの執行プログラム分野での経験と能力を買って，ジュリー・M・リーヴェ（Julie M. Riewe）と

マーシャル・S・スプラング（Marshall S. Sprung）を投資顧問，投資会社およびプライベート・ファンド（私募ファンド）の違法行為を監督するアセット・マネジメント共同主任に昇任させた（SEC (2013d)）。また，ウォルター前委員長のもとで法律顧問を務め，ホワイトの主席弁護士であったジェフリー・アロノウ（Geoffrey Aronow）を国際室首席顧問・政策顧問に任命した（SEC (2013e)）。経済問題に関わる法政策顧問であったスモールは，SECの訴訟・司法判断首席顧問代理を務めた経験があり，アロノウの後継者である。スプラングは，アクサ・ローゼンバーグ（AXA Rosenberg）などの投資顧問の不正に対する和解などで中心的役割を果たした。SEC委員長就任後のホワイトによるこうしたスタッフの人選は，金融危機改革に向けた法律の専門家に照準が合わされている。

SECが最優先に対処すべき規制措置は，2010年ドッド＝フランク法と2012年新規事業活性化法の規定に関わるものだとホワイト委員長は明言している（Hopkins (2013)）だけに，新SECコミッショナーのステインとピオワーが当面取り組むべき課題も絞られる。

第10節　おわりに
　　　　－ドッド＝フランク法でSECに課された規制措置への対応－

金融危機に対応する規制強化立法のドッド＝フランク法は，SECを含むアメリカの金融規制機構に最終的な規制措置（規則設定），調査研究報告書および定期的報告書の提出を要請している。ドッド＝フランク法が最も多くの対処を要請する金融規制機構は，**図表4－3**の推計値からも明らかなように，SECである。

最終的な規制措置の期限や調査研究報告書と定期的報告書の提出期限は，ドッド＝フランク法の成立後，180日以内（2011年1月まで），360日以内（2011年7月まで），12ヵ月以内（2011年7月まで），18ヵ月以内（2012年1月まで），30ヵ月以内（2013年1月まで）などというように明確に設けられてきた。たとえば，SECは公益通報者保護プログラム（内部告発者保護プログラム：Whistleblower Protection Program）に関する調査研究報告書は，ドッド＝フランク法の成立後30ヵ月以内（2013年1月まで）に上院の銀行・住宅・都市問題委員会と下院の金融サービス委員会への提出が求められている（第922条(d)）。

月毎にドッド＝フランク法の進捗報告書をまとめたDavis Polk & Wardwell

第4章 民主党政権下のIFRS導入に関するSECの会計規制 133

図表4-3 ドッド＝フランク法による金融規制機構別の規則設定等の推計

規制機関	全規則設定*	1回限りの調査研究報告書	新たな定期的報告書
金融消費者保護局（BCFP）	24（ 9.88%）	4（ 5.97%）	5（22.73%）
商品先物取引委員会（CFTC）	61（25.10%）	6（ 8.96%）	2（ 9.09%）
金融安定監督評議会（Council）	56（23.05%）	8（11.94%）	4（18.18%）
連邦預金保険公社（FDIC）	31（12.76%）	3（ 4.48%）	1（ 4.55%）
連邦準備制度理事会（FRB）	54（22.22%）	3（ 4.48%）	3（13.64%）
連邦取引委員会（FTC）	2（ 0.82%）	0（ 0.00%）	0（ 0.00%）
会計検査院（GAO）	0（ 0.00%）	23（34.33%）	2（ 9.09%）
通貨監督局（OCC）	17（ 6.70%）	2（ 2.99%）	2（ 9.09%）
金融調査局（OFR）	4（ 1.65%）	1（ 1.49%）	2（ 9.09%）
証券取引委員会（SEC）	95（39.09%）	17（25.37%）	5（22.73%）
財務省（Treasury）	9（ 3.70%）	1（ 1.49%）	1（ 4.55%）
合　　計**	243（100.00%）	67（100.00%）	22（100.00%）

注：* この推計は，ドッド＝フランク法に明示されているものだけを含んでおり，実際より少ないかもしれない。
　　** 共同での規則設定については重複を排除している。
出所：Davis Polk & Wardwell LLP（2010），p.ii の図表を一部修正。

LLP（2013）によれば，2013年7月1日現在，ドッド＝フランク法によって規制措置が要請される推計値は，図表4-3での推計よりも多い398件であり，そのうち279件（70.1%）はすでに規制措置の期限が経過した。279件の規制措置のうち，最終規則化されたのは104件（37.3%）であり，残りの175件（62.7%）は最終規則化されていない。また，規制措置を要する398件全体で捉えた場合，最終規則化されたのは155件（38.9%），規則案が提案されたのは116件（29.2%）であり，残る127件（31.9%）は規則案も公表されていない。

確かに最終規則化されたのは，デリバティブ規制や消費者保護についてが顕著であるが，これらも当初設定された規制措置の期限が過ぎた案件は多い。アセットバック証券の発行，銀行規制，信用格付け機関，抵当貸付改革，整然清算権限（Orderly Liquidation Authority），投資家保護と証券諸法およびシステミック・リスクについての規制措置も完結していない。

SECは,『2012年会計年度のSEC財務報告書』で,2013年の展望を日々改善する年度と捉え,ドッド＝フランク法に関わる規則策定と新規事業活性化法のインプリメンテーション規定に関わる規制措置に取り組む姿勢を示している（SEC（2012b），p.28)。この２つの法律は,よりダイナミックな経済を支援する規則設定と位置づける[8]。

　このようにみてくると,第２期オバマ政権となって,５名のSECコミショナーのうち３名が交代した新たな体制のもとでは,また新たにSECスタッフによる追加的な分析が加えられたとしても,SEC最終スタッフ報告書を踏まえた,アメリカの発行体に対するIFRS適用問題の最終的な規制措置は,当面のところ達成されそうにないことは明らかだろう。新たな２名のSECコミッショナーのIFRS適用問題に対する姿勢は未知数であり,積極的にIFRS適用を推進してきたウォルターがSECを辞したなかで,SECによる規制措置のアジェンダ提案権を有するホワイト委員長の姿勢や動向が衆目を集める。

■注
(１)　SECスタッフ・ペーパーの分析等については,川西（2012）や杉本（2017）第13章などを参照されたい。
(２)　シャピロ委員長の連邦議会証言は,伝統的な監視を通じた構造上の不均衡への対応（規制上のギャップの補充／法規制の整備,市場の透明性の改善,積極的な法執行）やマクロプルーデンス監督（システミック・リスク・レギュレーターと金融安定監視評議会（FSOC）の必要性）をはじめ,SECの規制監督の再活性化,検査と監視の強化,透明性と投資家保護の改善,悪用された空売りとの闘い,規制上のギャップの補充／法規制の整備,株主権の強化,マネー・マーケット・ファンド（MMF）とミューチュアルファンドの規制の改善,全国的に認知されている統計的格付け機関（NRSRO）およびSECの予算・財源などに関わるものであることに特徴や傾向がある。
(３)　クザミは,連邦検察当局の検察官を務め,投資勧誘詐欺（ポンジー・スキーム）の摘発やマンハッタンの世界貿易センター爆破事件でのイスラム原理主義指導者を起訴し,有罪判決に持ち込んだ。ドイツ銀行アメリカ法務部門の責任者でもあった。
(４)　たとえば,Bielstein *et al.*（2012）は,考えられる新たな方法として,①U.S. GAAPとFASBを存続する,②（FASBが関わり合いを持ちながら）IFRSを公表する,③FASBはたいていは新たなIASBの基準を承認し,それをFASBの基準として公表する,④FASBは自らの基準を公表することを停止する,および,⑤FASBは古いIASBの基準の多くを承認することを示している。併せて,その他の代替案として４つのアプローチを採り上げている。
(５)　12項目のアクションは,次のとおりである。
　(1)　より迅速に調査に着手できるように執行手続きを簡素化したこと
　(2)　あらゆる通報や苦情を一元管理する初の全国的データベースを開発し,その対処の優先順位を決定するオフィスを開設したこと

(3) 知識や経験を有効活用するために専門の執行部門を創設したこと
 (4) より多くの専門弁護士を最前線に配置するために，管理層を廃止したこと
 (5) テクノロジーを近代化し，訴訟事件の管理システムをアップグレードしたこと
 (6) すでに成果をあげている新たな内部告発プログラムを構築したこと
 (7) リスクと経済分析に特化した新たな部門を設置したこと
 (8) 新たな会社開示部を創設したこと
 (9) リスクマネジメント，定量分析学，取引，ポートフォリオ・マネジメント，評価手法に多くの専門家を雇用して組織を強化し，トレーニングを強化したこと
 (10) 省庁横断的なワーキンググループを設置し，業績評価の基準とすることで，協力を強化したこと
 (11) SEC初の最高執行責任者（Chief Operating Officer）室を開設したこと
 (12) SECの財務報告を改善し，重大な弱点を排除したこと
（6） 「財政の崖」は，大型減税政策（2001年と2003年の「ブッシュ減税」（Bush Tax Cut））の打ち切り時期（2012年末で終了）と大型財政緊縮政策の開始時期（2013年1月）を迎え，この時期以降，減税による実質的増税と強制的な歳出削減によってアメリカが直面する景気後退リスクを言う。2013年1月1日に上院（賛成89票・反対8票）・下院（賛成257票・反対167票）でそれぞれ可決した「財政の崖」回避法案（American Taxpayer Relief Act 2012）は，その翌日の大統領の署名によって成立し，1月1日からの遡及適用によって懸念された景気後退リスクは基本的には避けられた。
（7） 2013年5月16日の下院の金融サービス委員会でのSECの監督に関わる連邦議会証言でも，SECがIFRSとの関係で重要な役割があることを答弁している。
（8） シャピロ委員長在任中に，ドッド＝フランク法で要請する規制措置の4分の3以上が採択または提案されたと報告されている（SEC（2012d），p.2）。

第5章
SEC主任会計士室とIFRSのイニシアティブ

第1節　はじめに－問題意識－

　「国際財務報告基準（IFRS）を葬り去らなければならない」——しごく単純明快かつ過激な発言であるが，発言内容もさることながら，誰による発言かによっては物議を醸す。

　この発言者は，現在，ビンガム・コンサルティング（Bingham Consulting）LLC社長で，またビンガム・マカッチェン（Bingham McCutchen）LLPパートナーのクリストファー・コックス（Christopher Cox）である。

　そう，コックスこそ，アメリカの資本市場に参入する外国民間発行体に連結財務諸表の準拠基準としてIFRSの使用を容認し，その際の調整表作成・開示要件を撤廃する規制措置（SEC（2007l））を設けるとともに，アメリカの発行体（自国企業）にもIFRSの使用を容認する方向でのコンセプト・リリース（概念通牒）（SEC（2007j））やロードマップ（SEC（2008e））を公表し，アメリカでのIFRS適用の検討を進めた，当時の証券取引委員会（SEC）委員長（共和党系）である。

　アメリカの会計規制を展開するSEC関係者による委員長在任時と在任後の真逆の発言には，これからの規制措置のあり方にも影響を及ぼす。だからこそ，発言の真意を探り，理解する必要がある。

　そのためにも，長文とはなるが，まずはコックスの発言に耳を傾けてみよう。次のように語っている。

　■「ビジネスの『エスペラント語』を求める現代の動きは，半世紀近くも続いて

います。アメリカが主導して始まったにもかかわらず，48年経った今なお，アメリカが全面的な支持を得るには至っていません。グローバル・スタンダードの約束は実に輝かしいのに，残念なことです。

開示と透明性に関する国際的な言語は，世界の資本市場における投資家の信頼を著しく向上させるでしょう。投資家は，発行体の情報開示がどの国のものであろうと，より簡単に比較できるようになります。投資家は自国の投資機会と他の市場の競合機会をより容易に比較検討することができます。また，単一の高品質な基準が設定されれば，投資家が財務報告の透明性に対してより大きな信頼を寄せることができるため，新興市場にとって大きな恩恵となるでしょう。

私たちは皆，バベルの塔の話を覚えています。バベルという名前は，ヘブライ語で『混乱させる，混同させる』という意味の動詞 balal に由来します。バベルの塔は，相互理解のための共通言語が欠如しているために，世界がどうしようもなく混乱していることを示す典型的な象徴です。聖書の物語では，多くの言語の混乱は罰でした。バベルの塔は，意図的にすべての人を不幸にするように設計されていました。

〔文化人類学者の：引用者〕マーガレット・ミード（Margaret Mead）は，ニューギニアに住む200万人の原住民のうち，750の村に750の異なる言語が存在することを発見しました。偶然ではなく，それぞれの村は他のすべての村と永続的な戦争状態にありました。

私たちは皆，共通の言語があれば摩擦は減り，理解が促進することを経験から知っています。これは，異文化の人々と関わる私生活にも当てはまりますし，国境を越えたビジネスにも当てはまります。

市場は情報によって繁栄します。そして市場とはまさに人々の集合体であり，皆が同じ言葉を話せばコミュニケーションは円滑になります。グローバルコマース（世界通商）が世界の平和と理解に果たした大きな貢献の1つは，文化や国境を越えた，より円滑で迅速なコミュニケーション手段を確立するために常に取り組んできたことです。

国家間や社会階級間の障壁を取り払うことは，商業活動によって文明の発展に貢献してきました。SEC が国際会計基準審議会や，現在国際財務報告基準を採用している100ヵ国以上の当局と協力する取組みを行なっている背景には，常にこのような考え方があります。

しかし，今日，グローバルな取引と投資の継続的な増加が，そのすべてを機能させるために必要な会計基準をはるかに上回っているという現実のリスクがあります。だからこそ，<u>私が SEC 委員長を務めていたとき，アメリカはさまざまな国の企業の財務情報を比較可能かつ信頼できるものにするために必要なあらゆることを確実に行なうように努めました。</u>

しかし，それは数年前のことです。そして，それ以来多くのことが変わってしまった。<u>本日，私は IFRS を称賛するのではなく，葬り去るために来ました。</u>

第5章 SEC主任会計士室とIFRSのイニシアティブ　139

　実際のところ，有意義な進展がみられないまま，あまりにも多くの時間が経過してしまいました。もう潮時が過ぎたと考えるのが妥当だと思います。かつてはアメリカでのIFRSの本格的なアドプションも可能であったかもしれませんが，現在はそうではありません。これは予言ではありません。それはただの事実そのものを述べただけです。

　財務報告という世界共通言語と同じくらい大きなアイデアをもとに地球全体を組織するには，多大な努力と継続的な取組みが必要です。それが実行できない理由は無限にあり，それらは常に企業の足を引っ張り続けます。

　6年前，アメリカが実際にこの世界的な取組みに参加し，おそらく主導することさえ不可能ではないと思わせるようスターたちが揃っていました。2007年，ブルームバーグBNA（Bloomberg BNA）の会計政策・実務諮問委員会の専門家は，アメリカが国内の上場企業にIFRSを採用することは『事実上避けられない』とみていました。彼らは，『2008年には，アメリカの上場企業にとって財務報告の新しい世界が始まるだろう』と述べています。2007年11月にSECが外国民間発行体にU.S. GAAPとの調整表なしにIFRSの使用を認める決定を下したことを受けて，これらの専門家は，強制ではないにせよ，少なくともアメリカの提出企業に国際財務報告基準の使用を許可することは，当然の結論であると考えていました。2008年1月，財務会計基準審議会（FASB）のラウンドテーブル（円卓討論）の参加者は，U.S. GAAPからIFRSへの移行が完了するには約5年かかると予測しました。

　そう，あれから7年近く経ちました。明らかに，IFRSに対するアメリカの熱狂は潮が引いてしまいました。

　SECは今でもIFRSが優先事項であるとしており，それには十分な理由があります。結局のところ，ここアメリカ市場でも400社以上の外国民間発行体がIFRSを使用していることは，言うまでもなく，世界の他のほとんどの国がIFRSを使っているからです。しかし，アメリカをIFRSに移行させることは明らかに優先事項ではありません。

　これは，SECがその優先事項を実行していないという意味ではありません。むしろ，上場企業や投資家がそれを望んでいるとは明確に言っていないということです。そのため，現在，たとえば日本が行なっているように，IFRSの任意適用を拡大する計画さえないのです。

　〔イギリスのコメディグループの：引用者〕モンティ・パイソン（Monty Python）を覚えている人は，〔テレビ番組『空飛ぶモンティ・パイソン』の『死んだオウム』（Dead parrot Sketch）のなかで最近購入したオウムをめぐり，：引用者〕マイケル・ペイリン（Michael Palin）がジョン・クルーズ（John Cleese）のオウムについて語る際に，このオウムはもういない（is no more）ということを最もよく言ったと思います。このオウムは単に休んでいるわけでも，一時的に気絶しているわけでもない。**私たちが生きているうちに本格的なIFRSが適用されるという見通しはもうありませ**

ん。それは命を落とした。それは安らかに眠っている（bereft of life, it rests in peace）。

　この点は，本日の午後の私の講演テーマが『単一の高品質な会計基準を求める世界的なイニシアティブにアメリカの参加は失われたのか？』ではないことからも，私は十分に自明なことだと考えています。この質問に対する答えは，絶対に『イエス』です。しかし，むしろ，本日私が焦点を当てるのは，唯一残された未解決の疑問，つまりそれが正確にはどのように，そしてなぜ起こったのかということです」。

■「**過去6年間に起こったこと，あるいは起こらなかったことは何も変わらない。世界には多くの言語があり，私たちを分断する多くの違いがあるにもかかわらず，いつの日か，会計という言語が私たちを1つにまとめてくれることを想像し，未来に希望を抱くことはできます。しかし，本日ここにいる私たち全員にとって，それをみるまで生きていることはないだろうと私は確信しています。**
　世界規模の大事業は簡単には成し遂げられません。その理由の1つは，〔連邦議会の下院議長を歴任した民主党のサム・レイバーン（Sam Rayburn）にアドバイスとして与えられた第36代大統領の：引用者〕リンドン・ジョンソン（Lyndon Johnson）が口癖のように言っていたように，「どんなバカでも納屋を蹴り倒すことはできるが，納屋を建てるには大工が必要だ」（Any jackass can kick a barn down, but it takes a carpenter to build one.）ということです。いわゆる国際社会では，エントロピー（無秩序化）が常につきまといます。そして，世界をリードする経済大国が今あるものを捨て，この取組みのリーダーシップを取るための十分なインセンティブや報酬がなければ，世界は無秩序な道を歩み続けることに満足するでしょう」（Cox (2014)。下線と強調は引用者)。

　文化人類学での知見やコメディでの歪曲表現などを散りばめて関心を引きつつ，つまりアメリカのIFRS導入について，コックスは，SEC委員長在任中は絶好のタイミングであったことを正当化しつつ，いまやその好機を逃してしまったという意味で，IFRSを葬り去らなければならないと発言したのである。
　アメリカのIFRS導入については，2010年の「コンバージェンスとグローバル会計基準を支持するSEC声明」(SEC (2010c))とその付録文書によって調査・分析が開始された，SECスタッフによる「アメリカの発行体の財務報告制度への国際財務報告基準の組込みに関する検討のための作業計画（ワークプラン）」の最終スタッフ報告書（2012年7月13日）が公表されて以降，SECによる最終決定の公式見解はみられない。一連の「作業計画」と最終スタッフ報告書は，IFRSへの移行がアメリカの投資家の最善の利益になるかという根本的な

問題の回答を示しておらず，アメリカの発行体の財務報告制度への IFRS の組込みに関する SEC の意思決定を行なう前に，この「問題の追加的な分析と検討が……必要となる」（SEC Office of the Chief Accountant（2012），Introductory Note）ことを明言してきた。

そこで，本章では，SEC コミッショナーや SEC スタッフが公式の場で行なうスピーチなどは限られるが，中心的役割を果たす SEC 主任会計士室（主任会計官室）のスタッフによる取組みを描写し，その特徴や今後の方向性などを探ってみたい。

第 2 節　「SEC と財務報告協会年次大会」と「SEC および PCAOB の最近の動向に関する AICPA 全国会議」

冒頭のコックスの発言は，2014年の第33回「SEC と財務報告協会年次大会」（SEC and Financial Reporting Institute Conference）の基調講演でのものである。コックスは，すでに2009年 1 月20日に SEC 委員長を辞しているが，SEC 関係者が表明した規制措置に関わる見解などをたどってみると，それを表明する場ないし機会にも特徴がある。

「SEC スピークス」（SEC Speaks）の会議を通じて，SEC は，委員長を含むコミッショナーや各部局長の SEC スタッフが過去 1 年間の活動や取組みを概括するとともに，新年度の優先事項と取組み方針などを表明する機会を設けている。

これ以外にも，定期的に開催される会議（年次大会）に SEC 関係者の出席が求められ，会計や財務報告に関わる規制措置などについて見解を表明する機会もある。IFRS について言えば，「SEC と財務報告協会年次大会」は，「SEC および公開企業会計監視委員会（PCAOB）の最近の動向に関するアメリカ公認会計士協会（AICPA）全国会議」（AICPA National Conference on Current SEC and PCAOB Developments）とともに，公式見解を表明する重要な舞台装置である。

この 2 つの会議は，SEC にとっても都合がよいところがある。2 つの会議は，それぞれ教育機関である南カリフォルニア大学（University of Southern California）と自主規制機関である AICPA が主催している。開催場所は，アメリカの西部（カリフォルニア州ロサンゼルス郡パサデナ（Pasadena））と東部（ワシント

ン D.C.(Washington D.C.))であり,また開催時期は,毎年5月ないし6月と12月のため,SEC は半年ごとに見解表明ができる。

1 「SEC と財務報告協会年次大会」

「SEC と財務報告協会」は,学界,SEC と FASB の政策・基準設定者,企業の重役などの交流を促進することを目的として,1982年に南カリフォルニア大学のレーベンサール(Leventhal School of Accounting)が創設した会議体である。この協会の諮問委員会に,1987年1月から1997年6月まで FASB 議長であったデニス・R・ベレスフォード(Dennis R. Beresford),元 SEC 委員長のコックス,元 SEC 企業財務局長のジョン・W・ホワイト(John W. White)などが委員として名を連ねる。

ベレスフォードは,2007年7月より,SEC の財務報告改善諮問委員会(CIFiR)委員を務め,ホワイトそしてコンラッド・W・ヒューイット(Conrad W. Hewitt)SEC 主任会計士をはじめとした SEC スタッフとともに,「アメリカ証券取引委員会宛の財務報告の改善に関する諮問委員会の最終報告書」(SEC Advisory Committee on Improvements to Financial Reporting (2008))の取りまとめに従事した。この最終報告書は,①SEC 提出書類の情報の有用性の向上,②会計基準設定プロセスの改善,③新会計基準の実質的なデザインの向上,④権威ある解釈指針の策定,⑤財務諸表の修正再表示と会計上の判断に関するガイダンスの明確化の5つの分野で,25の勧告を提示したが,この最終報告書の提出先はコックス委員長であった。

つまり,「SEC と財務報告協会」の諮問委員会の一員となった彼らこそ,当時の SEC と財務報告の検討などを展開した中心人物である。

2 「SEC および PCAOB の最近の動向に関する AICPA 全国会議」

AICPA が主催する主たる会議(年次大会)には,AICPA/PDI 石油ガス業界全国会議(AICPA/PDI National Oil and Gas Conference),AICPA 政府会計・監査アップデート会議(AICPA Governmental Accounting and Auditing Update Conference),AICPA 銀行貯蓄機関全国会議(AICPA National Conference on Banks and Savings Institutions),AICPA 自動車販売全国会議(AICPA National Auto Dealership Conference),AICPA 税制全国会議(AICPA National Tax Conference)などがある。「SEC および PCAOB の最近の動向に関する AICPA 全

国会議」も，これら AICPA 主催の主要な会議（年次大会）の1つである。

「SEC および PCAOB の最近の動向に関する AICPA 全国会議」は，会計，監査および財務報告の最近の動向やイニシアティブ（目標達成のための主体的行動）について議論するために，SEC，PCAOB，FASB，国際会計基準審議会（IASB），監査品質センター（CAQ），AICPA などからスピーカーが登壇することを呼び物としている。

3 「SEC と財務報告協会年次大会」と「SEC および PCAOB の最近の動向に関する AICPA 全国会議」における SEC 関係者の報告

SEC は，IFRS を使用する外国民間発行体に対する調整表作成・開示要件を2007年に撤廃した。この調整表作成・開示要件の撤廃を勧告するための，SEC スタッフによるプロセスや条件および関連する諸活動について取りまとめた，いわゆる「SEC スタッフの撤廃勧告ロードマップ」を策定したのが，当時の SEC 主任会計士室のドナルド・T・ニコライセン（Donald T. Nicolaisen）主任会計士である。このロードマップが公表された2005年4月を起点として，「SEC と財務報告協会年次大会」と「SEC および PCAOB の最近の動向に関する AICPA 全国会議」における SEC 関係者の報告についてまとめたものが，**図表5－1**である（AICPA 全国会議は SEC 関係者の報告が多く，IFRS に言及した報告のみを記載している）。

「SEC と財務報告協会年次大会」の第24回年次大会（2005年）でのニコライセンの報告以降，報告者は SEC 主任会計士室の主任会計士，副主任会計士または主任会計士代理である。SEC 主任会計士などに加えて，その後の11年間の年次大会では2人の SEC コミッショナー（シンシア・A・グラスマン（Cynthia A. Glassman）とエリス・B・ウォルター（Elisse B. Walter））も報告に加わっているが（Glassman (2006)；Walter (2013b)），この年次大会での報告は，基本的には，SEC 主任会計士室のスタッフの所管事項であることがわかる。

第3節 「SEC と財務報告協会年次大会」における SEC 関係者の IFRS をめぐる見解表明

「SEC と財務報告協会年次大会」の第24回年次大会（2005年）と第25回年次大会（2006年）での SEC コミッショナー（グラスマン）と SEC スタッフ（ニコ

図表 5 - 1　「SEC と財務報告協会年次大会」と「SEC および

	「SEC と財務報告協会」年次大会	
	SEC 関係者の報告	
年次大会	SEC コミッショナー	SEC スタッフ
2005年大会		Donald T. Nicolaisen
2006年大会	Cynthia A. Glassman	Scott A. Taub
2007年大会		James L. Kroeker
2008年大会		Conrad W. Hewitt
2009年大会		
2010年大会		Paul A. Beswick
2011年大会		James L. Kroeker
2012年大会		
2013年大会	Elisse B. Walter	Paul A. Beswick
2014年大会		Paul A. Beswick
2015年大会		James V. Schnurr

注：(1) SEC 委員長は各年次大会開催日現在のものであり，エリス・B・ウォルター（Elisse B. Walter）がメアリー・L・シャピロ（Mary L. Schapiro）とメアリー・ジョー・ホワイト（Mary Jo White）の間に委員長を務めていた時期がある（2012年12月15日から2013年4月9日まで）。

第5章 SEC 主任会計士室と IFRS のイニシアティブ

PCAOB の最近の動向に関する AICPA 全国会議」における SEC 関係者の報告

(2015年9月末現在)

年次大会時の SEC 委員長	「SEC および PCAOB の最近の動向に関する AICPA 全国会議」	
	SEC 関係者の報告	
	SEC コミッショナー	SEC スタッフ
William H. Donaldson (共)		Julie A. Erhardt
Christopher Cox (共)		Conrad W. Hewitt Julie A. Erhardt
	Kathleen L. Casey	Katrina Kimpel Conrad W. Hewitt Julie A. Erhardt
	Christopher Cox	Liza McAndrew Moberg Conrad W. Hewitt Julie A. Erhardt Jeff Ellis
		Wayne Carnall
		Craig Olinger
Mary L. Schapiro (独)	Elisse B. Walter	James L. Kroeker Allison M. Patti
	Mary L. Schapiro	Sager S. Teotia Nilima Shah James L. Kroeker Paul A. Beswick
		Wayne Carnall
		Craig Olinger
Mary Jo White (独)		James L. Kroeker Jason K. Plourde Paul A. Beswick
		Craig Olinger
		Julie A. Erhardt Paul A. Beswick Jenifer Minke-Girard
		Craig Olinger Jill Davis
		James V. Schnurr Julie A. Erhardt

(2) SEC 委員長のシャピロとホワイトは，いずれも民主党政権時に任命されたが，本人は二大政党に属さないので，(独) と表記している。(共) は共和党系を意味する。

出所：各年次の SEC and Financial Reporting Institute Conference および AICPA National Conference on Current SEC and PCAOB Developments をもとに作成。

ライセンとスコット・A・タウブ (Scott A. Taub)) の報告は，情報の透明性，財務報告や高品質な報告についての言及はみられたが，IFRS についてはなにも触れていない。第25回年次大会当日 (6月8日)，コックス SEC 委員長はニューヨーク金融記者協会 (New York Financial Writers Association) で，またロエル・C・カンポス (Roel C. Campos) SEC コミッショナーは証券監督者国際機構 (IOSCO) の第31回年次大会 (香港) で，それぞれ講演している (Cox (2006b); Campos (2006))。いずれも IFRS についての言及はない。

この「SEC と財務報告協会年次大会」で IFRS について言及するのは，第26回年次大会 (2007年) からである。2007年に副主任会計士として SEC に加わったジェームズ・L・クローカー (James L. Kroeker) は，この年次大会の講演で，SEC による 3 つの主たるイニシアティブについて説明した (Kroeker (2007))。

第 1 に，サーベンス・オックスリー法 (Sarbanes-Oxley Act of 2002：SOX 法) である「2002年上場企業会計改革および投資家保護法」(Public Company Accounting Reform and Investor Protection Act of 2002) の財務情報開示の強化に関わるもので，第404条「経営者による内部統制の評価」(Management Assessment of Internal Controls) の SEC による解釈指針案および規則案についてである。この解釈指針案および規則案は，SEC が2006年12月20日に公表した「財務報告に係る内部統制の報告」(Management's Report on Internal Control over Financial Reporting) (SEC (2006e)) である。コックス委員長は，2007年4月4日の SEC 公開会議で，SEC による経営者のための指針案の最終的な採択の目標期日を，2007年5月末までとしていた (Cox (2007a))[1]。クローカーの講演は，このプロセスの最終期日に合致するものである。

第 2 のイニシアティブも SOX 法第404条の内部統制に関わるもので，PCAOB による新たな監査基準案と規則案についてである。SOX 法第404条の評価プロセスの有効性 (財務諸表の重要な虚偽表示に先立って重大な欠陥を発見すること) を向上させるために，PCAOB は，2006年12月19日に監査基準 (AS) 第 2 号「財務諸表監査に関連して実施される財務報告に係る内部統制の監査」(An Audit of Internal Control over Financial Reporting Performed in Conjunction with an Audit of Financial Statements) の改正案を公表した。この改正案のコメント期限は2007年2月26日であったが，SEC 主任会計士室も，PCAOB の改正案に関するパブリックコメントと先の公開企業の経営者に対する SEC の指針案の分析を SEC (コミッショナー) に提出している (SEC (2007c))[2]。

第3のイニシアティブがIFRSについてであり，とくに，SECが公表した外国民間発行体に対するIFRSの使用容認とIFRSを使用する外国民間発行体に対する調整表作成・開示要件の撤廃に関するリリース（通牒）案についてである。2007年3月6日に，SECスタッフは，IFRSの「ロードマップ」に関するラウンドテーブル（SEC（2007b））を開催しており，これを踏まえて，翌月末に，SECは「IFRSに係る次のステップ」（SEC（2007d））を公表している。この「IFRSに係る次のステップ」に関わる説明にこそ，クローカーの講演の本質がある。

　ヒューイット主任会計士による第27回年次大会（2008年）での講演「IFRSとアメリカ企業」（IFRS and U.S. Companies）は，過去2年間のIFRSに関わる規制措置の成果について述べたものである。ヒューイットは，PCAOB監査基準第2号の改正，経営者のための指針の策定，会計・監査基準と財務報告制度の複雑性の軽減の3つの課題でコックス委員長を支援する考えであったが，コックス委員長からの要請は，拡張可能な事業報告言語（XBRL）とIFRSであったという（Hewitt（2008））。この事実から，コックス委員長がIFRSを優先事項としていたことを知ることができる。

　ヒューイット主任会計士の講演の主たる内容は，SECおよびSECスタッフによる直近の取組みであるアメリカ企業に対するIFRSの使用可能性に関する2回のラウンドテーブル（2007年11月）の概要と寄せられたコメント等の説明，およびコックス委員長の指示によるSECスタッフの最新の「ロードマップ」策定の取組みである。2007年8月に公表したコンセプト・リリースに寄せられたコメントを，ロードマップでのマイルストーンの開発に役立てている。

　コックス委員長が指示したとする最新の「ロードマップ」策定の取組みは，2008年4月18日の全米商工会議所（U.S. Chamber of Commerce）でのコックス委員長の講演によるものである。コックス委員長は，「今年中に，ウェイン・カーネル（Wayne Carnell）とジュリー・エルハルト（Julie Erhardt）が主導する企業財務局と主任会計士室の共同作業の結果，アメリカが自国でのIFRSの受入れ措置を講じ続けるために，スタッフが，計画を練った最新の『ロードマップ』と計画の条件となるマイルストーンを委員会（SEC）に正式に提案するだろう」（Cox（2008a））と述べたものである。

　また興味深いことに，ヒューイット主任会計士の講演の前日に，コックス委員長はIOSCO第33回年次大会（パリ）で「国際財務報告基準：世界中の投資家のために透明性と比較可能性を約束」（International Financial Reporting Standards: The Promise of Transparency and Comparability for the Benefit of Investors around the Globe）と題する講演（Cox（2008b））を行なっている。

第4節　アメリカの発行体の財務報告制度へのIFRSの組込みと「第4の選択肢」

1　SEC主任会計士室のSECスタッフによる個人的見解の表明

　2005年と2006年の「SECおよびPCAOBの最近の動向に関するAICPA全国会議」におけるエルハルトの講演は，コンバージェンス，ニコライセンの調整表作成・開示要件に係る「SECスタッフの撤廃勧告ロードマップ」などと，外国民間発行体のIFRS準拠財務諸表のSECスタッフによる分析結果からなる（Erhardt（2005）；Erhardt（2006）；杉本（2009），310-313頁参照）。SECコミッショナーのキャスリーン・L・ケイシー（Kathleen L. Casey）やウォルターなどの講演（Casey（2007）；Walter（2009b））も，基本的に同じ内容のものである。

　その後の「SECと財務報告協会年次大会」と「SECおよびPCAOBの最近の動向に関するAICPA全国会議」でのSEC関係者の講演は，基本的には，2010年の「SEC声明」（SEC（2010c））とその付録文書によって調査・分析が開始されたSECスタッフによる一連の「作業計画（ワークプラン）」に関わるものである。こうしたIFRSを含む会計や財務報告に関するSECコミッショナーによる規制措置の原案は，SEC主任会計士室を中心としたSECスタッフが取りまとめる。その責任者こそ，主任会計士室の主任会計士である。

　クローカーは，グローバルな会計基準についての「最終スタッフ報告書」（SEC Office of the Chief Accountant（2012））を取りまとめ，その提出と同時に，主任会計士の職位だけでなく，SECをも辞した。その後の主任会計士室の主任会計士は，少しの間不在の時期もあったが，主任会計士代理と副主任会計士を歴任したポール・A・ベスウィック（Paul A. Beswick）が，2012年12月21日から2014年5月15日まで務め，また2014年10月（任命は8月26日）からジェームズ・シュナー（シュヌアー）（James Schnurr）がその職に就いている。

　ところで，2010年の「SEC声明」の公表以降，「SECと財務報告協会年次大会」と「SECおよびPCAOBの最近の動向に関するAICPA全国会議」でのSEC主任会計士などによる講演は，それまでとは趣を異にすると言ってよい。

SECが取り組む財務報告に関わる規制措置の説明にとどまらず，IFRSの組込みについて，SEC主任会計士室のスタッフが少し踏み込んだ個人的見解も述べ始めているのである。

たとえば，SECスタッフの「作業計画（ワークプラン）」が展開するなかで，とりわけ注目されたのは，ベスウィック副主任会計士が，2010年の「SECおよびPCAOBの最近の動向に関するAICPA全国会議」の講演（Beswick (2010)）で提唱した「コンドースメント・アプローチ」(Condorsement Approach) である。このアプローチは，本質的にはエンドースメント・アプローチの要素に加えて，移行期間において U.S. GAAP と IFRS の差異の解消に向けてコンバージェンス・アプローチの要素を取り込むものである。

SECスタッフの「作業計画（ワークプラン）」に関する最初の進捗報告書（SEC Office of the Chief Accountant and Division of Corporation Finance (2010)）は，各国・各地域の財務報告制度へのIFRSの組込み方法を検討し，そのなかで，自国によるなんらかの組込みプロセスを経てIFRSを利用する方法を，「コンバージェンス・アプローチ」と「エンドースメント・アプローチ」に分類した。ベスウィックによる「コンドースメント・アプローチ」は，この方法論の実態を踏まえたものなのである。

2　シュナー主任会計士による「第4の選択肢」

SEC主任会計士などが個人的見解を表明するという点では，シュナーも同じである。

1985年からおよそ30年間にわたり監査法人デロイト（Deloitte）LLPのパートナーであったシュナーは，2014年8月26日にホワイトSEC委員長から主任会計室の主任会計士の指名を受けた。その際，ホワイト委員長はIFRSを優先してきており，シュナーが主任会計士就任後に，次に起こすアクション（次のステップ）について助言を行なうように指示している（Schnurr (2015b)）。シュナーも，IFRSは「最初の仕事」（Schnurr (2014)）と公言する。

SEC主任会計士室の主任会計士に就任後，シュナーによる公式のスピーチも，従来の主任会計士室の方針や取組みに従って，「SECおよびPCAOBの最近の動向に関するAICPA全国会議」（2014年12月8日：Schnurr (2014))，バルーク大学（Baruch College）財務報告会議（2015年5月7日：Schnurr (2015a))，「SECと財務報告協会年次大会」（2015年6月5日：Schnurr (2015b)）および「AICPA

銀行貯蓄機関全国大会」(2015年9月17日：Schnurr (2015c)) などでのものである。12月8日の AICPA 全国会議での講演こそが，シュナー主任会計士のIFRS の取組みの「出発点」(Schnurr (2014)) である。

AICPA 全国会議の5日前に開催された全米商工会議所主催の「財務報告の将来」(The Future of Financial Reporting) 会議で，シュナー主任会計士は，これまでにみられたアメリカにおける IFRS の使用に関する代替案を，次の3つに整理した (U.S. Chamber of Commerce (2014))。

(1) IASB に主導権を渡すと称される，完全な IFRS（ピュア IFRS）の使用
(2) IFRS 財務諸表を届け出る選択肢のアメリカの登録企業への提供
(3) ベスウィックによって提案された「コンドースメント・アプローチ」

就任当初の8週間に及ぶこれら代替案についての調査と SEC コミッショナーとの議論が，シュナー主任会計士による「IFRS を〔アメリカの発行体の財務報告制度に：引用者〕組み込む可能性についての別の代替案」(Schnurr (2014))，すなわち，「第4の選択肢」の考えをもたらした。この第4の選択肢こそ，世界中の投資家を不安にしている IFRS を取り巻く不確実性を解消または縮小するための SEC コミッショナーへの提案であり，シュナーにとっての優先事項である。

第4の選択肢は，シュナー主任会計士とエルハルト副主任会計士によるもので，アメリカの発行体に U.S. GAAP による財務諸表を補完するものとして，IFRS に基づく情報の強制開示ではなく，任意開示を容認するという代替案である (Schnurr (2014)；Erhardt (2014))。

第5節　おわりに－「IFRS を葬り去る」見解の否定－

シュナー主任会計士の一連の講演を時系列に読むと，彼が IFRS 導入問題を優先事項としていることが鮮明となる。また，各講演は，数珠つなぎのように関わり合っている。

たとえば，バルーク大学での講演で，SEC 主任会計士就任以来の彼の調査結果を披露した。つまり，①SEC がすべての登録企業に IFRS を強制することには，ほぼ支持はないこと，②SEC が国内の登録企業に IFRS に基づいて財務

諸表を作成することを認める選択肢を提供することには，ほとんど支持がないこと，③単一の高品質でグローバルに認められた会計基準の目的には，引き続き支持があることである。

とくに，第3の調査結果は，「私はIFRSを称賛するのではなく，葬り去るために来ました」としたコックス元SEC委員長の見解に疑義を唱え，またそれを否定する拠り所となりうる。現に，シュナー主任会計士は，3つの調査結果を踏まえて，コックスの見解をあまりに時期尚早だと説いた。

■「私見では，当面の間，FASBとIASBは，基準のコンバージェンスに引き続き注力すべきです。両審議会は，IFRSとU.S. GAAPの間の差異を解消する基準を開発することが，両審議会の構成員のニーズを満たし，財務報告の品質を向上させるものであれば，いつでも協力して基準を開発するというコミットメントを新たにすべきです。両審議会は，主に異なるニーズを持つ異なる構成員にサービスを提供しているため，基準設定プロセスにおいて常に差異を解消できるわけではないことを私は認識しています。ただし，基準に差異が生じた場合，両審議会は，その基準の実施から学び，最高品質の財務報告の結果をもたらす基準にコンバージェンスすることを目標として，お互いに関与し直すことを目的として，それらの基準の実施を監視する必要があります。両審議会は，最近の収益認識基準から学んだ教訓を適用し，たとえ言葉が同じであっても，コンバージェンスを達成するためには，基準設定プロセスが完了した後および基準の実施段階において協力が必要であることを認識すべきです」(Schnurr (2015b))。

シュナー主任会計士は，2015年9月の講演 (Schnurr (2015c)) でもこの見解を繰り返している。

主任会計士の就任時に，IFRSが優先事項であるシュナーにとって，コックスの「IFRSを葬り去る」との見解は看過できず，その見解を否定しないと，自身の役割期待を果たしきれない。また，シュナーが説くIFRSによる任意開示を容認する第4の代替案の考えは，1981年の「外国民間発行体の統合開示制度」(SEC (1981)) の規制措置の考え方に少なからず関係している (Erhardt (2014))。コックスの見解の根本的かつ全面的な否定ではなく，「時期尚早」とした意図も含めて，今後のSEC主任会計士室のIFRSのイニシアティブをさらに掘り下げて見極める必要がある。

■注

(1) SECによる「財務報告に係る内部統制の報告」の規則案は、2007年6月20日に最終規則化された（SEC（2007f））。また、その解釈指針案も、SECコミッショナーは2007年5月23日に全会一致で承認し、公表された（SEC（2007g））。

(2) PCAOBは、2007年5月24日の公開会議の結果を踏まえて、6月にPCAOB監査基準第5号「財務諸表監査と統合された財務報告に係る内部統制監査、ならびに関連する独立性規則および本基準に一致させるための改訂」（An Audit of Internal Control over Financial Reporting That Is Integrated with an Audit of Financial Statements, and Related Independence Rule and Conforming Amendments）を公表した。同年7月に、SECもこの新監査基準を承認した。PCAOB監査基準第5号は、財務報告に係る内部統制監査の実施に際して、経営者が財務報告に係る内部統制の有効性の年次評価のために用いるのと同等の、適切で、認知された内部統制の枠組みを使用すること、および、内部統制監査と財務諸表監査を統合することなどについて規定したものである。PCAOB監査基準第5号の発効に伴い、PCAOB監査基準第2号は廃止された。

第6章 政権移行期のIFRS導入に関するSECの会計規制

第1節 はじめに－問題意識－

　アメリカの連邦政府行政機関は，ホワイトハウス事務局（White House Office），行政管理予算局（OMB）および国家安全保障会議（NSC）などの「大統領行政府」（EOP），国務省や財務省などの「内閣」および「独立諸機関」で成り立っている。独立諸機関は，行政委員会および政府公社（連邦預金保険公社（FDIC）など）から構成され，証券取引委員会（SEC）は，独立諸機関のなかの行政委員会の1つである。

　アメリカ合衆国憲法上，大統領に与えられる権限は決して大きなものではなく，大統領の政治目的を達成するには，「非公式の力」に頼らなければならないと言われている。その力の1つが，大統領就任時に自らの裁量で政府機関（行政機関）の要職や主要ポストに官僚や民間人を任用できる政治任用（Presidential Appointments ; Appointed Jobs）である。「大統領にとって政治任用職は重要な政治力の源となる」（Lewis（2008），pp.7-8（ルイス著，稲継監訳（2009），9頁））。

　SEC委員長を含むコミッショナー（委員）も，大統領による政治任用職である。その根拠規定は，1934年証券取引所法（Securities Exchange Act of 1934）第4条第a項にある。

　この第4条第a項は，「大統領が上院の勧告および同意に基づいて任命する5名のコミッショナーからなる証券取引委員会が設置される」ことを要請している。また，この後に，「このコミッショナーは，その3名を超える者が同一の政党員であってはならず，かつ，その任命にあたっては，できる限り異なる政党員を交互に任命しなければならない。……コミッショナーの任期は5年と

し，後任者が任命されその地位に就くまでとする」と続く。

　2008年のアメリカ合衆国大統領選挙後，第44代大統領に就任したバラク・H・オバマ（Barack H. Obama）（民主党）は，政権の最優先課題の1つである金融規制改革に向けた金融規制監督機関関連の主要人事として，2008年12月18日にSEC委員長にメアリー・L・シャピロ（Mary L. Schapiro），商品先物取引委員会（CFTC）委員長にゲイリー・ゲンスラー（Gary Gensler），連邦準備制度理事会（FRB）理事にダニエル・K・タルーロ（Daniel K. Tarullo）をそれぞれ指名した。シャピロは，ロナルド・W・レーガン（Ronald W. Reagan）大統領（共和党）政権とジョージ・W・ブッシュ（George W. Bush）大統領（共和党）政権のもとでSECコミッショナーを務めた経験がある（1988年12月5日から1994年10月13日まで）。

　2期に及ぶオバマ政権下でのSEC委員長には，シャピロ，エリス・B・ウォルター（Elisse B. Walter），そしてメアリー・ジョー・ホワイト（Mary Jo White）と3代連続で女性が就いている。

　ブッシュ政権下の最後のSEC委員長であったクリストファー・コックス（Christopher Cox）によるアメリカの国際財務報告基準（IFRS）導入に向けた一連の取組みが，その後のオバマ大統領の民主党政権下とドナルド・J・トランプ（Donald J. Trump）大統領の共和党政権への移行でどのような展開をみせているのか。本章では，委員長を含むSECコミッショナーの大統領による政治任用について，またオバマ大統領の民主党政権下とトランプ大統領の共和党政権下でのIFRS適用問題（アメリカの発行体についての財務報告制度にIFRSを組み込むこと）への対応および両者の関係について明らかにしてみたい。

第2節　シャピロのSEC委員長退任ならびにウォルターのSEC委員長就任と退任

1　シャピロのSEC委員長退任

　冒頭から唐突ではあるが，シャピロのSEC委員長退任から話を進めたい。
　オバマ大統領は，2012年11月26日付のシャピロSEC委員長の退任に関する声明で，次のように彼女の委員長としての功績を称えるとともに，後任のSEC委員長としてウォルターを任命したことを表明した。

■「メアリー・シャピロの証券取引委員会における揺るぎないリーダーシップに深く感謝の意を表したい。メアリーが4年近く前に就任に同意した際，彼女はSECとアメリカ経済全体が直面している困難を十分に認識していました。しかし，彼女はその挑戦を受け入れ，今日，SECはより強固なものとなり，私たちの金融システムはより安全になり，アメリカ国民にサービスを提供できるようになりました。これは主にメアリーの努力のお陰です。

　メアリーの退任後，エリス・ウォルターをSEC委員長に指名できることも嬉しく思います。私は，エリスの長年の経験は，彼女の新しいポジションで非常に役に立つと確信しています。彼女がこの機関を率いることに同意してくれたことに感謝しています」（The White House（2012））。

　シャピロも同日，SEC委員長退任のリリースをSECから発表している。そのなかで，「投資家を保護し，市場が誠実に運営されるよう日々努力している多くの献身的なSECスタッフとともに仕事ができたことは，非常にやりがいのある経験でした」と述べるとともに，「過去4年間で，われわれは，記録的な数の執行措置を講じ，最も忙しい規則制定期間の1つに従事し，連邦議会からより大きな権限を獲得して，われわれのミッション（使命）をうまく果たすことができました」（SEC（2012c））とも表明した。

　ここで言う「史上最多の強制措置」は，「SECによる異例の公表物」（杉本（2013），29頁）でもある「活性化され，改革された，投資家を保護するSEC」（SEC（2012d））と題する文書を通じて明らかにされている。この文書は，第4章でも指摘したように，「シャピロ委員長のもとでのSECの成果」（SEC Accomplishments under Chairman Schapiro）と付されているように，シャピロのSEC委員長在任中の規制措置に関わる取組みや功績を取りまとめたものである。シャピロの委員長としてのリーダーシップとその成果に賛辞を呈する意味合いが込められている。しかし，シャピロによるIFRS適用問題への取組みは，この文書に記載されていない。

　シャピロのIFRS適用問題に対する姿勢は，SEC委員長就任前から明確であった。

　2009年1月15日に開催された，上院の銀行・住宅・都市問題委員会（Senate Committee on Banking, Housing, and Urban Affairs）の大統領指名に関わる公聴会で，民主党のジャック・リード（Jack Reed）上院議員（ロードアイランド州）の質問に対して，シャピロは，以下のとおり，共和党政権下のコックス前

SEC委員長が推進したアメリカの発行体に対するIFRS適用のロードマップ案（SEC（2008e））には懸念があり，「コメントを募集中の既存のロードマップ〔規則案：引用者〕に必ずしも縛られない」と表明している。

■「底辺への競争（Race to the Bottom）に陥らないよう，細心の注意を払って進めたいと思います。世界中で使用される単一の会計基準は，投資家が世界中の企業を比較できるようにするために非常に有益なものであることは，誰もが同意できると思います。とはいえ，SECが公表し，現在コメントを募集しているロードマップ〔規則案：引用者〕については懸念がありますし，またIFRS基準全般についても懸念があります。それらはアメリカ基準ほど詳細ではありません。解釈の余地が多分にあります。たとえ採択されたとしても，いかにそれらが実施され，いかにそれらが施行されるかについては，世界中で首尾一貫性を欠くことになると思います。

　U.S. GAAPからIFRSへの移行コストは驚異的なものになるでしょうし，その移行コストはアメリカ企業1社当たり3,000万ドルになるとの試算もあります。このようなコストをアメリカの産業界にかけることが本当に意味があるのかどうか慎重に考えなければならない時期だと思います。

　しかし，おそらく私が最も懸念しているのは，国際会計基準審議会の独立性と彼らが会計基準を設定するプロセスを監督する能力，そしてそのプロセスに今日存在する厳格さの度合いです。

　私は大きく深呼吸をして，この領域全体を慎重に見直して，コメントを募集中の既存のロードマップ〔規則案：引用者〕に必ずしも縛られないということをお伝えします」（The United States Senate（2009），p.21）。

　質問者であるリード上院議員は，コックス委員長にIFRS適用のロードマップの策定に慎重さを求める書簡を幾度となく送ってきた。「この問題については，判断を急ぎすぎたと思う」（The United States Senate（2009），p.21）とする立場にある民主党のリード上院議員からの質問だけに，また同じ民主党政権下のオバマ大統領の政治任用によるSEC委員長の資質を問う質問への必然的な答弁だとも解せるところはあるものの，シャピロにとって，IFRS適用問題は必ずしも優先度が高いものだとは言えなかったのである（杉本（2017），977頁参照）。グローバル化が引き起こすと言われる「底辺への競争」，つまりここでは，会計基準に関わる条件や品質の緩和や引下げを余儀なく競うことで，最低水準へと向かわないように細心の注意を払うとした答弁を，ここでは見逃してはならない。

SEC委員長就任後,シャピロはIFRS適用問題に取り組むまでに少し時間を要したが,この上院の委員会証言で示した慎重に見直すとする姿勢を現実のものとして示した。いわゆる「SEC声明」(「コンバージェンスとグローバル会計基準を支持するSEC声明」(SEC (2010c)))の公表とともに,アメリカの発行体に対するIFRS強制適用の是非を決定するための判断材料として,SECスタッフに「作業計画(ワークプラン)」の実施を指示した。慎重に見直すことでIFRS強制適用の絶好のタイミングを逃したとする見解も存在するが[1],IFRS適用問題をより深く検討した功績は大きいと言ってよい。

ただし,この一連の作業計画を踏まえて,2012年7月13日に公表された「最終スタッフ報告書」(SEC Office of the Chief Accountant (2012))は,「根本的な問題への回答を示さなかった」。報告書の序言で,「追加的な分析と検討が……委員会の意思決定を行なう前に必要となる」(Introductory Note)としており,今なおIFRS適用問題,すなわち,アメリカの発行体についての財務報告制度にIFRSを組み込む問題は公式的には未決である(杉本 (2017), 981-1010頁参照)。

シャピロのSEC委員長の退任は,2012年11月6日のアメリカ合衆国大統領選挙でオバマが大統領再選を勝ち取った後であり,第1期オバマ政権(2009年1月20日から2013年1月20日まで)での大統領の任期に合わせた格好にもなっている。とはいえ,シャピロはSEC委員長の当初の任期を全うせずに退任している。

2 ウォルターのSEC委員長就任と退任

2013年1月21日の大統領就任宣誓式[2]により,第2期オバマ政権がスタートしている。

シャピロがSEC委員長を辞することを発表してからというもの,ワシントンD.C.とウォール・ストリートでは,第2期オバマ政権のもとでの次期SEC委員長について根拠のない憶測で騒然となった。そのなかで,オバマ大統領は,2008年にSECコミッショナーに就任していた民主党員のウォルター[3]を第30代SEC委員長としてただちに指名した。

ただし,「ウォルターは,常勤で委員長の座に就くが,彼女は,短期間だけ仕えるつもりだと機関〔SEC:引用者〕関係者に語っている。喫緊の閣僚レベルのノミネートに直面しているホワイトハウスは,SECの後継者を来年指名する予定である」(Protess and Craig (2012))とされてきた。現に,ウォルター

は，シャピロが退任した翌日の2012年12月15日から SEC 委員長に就いたが，委員長の在任期間は2013年4月9日までの116日間であった。また，ウォルターが SEC 委員長に就任したときやその職を辞するときの SEC からの公表物はない(4)。

第3節　ホワイトの SEC 委員長就任

ウォルターが SEC 委員長を辞した後，「喫緊の閣僚レベルのノミネート」をどのようにするか――すでにシャピロが SEC 委員長を退任した後，その後継者として幾人かの候補者が取り沙汰されてきた（Protess and Craig（2012））。

第1に，財務省の国内金融担当財務次官（Under Secretary for Domestic Finance），財務副長官（Acting Deputy Secretary of the Treasury）を務めたメアリー・J・ミラー（Mary J. Miller）である。しかし，SEC 委員長のポストにミラー自身が興味を示さなかった。

第2に，シティグループ（Citigroup）の最高財務責任者（CFO）やバンク・オブ・アメリカ（Bank of America）の資産管理部最高経営責任者（CEO）を歴任したサリー・L・クラウチェック（Sallie L. Krawcheck）である。ただし，候補者のなかで「潜在的なトップランナー」と評価されてきたが，クラウチェックは，これまで政府の要職に就いた経験がないことがネガティブな評価に結びついた。

第3に，シャピロに請われて SEC 法執行局（Division of Enforcement）局長をも務めた，アメリカ連邦地検（ニューヨーク南地区連邦副検事）のロバート・S・クザミ（Robert S. Khuzami）である。

そして第4に，リチャード・G・ケッチャム（Richard G. Ketchum）である。1934年証券取引所法第15条(b)項(8)は，証券会社が証券取引や証券の売買の誘引などを行なうにあたって，SEC への登録と，金融業規制機構（FINRA）または登録連邦証券取引所などの自主規制機関への加入を義務づけている。ケッチャムは FINRA 会長である。

これら候補者についてさまざまな憶測が飛び交うなか，オバマ大統領は，2013年1月24日に，SEC 委員長にホワイトを指名した。その指名理由は，民主党のウィリアム・J・クリントン（William J. Clinton：ビル・クリントン）政権のもとでニューヨーク南部地区の連邦検事などを務めたホワイトの経験と彼女

第6章　政権移行期のIFRS導入に関するSECの会計規制　159

のSECに山積する課題への決意表明にある。その事実を，ホワイトハウスでの大統領による人事発表から引くと，次のとおりである。

●オバマ大統領：
　「ウォール・ストリートの改革を完了し，アメリカの投資家がより良い情報を得て，より良く保護されるようにするためには，まだまだやるべきことがあります。そして，納税者がその代償を払うことのないように，金融業界の無責任な行動を追及し続ける必要があります。
　私は，メアリー・ジョーにはこれらの複雑な問題に取り組み，賢明で公正な方法でアメリカ国民を守る経験と決意があると確信しています。
　そして，エリス・ウォルターに感謝したいと思います。彼女は委員長として砦を維持する素晴らしい仕事をしてくれました。上院ができるだけ早くメアリー・ジョーを承認してくれることを期待しています」(The White House (2013a))。

●ホワイト：
　「上院で承認されれば，私は投資家を保護し，資本市場の強さ，効率性，透明性を確保するというSECのミッションを果たすために，同僚のコミッショナーや非常に献身的で有能なSECスタッフとともに全力を尽くすことを楽しみにしています。
　SECは長い間，市場にとって不可欠な積極的な役割を果たしてきましたが，その前途には困難で重要な仕事が待ち受けています。私はこれらの取組みを主導し，本日ご出席いただいてとても光栄な，メアリー・シャピロ委員長とエリス・ウォルター委員長の取組みをさらに発展させる機会を得られたことを歓迎します」(The White House (2013a))。

　ホワイトに対するオバマ大統領によるSEC委員長の指名（2013年1月24日）からその就任（2013年4月10日）まで，それまでのSEC委員長就任時と比べると時間を要している。SEC委員長の就任にあたっては，大統領による指名後，上院での最終承認が必要であるため，このことは，ホワイトのSEC委員長就任についての上院での承認が難なく乗り切れなかったことを物語っている[5]。
　この点をより掘り下げて検討してみよう。
　ホワイトをSEC委員長とするにあたって，オバマ大統領が2013年2月7日に上院に付託したのは，①シャピロの2014年6月5日までの残りの任期とすることと，②2019年6月5日までの任期を再任することの2案についてであった(The White House (2013b))。これについては，3月12日に上院の銀行・住宅・

都市問題委員会の公聴会が開催され，シャピロの当初の任期満了日までの14ヵ月を承認することで票決された（賛成21票，反対1票（シェラッド・ブラウン（Sherrod Brown）（民主党・オハイオ州）））（The United States Senate（2013）; Martens and Martens（2017））。3月19日に委員会からの報告を受けて，4月8日に上院が承認し，シャピロの残りの任期を全うする SEC 委員長として就任したのである。ホワイトの2019年6月5日までの SEC 委員長再任案については，7月18日に委員会からの報告を受け，8月1日に上院が承認するに至っている（U.S. Government Publishing Office（2015），p.160）。

　オバマ大統領の2案が上院で同時に承認されなかったのは，「メアリー・ジョー・ホワイトが SEC 委員長になることはアメリカ上院を真剣に怒らせた」（Martens and Martens（2017））からである。最大の案件は，SEC 企業財務局長（Director, Division of Corporation Finance）を務めた夫のジョン・W・ホワイト（John W. White）の業務と SEC 委員長の職務の利益相反の可能性にあると言ってよい。ジョン・W・ホワイトはクラバス・スウェイン・アンド・ムーア（Cravath, Swaine & Moore）の弁護士であり，情報公開義務やコーポレートガバナンスについてアドバイスする部門の責任者である。この部門での企業の代理人として SEC と対峙する案件への対応のあり方が問われたのである。

　実のところ，ホワイトの SEC 委員長就任後も，委員長としての資質を疑問視する厳しい批判の声が上がった。ハーバード大学のロースクールなどでの商法学者でもあった，エリザベス・ウォーレン（Elizabeth Warren）上院議員（民主党・マサチューセッツ州）によるホワイト SEC 委員長宛の書簡（Warren（2015））やオバマ大統領宛の書簡（Warren（2016a））は，その代表例である。

　前者の書簡は，過去2年間のホワイト SEC 委員長のリーダーシップに失望し，ホワイトの公約と SEC 委員長としての実績との間の4つの「重大なギャップ」について情報開示請求したものである[6]。具体的には，①2010年「ドッド＝フランク　ウォール・ストリート改革および消費者保護法」（ドッド＝フランク法）第953条第(b)項の役員報酬と一般社員の給与格差の情報開示を定めた報酬比率開示に関する規則（全従業員の年間報酬総額の中央値，CEO の年間報酬総額および CEO の年間報酬総額に対する全従業員の年間報酬総額の中央値の比率の開示規則）をただちに最終決定できなかったこと，②証券法に違反する企業の権利放棄の使用を抑制できなかったこと，③SEC の慣行として，罪の自白を要求せずに事案の大部分を和解していること，④夫との利益相反への取組みに

失敗したことなどである。これら以外にも，未公開企業の選挙献金に対処できなかったこと，ドッド=フランク法の開示規制に抜け穴があった SEC の規制措置などが指摘され，説明を求めたのである。

言うまでもなく，ホワイトはこの批判に反論した（Ackerman（2015））。

後者の書簡も，役員報酬と一般社員の給与格差の情報開示を定めた報酬比率開示に関する規則の制定を怠り，SEC のミッションである投資家保護を損ねたとして，ホワイト SEC 委員長の更迭を求めたものである。

このウォーレンによるオバマ大統領宛の書簡の影響があったかは不明であるが，11月14日に，ホワイトは，政権移行時に SEC 委員長を退任する意向を表明している（SEC（2016b））[7]。

第4節　ホワイト委員長の IFRS 対応

ホワイトの規制措置を振り返ると，SEC 委員長就任1年目の目標は，ドッド=フランク法と新規事業活性化法（JOBS 法）の法規制の完成にあった。それでは，コックス，シャピロ，ウォルターと前任の SEC 委員長が各人各様の抱負や姿勢で取り組んできたアメリカの IFRS 適用問題について，ホワイトは果たしてどのような対応や取組みを示したのだろうか。

先にみた，2013年3月12日に開催された上院の銀行・住宅・都市問題委員会の公聴会において，マイケル・D・クラポ（Michael D. Crapo）上院議員（共和党・アイダホ州）から IFRS の関連質問（「IFRS をアドプションすることが，外国企業にアメリカの会計基準を管理（支配）する権限を譲渡することになるか」）が行なわれている。この質問に対して，ホワイトは，「あなたが特定した問題が懸念されていることに同意します。私はまだこの問題をスタッフあるいはコミッショナーと深く議論する機会を持てていません。一般的に，単一で高品質なグローバルに認められた会計基準を追求することが，立派な目標であると信じています。私は，〔2012年7月に公表された：引用者〕最終スタッフ報告書で提起された課題についてコミッショナーとスタッフとともに取り組む予定です。最終的には，アメリカ内で IFRS をさらに組み込む決定は，このような変更がアメリカの投資家と登録者の利益のためであることを保証する必要があります」（U.S. Government Publishing Office（2013），pp.134-135）とだけ答えている。

ホワイトの SEC 委員長の就任から政権移行時の退任に至るまでの約3年

9ヵ月の間（2013年4月10日から2017年1月20日まで）に行なった，議会証言を除く，スピーチやパブリック・ステートメント（公式声明）などにおいて，IFRS 適用問題などについて言及したのは，次のように毎年1回だけである（SEC Website におけるスピーチおよびパブリック・ステートメントの内容をもとに整理集計したものである）。

○2013年：26回のうち1回（5月3日）（White（2013a））
○2014年：32回のうち1回（5月20日）（White（2014a））
○2015年：47回のうち1回（12月9日）（White（2015））
○2016年：48回のうち1回（6月27日）（White（2016））
○2017年：2回のうち1回（1月5日）（White（2017））

実のところ，ホワイトによる2017年1月5日のパブリック・ステートメント以降今日まで，SEC 委員長や SEC スタッフが IFRS 適用問題などについて言及したものはない。このホワイトの SEC 委員長在任中最後のパブリック・ステートメントこそが，アメリカの IFRS に対する姿勢ないし方向性などを示した公式見解である(8)。

このホワイトによる SEC 委員長としての最後のパブリック・ステートメントは，「アメリカの必要不可欠なこと：高品質でグローバルに認められた会計基準」（A U.S. Imperative：High-Quality, Globally Accepted Accounting Standards）と題するもので，その冒頭で事実上の結論として，次のように述べている。

■「委員長に就任して間もない頃，私は，主任会計士室（OCA）にこれらの問題に対する委員会の見解を再検討し，投資家，作成者，監査人，基準設定主体などと幅広いアウトリーチ（働きかけ）を行なうように指示しました。OCA は，FASBと IASB のコンバージェンス・プロジェクトの経験と外国民間発行体による IFRS適用を考慮して，グローバルに認められた基準に関する広範な事前作業を再検討するのにかなりの時間を費やしてきました。在任期間が終わりに近づくにつれて，私は，アメリカの投資家にとって高品質でグローバルに認められた会計基準が重要であることを固く信じており，また委員会がこうした基準を最優先事項の1つとして追求し続けなければならないと考えています。**私は，次期委員長がフルコミッション（充足されたすべてのコミッショナー）と協力して，この問題についてあらためて発言し，この重要な目的を最も効果的に推進するための道筋について合意するよう強く求めます。**アメリカの投資家と企業を保護し，われわれの市場を

強化するために不可欠なのです」（White（2017）。下線と強調は引用者）。

アメリカの発行体についての財務報告制度にIFRSを組み込む、いわゆるIFRS適用問題について、次期のSEC委員長のもとで具体的に検討することを求めた、事実上の問題先送りを表明したものと理解してよい。

第5節　トランプ政権移行によるSECコミッショナーの政治任用

図表6－1は、ブッシュ大統領の政権下であった2002年以降トランプ大統領の政権下までの、SEC委員長を含む歴代のSECコミッショナーの政治任用に伴う継承の流れをもとに、SECコミッションの体制を集計整理したものである。

この図表から、政権政党を問わず、SECコミッショナー体制が5名の「フルコミッション」でなかった期間が続いていたことをうかがい知ることができる。SECコミッショナーの退任と新たな就任がスムーズに行なわれているとは言い難い。SECコミッショナーの空白期間の長短は、大統領による政治任用としての指名の迅速さ、大統領指名に伴う上院の公聴会と上院での承認に向けた審議のあり方などに大きく影響された結果である。とくに、大統領による政治任用としての指名に時間を要する場合、大統領のリーダーシップとともに議会運営のあり方が問われることになる。

第2期オバマ政権下での共和党系と民主党系のコミッショナーの各1名の退任（ダニエル・M・ギャラガー（Daniel M. Gallagher）は2015年10月2日に退任、ルイス・A・アギラール（Luis A. Aguilar）は2015年12月31日に退任）後、新たなコミッショナーの指名とその承認がみられない。結局のところ、この2つのSECコミッショナーのポストは、トランプ政権の発足後まで空位のままとなっている。前節で考察した、ホワイト委員長がトランプ大統領の政治任用による次期のSEC委員長に「フルコミッション」を求めたという事実は、2015年12月31日以降、民主党政権下でも386日間空位だったことによるものであることを理解することができる。

SECコミッショナーの任期は、毎年6月5日に終わるようにズラしている。また、後任者が任命されなかった場合、コミッショナーは任期後約18ヵ月間務めることができる。オバマ大統領からSECコミッショナーに任命され、2013

図表6-1　SECがフルコミッション体制でなかった期間とその構成

大統領（政党）		George W. Bush（共和党）				Barack H. Obama（民主党）		
SEC委員長		Cox				委員長空位	Schapiro	
SECコミッショナー体制	体制	4名体制	3名体制	4名体制	3名体制	3名体制	4名体制	3名体制
	民主党系	Campos					Schapiro	Schapiro
		Nazareth	Nazareth		Walter	Walter	Walter	Walter
	共和党系	Cox	Cox	Cox	Cox			
		Atkins	Atkins	Atkins	Atkins	Paredes	Paredes	Paredes
		Casey	Casey	(Paredes)	Casey	Casey	Casey	
				Casey				
期間		3日間	135日間	160日間	195日間	7日間	190日間	94日間
		2006年7月14日〜7月17日	2007年9月18日〜2008年1月31日	2008年1月31日〜7月9日	2008年7月9日〜2009年1月20日	2009年1月20日〜1月27日	2009年1月27日〜2011年8月5日	2011年8月5日〜11月7日

注：期間の日数は，直近のSECコミッショナーの退任日から新SECコミッショナーの就任日前日までを捉えて示している。また，ブッシュ（共和党）の2008年7月9日から2009年1月20日までの期間中の2008年8月1日にアトキンスが退任し，パレーズが新たに就任している。オバマ（民主党）の2013年8月3日から8月15日までの期間中の2013年8月9日にウォルターが退任し，ステイン

年8月9日に宣誓したカラ・M・ステイン（Kara M. Stein）は，その任期が2017年までとされてきた。コミッショナーの5年の任期を過ぎても，トランプ大統領の政権下で引き続きその地位に就いているのは，後任者が任命されていないためである(9)。

　34日，7日，1日，そして1日——コックス，シャピロ，ウォルター，そしてホワイトが，それぞれSEC委員長に就任するまでの前委員長の退任日との間の空白の期間である。その後のトランプ政権への移行後，SEC委員長を含むSECコミッショナーの大統領による政治任用がなかなか進められなかったという事実が，この図表6-1からも浮かび上がる。

　そうしたなか，2017年1月4日にトランプ大統領は，ウォルター・J・クレイトン（Walter J. Clayton）（サリバン・アンド・クロムウェル（Sullivan & Cromwell）の弁護士）をSEC委員長に指名した。5月2日に，上院は，第115議会第1会期の点呼投票で，クレイトンのSEC委員長就任を票決し（賛成61票，反対37票），5月4日に宣誓式が行なわれている。とくに，トランプ大統領の政

第6章 政権移行期のIFRS導入に関するSECの会計規制

(2002年～2018年)

Barack H. Obama (民主党)						Donald J. Trump (共和党)		
Schapiro	Walter	委員長空位	White			委員長空位	Clayton	
4名体制	4名体制			3名体制	2名体制	3名体制	4名体制	
Schapiro	Aguilar	Aguilar	Aguilar	Aguilar				Jackson Jr.
Walter	Walter	Walter	Walter	Stein	Stein	Stein	Stein	Stein
			(Stein)					
			White	White	White			
							Clayton	Clayton
Paredes	Paredes	Paredes		Piwowar	Piwowar	Piwowar	Piwowar	Peirce
Gallagher	Gallagher	Gallagher	Gallagher					
31日間	116日間	1日間	12日間	91日間	386日間	104日間	252日間	250日間
2011年11月7日～12月8日	2012年12月14日～2013年4月9日	2013年4月9日～4月10日	2013年8月3日～8月15日	2015年10月2日～12月31日	2015年12月31日～2017年1月20日	2017年1月20日～5月4日	2017年5月4日～2018年1月11日	2018年1月11日～9月18日

が新たに就任している。

出所：U.S. Securities and Exchange Commission Website, SEC Historical Summary of Chairmen and Commissioners のデータをもとに集計整理のうえ作成。

治任用によるSEC委員長が104日間空位であったという事実は，SECのミッションである投資家保護を果たすうえで，金融規制監督機能の不全が問われ，その批判が重くのしかかる[10]。

とはいえ，歴代のSEC委員長の就任までを振り返ってみれば，委員長代理が置かれているとはいえ，トランプ政権発足時のSEC委員長不在の期間は3番目に長いものである。これまでのSEC委員長の空白期間は，クリントン第42代大統領（民主党）政権下のアーサー・レビットJr.（Arthur Levitt Jr.）（1993年7月27日から2001年2月9日まで）の退任後，ジョージ・W・ブッシュ（George W. Bush）第43代大統領（共和党）政権に移行した際のハーヴェイ・L・ピット（Harvey L. Pitt）（2001年8月3日から2003年2月17日まで）が就任するまでの175日間を筆頭に，フランクリン・D・ルーズベルト（Franklin D. Roosevelt）第32代大統領（民主党）政権下のジェームズ・J・カフリー（James J. Caffrey）（1946年7月23日から1947年12月31日まで）からハリー・S・トルーマン（Harry S. Truman）第33代大統領（民主党）政権下でのエドモンド・M・ハンラハン（Edmond

M. Hanrahan）（1948年5月18日から1949年11月3日まで）の就任までの139日間に次ぐものである(11)。

大統領就任後，トランプは，「政治任用ポストを全部埋めるつもりはない。多くは不要だ。政府の縮小だ」（We are not looking to fill all of those positions. Don't need many of them – reduce size of government.）と旧 Twitter でツイート（2017年8月29日）したこともある。各省庁の幹部の政治任用による指名そのものが滞り，重要閣僚・幹部ポストの多くが空位という異例の事態が続いただけに，こうした SEC 委員長を含む SEC コミッショナーの政治任用の遅れは，驚くに値しないのかもしれない。

第6節　おわりに

「トランピズム」（Trumpism）は，アメリカの会計基準や財務報告制度のあり方にも一貫して浸透しているのだろうか。

トランプ新大統領就任演説（2017年1月20日）で力説された「アメリカ第一主義」（America First Policy）(12)の立場は，自国の利益と社会経済の立て直しを最優先して，既存の政策枠組みや国際合意を否定する，基本的には保守派の考えである。大統領就任直後に発令したオバマケアの見直し（医療保険制度改革の撤廃）という大統領令第13765号（Executive Order 13765）は，最たる例である。金融規制に関わる大統領令（Executive Order 13772）「アメリカの金融システムを規制するための基本原則」（2017年2月3日署名）などの執行はもとより，オバマ政権のもとで金融危機の再発防止のために制定した金融規制改革法（ドッド＝フランク法）の中核となる「銀行の市場取引規制規則」（投資銀行に高リスクの自己勘定取引を規制した，いわゆる「ボルカー・ルール」（Volcker Rule））の見直しに向けた取組みは，「既存の政策枠組み」の否定である。

先にみたとおり，トランプ政権での SEC 委員長にクレイトンが就任した。しかし，上院の公聴会でのクレイトンの証言（U.S. Government Publishing Office（2017））には，シャピロやホワイトの証言にみられた IFRS 適用問題に関するものが見当たらない。

また，2018年9月11日には，SEC コミッショナーに指名された共和党員のエラッド・L・ロイズマン（Elad L. Roisman）が，上院での承認を受けて，宣誓をした。2015年10月2日から実に1,075日振りに，SEC コミッショナー体制

は「フルコミッション」となった。ホワイトが先送りした，アメリカにおける高品質でグローバルに認められた会計基準のあり方，アメリカの発行体についての財務報告制度にIFRSを組み込む問題について検討するSECの体制が，ようやく整ったことになる（ステインの退任で，フルコミッション体制が維持される期間も限られている）。

「アメリカ第一主義」というトランピズムの政策のもとで，IFRSを導入する絶好のタイミングをすでに逸してしまったとも言われるなかで，またクレイトン委員長によるIFRS適用問題についての言及がまったくないなかで，当該問題に対する追加的な分析を踏まえたSECの公式見解の表明が待たれるが，その不透明さは晴れないままである。

■注

(1)　たとえば，コックス元SEC委員長による「もう潮時が過ぎたと考えるのが妥当だと思います」という見解がある（杉本（2016）および本書第5章参照）。
(2)　本来の大統領就任宣誓式は1月20日であるが，この日が日曜日のため翌日に就任宣誓式が執り行われた。
(3)　SECコミッショナーの宣誓式で，ウォルターはコックス委員長に次のように述べている。「SEC委員長であるクリストファー・コックス（Christopher Cox），私の同僚のコミッショナー，そしてわが国の投資家と資本市場に仕える委員会の専門スタッフに参画させていただくことを名誉かつ光栄に思います。SECは，独立機関の王冠の宝石のようだという評判が当然のように立っており，今日ではこの偉大な機関と投資家保護のミッションの必要性は明らかです。私は，私に託された素晴らしい責任に恥じない行動をすることにベストを尽くすことをお約束します」（SEC（2008b））。
(4)　ウォルターは，SEC委員長を退任した後も，2013年8月9日までSECコミッショナーとして従事している。
(5)　オバマ政権発足時の第1期の政治任用による人事でも長期化し，遅れがみられた。たとえば，保健福祉長官候補であったトーマス・A・ダシュル（Thomas A. Daschle）が，納税漏れにより辞退したことをはじめ，財務長官候補であったニューヨーク連邦準備銀行（Federal Reserve Bank of New York）総裁のティモシー・F・ガイトナー（Timothy F. Geithner）は，国際通貨基金（IMF）在職時の納税について問題視され上院での指名承認が遅れた。また，クリントン政権時に財務長官を務めたローレンス・H・サマーズ（Lawrence H. Summers）は，国家経済会議（NEC）委員長に就任したが，政権入り前のファンドからの顧問料などが問題視されたりした。
(6)　「規制当局者としてのあなたの経験不足について懸念していたが，〔2013年3月21日の上院の銀行・住宅・都市問題委員会の公聴会で：引用者〕私はあなたの指名に賛成票を投じました。当時私が申し上げたように，私の希望は，『SECがアメリカの人々にとって厳格な監視役になるための強力なリーダー』にあなたがなることでした（Statement on the Banking Committee's Approval of the Nominations of Rich Cordray and Mary Jo White (March 19, 2013)）。あなたは現在，2年以上もの間SEC委員長を務め，今日までの委員

会でのあなたのリーダーシップはきわめて残念でなりません」(Warren (2015), p.1)。
(7) シャピロの退任時と同様に，ホワイトのSEC委員長在任期間中の「SECの成果」(SEC (2016c)) が取りまとめられている。
(8) SECによるIFRSおよびアメリカの資本市場についての最新の見解が，この2017年1月5日付のホワイトのパブリック・ステートメントである旨を，SEC主任会計士室のジュリー・A・エルハルト (Julie A. Erhardt) 副主任会計士からの私信および訪問調査時のコメントでも示された。
(9) ステインは，2019年1月2日にSECコミッショナーを退任した。
(10) 先のウォーレン上院議員は，オバマ政権の政治任用の人事にとどまらず，トランプの政権移行チームによる次期政権の金融規制監督機関の人事についても次期大統領のトランプ宛に書簡 (Warren (2016b)) を送付している。ここでは，政権移行チームのメンバー (デイビッド・マルパス (David Malpass)，ポール・S・アトキンス (Paul S. Atkins)，スティーブ・T・ムニューシン (Steve T. Mnuchin)，ルイス・M・アイゼンバーグ (Lewis M. Eisenberg)) のウォール・ストリートとの結びつきが深く，「ウォール・ストリート・インサイダー」だとする指摘である。
(11) ここでの空白期間も，先の図表6-1と同様に，SEC Historical Summary of Chairmen and Commissioners のデータをもとに集計整理してのものである。
(12) 「今日から今後は，新しいビジョンがこの国を統治します。今日から今後は，ただひたすら『アメリカ第一，アメリカ第一』です」(From this day forward, a new vision will govern our land. From this day forward, it's going to be only America First, America First.) (Trump Inauguration New President Speech)。

第 II 部

高頻度取引の監督強化規制と
四半期開示廃止をめぐる
政治力学

第7章 高頻度取引の監督強化に関する SEC の規制と政治力学

第1節　はじめに−問題意識−

　証券取引の高度なコンピュータ化・電子化は，超高速取引を繰り返す高頻度取引（High-Frequency Trading（HFT）：自己勘定で1秒間に大量の売買取引を繰り返す取引）などのアルゴリズムでの新たなトレーディング手法をもたらした。高頻度取引は全米の主たる取引形態となっているが，その一方で，この株式の高頻度取引の不正などをめぐっては，証券取引委員会（SEC）による私設取引所や高頻度取引業者（超高速取引業者）に対する制裁金支払いの合意や，関係機関による高頻度取引業者に対する提訴などが顕著である。

　たとえば，アメリカの三大証券取引所運営会社の一角で，高頻度取引専門の私設取引所を運営するBATSグローバル・マーケッツ（BATS Global Markets Inc.）に対する1,400万ドルの制裁金支払いでの和解（高頻度取引業者との間での数種類の新たな注文タイプの仕組みについての重要な情報非開示）や，スイスの大手銀行UBSに対する1,440万ドルの和解金支払い（私設取引システムの「ダークプール」（Dark Pool）での不平等な取引環境）がある。また，BATSグローバル・マーケッツ，NASDAQ証券取引所，シカゴ証券取引所，ニューヨーク証券取引所，私設取引所のダークプールを運営するバークレイズ（Barclays PLC）などの取引所は，新しい情報を速いスピードで高頻度取引業者に提供し，また取引所が「複雑な注文タイプ」（Complex Order Types）を編み出して高頻度取引業者が有利に取引できているとして，大手法律事務所（ロビンス・ゲラー・ルドマン・アンド・ダウド（Robbins Geller Rudman & Dowd）LLP，モトリーライス（Motley Rice），ラバトン・スチャロウ（Labaton Sucharow））による訴訟もみら

れる（Patterson（2014b））。

　これらは2014年の高頻度取引に関わる動向の一部であるが、そもそも高頻度取引のあり方が注目されたのは、マイケル・ルイス（Michael Lewis）が2014年3月に出版した『フラッシュ・ボーイズ－10億分の1秒の男たち』（*Flash Boys*: A Wall Street Revolt: Lewis（2014）（ルイス著、渡会・東江訳（2014）））でその内実がさらけ出されたことが大きい。この著書は、大手高頻度取引業者であるバーチュ・ファイナンス（Virtu Financial Inc.）の新規株式公開（IPO）の延期ももたらした。

　加えて、SECは、コンピュータを駆使した高頻度取引の監督強化に向けた規制や高頻度取引業者の規制に乗り出している。

　SECコミッショナーは、2014年11月19日に全会一致で、システム（S）、コンプライアンス（C：法令遵守）およびインテグリティ（I：整合性）に関わる「レギュレーションSCI」（Regulation SCI）を承認した（SEC（2014）：**図表7－1**参照）。この新たな規則は、2010年5月6日の「フラッシュ・クラッシュ」（株価の瞬間的な急落）や2013年8月のNASDAQ証券取引所の取引全面停止にみられた技術障害による市場の混乱リスクの懸念に対応したもので、超高速取引の保護措置や監視強化を盛り込んだ(1)。

　また2015年3月25日には、SECは新たに高頻度取引業者の監督強化に向けて、1934年証券取引所法規則第15b9-1を改正する新たな規制「特定取引業者の適用除外」（Exemption for Certain Exchange Members）も提案した（SEC（2015））。高頻度取引業者などの金融取引業規制機構（FINRA）(2)への登録を義務づけ、高頻度取引の戦略などを規制することを目的としている。

図表7－1　「レギュレーションSCI」（Regulation SCI）に関するSECコミッショナーの票決

	レギュレーションSCI（2014年11月19日）	
SECコミッショナーの票決	賛成票	反対票
	White（独）, Stein（民）, Aguilar（民）, Gallagher（共）, Piower（共）	なし

全会一致

出所：White（2014c）, Stein（2014）, Aguilar（2014）, Piwowar（2014）およびGallagher（2014）をもとに作成。

SEC の高頻度取引に関わる規制や当該取引業者などとの制裁金支払いの合意などは、どのような背景によるものなのだろうか。本章では、この問題意識のもとで、SEC による高頻度取引の規制措置の展開にみられる政治力などについて明らかにしてみたい。

第2節　高頻度取引規制とアメリカ連邦議会の政治力

2010年11月の20ヵ国・地域首脳会合（G20）ソウル・サミットは、金融市場の安定性の強化という目標のために、「将来の作業：さらに注意が必要な事項」の1つとして、「証券監督者国際機構（IOSCO）に対し、最新の技術発展が金融システムにもたらすリスクを抑制するために市場の健全性および効率性を促進する提言を、2011年6月までに策定して金融安定理事会（FSB）に報告するよう求めた」（G20（2010），par.41）。このG20の要求に応えた IOSCO の「技術革新が市場の健全性・効率性に及ぼす影響により生じる規制上の課題：最終報告書」（Technical Committee of the IOSCO（2011））は、アルゴリズム取引やダークプールなどがもたらす市場の分断化、市場への直接的な電子的アクセス（DEA），コロケーション[3]，呼び値幅や取引料金体系などの技術の発展と市場の動向を概観し、とくに高頻度取引は技術革新がもたらしたものと位置づけた。高頻度取引が市場に及ぼす影響やリスクなども議論し、市場監視の改善方法を検討することが、リスクに対処するために採りうる方策として示された。

こうしてみると、高頻度取引に関わる規制は、国際的見地からの株式市場構造の問題やテクノロジーの発展と変化に伴う規制として考えることもできる。しかし、SEC による2015年3月25日の高頻度取引業者の監督強化規制の規則案の公表は、直接的には、アメリカ国内での上院議員などによる働きかけに拠るところが大きい。

上院の銀行・住宅・都市問題委員会のもとにある証券・保険・投資委員会（Senate Committee on Banking, Housing, and Urban Affairs Subcommittee on Securities, Insurance, and Investment）は、2014年6月18日に「高頻度取引が経済に及ぼす影響」の公聴会を、また上院の銀行・住宅・都市問題委員会は同年7月8日に「資本市場構造と電子取引を形成する際のレギュレーションの役割」の公聴会などを開催した。そこでの証言などを踏まえ、上院の銀行・住宅・都市問題委員会のティム・P・ジョンソン（Tim P. Johnson）委員長（民主党・サウ

スダコタ州）と同委員会の少数党の幹部メンバーであるマイケル・D・クラポ（Michael D. Crapo）上院議員（共和党・アイダホ州）は，SECのメアリー・ジョー・ホワイト（Mary Jo White）委員長宛に連名で2014年11月3日付の書簡を送付した。SEC委員長に対する求めは，「〔SECに提出される企業の法定開示書類などが，EDGAR（エドガー）システムを通じて一般の人々が知るよりも先に有料契約者に配信されるという：引用者〕この不均衡を十分に理解し，またそれを解消するのに要するステップ（処置）と，これらのステップが完了する時期についての説明」とともに，SECが「これまでによく似た問題に取り組んだ内容の概要と，SECシステムのその他の不具合をどのように再調査するか，またこうした問題を回避するために将来どう監視するか」（Johnson and Crapo（2014a））についてである。

加えて，およそ1ヵ月後の2014年12月8日に，ジョンソンとクラポはSECのホワイト委員長宛に別の書簡（Johnson and Crapo（2014b））も送った。この後者の書簡（12月8日付書簡）は，SECの株式市場構造のレビューに関する進捗に対するものであり，また前者の書簡（11月3日付書簡）は，当時の学術研究で見出された新たな発見に対する関心からしたためられたものである。

2014年12月8日付書簡は，株式市場構造，とくに市場の効率性と小規模公開企業が直面する諸問題に対するSECによるレビューの取組みを理解するため，次の4項目の回答を求めたものである（Johnson and Crapo（2014b））。

(1) 株式市場構造のレビューや「レギュレーション全米市場システム」（Regulation NMS）[4]などの規制のレビューに関する2013年10月のホワイト委員長のスピーチ以降，SECが進めてきたこと
(2) 現行の株式市場構造に弾力性と耐久性があるようにするためにSECが実施していること
(3) ホリスティック・レビュー（Holistic Review：包括的レビュー）のデータ解析と定式化について，SECがこれまでに行なってきたこと，また一般の人々がこのレビューに意見表明できるようにした時期について
(4) 小規模企業の市場構造の関心事に取り組むために，また小規模企業の株式について流動性のある流通市場を確実にするために，SECが現在進めていること

このジョンソンとクラポの2014年12月8日付書簡に対して，ホワイト委員長は12月23日付で返答書簡（White（2014d））を送付している。

第3節　高頻度取引規制に向けた政治力の拠り所
　　　　　－学術上の研究成果の役割－

　実のところ，この両上院議員のSEC委員長宛書簡による問題提起の拠り所は，2014年10月と11月に公表された高頻度取引に関わる2つの学術上の研究成果にある。

　まずRogers, Skinner and Zechman（2014）は，情報が配信されるタイミングと取引上の優位性について検証した。とくに，①SECのEDGARシステムは瞬時に効率的に情報公開していると考えられているが，その公開にはおよそ40秒を要していること，②SECのWebsiteに情報公開される以前に，当該情報のニュースが他のいくつかの媒体で利用可能であること，および，③株価，取引量，スプレッドのすべての情報が，EDGARシステムで公表されるに先立って，その15秒ないし30秒前から反応していることなどを確認した。Jackson and Mitts（2014）も，企業の法定開示書類がSECのWebsite（EDGARシステム）で取得できる前に，民間のアテイン社（Attain）LLCが運営する会員登録した者だけがサービスを受けられる配信システム（PDS）を通じて平均で77秒（中央値は10秒）早く情報を入手していることを明らかにした。

　いずれも，情報伝達の一瞬の時間差を利用して他の投資家よりも先に利益をあげる高頻度取引業者，いわゆる「フラッシュ・ボーイズ」（Flash Boys）の実態を裏打ちしている。

　アテイン社が運営する配信システムのPDSを通じて企業の法定開示書類の情報が提供される前に，SECのWebsiteで入手することが確実になるように，SECがEDGARシステムに改良を加えた（Attain（2015）参照）のは，まさにこの検証結果によるものである。

　高頻度取引業者が他の一般投資家よりも情報を一瞬早く入手し，有利に働いていることが明らかになったのは，こうした学術研究によるものが最初ではない。

　たとえば，高頻度取引業者が企業のプレスリリース配信会社ビジネスワイヤ（Business Wire）の直接フィードを得ているとの報道（Patterson（2014a））があり，ニューヨーク州司法長官事務所は，ビジネスワイヤにこの慣行を停止するように勧告したことがある。

なお，SECによる高頻度取引業者の監督強化のための新たな規則提案も，後述するように，SECスタッフが実施した高頻度取引などの市場構造に関する学術研究の文献レビュー（SEC Staff of the Division of Trading and Markets (2014)）が反映されている。

ところで，たとえば，次のようなSECと高頻度取引業者との間の親密な関係から，SECへの批判がみられることにも注意を要する。

■「RBC〔カナダロイヤル銀行（Royal Bank of Canada）：引用者〕が調査を行なったところ（結果は発表されなかった），2007年以降，200人以上のSEC職員が官職を去り，超高速取引業者，あるいは超高速取引業者のエージェントとしてワシントンへのロビー活動を行なう企業へ移っていることがわかった。そのうちの何割かは，超高速取引をどう規制するか，あるいはそもそも規制すべきかを決定する際に，中心的な役割を果たした者たちだ。たとえばSECのトレーディング・アンド・マーケット部〔取引市場部門：引用者〕の副部長，エリザベス・キング〔Elizabeth King：引用者〕は，2010年6月にSECを去ってゲッコー〔Getco：引用者〕に移った。SECまでもが，公共の証券取引所と同じように，超高速トレーダーの将来の利益という株を買っていたのだ」（Lewis (2014), p.106（ルイス著，渡会・東江訳 (2014), 137-138頁））。

SECによる高頻度取引の規制措置の展開は，こうしたSECへの批判を打ち消す効果もあると捉えてよいだろう。

第4節　フラッシュ・オーダーに対するSECの規制措置の取組み

上述したジョンソンとクラポの両上院議員によるSEC委員長宛の書簡に先立ち，フラッシュ・オーダー，高頻度取引やダークプールについては，ニューヨーク州選出のチャールズ・E・シューマー（Charles E. Schumer）上院議員（民主党）やエドワード・E・カウフマン（Edward E. Kaufman）上院議員（民主党・デラウェア州）が当時のSECのメアリー・L・シャピロ（Mary L. Schapiro）委員長宛の書簡を通じてすでに質してきた。

フラッシュ・オーダーは，証券取引所での流動性を高めるために，注文情報に素早く接した投資家（業者）にその取引を成立しやすくする証券取引所の取

引慣行の1つである。証券取引所に入った注文が一般に公開されている相場情報で成立しなかった場合，限られた業者にだけ0.03秒（30ミリ秒）ほど早く注文情報を公開して注文の成立を促す。このフラッシュ・オーダーで取引を成立させた業者には，取引所が手数料まで支払う構図をなしている。

シューマー上院議員による2009年7月24日付のSEC委員長宛の書簡（Schumer (2009)）は，フラッシュ・オーダーの禁止を求め，SECがこの不公平なアクセスを抑制しきれない場合は，禁止法案の立法措置も辞さないと迫った。

カウフマン上院議員による2009年8月21日付のSEC委員長宛の書簡（Kaufman (2009)）も，フラッシュ・オーダーとダークプールなどの広範な市場構造の諸問題について，包括的で独立した「ゼロベースからの規制の見直し」（Zero-Based Regulatory Review）を要請した。2010年5月6日のフラッシュ・クラッシュの際にも，カウフマン上院議員は，SECがアルゴリズム取引を理解していないとして，当該取引の検証に基づいた規制枠組みの設置を求めた。その後の2010年8月5日付のSEC委員長宛の書簡（Kaufman (2010)）も，市場構造の解決策をまとめた資料を付して，アメリカ株式市場の流動性，安定性，透明性および公正性を深めるためにも，社会的効用のない高頻度の「激しいせめぎ合い」（Arms Race）を縮小するようなやり方で，市場の分断化を調和化または削減して公開市場の品質を改善し，ブローカーディーラーの内々の取引やダークプールでの注文量を削減するとともに，SECによるさらなる検証と規則設定を求めた。

こうした上院議員の動向は，上院の銀行・住宅・都市問題委員会のもとでの証券・保険・投資小委員会による2009年10月28日の「ダークプール，フラッシュ・オーダー，高頻度取引およびその他の市場構造の諸問題」に関わる公聴会の開催に結びついている。

そもそもの問題は，SECが1975年に新設した「全米市場システム」（NMS）の枠組みのNMSプランの限界にあった。「相場情報配信ルートの2系統化」（大墳 (2014)，スライド21）をもたらしたことによるものである。

アメリカの取引所間の競争環境を維持しつつ，投資家保護を図りながら全米市場をリンクするNMSの枠組みが，1975年証券諸法改革法（Securities Acts Amendments of 1975）による1934年証券取引所法第11A条（証券の全米市場制度および証券情報処理業者）を通じて整備された。NMSプランのプロセッサーは，全米の取引所の相場情報の集約・処理・配信を一元化したものの，その一方で，

当該情報の配信までに時間を要したため適切な投資機会を逃してしまい，結果的に，スピードを重視する投資家向けの取引所独自の直結データ・サービスを通じて，統合気配情報や統合テープ情報を配信するルートも構築されるに至ったのである。2005年から2007年にかけて段階的に導入した「レギュレーションNMS」(SEC (2005e)) は，その後の新たな市場環境に適合するように規制の強化を試みたものである。

NMSプランの限界に対応するために，連邦議会からの一連の働きかけも踏まえて，SECは矢継ぎ早に規制措置に動いた。

当時のSECのシャピロ委員長は，2009年9月10日付のカウフマン上院議員への返信書簡 (Schapiro (2009a)) のなかで，ダークプールやフラッシュ・オーダーの調査とともに，レギュレーションATS (代替的取引システム)，ダイレクト・マーケット・アクセス (DMA)[5]，高頻度取引およびコロケーションなどの市場構造の諸問題の調査をSECスタッフに指示し，スタッフの勧告を検討していくことを明らかにしていた。2009年9月17日のフラッシュ・オーダー禁止の規則案 (SEC (2009d)) や同年10月21日のダークプールの透明性強化に関わる規則案 (SEC (2009e)) などの公表はその帰結である。

結果として，たとえば，2009年6月にフラッシュ・オーダーを導入したBATSグローバル・マーケッツとNASDAQ証券取引所は，同年9月にフラッシュ・オーダーを自主的に廃止した。

とはいえ，売買注文情報が公開されないダークプールを通じた取引量は急増しており，本質的にレギュレーションNMSなどの規制措置が高頻度取引の加速化に繋がっているとの懸念は払拭されていない。下院の金融サービス委員会 (House Committee on Financial Service) が2014年2月28日に開催した「株式市場規制：SECのレギュレーションNMSのレビュー (検討)」に関する公聴会での議論は，この事実を如実に物語っている。ダークプール取引や高頻度取引の拡大ならびに各取引所が設定する注文の種類が急増する背景に関心が寄せられているのである。

第5節　高頻度取引に対するSECの規制措置の取組み

SECは，2010年1月に「株式市場構造に関するコンセプト・リリース (概念通牒)」案 (SEC (2010a)) を公表している。これは，NMSに対する1934年証

券取引所法の規制と現行の市場構造を概観したうえで，市場構造に関わる規則がトレーディング・テクノロジーやその実務の変革に後れを取っていないかどうかをはじめ，市場構造に関わる課題について広く意見を求めたものである。高頻度取引は，近年の最も重要な市場構造に関わる課題として取り上げられ，高頻度取引の戦略，ツールおよびシステミック・リスクなどについての意見が要請された。

加えて，SECが，高頻度取引の規制措置の具体化に資する2つのデータ収集に関する規制を展開したことも看過できない。高頻度取引の注文，取消し，執行の実態を解明するためのツール，いわゆる事後的データ収集型の「統合監査追跡システム」(CAT) と，リアルタイムにそれらのデータを取引市場から収集する「市場情報データ解析システム」(MIDAS) の構築である (SEC (2012a); SEC (2013f))。SECスタッフなどが，市場情報データ解析システムのデータなどを用いた調査・分析を進めている。

コンセプト・リリース案を踏まえて，SECスタッフは，株式市場構造に関する近年の経済学の文献レビューを実施し，その要約と知見の整理にも努めた。

SECの取引市場部門のスタッフによるパートⅠの「市場の分断化」(SEC Staff of the Division of Trading and Markets (2013)) とパートⅡの「高頻度取引」(SEC Staff of the Division of Trading and Markets (2014)) の各文献レビュー，および，2009年にSECに設置された「経済およびリスク解析部門」(DERA) のスタッフであるオースチン・ゲリッグ (Austin Gerig) による「金融市場における高頻度取引のシンクロ株価」(Gerig (2015)) である。

高頻度取引の文献レビューは，SECスタッフが2007年以降の31編の高頻度取引の文献を対象に，コンセプト・リリース案を踏まえて，高頻度取引の定義と事実に基づく特徴，高頻度取引と市場の品質との関係などの整理に取り組んだものである。

コンセプト・リリース案は，高頻度取引の定義を明確にすることよりも，むしろ高頻度取引の4つの短期トレーディング戦略（①受動的マーケット・メイキング戦略，②裁定取引戦略，③構造戦略，④価格指向性戦略）についてのコメントを求めた。そのため，高頻度取引の文献レビューも，これら4つの高頻度取引の戦略に着目するとともに，高頻度取引の文献が用いた高頻度取引のデータセットを4つの範疇（①NASDAQ証券取引所での株式の取引データ，②E-Mini市場の取引データ，③フラッシュ・クラッシュに関する報告書作成時にアメリカ商品

先物取引委員会（CFTC）とSECが使用したデータ，④国際的に利用可能な各種データセット）に分類し，データセット別の詳細な特徴を導き出した。「高頻度取引は完全に統一された事象というよりも，むしろさまざまな取引戦略を含んで」（SEC（2010a），p.9）おり，高頻度取引は全面的に受動的マーケット・メイキング戦略に起因しているわけではないことなどが見出されている。この知見などは，もちろんコンセプト・リリース案に対してフィードバックされている。

こうしたSECスタッフの調査等の延長線上に，高頻度取引に関する規制措置の取組みがある。

第6節　おわりに

規制当局の規制措置は政治力を反映する。また，学術上の経験的証拠が連邦議会議員や規制当局を動かす。SECは，構築したMIDASによって市場情報データを解析した研究成果を蓄積し始めている。そこには，事実を見極め，事実に基づく規制措置を展開するSECの姿勢がある。

シャピロ，エリス・B・ウォルター（Elisse B. Walter）やホワイトなどの直近（当時）の3代に及ぶSEC委員長は，証券取引におけるテクノロジーの進展とアメリカの株式市場構造の強化を直視してきた（たとえば，Schapiro（2010b）；Walter（2013a）；White（2014b））。ホワイトにとって，投資家と企業のための株式市場構造改革こそがSEC委員長就任時（2013年4月10日）からの最優先事項である（White（2014d））。

高頻度取引業者に対するブローカーディーラーとしての登録義務づけや監督強化に向けた新たな規則案の考えと方向性は，2014年6月5日にホワイト委員長が表明した包括的対応策のなかで提案されたものである（White（2014b））。その際に，ホワイト委員長がSECスタッフに指示した，高頻度取引業者が価格変動を増幅させる短期的な投資戦略を採らないようにする混乱防止対策が具体化したものなのである。ここには，長期（保有の）投資家の利害の擁護にこそSECの責務がある（Schapiro（2009a））とする，従来からのSECの一貫したスタンスがみられる（その一方で，フラッシュ・オーダーの導入は長期投資家に資するとの見解もあるだけに，規制措置の妥当性の検証やそのフィードバックも問われる）。

同時に，ホワイト委員長による最適な取引スピードを規制によって設定すべ

きでない（White（2014b））とする見解も注目すべきである。「投資家保護」という最上位にあるミッションに照らして，アメリカの市場構造改革という重要な舵取りがSECに課されており，今後の証券取引に関わるテクノロジーの進展も見据えて，SECが新設した株式市場構造諮問委員会（Equity Market Structure Advisory Committee）などを活用した市場構造改革の真価が問われている。

■注
（1）「レギュレーションSCI」は，SECがSCIエンティティと呼ぶアメリカ証券市場に参画する自主規制組織（証券先物取引所を除く）をはじめ，株式・オプション取引所やブローカーディーラーが運営する代替的取引システム（ATS）などの組織のテクノロジーの技術的な脆弱性に対処し，SECの監視を改善するために規制化されたものである。

2021年に，SECは，特定の「競合する統合業者」をSCIエンティティの定義に加える改正を行なっているが，2014年の規制措置以降の市場のテクノロジー・ランドスケープ（市況）の進展を考慮して，2023年3月15日にも1934年証券取引所法に基づく規制の一部を修正する提案が行なわれた（SEC（2023b））。この規則案は，顧客情報への不正アクセスや不正使用に対処するための「レギュレーションS-P」の改正案（SEC（2023a））などとともに，アメリカ証券市場における特定関連組織に対してサイバーセキュリティリスクに対処することを求める提案の1つでもある。

「レギュレーションS-P」と「レギュレーションSCI」の規則案に関するSECコミッショナーの票決は，図表7-2のとおりである。その賛否は，SECコミッショナーの属する政党系での二項対立の構造を示している。

2人の共和党系のSECコミッショナーによる反対理由を簡潔に整理してみると，企業にとっての不要なコストに尽きる。つまり，アメリカ証券市場の技術インフラを強化し，その回復力を改善する（弾力的なものとする）ための善意の取組みであるはずの「レギュ

図表7-2　「レギュレーションS-P」と「レギュレーションSCI」の規則案に関するSECコミッショナーの票決

	レギュレーションS-Pの規則案（2023年3月15日）	
	賛成票	反対票
SECコミッショナーの票決	Gensler（民），Crenshaw（民），Lizárrage（民）	Peirce（共），Uyeda（共）
	レギュレーションSCIの規則案（2023年3月15日）	
	賛成票	反対票
SECコミッショナーの票決	Gensler（民），Crenshaw（民），Lizárrage（民）	Peirce（共），Uyeda（共）

　　　　　　　　　　　　　　　　　　　↑　　　　　　　　　　　↑
　　　　　　　　　　　　　　　　民主党（系）　　　　　共和党（系）

出所：SEC Final Commission Votes for Agency Proceedings, Calendar Year 2023をもとに作成。

レーション SCI」が，包括的な新たな規制として課され，その善意が企業の業務を細かく管理することにも結びつき，システムの完全性を損ないながら，不要なコストが発生するというのである (Peirce (2023)；Uyeda (2023))。

なお，SEC はサイバーセキュリティに関する最終規則 (SEC (2023c)) を2023年7月26日に公表している。
(2) FINRA は，投資家を保護し，市場の完全性を確保する目的から，アメリカのすべての証券会社や証券仲介ブローカー業務を行なう組織を監督する非営利の非政府規制機関（金融業の自主規制機関）である。自主規制機関ではあるが，証券会社などは FINRA への登録と認定を受けることが求められる。全米証券業協会（NASD）とニューヨーク証券取引所の自主規制部門が統合して，2007年7月に設立されている。
(3) 証券取引所がデータセンターのそばに高頻度取引業者などのサーバーやシステムを有償で設置することを言う。
(4) レギュレーション全米市場システム（NMS）は，2005年6月に SEC が採択したもので，1975年の連邦証券諸法の改正による1934年証券取引所法第11A 条に基づいて採択されていた全米市場システム規則を再指定するとともに，全米の証券市場の規制構造を近代化および強化するために設計された規則などを盛り込んでいる。具体的には，レギュレーション全米市場システムは，①最良気配を提示する市場以外での売買を成立させるトレード・スルー（Trade Through）の禁止を強化する「オーダー・プロテクション規則」（注文保護規則：The Order Protection Rule），②価格情報への平等なアクセスを促進する「アクセス規則」（The Access Rule），③証券の価格設定方法を制御する「サブ・ペニー規則」（The Sub-Penny Rule），④取引の価値に基づいて自主規制機関に収益を割り当てる「マーケット・データ規則」（Market Data Rules）の4つの規則から構成されている。全米市場システムは市場の効率と公平性の改善を狙いとするものである。

アメリカの証券市場では，証券取引所の新規設立や電子取引等に係るテクノロジーの発展などに伴い，市場間競争（取引所間競争）による売買取引の分散が拡大する「市場の分裂」（Market Fragmentation）の現象がみられた。この現象を回避する必要から，図表7-3「全米市場システム（NMS）の歩み」にみられるように，注文執行義務規則の制定（1997年1月）やデシマライゼーション（1/8ドル単位や1/16ドル単位での呼び値表示から10進法気配表示への移行）（2000年6月）などを背景に，SEC に委ねられたレギュレーション全米市場システムの制度化が図られてきた。
(5) 証券会社のシステムを通じた発注ではなく，証券会社の会員識別番号を使って取引所に直接売買注文の入力を行なう慣行を言う。

図表7－3　全米市場システム（NMS）の歩み

1972年11月	取引所，全米証券業者協会（NASD）に対して上場証券等に関する約定報告を義務づける規則17a-15（現11Aa3-1）制定。
1975年6月	全米市場システム（NMS）の創設を勧告する証券諸法改正法成立。
1978年2月	取引所等の表示気配を一覧できる統合気配表示システム（CQS）を導入するSEC規則11Ac1-1制定。
4月	取引所スペシャリストが，より良い気配を表示する他の市場へ注文を転送できる市場間取引システム（ITS）に関する暫定プラン採択。
1980年2月	情報ベンダーによる気配情報，約定情報の報道に関する規則11Ac1-2制定。
1981年4月	ITS暫定プランが改定され，他の市場により有利な価格があるにもかかわらず約定するトレード・スルーが本格的に禁止される。
1983年2月	ITSに関する恒久的なプランが最終的に承認される。
1990年6月	非上場取引特権（UTP）に基づいて地方取引所で取引されているNASDAQ銘柄の気配，約定情報がNMSの仕組みに組み込まれ始める（2001年11月完了）。
1997年1月	顧客の指値注文保護の強化を図る規則11Ac1-4をはじめとする注文執行義務規則制定。これを機に，NASDAQ銘柄を取引する電子取引ネットワーク（ECN）が成長。
1999年12月	ニューヨーク証券取引所（NYSE）が，会員に取引所集中義務を課してきた規則390を完全に撤廃することを決議。
2000年2月	SECが「市場の分裂」に関するコンセプト・リリース（概念通牒）を発表。
6月	SECがデシマライゼーション（1/8ドル単位や1/16ドル単位での呼び値表示から10進法気配表示への移行）を命じる（2001年4月移行完了）。 上場銘柄を店頭取引する「第三市場」や一部のECNがITSに組み込まれ，「第三市場」は「NASDAQインターマーケット」と改称される。
2004年2月	SECがレギュレーションNMSの制定を提案。
2005年6月	SECがレギュレーションNMSを採択（2007年10月完全導入）。

出所：大崎（2004），図表1，4頁を一部加筆・修正。

第8章
投資家のためのアメリカ財務報告制度とSEC主任会計士室の改革

第1節　はじめに – 問題意識 –

　アメリカの新政権発足には，新たな証券取引委員会（SEC）委員長を含むコミッショナーを規律づけるメカニズムが反映され，規制方針や規制措置に効果が生じる。大統領の政治任用_{プレジデンシャル・アポイントメント}は，政策能力や忠誠心を踏まえ，SEC委員長に対して規律づけメカニズムのより良い結果と効果的解決を期待する。

　たとえば，ジョー・バイデン（Joe Biden）大統領による政治任用により，2021年4月17日にSEC委員長に就任したゲイリー・ゲンスラー（Gary Gensler）には，暗号資産（仮想通貨）の規制に俄然注目が集まる。というのも，ゲンスラーには，ゴールドマンサックス（Goldman Sachs）での投資銀行家や商品先物取引委員会（CFTC）委員長としてのキャリアに加え，マサチューセッツ工科大学（MIT）スローン・ビジネススクールで金融とブロックチェーンテクノロジーなどをテーマに据えた研究者としての経験を有するからである。

　アメリカでは暗号資産そのものを禁止する方針はない――共和党のドナルド・J・トランプ（Donald J. Trump）大統領（当時）に指名された連邦準備制度理事会（FRB）のジェローム・H・パウエル（Jerome H. Powell）議長，そして民主党系のSECのゲンスラー委員長は，ともに連邦議会の公聴会などで明言した。ゲンスラー委員長は，現在のところ，暗号資産に対する投資家保護が十分ではなく，「率直に言って，現時点ではそれは西部開拓時代のようなもの」（Gensler（2021））だとした。

　実のところ，政権政党を問わず，暗号資産を禁止する方針や計画などはなく，暗号資産の投資家を保護し，暗号資産には規制が必要との立ち位置に変わりは

ない。この点については，国家安全保障問題を議論する無党派のアスペン・セキュリティフォーラム（Aspen Security Forum）で，ゲンスラー委員長が，「[新規暗号資産公開またはICO]のようなデジタル資産が証券である限り，そして私が目にしたICOはすべて証券であると信じていますが，われわれSECが管轄権を持ち，連邦証券法が適用されます」（Clayton（2018a））と議会証言したジェイ・クレイトン（Jay Clayton）前SEC委員長に同意している。多くのトークンは必要とされる開示や市場の監視がないまま，SECへの未登録証券の可能性がある暗号資産の市場を抱えているという。また，価格操作の余地があり，投資家が脆弱にさらされているとの認識である（Gensler（2021））。

リーマン危機後に金融規制を強めたバラク・H・オバマ（Barack H. Obama）政権と当該金融規制を緩和したトランプ政権に如実にみられるように，政権政党が取る経済政策や金融規制には違いがある。いずれも大統領の政治任用による人材登用のあり方にも深く結びつく。

投資家，財務諸表作成者，監査人および学識経験者などは，企業の外部報告プロセスに貢献してきたが，SEC主任会計士室（Office of the Chief Accountant）ほど企業のビジネスレポーティング（事業報告）に影響を及ぼしてきたグループはないと言われている（Previts, Roybark and Coffman（2003），p.148）。また，SEC主任会計士室の主任会計士は，SEC委員長によって登用される[1]。

これを踏まえて，本章では，財務報告を含む会計・監査の規制の中枢であるSEC主任会計士室ならびに主任会計士の役割と実態を紐解き，規制当局ないし監督当局としてのSECがアメリカの財務報告制度で直面する課題などについて明らかにしてみたい。

第2節　SEC主任会計士室の役割と機能

SEC主任会計士室は，会計方針の決定，SECに提出される財務諸表の形式と内容および財務報告の内部統制について，連邦証券諸法のSECの管理下で発生する会計と監査の問題に責任を有する。SEC組織内において，SEC主任会計士室は独立した「会計の顧問」として位置づけられている。会計と監査に関わる方針の策定を支援し，民間部門の基準設定プロセスと監査人や監査法人などを監督する独立した規制当局である公開企業会計監視委員会（PCAOB）を監督することなどを主たる業務とする。とくに，SEC主任会計士室の室長

である主任会計士は，財務報告，開示および監査の問題について，SEC委員長，他のコミッショナーおよびスタッフを補佐する役割を担っている[2]。

主任会計士室と言っても，SECには企業財務局の主任会計士室（DCF-OCA）や投資管理局の主任会計士室（IM-CAO）もあり，役割はそれぞれ異なる。企業財務局は，連邦証券諸法やSEC規則の企業開示の遵守について監督し，投資管理局は1940年投資会社法やSEC規則の投資信託開示の遵守について監督する。企業財務局と投資管理局の主任会計士は，一般に認められた会計原則（GAAP：アメリカ会計基準）の遵守，財務諸表や関連する開示の適切な内容を含む財務報告事項について，各局長に助言を行なう。加えて，連邦証券諸法の違反について，裁判所への差止め命令の請求やSEC行政審判官による行政処分を担う捜査局（法執行局）にも主任会計士室がある（SEC Website, Office of the Chief Accountant 参照）。

次頁の図表8－1は，SEC主任会計士室の歴代の主任会計士（代理を含む）を整理したものである。

ここで，SEC主任会計士室の主任会計士には，次のようないくつかの特徴を見出せる。

(1) SEC設立当初は，コミッショナーのロバート・E・ヒーリー（Robert E. Healy）がSEC主任会計士室の主任会計士を兼務していたこと
(2) 初代主任会計士のカーマン・G・ブラウ（Carman G. Blough）以降，第5代主任会計士までアカデミアから4名が就任し[3]，また第6代主任会計士から現時点の主任会計士まで，一部を除き，大手会計事務所（監査法人）から登用していること
(3) 主任会計士の任期は1980年代中頃まで比較的長かったが，それ以降はそれまでに比べると短期となったこと（最長15年2ヵ月，最短1年1ヵ月）

第3節 「公正で透明な市場のための偉大な十字軍戦士（改革運動家）の1人」であるターナー元SEC主任会計士による改革提案

アメリカ政治において，政策志向の研究機関であるシンクタンクは，政治的影響力が絶大である。1970年代以降に誕生した保守系シンクタンクは，従来の政策研究や提言の活動に加えて，政治運動の担い手として，政治家，専門家，

図表 8 − 1　SEC 主任会計士室の歴代主任会計士

(2025年1月現在)

SEC 主任会計士・代理	在任期間		前職勤務先
Robert E. Healy（代理）(SEC コミッショナー)	1934年7月～1935年12月	1年5ヵ月	連邦取引委員会（FTC）
Carman G. Blough	1935年12月～1938年5月	2年5ヵ月	ウィスコンシン州立大学
William W. Werntz	1938年5月～1947年4月	8年11ヵ月	エール大学
Earle C. King	1947年4月～1956年11月	9年7ヵ月	Arthur Andersen
Andrew Barr	1956年11月～1972年1月	15年2ヵ月	エール大学
A. Clarence Sampson（代理）	1972年2月～1972年5月	0年3ヵ月	Arthur Young
John. C. "Sandy" Burton	1972年6月～1976年9月	4年3ヵ月	コロンビア大学
A. Clarence Sampson（代理）	1976年9月～1978年8月	1年11ヵ月	Arthur Young
A. Clarence Sampson	1978年8月～1987年12月	9年4ヵ月	Arthur Young
Edmund Coulson	1988年1月～1991年1月	3年0ヵ月	RSM-McGladrey
George Diacont（代理）	1991年2月～1991年12月	0年10ヵ月	SEC/Enf 主任会計士
Walter P. Schuetze	1992年1月～1995年3月	3年2ヵ月	KPMG
John Riley（代理）	1995年4月～1995年6月	0年2ヵ月	Arthur Andersen
Michael H. Sutton	1995年6月～1997年12月	2年6ヵ月	Deloitte
Jane B. Adams（代理）	1998年1月～1998年6月	0年7ヵ月	AICPA/FASB
Lynn E. Turner	1998年7月～2001年8月	3年1ヵ月	PwC
Robert K. Herdman	2001年10月～2002年11月	1年1ヵ月	Ernst & Young
Jackson M. Day（代理）	2002年11月～2003年3月	0年4ヵ月	Ernst & Young
Donald T. Nicolaisen	2003年8月～2005年10月	2年2ヵ月	PwC
Scott Taub（代理）	2005年10月～2006年8月	0年10ヵ月	Arthur Andersen
Conrad W. Hewitt	2006年8月～2009年1月	2年5ヵ月	Ernst & Young
James L. Kroeker（代理）	2009年1月～2009年8月	0年7ヵ月	Deloitte
James L. Kroeker	2009年8月～2012年7月	2年11ヵ月	Deloitte
Paul Beswick（代理）	2012年7月～2012年12月	0年5ヵ月	Ernst & Young
Paul Beswick	2012年12月～2014年5月	1年5ヵ月	Ernst & Young
James Schnurr	2014年8月～2016年7月	1年11ヵ月	Deloitte
Wesley R. Bricker（代理）	2016年7月～2016年11月	0年4ヵ月	PwC
Wesley R. Bricker	2016年11月～2019年6月	2年7ヵ月	PwC
Sagar Teotia（代理）	2019年6月～2019年7月	0年1ヵ月	Deloitte
Sagar Teotia	2019年7月～2021年2月	1年7ヵ月	Deloitte
Paul Munter（代理）	2021年2月～2023年1月	1年11ヵ月	KPMG
Paul Munter	2023年1月～2025年1月	2年0ヵ月	KPMG

注：(1) Turner から Herdman，Day から Nicolaisen，Beswick から Schnurr への移行には若干の空位期間がある。
　　(2) 前職勤務先の網掛けは大手会計事務所（監査法人）を示す。
出所：SEC Historical Society (2020), SEC Website (U.S. Securities and Exchange Commission Office of the Chief Accountant—Chief Accountants) などをもとに，一部修正のうえ作成。

ジャーナリスト，活動家といった同調者を束ねながら，保守主義原則に基づく政策案を強力に推進してきた（宮田（2017a），11頁）。

政策案は時の政権に採用され，いわゆる社会実験に供される。首都ワシントンD.C.のシンクタンクは，政府による登用のための最も効率的な入り口であり，そこの研究員は政治任用者の予備軍にほかならない。シンクタンクには，「政策人材の貯蔵庫（タンク）」の機能が備わっており，同時に，政権とシンクタンクとの間には政策人材が通り抜ける「回転ドア」（Revolving Door）の現象があるという（船橋（2019），第1章参照）[4]。

大統領選挙や中間選挙が近付けば，シンクタンクからの政策案や提言の売込みが俄然増える。政策研究や提言，さらには政治運動の担い手は，なにも政権への入り口のドアとしてのシンクタンクに限ったものではない。政策や規制のあり方に対する利害関係者も，それぞれの立ち位置から提言や意見発信を行なっている。わけても近年異彩を放つのが，SEC主任会計士の経験（1998年7月から2001年8月まで）とその後のキャリアに裏打ちされたリン・E・ターナー（Lynn E. Turner）が率いる投資アナリストグループの Alliance of Concerned Investors（AOCI：憂慮する投資家同盟）による政策提言である[5]。

ターナーやAOCIの政策提言は，とくにSECの投資家保護や公正，秩序ある効率的な市場の維持などのミッションに照準を合わせた，「投資家の立場」からのものだという特徴がある。2020年大統領選挙に合わせるように，一般投票直前の10月26日から書簡の発出が顕著であった。当時のSECのクレイトン委員長をはじめコミッショナーへの書簡では，「われわれの懸念は，財務会計基準審議会（FASB），国際会計基準審議会（IASB）およびその他の基準設定主体のアジェンダ設定プロセスにおいて，投資家のニーズが無視されていること」（AOCI（2020a），p.1）だと言い切っており，その姿勢をうかがい知ることができる。

当該書簡の発信以降，AOCIによる主たる書簡には，FASBの改革やPCAOBの改革などに関わる，①AOCI（2020b），②AOCI（2020c），③AOCI（2021a），④AOCI（2021b）および⑤AOCI（2021c）などがある。これら一連の書簡を通じた政策提言の集大成は，2021年6月7日付のゲンスラー委員長宛書簡（AOCI（2021b））だと言ってよい。

アメリカの財務報告制度の修復は緊急を要する――バイデン大統領の政治任用でSEC委員長に就任したゲンスラーによる新たな規律づけメカニズムへの

期待の表れだろうか。SECの元主任会計士であったターナーは、他の33名が署名した共同書簡をゲンスラー委員長に提出したのである。

SECのミッションに照らし合わせ、この共同書簡の結論では次のように言う。

■「市場の完全性、投資家の信頼および資本の効率的な配分はすべて、完全で正確かつ比較可能な財務報告に依存しています。しかし、現在、財務報告のインフラストラクチャーを構成する機関（FASB、PCAOBおよびSEC主任会計士室）は深刻な荒廃状態にあります。これは、市場の透明性、完全性、秩序ある機能に重大なリスクをもたらします。SECは気候変動やその他のESG要因に関するより良い情報を得るために、投資家やその他の重要な市場の利害関係者からの満たされていない需要にどのように対応するのが最善かを検討しているため、ますます緊急を要するものとなっています。投資家、市場および経済の健全性の利益のために、財務報告が完全で正確かつ比較可能であることを保証するという役割にこれらの主体を復元するために、皆様と協力することを楽しみにしています」（AOCI（2021b））。

この書簡では、FASBと財務会計財団（FAF）、PCAOB、SEC主任会計士室が具体的な行動を起こすべき優先度の高い提案を次のように行なっている（AOCI（2021b））。

(1) FASBとFAFを再構成して、財務報告の使用に関する専門知識と会計基準設定プロセスの知識を有する投資家メンバーを過半数とすること
(2) リーダーシップの変更、予算の増額、スタッフの専門知識の回復、検査の頻度と厳格さの向上、強力な法執行によるバックアップおよび基準設定プロセスの再活性化など、PCAOBで徹底的に一新すること
(3) SEC主任会計士室を投資家保護のミッションに再び集中させるために、投資家の代表者を主任会計士および副主任会計士として任命すること

いずれも投資家の保護というSECのミッションの支持を踏まえた、投資家の観点からの提案である。ターナーが、ミッションの1つでもある「公正で透明な市場のための偉大な十字軍戦士（改革運動家）の1人」（Turner and Kuttner（2021））と評される所以でもある。

第4節　SEC主任会計士室の改革提案とその理由

　ここでは，とくに第3提案（SEC主任会計士室の改革提案）に絞って検討してみることにしよう。

　SEC主任会計士室の改革提案は，機関投資家評議会（CII）の書簡での提案に同意したものでもある。このCIIの書簡も，ゲンスラーがSEC委員長に就任した直後に発出されたものである。CIIは，主任会計士室を率いるために，適格投資家や投資家の代表者が選任されれば，主任会計士が投資家のニーズに対する深い理解と認識を持つ可能性があるとして，やはり投資家の視点の必要性を説いている（CII（2021））。

　より具体的には，次のとおりである。

　■「主任会計士室は，投資家ではなく，会計士，とくに大規模な会計事務所の利益を反映していることが多すぎます。考えられる原因の1つは，〔2002年7月25日に：引用者〕SOX法が可決されてからのすべての主任会計士が，主任会計士室スタッフの多くのメンバーと同様に，四大会計事務所から登用されていることです。そして，主任会計士と副主任会計士は，とても頻繁に前職の事務所への回転ドアを通り抜けました」（AOCI（2021b））。

　先の図表8-1から明らかなように，SEC主任会計士とその代理の多くは，前職勤務先が大手会計事務所である。ターナーも，SEC主任会計士に就任する際の前職はプライスウォーターハウスクーパース（PwC）のパートナーであったが，退任後はアカデミア（コロラド州立大学（Colorado State University）の会計学教授）に就いている[6]。次頁の**図表8-2**は，ターナー以降の主任会計士とその代理の退任後の就任先を調査し，整理したものである。

　SEC主任会計士の退任後，投資銀行やコンサルタント会社に転じたのは，ロバート・K・ハードマン（Robert K. Herdman），ドナルド・T・ニコライセン（Donald T. Nicolaisen）およびスコット・A・タウブ（Scott A. Taub）である。彼らは，ターナーの退任直後の主任会計士やその代理である（ジャクソン・M・デイ（Jackson M. Day）代理を除く）。

　ハードマンは，グローバル戦略ビジネスコンサルティング会社のカロラマパートナーズ（Kalorama Partners）LLCの常務取締役に加えて，カミンズ

図表 8－2　SEC 主任会計士退任後の就任先一覧（Lynn E. Turner 主任会計士以降）

SEC 主任会計士・代理	投資銀行等	SEC 主任会計士・代理	大手会計事務所
Robert K. Herdman	Kalorama Partners LLC	Jackson M. Day（代理）	Ernst & Young
Donald T. Nicolaisen	MGIC Investment Corp 他	James L. Kroeker	Deloitte
Scott A. Taub（代理）	Financial Reporting Advisory, LLC,	Paul Beswick	Ernst & Young
		Wesley R. Bricker	PwC
		Sagar Teotia	PwC

出所：FASB（2015），Herz（2019b），Aubin（2012），Zeff and Persson（2020），Financial Reporting Advisors, Kalorama Partners および PwC の各 Website などをもとに作成。

（Cummings, Inc.）と WPX エナジー（WPX Energy, Inc.）の取締役と監査委員会委員長を務める。ニコライセンは，MGIC インベストメント（MGIC Investment Corp.），モルガン・スタンレー（Morgan Stanley），ベライゾン・コミュニケーションズ（Verizon Communications）およびチューリッヒ・フィナンシャル・サービス（Zurich Financial Services）の取締役に就いたが，2019 年 6 月 8 日に他界した。また，タウブは，フィナンシャル・リポーティング・アドバイザリー（Financial Reporting Advisory）の常務取締役を務める。

　その後のコンラッド・W・ヒューイット（Conrad W. Hewitt）から直近の退任者であるセイガー・テオティア（Sagar Teotia）までは，一部例外はみられるが，SEC を辞した後は決まって大手会計事務所に移る。シンクタンクに限らず，SEC 主任会計士（副主任会計士）と大手会計事務所の間には入り口と出口とが開閉する「回転ドア」を通り抜ける機能があり，明らかに深刻なコンフリクトをもたらしているのである。政権とシンクタンクよろしく，ここにターナーや AOCI による SEC 主任会計士室への批判がある。

第 5 節　おわりに

　第 1 提案（FASB の改革提案）と第 2 提案（PCAOB の改革提案）の改革を実現させるには，アメリカの財務報告制度を監督する重要な役割を担う SEC 主任会計士室の強力なリーダーシップが不可欠である。というのも，SEC 主任会計士室は，「財務報告制度が投資家に投資意思決定の基礎となる完全で比較

可能で信頼できる情報を提供することを目的として機能することを保証するためにかなりの責任を負っている」(AOCI (2021b)) からである。

　ターナー率いる AOCI ならびに CII による SEC 主任会計士室の改革提案は，財務報告の主たる消費者であるはずの投資家にではなく，会計士および大手会計事務所の利害に偏重していることへの警告である。もちろん優れた人材は多いが，SEC 主任会計士の任用が，事実上，大手会計事務所に直接結びつく構図を問題視する。なによりも，SEC のミッションでもある投資家保護や秩序ある市場の育成に照らし，投資家の立場からの SEC への 3 つの機関（FASB と FAF，PCAOB および SEC 主任会計士室）に関わる改善要求なのである。

　暗号資産について，投資家保護に基づいた秩序ある市場を模索するのと同様に，財務報告制度が意図したとおりに機能するように，SEC 主任会計士室は監督責任の機能などを果たしていく必要がある。改革提案は，SEC のミッションという本質を突く。

■注

(1) たとえば，リン・E・ターナー（Lynn E. Turner）が SEC 主任会計士に就任するにあたっては，当時のアーサー・レビット Jr.（Arthur Levitt Jr.）委員長からの電話（1998年2月の第3週または第4週）があり，レビット Jr. との数回のインタビューなどの結果によるものである（SEC Historical Society (2005c), p.1）。

(2) 主任会計士室のスタッフは，アメリカ国内および国際的な民間部門の会計および監査基準設定主体と緊密に連携し，会計基準および財務開示要件の適用について，登録者，監査人およびその他の SEC スタッフと協議し，法執行措置を正当化する問題への対処を支援している（SEC Website, Office of the Chief Accountant 参照）。

(3) ブラウは主任会計士を辞した後，1938年にアーサー・アンダーセン（Arthur Andersen）マネージャーに就き，1940年にパートナーとなった。その後の SEC 主任会計士を務めたウィリアム・W・ウェルンツ（William W. Werntz）はトウシュ・ロス（Touch Ross & Co）に，アンドリュー・バー（Andrew Barr）は連邦政府会計士協会（Federal Government Accountants Association）に，そしてジョン・C・バートン（John C. "Sandy" Burton）はニューヨーク市財務副市長にそれぞれ就いた。いずれもアメリカ会計学会（AAA）の会計殿堂入りを果たしている（American Accounting Association Website, The Accounting Hall of Fame 参照）。

(4) 「また政権が交代し，政府を去ることになる政治任命者〔政治任用者：引用者〕にとっても，シンクタンクは魅力的な働き口である。政権への入り口のドアと政権からの出口のドア，政権とシンクタンクの間にはそのように開閉するドアが存在する。こうした現象は，"回転ドア"と呼ばれる」（船橋 (2019)，31頁）。

(5) AOCI は，資本市場で数十年にわたって関わってきた個人の集まりであり，FASB およびその投資家諮問委員会（ITAC）（FASB やそのスタッフに専門的な助言を与える目的で設立された FASB の常設委員会）の元メンバーである。

（6） ターナーは四大会計事務所を解散し，8つの会計事務所に分散すべきとの見解も示したことがある（Corporate Crime Reporter（2018））。

第9章 四半期資本主義・短期主義批判と四半期開示廃止の政治力学

『フィナンシャル・タイムズ』(*Financial Times*)紙前編集長による回顧

> **2017年3月31日(金曜日)**
> 「トランプの相談役,スティーブ・バノン(コンシリエーレ)との会話は得るところが多かったが,意味がかなり違う。ぼさぼさの長くカールしたグレーの髪。カリスマ性を宿す。話の要所要所で,軍事史,特に南北戦争を引き合いに出す。向かいの壁のホワイトボードは,『Make America Great Again(米国を再び偉大に)』の言葉の下に,政策と,選挙公約の6つの柱で黒く埋め尽くされている。なかでも目を引くのが,『オバマケア廃止』,『中国を為替操作国に認定』,『アメリカ人の雇用』,『米国会計基準の変更』だ。バノンは,ウォール街とハリウッド,シリコンバレー,それにACミランやチェルシーFCを潤してきたグローバル経済システムをひっくり返そうとしている。グローバリゼーションによって,米国経済は『ひどく痛めつけられた』とバノンは吠える」(Barber (2020), p.348 (バーバー著,高遠訳 (2021), 467頁))。

第1節 はじめに −問題意識−

アメリカにおける四半期開示の見直しの議論は,企業の短期主義(ショートターミズム)と経営者の業績予想(アーニングスガイダンス)に関わる論争などと密接に絡み合いながら展開してきたことに特徴がある。とくに,企業の短期主義は,これまで幾度となく問題視され,その批判や議論が展開された。

企業や投資家が短期的視野に基づいて行動することは,広くは国家レベルでの経済の長期的な発展や安定を阻害すると懸念されてきた。短期的な収益拡大を追求する経営者の短期主義の問題は,1990年代や2000年代のアメリカでも国家競争力の低下や資本市場の競争力の低下などの問題に直面し,繰り返し批判

されてきた経緯がある。

マイケル・E・ポーター（Michael E. Porter）は，早くから，アメリカ企業が市場圧力などによって短期的視野での投資に陥っており，短期に効果が表れにくい研究開発や企業内訓練などへの長期的投資が軽視される傾向にあるとした。こうした企業経営の視野の長さの違いが国際競争力の違いとして表面化していることを強調する（Porter (1992)）。

JPモルガン・チェース（JPMorgan Chase）の会長兼最高経営責任者（CEO）で財界ロビー団体のビジネス・ラウンドテーブル（Business Roundtable）会長であったジェームズ・ダイモン（James "Jamie" Dimon）とバークシャー・ハザウェイ（Berkshire Hathaway Inc.）会長のウォーレン・E・バフェット（Warren E. Buffett）は，2018年6月8日付の『ウォール・ストリート・ジャーナル』（*The Wall Street Journal*）紙で短期的な利益を重視する傾向は経済に有害だとする寄稿をした。彼らの見解は，アメリカの主要投資会社等の代表者が2016年に取りまとめた提言書「良識あるコーポレートガバナンス原則」（Commonsense Principles of Corporate Governance）に基づくものである[1]。

■「われわれは，約200人のアメリカ大手企業のCEOで構成されるビジネス・ラウンドテーブルと共同で，すべての上場企業に対して，四半期ごとの1株当たり利益見通し〔業績予想：引用者〕の発表をやめることを検討するよう呼びかけています。われわれの経験では，四半期ごとの利益見通し〔業績予想：引用者〕は，長期戦略，成長，持続可能性を犠牲にして短期的な利益に適度に重点を置くことにつながることが多いのです」。
■「短期的利益〔業績：引用者〕予想を達成しなければならないというプレッシャーは，過去20年にアメリカの上場企業数の減少の一因にもなってきました。短期志向の資本市場は，長期的な視点を持つ企業の上場を阻害し，経済からイノベーション（技術革新）と機会を奪ってきました」（Dimon and Buffett (2018)）。

四半期の業績予想の提供に反対とはいえ，彼らは四半期などの期中報告や年次報告の会計そのものに反対しているわけではない。財務や業績に関する透明性はアメリカの市場に不可欠であり，株主に対して財務や業績指標を公開することは支持している。また，たとえ四半期の業績予想の提供のあり方が提言どおりに受け入れられたとしても，アメリカ企業が直面している短期的な業績に対するプレッシャーが排除されるわけでもないと言う。長期的な富と機会を構

築するための「正しい方向に向けた第一歩」(Dimon and Buffett (2018)) になることを願ってのものである。

そこで本章では，企業の短期主義と経営者の業績予想に関わる論争に結びつく四半期開示の規制のあり方について，政治理念や政策，そして SEC の規制措置に向けた取組みの実態などを明らかにしてみたい。

第2節　企業の短期主義（短期的利益志向）と SEC の規制措置

実のところ，SEC による規制措置も企業の短期主義を助長したとの指摘がある（中野 (2017b)）。①共和党のロナルド・W・レーガン (Ronald W. Reagan) 政権時の1981年に実施されたストック・オプションの最高所得税率の引下げ（適格ストック・オプションの新設）と，②1982年に SEC が制定した自己株式取得（自社株買い）に関するセーフ・ハーバー・ルール（1934年証券取引所法規則第10b-18条）である。

企業の短期主義を助長したという事実を理解するためにも，まずはここで SEC によるこれら2つの規制措置について整理し，少し詳しく述べておこう。

1　ストック・オプションの最高所得税率の引下げ

1981年に導入されたストック・オプション制度には，オプションの付与日から2年以内や権利行使後1年以内は売却できないなどの条件をすべて満たす適格ストック・オプションと，これらの条件を満たさない非適格ストック・オプションがある。いずれのストック・オプションも，付与時は非課税であるが，適格ストック・オプションは売却時に権利行使価格と売却価格の差額がキャピタルゲインとして課税対象であるのに対して，非適格ストック・オプションは売却時に購入価格と売却価格の差額がキャピタルゲインとして課税対象となる。キャピタルゲインへの課税は株式売却時に行なわれるため，課税の繰延べという租税優遇措置となっているのである。加えて，適格ストック・オプションは，譲渡益である長期キャピタルゲインに対して低い税率が適用される利点がある。

経営者は自社株買いによって株価が上昇することで，自身が保有するストック・オプションの権利を行使して利得を稼得できる構図が確立されている。ストック・オプション制度は，経営者に株価重視の経営に向けたインセンティブ

を高めるものとなる。企業の短期主義を助長したと指摘される所以でもある。

2　自己株式取得（自社株買い）に関するセーフ・ハーバー・ルール（安全港規定）

　自己株式取得ないし自社株買いは，企業が市場などを通じて自社の発行済みの株式を他の株主から取得する行為である。

　一般的には，株主還元策，株価低迷の改善策，敵対的買収の対抗策およびM&A（合併と買収）の対価などの名のもとで（目的として），自己株式取得が実施される。自己株式取得によって発行済みの株式を買い戻せば，もちろん発行済み株式数は少なくなる。そのため，たとえば1株当たり利益（EPS）や自己資本比率（ROE）などの数値を引き上げて，当初設定していた目標を達成することができ，また株価収益率（PER）の数値を引き下げて，自社の株価の割安感を高めることも可能である。

　こうした目的などを備え持つがために，企業による自己株式取得の計画や意向の発表が，株価が割安であるとか企業業績が良い状態にあるといった印象を与え，株主などの行動を刺激して計画以上の実績を上げてしまう「アナウンスメント効果」（Announcement Effect）や「シグナリング効果」（Signaling Effect）をもたらすことになる。場合によれば，経営者がこのアナウンスメント効果を狙って，自己株式取得の計画を発表することで相場操縦することだって起こりうる。

　自己株式取得が相場操縦行為に該当しないことを明確にするために設定されたのが，自己株式取得に関するセーフ・ハーバー・ルール（安全港規定）またはセーフ・ハーバー条項である。セーフ・ハーバーとは，特定の条件などが満たされていれば，特定の状況下での規制上の責任を軽減または排除する規定や条項を言う。

　SECが1982年に制定した1934年証券取引所法規則（General Rules and Regulations under the Securities Exchange Act of 1934）の第10b-18条こそが，自己株式取得の相場操縦の責任からのセーフ・ハーバー・ルールである。この規則の条項により，1934年証券取引所法での証券の相場操縦の禁止（第9条(a)(2)）と相場操縦的および欺瞞的策略の使用に関する規制（第10条(b)），ならびに，規則第10b-5条での相場操縦的および欺瞞的策略の使用に違反したとはみなされないとした。自己株式取得による市場への影響を最小限に抑制するように設

計されている。

　この規則は強制ではなく，その準拠については任意である。ただし，当該規則による規制上の責任の軽減または排除を許容されるためには，市場で自社の普通株式を購入する際に，企業は4つの条件（買戻しの方法，タイミング，価格および出来高（数量））をそれぞれ（毎日）満たさなければならない（Preliminary Notes to §240.10b-18)[2]。

　自己株式取得に関するセーフ・ハーバー・ルールは，自己株式取得の計画の公表だけを促す役割に留まるべきものではない。

　すでに当該セーフ・ハーバー・ルールが制定されていた1987年の株式市場暴落（いわゆるブラックマンデー（暗黒の月曜日））後の自社株の買戻しを調査したKracher and Johnson（1997）は，自己株式取得の計画公表後に多くの企業がそれを実行していない実態を明らかにした。こうした背景の原因は，自社株の買戻しの方法をはじめとした4つの条件には報告義務がないことに尽きる。彼らは，自社株の買戻し計画を発表するだけで実行する意思のない企業が嘘偽りや虚偽のシグナルを発した罪を犯しているとして強く批判する。相場操縦に該当しないとするセーフ・ハーバー・ルールを使って相場操縦していると言われても致し方ない。しかしながら，詐欺もしくは欺瞞による行為を禁じた規則第10b-5条の違法行為としても摘発されていないのである[3]。

　セーフ・ハーバー・ルールが自己株式取得の計画の公表を促進し，そのアナウンスメント効果をもたらした事実が歴然と残っている。

第3節　大統領選挙公約でのクォータリー・キャピタリズム（四半期資本主義）批判

　近視眼的な短期主義やそれに伴う四半期開示等に対する批判は，これまでにも政治家や大統領候補者の選挙公約や政策提言でもみられた。

　元来，アメリカ合衆国大統領選挙は，党指名候補を決する「党内手続き」と次期大統領を決する「本選挙」からなる。

　まず党内手続きは，州によって異なるが，一般的に予備選挙（primary）や党員集会（caucus）と呼ばれるもので，各州での一般党員の代理人である代議員（delegates）が投票することによって選出する。3月第2火曜日の「スーパーチューズデー」（Super Tuesday）に多くの州が本選挙に向けた予備選挙を実施

している。選出された代議員は，7月に開催される各党の全国大会（National Convention）で，党のマニフェスト（政策綱領）の決定とともに，最後まで選挙戦から撤退しなかった候補から党公認の大統領候補者指名を行なう。

また本選挙は，各州での一般有権者による投票，そして当該有権者の代表として選出された大統領選挙人による投票から構成される。基本的には，一般有権者による投票の結果，1位の候補者が当該州の大統領選挙人をいわゆる「勝者総取り」する仕組みとなっている。

政治家による選挙公約や政策提言での短期主義との関わりで言えば，2016年アメリカ合衆国大統領選挙の「トランプ・クリントン対決」が好例である。

共和党は，7月19日にオハイオ州で開催された共和党全国大会で，ドナルド・J・トランプ（Donald J. Trump）を大統領候補に指名した。民主党は，ペンシルベニア州フィラデルフィアで開催された民主党全国大会で，7月26日にヒラリー・R・クリントン（Hillary R. Clinton）を大統領候補に正式に指名した[4]。二大有力候補による大統領選挙の対決は，トランプが勝利を収めている。

このようにアメリカ合衆国大統領選挙は長期戦である。2008年アメリカ合衆国大統領選挙では，ヒラリー・クリントンは民主党の候補者指名争いでバラク・H・オバマ（Barack H. Obama）に敗れたが，2015年4月12日に，2016年アメリカ合衆国大統領選挙への2度目の出馬を表明した[5]。

選挙集会の大規模な経済政策演説に，「クォータリー・キャピタリズム」（Quarterly Capitalism：「四半期資本主義」）の批判と選挙公約としての提案を見出せる。ヒラリー・クリントンが2015年7月24日にニューヨーク大学スターン・スクール・オブ・ビジネススクール（NYU The Leonard N. Stern School of Business）で行なった講演こそ，「四半期資本主義」に狙いを定めたものであった[6]。

この経済政策演説で，ヒラリー・クリントンは，短期的な利益と株価の関係，株価とCEOの報酬の関係が，月ごとの生活に過度に焦点を当てた経営者の慣行を生み出したとする（Yglesias (2015)）。投資家が四半期決算報告に執着している事実を「四半期資本主義」と表現し，批判した。

第4節　ヒラリー・クリントンの短期主義のターゲット

ヒラリー・クリントンが表現したこの「クォータリー・キャピタリズム」（四

半期資本主義）という用語は，実はもともとは，マッキンゼー（McKinsey & Company）のドミニク・バートン（Dominic Barton）が『ハーバードビジネスレヴュー』（*Harvard Business Review*）誌に発表した論稿「長期資本主義」（Capitalism for Long Term）でのアイデアに由来する。短期的な利益と株価の関係，株価と CEO の報酬の関係は，月ごとの生活に過度に焦点を当てた経営者の慣行を生み出したとするものである（Yglesias（2015））。バートンの見解を根底に据えているのである。

ポーターが批判したアメリカの企業や投資家の短期主義は，その後さらに高まっている。

バートンによれば，1970年代のアメリカにおける株式の平均保有期間は約7年だったが，当該論稿の発表頃（2011年）には7ヵ月くらいになっている。また，数秒間しか株式を保有しない「超高速」取引を繰り返す，いわゆる高頻度取引（High-Frequency Trading）がアメリカ市場の取引高の70％を占める（Barton（2011））[7]。こうした傾向への対応が経営者に求められ，その結果として「超短期主義」に陥る。この事実を踏まえて，バートンは，「おそらく最大の危険は，企業への投資と経営への短期的なアプローチ，つまり金融の崩壊につながった『四半期資本主義』が依然として続いていることである」（Barton（2011））と説いたのである[8]。ヒラリー・クリントンによる経済政策演説での「四半期資本主義」批判は，こうしたバートンの見解を踏まえているのである。1年は「私の娘の孫娘にとっては『長期』であるが，アメリカ経済にとってはそうではない」こそ「四半期資本主義」批判を如実に言い表している[9]。

実のところ，クリントンは，民主党の大統領候補者指名を目指した，ニューヨーク市で開催した大規模な党員集会（2015年6月13日）ですでに次のように表明していた。

■「金融業界と多くの多国籍企業は，短期的な利益ばかりを重視し，長期的な価値にはほとんど目を向けず，……複雑な取引スキームや自社株買いばかりを重視し，新規事業や雇用，公正な報酬への投資にはほとんど目を向けず，ごく少数の人たちのために莫大な富を築いてきました」（Frizell（2015））。

ヒラリー・クリントンの短期主義のターゲットは，キャピタルゲイン課税のあり方と掛け合わせた経済政策の計画案であることに特徴がある。

従来，金融資産のキャピタルゲインに対する所得税率は，保有期間が長いほど軽減税率となる制度設計となっている。当時の保有期間別の当該所得税率は，1年未満の保有期間に対する所得税率の39.6％を最高税率として，その他の保有期間の所得税率は一律20％であった。このキャピタルゲインの所得税率を，保有期間が，①1年未満，②1年以上2年未満の所得税率を最高税率の39.6％を筆頭に，以下，保有期間が2年以上3年未満の所得税率を36％，保有期間が3年以上4年未満のそれを32％，保有期間が4年以上5年未満のそれを28％，保有期間が5年以上6年未満のそれを24％，そして保有期間が6年以上のそれを20％とする政策提案である。

　共和党と民主党の選挙公約や政策提言に類似のものもあるが，前政権の政策などのやり取りのあり方とも密接に絡み合っている。
　トランプ大統領による四半期開示の見直しそのものは，近視眼的な短期主義を改めるという点で，対立候補であったクリントンの「四半期資本主義」と基本的に軌を一にする。
　ただし，クリントン候補が「四半期資本主義」に挑む政策は，キャピタルゲイン課税の見直しこそが肝である。当時のキャピタルゲイン課税は，株式などの金融資産の保有期間別の税率にさらに医療保険付加税（3.8％）を一律に上乗せする仕組みのものであった。この医療保険付加税こそが2010年3月に成立した医療保険制度改革法（「患者保護ならびに医療費負担適正化法」（Patient Protection and Affordable Care Act）），いわゆる「オバマケア」によるものである。オバマケアへの資金充当を目的とする課税であり，たとえば医療機器の売上げに連邦売上税（2.3％）が課され，また投資収入のキャピタルゲインにも付加税を課している。
　2016年3月に発表したトランプの選挙公約には，社会福祉に関わる公約の1つにオバマケアの廃止がある。2017年1月20日の大統領就任演説後に，オバマケア見直しに関する大統領令第13765号（Executive Order 13765）に署名し，発令した。実際にはオバマケアの廃止には至らなかったが，「Make America Great Again（アメリカを再び偉大な国にする）」の言葉のもとでの選挙公約の1つである反オバマケアは，クリントン候補の「四半期資本主義」の政策の肝であるキャピタルゲインへの付加税の撤廃にも深く結びつく公約ないし政策だということを理解しておく必要がある。

第5節　四半期開示の見直しの議論の発端
－大統領によるTwitterでのツイート－

　ラジオ，テレビ，新聞，映画，ネットなど――これらは，アメリカの歴代の大統領が政治に利用し，また政治を動かしてきたツールとしてのメディアである。たとえば，オバマ大統領の誕生には草の根のネット選挙が，またトランプ大統領の誕生には無料メディアのTwitter（現X）で選挙の争点を支配する戦略があった。

　トランプ大統領のツイートによるいわゆるコミュニケーション戦略は，驚くことに，SECによる規制措置のあり方にも及ぶ。俄然注目されたのが「四半期報告」（quarterly reporting）に関するもので，次の2018年8月17日（金曜日）の最初のツイートである。

■@realDonaldTrump：
　－In speaking with some of the world's top business leaders I asked what it is that would make business (jobs) even better in the U.S. "Stop quarterly reporting & go to a six month system," said one. That would allow greater flexibility & save money. I have asked the SEC to study! [0730 EDT]
　「何人かの世界のトップ・ビジネスリーダーたちと話した際に，私はアメリカのビジネス（雇用）をさらに良くするために必要なことは何だろうかと尋ねた。**ある人が，『四半期報告を止めて6ヵ月ごとのシステムに移行することだ』と言った**。それは柔軟性を高め，コストを節約できる。**私はSECに検討を指示した！**［7時30分 米国東部標準時の夏時間］」（下線と強調は引用者）。

　トランプ大統領のツイートには3種類あると言われている。
　1つは，すべてをトランプ自身が書いているもの，2つは，ソーシャルメディア・ディレクターが書いているもの，3つは，トランプが命じてディレクターに書かせているものである。ホワイトハウスの内部の上級スタッフにさえいずれによるツイートかは共有されていないという。「トランプは，ページをつなげることや，写真の貼り付けが上手くできない。だから，ツイッターでページをまたいでツイートされていたり，写真が貼られているものは書き手がトランプ本人ではない。他方で綴りのミスが混ざっているツイートは本人の証拠だ。

スタッフの誤字脱字は許されず，軽度のスペルミスを本人風に演じる手間までは平時にはかけていないという」(渡辺 (2020)，72頁)。

　上記のツイートにはページのつなぎや写真の貼り付けはなく，スペルミスもない。そのため，トランプ自身が書いたツイートなのかは必ずしも定かではない。しかし，以下の考察を通じて明らかとなるが，四半期報告を止めることを言った「ある人」の特定とこの人の四半期報告に対する見解からすると，このツイートはトランプ大統領が書いたか，あるいは命じて書かせたものであることは間違いない。

　ツイートしたその日のうちに，トランプ大統領は四半期報告撤廃についてのティップスター（情報提供者，助言者）を明らかにしている。このツイートでの「ある人」とは，大手飲料メーカーであるペプシコ (PepsiCo.) のインドラ・ヌーイ (Indra Nooyi) CEO である。

　同日付の『ウォール・ストリート・ジャーナル』紙によれば，ニュージャージー州ベドミンスターにあるトランプのゴルフコース (Trump National Golf Club Bedminster) で開催した13人の企業幹部との夕食会で，成長の改善という観点から，ヌーイが問題提起したものである。トランプ大統領はヌーイとのやり取りを次のように語ったという。ツイートに記されたビジネス（雇用）の成長を促進する方法の質問に対して，トランプ大統領は，「彼女は『四半期ではなく，年に2回の報告』だと言った。私はそれについて考えた。それは理に適っている。われわれはそれについてとことん考えていない (We are not thinking far enough out.)」というのである (Michaels *et al.* (2018))。

　また，ニュース Website であるアクシオス (Axios) による同日の取材に対して，ヌーイは次のように回答している。

■「多くの市場参加者，そして私たちも参加しているビジネス・ラウンドテーブルでは，企業がより長期的な視野を持つようになるにはどうすればよいかを話し合ってきました。ほとんどの人は，短期的な視野は長期戦略，ひいては長期的な投資や価値創造を阻害する可能性があるというのが大方の意見です。〔トランプ大統領への：引用者〕私の発言は，そのような幅広い文脈のなかで行なったもので，ヨーロッパとアメリカの財務報告制度の調和を模索する提案も含まれていました。結局のところ，すべての企業は短期的な業績と長期的な業績のバランスをとる必要があります」(Primack (2018))。

つまり，ティップスターであるヌーイの四半期報告撤廃についての発言の真意は，①2013年以降，上場企業のみが四半期から半年ごとの財務報告に移行したヨーロッパの財務報告制度とアメリカのそれとの調和を探求することと，②企業が短期的ではなく長期的な視野を持つことにある。

アメリカには大手企業200社の経営者による有力な財界団体であるビジネス・ラウンドテーブルがある。回答の冒頭にみられるように，ヌーイはビジネス・ラウンドテーブルのメンバーの1人でもある。そのため，ヌーイの発言もビジネス・ラウンドテーブルの提唱に賛同する立ち位置にある。

現にビジネス・ラウンドテーブルは，トランプ大統領が上記の内容をツイートする前の2018年6月7日に，四半期ごとの1株当たり利益の業績予想を提供するという期待から脱却し，将来こうした業績予想の発表をやめる企業を支持するとのニュースリリース（Business Roundtable（2018））を発表している。このニュースリリースでの四半期による短期的な業績予想に対するビジネス・ラウンドテーブルの見解は，具体的には次のとおりである。

- 四半期ごとの利益獲得業績に関する予測を提供することは，長期的な戦略的投資を犠牲にして，短期的な利益に過度に重点を置くようになり，最終的には企業とその株主に不利益をもたらす可能性がある。長期的な業績指標とは異なり，四半期業績には，政治的な出来事や気候など，企業がコントロールできない要因が反映されることが多い。
- ビジネス・ラウンドテーブルは，企業の長期的な健全性と戦略に関する重要な情報を投資家に提供することを支持する。長期的な目標（goals）や短期的な目標（targets）には，適切な重要業績評価指標（KPI）や現在と将来の業績評価の根拠となるその他の特定の指標を含めることができる。
- ビジネス・ラウンドテーブルは，四半期ごとの1株当たり利益の業績予想の発表をやめても，株主が必要とする情報と透明性が損なわれることはなく，経営者の説明責任が低下することもないと考えている。この見解は，金融業界の他のリーダーにも共有されている。
- 企業は，現実的な予想を提供するよう努めるべきであり，単に短期的な業績のベンチマークを上回るためだけに，長期的戦略と矛盾する短期的な意思決定を下すことは避けるべきである。短期的な投機を満たすために長期的な価値を犠牲にすることは，アメリカの企業，株主，そして最終的には国全体の経済の利益に反するだけである。

翌年の8月19日にビジネス・ラウンドテーブルが公表した「企業のパーパス

(存在意義)に関する声明」(Statement on the Purpose of a Corporation：Business Roundtable（2019））は，それまでのミルトン・フリードマン（Milton Friedman）による「企業の社会的責任は利益を増やすことにある」というフリードマンドクトリン（教義）（Friedman Doctrine）との決別を表明したもので，俄然注目されたコペルニクス的転回である（この声明は181人の企業経営者が署名している）。「企業が説明責任を負う相手は，顧客，従業員，サプライヤー，コミュニティ，株主の5者であり，株主はその1つにすぎない」と明言したこの声明も，短期主義の論争から連綿と続くものである。

　ビジネス・ラウンドテーブルの声明との関わりで，ヌーイは短期主義，つまり「短期的思考を表す最たる例が，ウォール・ストリートを満足させることを目的とした四半期の決算報告だ」（Stoll（2019））と断じた。

第6節　おわりに－SECの規制措置に向けた取組みの実態－

　最後に，SECによる短期主義と四半期開示に関する規制措置に向けた取組みとその実態についてみておこう。

　トランプ大統領の指示を受けて，ツイートの当日にウォルター・J（ジェイ）・クレイトン（Walter. J. "Jay" Clayton）SEC委員長は，アメリカへの長期投資に関する簡潔な声明で応えた。

　■「大統領は，アメリカ企業，そして重要なことですが，アメリカの投資家とその家族にとって重要な考慮事項である，わが国への長期投資の奨励を強調しました。長期投資の重要性については，多くの投資家や市場参加者がこの認識を共有しています。最近，SECは主要な投資家保護を維持し，多くの場合，強化しながら，長期的な資本形成を促進するさまざまな規制変更を実施し，検討を続けています。さらに，SECの企業財務局では，報告頻度を含め，上場企業の報告要件について検討を続けています。SECは，スタッフがこれらの重要事項を検討するにあたり，これまで同様，企業，投資家，その他の市場参加者からの意見を歓迎します」（Clayton（2018b））。

　この後のSECによる最初のアクションは，2018年12月18日に行なった企業の業績報告と四半期報告書に関する意見募集（SEC（2018））である。

　この意見募集は，適切な投資家保護を維持または強化しながら，四半期報告

第9章 四半期資本主義・短期主義批判と四半期開示廃止の政治力学　207

図表9-1　業績報告と四半期報告書に関わるSECコミッショナーの票決

■トランプ大統領（共和党）政権下のSEC Clayton委員長在任時		
業績報告と四半期報告の意見募集（2018年12月18日）		
SECコミッショナーの票決	賛成票	反対票
	Clayton（無），Stein（民），Jackson（無），Peirce（共），Roisman（共）	なし

↑
全会一致

注：「共」は共和党，「民」は民主党を意味する。「無」は二大政党に属さない無党派である。
出所：SEC Website, Final Commissioner Votes（April 2006-December 2015）に収録された規則案の票決データをもとに作成。

に関連する報告企業の負担をSECがどのように軽減できるかについての意見を，①四半期報告プロセスから得られる情報内容，②四半期報告プロセスのタイミング，③四半期開示の中核である業績報告，および，④報告頻度の4つのポイントから求めるものであった（コメント期日は2019年3月21日）。**図表9-1**に整理したように，この業績報告と四半期報告書に関する意見募集についてのSECコミッショナーの票決は，全会一致によるものである。

この意見募集に先立って開催された上院の銀行・住宅・都市問題委員会（Senate Committee on Banking, Housing, and Urban Affairs）でのクレイトン委員長による議会証言の資料（付録B「2019年度1年間のアジェンダ（2018年春と秋に公表）」：Clayton（2018c））によれば，「業績報告と四半期報告書」のアジェンダは規則制定前段階とされた。

連邦政府機関は，大統領令12866第4条により，現在検討ないし審議プロセスにある規則案を一覧化した「規制予定一覧表」と「規制計画」を情報規制問題室（OIRA）に提出しなければならない。この規制予定一覧表と規制計画によれば，SECによる業績報告と四半期報告書のアジェンダは，次頁の**図表9-2**のような変遷をたどっている。

この業績報告と四半期報告書のアジェンダは，2021年5月11日に撤回された。その撤回者は，第46代大統領となった民主党のジョー・バイデンことジョセフ・R・バイデンJr.（Joseph R. Baiden Jr.）がSEC委員長に指名したゲイリー・ゲンスラー（Gary Gensler）である。ゲンスラーがSEC委員長に就任したのは

図表9－2　業績報告と四半期報告書の規制計画

規則設定のアジェンダ段階	タイトル	公表
規則設定前段階	業績報告／四半期報告書	2018年秋
長期的取組み	業績報告／四半期報告書	2019年春
規則案段階	業績報告／四半期報告書	2019年秋
規則案段階	業績報告／四半期報告書	2020年春
長期的取組み	業績報告／四半期報告書	2020年秋
完了したアクション（撤回）	業績報告／四半期報告書	2021年春

出所：Office of Information and Regulatory Affairs, Reginfo.gov., Rin3235-AM40から一部抜粋。

2021年4月19日だけに，自らが率いるSECの優先事項を明確にして，前共和党政権下の大統領指示によるアジェンダを即時撤回したことを物語っている。

　ただし，この規制計画については注意深くみる必要がある。

　SECが2018年12月に行なった企業の業績報告と四半期報告書に関する意見募集は，規則設定前段階であったが，この規制計画は2019年春に「長期的取組み」の段階に，また2019年秋には「規則案段階」に移行した。トランプ政権下のクレイトン委員長は，2020年春にも「規則案段階」の短期的アジェンダとし，2021年春までに規則案の公表を望んでいたが（Ho（2021）），2020年秋にあらためて優先度の低い「長期的取組み」に戻したのである。

　そのプロセスにおいて，SEC企業財務局は，2019年7月18日にラウンドテーブル（円卓討論）を開催している。投資家，発行体およびその他の市場参加者から短期主義が資本市場に及ぼす影響について意見を聞き，それらの懸念に対処するために報告制度や規制のあり方などについての意見聴取も実施した。このラウンドテーブルは，短期主義に関わる問題が注目を集めるなか，そもそもこの問題の原因究明とその解決策についての対話が必要だとの認識によるものである[10]。

　意見募集とSECスタッフによるラウンドテーブルを通じた対話の結果として，クレイトン委員長は業績報告と四半期報告書のアジェンダを優先度が低い規制プロジェクトとして格下げしたことをうかがい知ることができるのである。もとより，その結末は，政権交代に伴い規制計画のアジェンダの撤回へと連なる。

業績報告と四半期報告書のアジェンダが撤回された後も，民主党政権下で共和党議員からのアクションがあった。2021年5月24日には，下院金融サービス委員会（House Financial Services Committee）の副委員長であるアン・ワグナー（Ann Wagner）下院議員（共和党，ミズーリ州）が，SECに対して四半期財務報告制度を簡素化する規則の導入を求める法案「投資家向け情報開示の近代化法案」（Modernizing Disclosures for Investors Act）を提出しているが（Wagner (2021)），法案成立には至っていない。

■注
（1） この提言書は，コーポレートガバナンスのさらなる向上のために求められる取締役会などが果たすべき役割と責任に関わるものである。業績予想については，まさしく企業の短期主義と業績予想に対する企業や投資会社にとっての懸念の表明でもある。

■「Ⅳ．情報公開
a．四半期決算に関する透明性は重要である。
b．企業は要求される四半期報告を，自社の明確な戦略のより広範な文脈のなかで組み立て，長期的な目標の進捗（または進捗していないこと）を反映する傾向と指標について，必要に応じて見通しを示す必要がある。企業は，業績予想を提供する義務を感じる必要はなく，株主のために業績予想を提供することが利益よりも害になるかどうかを判断する必要がある。企業が業績予想を発表する場合は，現実的であるべきであり，過大な予測を避ける必要がある。予想（またはいかなる業績ベンチマーク）を上回るために短期的な意思決定を下すことは，長期的には価値を破壊する可能性が高い」（Business Wire (2016), p.7）。

（2） これら4つの条件に加えて，その後の2003年に，SECはこの1934年証券取引所法規則第10b-18条を修正し，追加の条件を設けている。
（3） SECは，2021年12月15日に，1934年証券取引所法に基づいて登録された発行体による自社株の買戻しに関する開示を最新化および改善するための修正案（SEC (2021c)）を提案している。
（4） 各党は全国大会で大統領候補とともに，副大統領候補も指名する。2016年アメリカ合衆国大統領選挙での両党の全国大会において，共和党はマイク・ペンス（Mike Pence）を，民主党はティモシー・M・ケイン（Timothy M. "Tim" Kaine）を副大統領候補として指名している。
（5） ドナルド・トランプの出馬表明は，2015年6月16日である。
（6） オバマ政権時にヒラリー・クリントンは国務長官を務めた。国務長官として知り得た機密情報を私用アカウントの電子メールで送受信した嫌疑をかけられ，俄然この問題が注視されていたタイミングでの講演でもあるだけに，ここでの経済政策の提案を看過すべきではない。
（7） SECによる高頻度取引の規制措置の展開とそこでみられる政治力学などについては，先の第7章で論じている。
（8） 官僚であり論客の中野剛志も，1990年代後半からのいわゆる「コーポレートガバナン

ス改革」が日本企業の企業形態のアメリカ化・短期主義化をもたらしたことを明らかにするなかで，ポーターとバートンの見解をもとに，まずアメリカ企業の「短期主義の病は，企業が四半期ごとの業績をより高めることを目的とするほどまでに悪化してしまった」（中野（2017a），199頁）と言う。

（9） 日本企業の持続的成長を阻害する1つの要因として，いわゆる「伊藤レポート」も，ショートターミズムを指摘している。その現状を次のように認識している。

> ■「四半期開示制度によって投資家と企業との議論が短期的な方向になっている可能性を否定できない。つまり，短期的な投資家が増える中で，こうした投資家との対話を企業が四半期毎に行っていると，企業が投資家のショートターミズムの影響を受ける可能性がある。この場合，四半期開示がショートターミズムの誘因となっているという『意図せざる結果』を招いている可能性がある」（経済産業省（2014），78頁）。

この打開策として，「投資家にとっても有益な一体的・統合的な開示を行うための実務上の対応等の検討」，つまり，「持続的な企業価値につながる企業開示へ」を提言の1つに掲げる。

具体的には，「企業の情報開示は，投資家が中長期的な企業の価値創造を評価するために有益な情報が適切に提供されるものになるよう転換することが必要である。短期的な業績のみに偏ることなく，非財務情報も含めた企業の現状や将来の価値創造に向けたプロセスを評価するための統合的な報告が求められる」（経済産業省（2014），79頁）と提言する。

また，「ショートターミズムに陥ることを回避するため，投資家やアナリストが四半期業績に関する質疑に集中することを抑制し，過剰反応することなく，中長期的な展望との関係で企業と議論・対話すべきである。その意味で，企業側もIRに工夫を凝らすとともに，統合報告等による企業価値創造のストーリーとの関連付けを強く意識すべきであろう」（経済産業省（2014），80頁）と提言・推奨する。

淵田（2012）は，短期的収益追求ないし短期主義問題として批判される事例として，次のものを示し，それぞれの問題点を整理している。①短期的収益追求とそれによる過小投資，②ハイリスク，ハイレバレッジの追求，③四半期開示を意識した経営と株式市場（アーニングス・マネジメント（利益操作），四半期業績を重視する企業の実態），④資産運用者の短期主義問題とガバナンス問題（短期主義的な株主によるアクティビズム，短期主義によるガバナンスの低下），⑤貯蓄者にとっての投資効率の低下－「所有と経営の分離」，⑥市場の歪みと不安定性の拡大，⑦企業および経済・社会の長期的サステナビリティへの影響（57-63頁）。

（10） 2018年の意見募集に対して寄せられたコメントは，アメリカ企業に長期的な視点を育成するためには，次の2つの観点からの問題を検討する必要があるとした（Clayton (2019)）。
  (1) 市場全般における短期的な行動の原動力となっているマクロ要因に注目し，それに対処するための市場ベースの取組みを探求すること
  (2) 情報開示の枠組みやその他の規制を個々の項目としてではなくパッケージとして捉え，企業が長期的な業績に集中できるような仕組みになっているかどうかを見極めること

第 III 部

サステナビリティ情報の開示規制をめぐる政治力学

第10章
気候関連開示規制をめぐる政治的駆け引きとSECの設定権限

第1節　はじめに－問題意識－

　アメリカ共和党のドナルド・J・トランプ（Donald J. Trump）政権下，証券取引委員会（SEC）の民主党系コミッショナーに任命されたアリソン・H・リー（Allison H. Lee）が，2021年1月21日にSEC委員長代理に就任した。これは，2020年のアメリカ合衆国大統領選挙結果を受けて，ジェイ・クレイトン（Jay Clayton）がSEC委員長を辞していたため，ジョー・バイデンことジョセフ・R・バイデンJr.（Joseph R. Biden Jr.）が大統領就任の翌日に任命したものである[1]。

　「コミッショナーを務めている間，気候とサステナビリティ（持続可能性）に焦点を当ててきましたが，これらの問題は引き続き私にとっての優先事項です」（SEC（2021a））──委員長代理就任にあたってのリーの談話の一節である。この言葉のとおり，リー委員長代理が最も重きを置いた規制措置の取組みは，気候変動開示である[2]。この取組みは，奇しくも，トランプ大統領（当時）が，2015年の国連気候変動枠組条約第21回締約国会議（COP 21）で採択された気候変動対策の国際的枠組みである「パリ協定」（Paris Agreement：2016年11月4日発効）からアメリカを離脱させた大統領令での政策とは相反する。

　リー委員長代理によるこの取組みは，その後，新たな局面を迎える。具体的には，SEC規則案「投資家のための気候関連開示の強化と標準化」（SEC（2022a）：以下，「気候関連開示規則案」と言う）が，当時の4名のコミッショナーによる「3票対1票」の賛成多数により承認され，SECは2022年3月21日に公表している。ゲイリー・ゲンスラー（Gary Gensler）委員長，リーおよびキャ

ロライン・A・クレンショー（Caroline A. Crenshaw）が賛成票を投じ，反対票はヘスター・M・パース（Hester M. Peirce：ヘスター・M・ピアース）だけである。この票決結果は，民主党系のコミッショナーと共和党系のコミッショナーの見解が見事なまでに対立する構造を示している。

これまでのアメリカの気候変動開示は，自主的なガイドラインである SEC 解釈通達（リリース）「気候変動関連開示に関する委員会ガイダンス（指針）」（2010年2月2日 SEC 公表：SEC（2010b））に委ねられてきた。社会のサステナビリティに関する開示基準が乱立し，整合性が取れないという問題にも直面してきたなかで，従来の自主的な枠組みが抱える課題の克服を試みるものでもある。本章では，この自主的ガイドラインを起点とする SEC による気候関連開示の規制措置の試みから浮き彫りになる特徴と根深く潜在する本質的問題について論じてみたい。

第2節　気候関連開示の規制措置に対する賛否とその特徴

「われわれは証券環境委員会（Securities and Environment Commission）ではありません，少なくともまだ」——名詮自性（みょうせんじしょう）である。ここでの略称も SEC になるが，気候関連開示規則案に反対票を投じた SEC コミッショナーであるパースが，採決後に当該規則案の公表とともに発表した声明（Peirce（2022））のタイトルである。①2010年 SEC 解釈通達がすでに重要な気候リスクをカバーしていること，②マテリアリティ（重要性）に関係なく，すべての企業に一連の気候開示（スコープ1と2の温室効果ガス（GHG）排出量[3]）を強制していること，③規則案は比較可能で，首尾一貫性があり，信頼できる開示には繋がらないこと，④SEC は当該規則を提案する法的権限を欠いていること，⑤SEC は提案に伴うコストを過小評価していること，および，⑥提案された規則は投資家，経済および SEC を傷つけることなどが，反対理由である。

もっとも，財務報告基準と同一視する懸念などから，IFRS 財団にはサステナビリティの基準設定に踏み込まないよう強く求めており（Peirce（2021a）；Peirce（2021b）），政策形成に一貫した姿勢を取る。

SEC が気候関連開示規則案を公表する前日（2022年3月20日）に，トランプ政権時のクレイトン前 SEC 委員長と連邦議会下院の金融サービス委員会（House Financial Services Committee）のパトリック・マクヘンリー（Patrick

McHenry：ノースキャロライナ州選出（共和党）下院議員は、『ウォール・ストリート・ジャーナル』（*The Wall Street Journal*）紙で次のようなオピニオン記事を掲載している。

■「気候政策の設定は，投資意思決定のプロセスを促進する役割を担う SEC ではなく，議員の仕事です。……SEC の権限，管轄権および専門知識をはるかに超えた領域である気候政策に新たなアクティビスト・アプローチ（活動家型）を採用することは，当然のことながら，法的問題を引き起こすことになります。さらに悪いことに，資本配分に対するわれわれの実績のあるアプローチだけでなく，政府機関の独立性と信頼性も危険にさらされています」。
■「何十年にもわたって，選出されたリーダー〔大統領：引用者〕は，選出されていない官僚が配置された連邦機関〔SEC：引用者〕に難しい政策問題を突き付けてきました。これはどうみても民主主義にとって悪いことであり，最も悪く言えば，違憲です」（Clayton and McHenry（2022））。

政治的立ち位置が保守派ないし共和党寄りの『ウォール・ストリート・ジャーナル』紙だけに，共和党の連邦議会議員であるマクヘンリーとともに，（トランプ政権下にあって）無党派のクレイトン前委員長が，気候政策は SEC の権限を超越するものであり，連邦議会にこそその権限があるとするのは，パースの声明と軌を一にする。

気候関連開示規則案の採決時やその公表前に，こうした反対意見の表明がみられたわけであるが，果たして SEC コミッショナーや連邦議会議員はいかなる姿勢を示していたのであろうか。この問題意識から，気候政策に関わる最初の2010年 SEC 解釈通達から今般の規則案の公表までの経緯とそれらの SEC コミッショナーによる票決，ならびに，連邦議会議員が寄せたコメントレターなどでの意見を整理したものが，次頁の**図表10－1**である。

ここから，SEC による気候関連開示に関する一連の規制措置の動向には，次のような特徴を見出すことができる。

(1) 2010年 SEC 解釈通達の採決時から一貫して，気候政策は民主党政権下で主導され，SEC コミッショナーの政治属性（民主党系・共和党系）と連邦議会議員の所属政党（民主党・共和党）により賛否が完全に二分されること
(2) リー SEC 委員長代理のコメント要請以後，気候政策のあり方にとくに両党所属の連邦議会議員も各コメントを提出し始めたこと

図表10−1　気候関連開示の規制措置に関する SEC コミッショナーの票決と SEC 気候関連開示規則案に対する連邦議会議員の賛成意見・反対意見

SEC 解釈通達「気候変動関連開示に関する委員会ガイダンス」（2010年2月8日）		
SEC コミッショナーの票決	賛成票	反対票
	Schapiro（無），Aguilar（民），Walter（民）	Casey（共），Paredes（共）

リーSEC 委員長代理「気候変動開示の見直しに向けたコメント要請」（2021年3月15日）		
連邦議会議員のコメント	賛成意見	反対意見
	Schatz and Whitehouse (2021)（民），Warren and Casten (2021)（民）	Toomey et al. (2021)（12名）（共）

SEC 規則案「投資家のための気候関連開示の強化と標準化」（2022年3月21日）		
SEC コミッショナーの票決	賛成票	反対票
	Gensler（民），Lee（民），Crenshaw（民）	Peirce（共）
連邦議会議員のコメント	賛成意見	反対意見
	Whitehouse et al. (2022)（8名）（民），Reed et al. (2022)（5名）（民），Schatz et al. (2022)（8名）（民），Markey et al. (2022)（6名）（民），Castor et al. (2022a)（131名）（民），Castor et al. (2022b)（133名）（民）	Huizenga et al. (2022)（7名）（共），Cramer et al. (2022)（19名）（共），Budd et al. (2022)（40名）（共），Comer et al. (2022)（19名）（共），Rose et al. (2022)（118名）（共），Hoeven et al. (2022)（32名）（共），McHenry et al. (2022)（110名）（共），Fitzpatrick (2022)（共），Toomey et al. (2022)（12名）（共）

　　　　　　　　　　↑民主党（系）　　　　　　　↑共和党（系）

注：「共」は共和党，「民」は民主党を意味する。シャピロ委員長は二大政党に属さない無党派である。また，ロイズマン SEC 委員長代理は2022年1月21日に退任しており，SEC 規則案の票決時は，SEC は5名のフルコミッション体制ではなく，共和党系コミッショナーが1名空位であった。
出所：SEC Website, Comments on Climate Change Disclosures および Comments for The Enhancement and Standardization of Climate-Related Disclosures for Investors［Release No. 33-11042；File No. S7-10-22］での各コメントレターをもとに作成。

(3) 2020年アメリカ合衆国大統領選挙後，気候政策の潮目が変わって民主党主導へと揺り戻しが生じ，気候関連開示規則案に対して，とくに両党所属の連邦議会議員や上院・下院の委員会が敏感に反応して各コメントを表明していること

第3節　シンクタンクのコメントとその特徴

　行政機関の官僚制とは異なり，アメリカ合衆国大統領選挙による政権交代には，行政府の上級職員などの人事異動も伴う。ここでの大統領の政治任用（プレジデンシャル・アポイントメント）の際に，シンクタンクが政権の政策形成や人材供給源の1つとして機能してきた。シンクタンクは，たとえば自律・独立系，政府系，大学附属系，所属政党系，企業系などといった幅広いカテゴリーに分類できる（McGann（2021），pp.13-14）だけに，その数も多い。その多くは政治的主張団体（ロビイスト）の活動も併せ持つ。

　それでは，SECによる気候関連開示の規制措置について，シンクタンクはどのような立ち位置にあるのだろうか。

　結論を先に言えば，バイデン政権の民主党とリベラル系シンクタンク，ならびに，共和党と保守系シンクタンクとの密接な関係が，そのまま気候関連開示規則案に対する賛否の構図として如実に表れている。

　『アメリカ保守主義辞典』（*Dictionary of American Conservatism*）によれば，保守系シンクタンクには，たとえば，アメリカン・エンタープライズ公共政策研究所（American Enterprise Institute），ケート研究所（Cato Institute），戦略・国際問題研究センター（Center for Strategic and International Studies），ヘリテージ財団（The Heritage Foundation）およびフーヴァー戦争・革命・平和研究所（Hoover Institution on War, Revolution, and Peace）などがある（Filler（1987），pp.32-33, p.65, p.66, p.148, p.155）。一方，リベラル系シンクタンクは，最大規模のアメリカン進歩センター（Center for American Progress）をはじめ，デモス（Demos），ニューアメリカ財団（New America Foundation），ローズベルト研究所（Roosevelt Institute）およびサードウェイ（Third Way）などに代表される。

　こうしたシンクタンクの分類をはじめ，その創設者等の政党，規制政策のスタンスや資金源などをもとに，シンクタンクによるコメントレターの見解を整理したものが，次頁の**図表10－2**である。

　確かに，トランプ政権では保守系シンクタンクを冷遇し，大統領による政治任用職（政府高官）への起用は少なかった（宮田（2018），62-64頁参照）[4]ことにみられるように，必ずしもシンクタンクが時の政権の政策形成や人材供給源

図表10-2　SECの気候関連開示規則案に対するシンクタンクの賛成意見・反対意見

SEC規則案「投資家のための気候関連開示の強化と標準化」（2022年3月21日）		
	賛成意見	反対意見
シンクタンクのコメント	①Center for American Progress (CAP) (2022) SECとCAP代表者とのミーティング3回（6月7日，7月11日，8月1日） ②World Resources Institute (WRI) (2022a), WRI (2022b)	①Competitive Enterprise Institute (CEI) *et al.* (2022a), CEI (2022b) ②Institute for Policy Innovation (IPI) (2022) ③The Heritage Foundation (2022) ④American Enterprise Institute (AEI) (2022) ⑤Cato Institute (2022)
	↑ リベラル系シンクタンク	↑ 保守系シンクタンク

出所：SEC Website, Comments for The Enhancement and Standardization of Climate-Related Disclosures for Investors ［Release No. 33-11042；File No. S7-10-22］での各コメントレターをもとに作成。

の機能を果たさないこともある。とはいえ，民主党のバイデン政権が推進する気候政策のもとでのSECによる気候関連開示の規制措置については，リベラル系と保守系を代表するシンクタンクが二大政党の政策にそのまま結びつく意見となっているのである。

第4節　気候政策の設定権限
－SECが気候関連開示を義務づける権限の存否－

ところで，気候関連開示規則案に反対意見を寄せた共和党の連邦議会議員による一連のコメントレターには，共通する反対理由がある。先のパースやクレイトン等が強く表明したように，SECが気候政策や規制措置を行なうことは，権限外の行為（越権行為）だというものである（たとえば，Budd *et al.* (2022)，Toomey *et al.* (2022) など）。振り返ってみれば，2021年の気候関連開示の見直し（気候変動開示）に向けたコメント要請の際には，上院の銀行・住宅・都市問題委員会（Senate Committee on Banking, Housing, and Urban Affairs）の共和党の連邦議会議員12名（Toomey *et al.* (2021)）は，当初からSECには設定

権限がないとして反対していた。

　実のところ，気候関連開示の見直しを始動したSEC委員長代理のリーも，SECのミッションと気候関連開示の規制のあり方について，次のように認識していた。

> ■「SECでは，投資家保護，公平で秩序ある効率的な市場の維持，資本形成の促進など，資本市場に重点を置いています。<u>排出基準や〔GHGの排出量を正味ゼロにする：引用者〕ネットゼロ目標を設定したり，カーボンプライシングを実施したり，エネルギーや環境に関する政策を策定したりしません</u>。しかし，われわれSECのミッションを果たすために，政府全体および民間部門の同僚と協力しなければなりません」(Lee (2021e)。下線は引用者)。

　このリー委員長代理の発言を踏まえて，たとえば保守系シンクタンクであるケート研究所も，共和党の連邦議会議員と同様に，SECが気候関連開示を規制することに連邦議会は権限を付与しておらず，また1934年証券取引所法などでも容認していない権限外の行為だと批判し，これを反対意見の中核に据えている (Cato Institute (2022), pp.1-2)。こうした反対意見の論調は，他の保守系シンクタンクに共通するものでもある。

　SECによる気候政策や規制措置は，果たして当該政府機関（準司法機関。独立行政機関）の権限内または権限外のいずれの行為だろうか。

　寄せられた数多くのコメントレターには，とても興味深いものがある。歴代のSEC委員長やコミッショナーたちによるもので，そこでもSECによる気候関連開示の規制措置が越権行為か否かで見解が対立構造を形成している。

　SEC元委員長のリチャード・C・ブリーデン (Richard C. Breeden) とハーヴェイ・L・ピット (Harvey L. Pitt) が，SEC元コミッショナーのフィリップ・R・ロックナー Jr. (Philip R. Lochner Jr.)，リチャード・Y・ロバーツ (Richard Y. Roberts) やポール・S・アトキンス (Paul S. Atkins) とともに提出したコメントレター (Breeden *et al.* (2022)) は，その1つである。これら5名はいずれも共和党系である。

　Breeden *et al.* (2022) は，端的には，①気候関連開示の基準は財務上のマテリアリティを維持する必要があること，および，②排出基準の積極的な改善措置を指示する試みはSECの権限を越えていることの見解からなり，SECのレピュテーション（評判）とそのミッションを遂行する能力が危険にさらされる

おそれがあるため，規則案の撤回または大幅修正を強く求めるものである。

まず，連邦証券諸法のコーナーストーン（基礎となる重要なもの）である合理的投資家にとっての「財務上のマテリアリティ」の見地からすると，気候関連開示規則案は，「財務的に重要でない山ほどの情報の開示を要求し，多くの場合，その作成を要求」するが，「大多数の企業にとって，スコープ1，2または3の排出量自体がどのように財務的に重要であるかを想像するのは難しい」(p.2) と言う。というのも，この規制措置から生じるコストの合理的な予測の根拠を投資家に提供できないからである。また，規則案では重要な情報ではなく，意思決定に有用な情報について言及していることを捉えて，「マテリアリティの問題を回避または難読化するために慎重に設計されている可能性がある」(p.3) と手厳しい。

加えて，規則案は，名目上はSECのミッションの1つでもある投資家保護のイニシアティブ（目標達成のための主体的行動）として構想されているが，実質は，気候変動支持者に武器を渡すことによって，GHGの排出自体を規制する回りくどい方法を示している。なによりも連邦議会が権限を付与しない限り環境規制の権限はSECにはないと断じる。連邦議会が1974年大気汚染防止法を通じて気候関連開示規制の権限を委任したのは，関連する専門知識を有する環境保護庁（EPA）だというのである (pp.4-5)。

もう1つのコメントレターは，証券開示権限に関するワーキング・グループ (Working Group on Securities Disclosure Authority (2022)) が提出したものである。アーサー・レビットJr.（Arthur Levitt Jr.：民主党系），ピット（共和党系），メアリー・L・シャピロ（Mary L. Schapiro：無党派）およびエリス・B・ウォルター（Elisse B. Walter：民主党系）という4名のSEC元委員長やSEC元コミッショナー（3名：民主党系2名・無党派1名）をはじめ，SEC元法務顧問およびSEC元企業財務局ディレクターならびにロースクールとビジネススクールの学者，そしてSEC規則の開示義務を企業に助言する実務家の総勢32名からなる。SEC元委員長や元コミッショナーの構成から明らかなように，このワーキング・グループは超党派のもので，「SECは上場企業に対して追加の気候関連開示を義務づける明確な法定権限を有している」(p.1) という全会一致の見解を表明している[5]。

このなかで，SEC規則の歴史を紐解くと，長年，SECは上場企業に環境関連開示を義務づけており，また，2010年SEC解釈通達の公表前後の各数年間に，

上場企業が年次報告書のForm 10-Kにおいて環境関連の開示情報を投資家に提供している調査結果を示している。「この証拠は，SECが気候関連の開示を要求する権限を有しているという発行体の見解と一致している」(p.5) とする。

SECには気候政策の設定権限がないとする見解には，元来，SECには気候関連開示を要求する権限がないとするものと，連邦議会による追加承認なく気候関連開示の規制の権限はないとするものとがある。いずれであれ，権限を欠くと結論づける根拠が提示されていないと徹頭徹尾批判するのである（pp.7-10）。

なお，法学者間でも，このSECの設定権限に対する見解が異なる（たとえば，Coates（2022），Cunningham *et al.*（2022）など）。

第5節　おわりに

連邦議会議員が積極的にコメントレターを提出してきたことは珍しい。立法権を握る連邦議会だからこそ権限の侵害が疑われる問題に敏感である。本質的には，SECのミッションと拡大する規制措置の領域との整合性が問われている。

SECの監督下にある二大証券取引所の1つであるNASDAQ(ナスダック)証券取引所は，上場企業の取締役会メンバーのダイバーシティ（多様性）の促進とその情報開示（新たなダイバーシティ要件を満たさないことの説明を求めることを含む）の新規則案をまとめ，SECに提出していた。2021年8月6日に，SECはゲンスラー委員長のもと，これを承認した（SEC（2021b））。このSECコミッショナーの採決でも，パースとともにロイズマンが反対票を投じている（Peirce（2021c）；Roisman（2021））。パースの反対理由は，NASDAQ証券取引所の改正案は，1934年証券取引所法に基づくSECによる規制の範囲外のものであり，憲法の基本原則に反するというものである。つまり，SECによる政策ないし規制措置の設定権限という根深く潜在する本質的問題を抱えており，気候政策の設定権限問題と一脈相通じる。

現に，これを裏づけるかのように，NASDAQ証券取引所による取締役会のダイバーシティ規則はSECが被告となる「*National Center for Public Policy Research v. SEC*」として法廷闘争化している。この連邦巡回区控訴裁判所などの判決は，あらためてSECによる気候政策の設定権限のあり方を問い，影響を及ぼすことは間違いない。

たとえば、「この〔気候関連開示の：引用者〕提案は、SECが長年使ってきた開示権限の劇的な変化を表している。最終決定された場合、間違いなく法廷で争われ、却下されるだろう」（Breeden et al.（2022），p.5）というコメントをはじめ、とくに共和党の連邦議会議員や保守系シンクタンクなどのコメントなどは共通して同じ論旨のものである。民主党政権下の気候政策を含め、SECは2022年に入って例年になく規則案の公表が加速化しているが（第1四半期に16件，第2四半期に6件），気候関連開示の最終的な規制措置後も、他のESG（環境・社会・ガバナンス）関連の規制はもとより，SECの設定権限は引き続き問われ続ける。同じ政府機関（行政機関）であっても、二大政党のいずれが政権政党かにより，規制措置のありようが揺り戻しを起こしつつ大きく変容するのである。おのずと，SECの独立性と信頼性の問題にも結びつく。

■注

（1）　トランプ大統領は、クレイトンが退任した日からバイデンが大統領に就任するまでの間（2020年12月24日から2022年1月20日まで）、共和党系コミッショナーのエラド・L・ロイズマン（Elad L. Roisman）をSEC委員長代理に任命していた。
（2）　この点については、リーが2022年7月15日にSECコミッショナーを退任した際に、残りの4名のコミッショナーが発表した次の声明からもうかがえる。「コミッショナーのリーは、市場参加者が最高の倫理基準を維持する必要性を強調するなど、強力で安定した市場を強く支持してきました。彼女は、より強力な気候情報開示、内部告発者の保護および証券諸法違反に対する個人の説明責任の擁護者でした」（Gensler et al.（2022））。
（3）　スコープ（Scope）1，スコープ2およびスコープ3は、サプライチェーンにおける排出量の分類方法である。スコープ1は、事業者自らによる温室効果ガスの直接排出のことを、スコープ2は、他社から供給された電気、熱、蒸気の使用に伴う間接排出のことを、またスコープ3は、スコープ1とスコープ2以外の間接排出（事業者の活動に関連する他社の排出）のことを指す。
（4）　ヘリテージ財団とハドソン研究所がトランプ政権寄りの姿勢を打ち出している代表的な保守系シンクタンクであった（宮田（2017b），8-10頁参照）。
（5）　ただし、SECの規則案の個々の内容についてはグループ・メンバー間で異なる。超党派による全会一致の見解とするが、ここで唯一の共和党系SEC元委員長のピットは、一方のBreeden et al.（2022）にも名を連ねる。

第11章 サステナビリティ報告の基準開発に対するSECコミッショナーの意見発信

第1節　はじめに－問題意識－

　サステナビリティ（持続可能性），つまり長期的成長をパーパス（存在意義）として掲げ，それを実現するためには環境（E）・社会（S）・ガバナンス（企業統治）（G）の3つの観点が求められる。地球温暖化に伴う気候変動問題をはじめ，生物多様性や生態系，人的資本や人権の問題などは，企業の環境（E）に関わる社会問題である。ESGは，サステナブル（持続可能）な開発目標（SDGs）という目標を達成するための手段として位置づけられる（こうした位置づけは，たとえば，内閣府の政策に関わる「令和2年度障害者差別の解消の推進に関する国内外の取組状況調査報告書（本編）」における「2.2.1 ESGとは何か」（内閣府Website）にみられる）。

　気候変動に特化した情報開示を含むサステナビリティ報告のあり方は，重層的な論点を抱えている。つまり，前章で示したように，規制・監督当局である証券取引委員会（SEC）にはサステナビリティの開示規制の権限があるかという「規制上の論点」にとどまらず，基準設定主体（の運営母体）にはサステナビリティ開示基準の策定に関与できるかという「基準開発上の論点」も議論を呼んできた。後者の「基準開発上の論点」もかなり根深い政治と会計との問題を形成している。この点について，本章と次章との2つの章で切り込み，つまびらかに解明してみることにしよう。

　アメリカの会計基準策定の統率組織である財務会計財団（FAF）は，「将来

の戦略」の構想を練っており，その文脈において，組織集合体における会計基準を策定する基準設定主体のミッションなどの遂行が可能となっている。FAF はサステナビリティ報告に関わる基準策定の領域も視野に入れて，基準設定主体の運営母体である財団としてのミッションや戦略などの拡大を模索してきた。この点，国際的な会計基準の設定主体の一翼として，IFRS 会計基準（IFRS Accounting Standards）と IFRS サステナビリティ開示基準（IFRS Sustainability Disclosure Standards）を開発する 2 つの基準設定主体を擁する IFRS 財団にも，サステナビリティ報告への関心とその関与のあり方は，「戦略レビュー」のもとでの将来の戦略策定を契機としたものだという共通する特徴がある。

　まず本章では，この FAF と IFRS 財団による「将来の戦略」ないし「戦略レビュー」におけるサステナビリティ報告に対する戦略と構想に対するコメントをもとに，デュー・プロセス（正規の手続き，または，適正な手続き）において繰り広げられた政治と会計の問題を深掘りし，詳細に検討してみたい。とくに，SEC コミッショナーによる「将来の戦略」に対する意見発信から繰り広げられたサステナビリティ報告のありようの政治問題を浮き彫りにし，より鮮明に描き上げることを目的としている[1]。

　具体的には，IFRS 財団とアメリカの FAF が，それぞれ新たにサステナビリティの基準設定に深く関与するミッションや目標などを盛り込んだ戦略計画案や定款修正案に対して，共和党系の SEC コミッショナーであるヘスター・M・パース（Hester M. Peirce：ヘスター・M・ピアース）が発出した次のコメントレター（SEC コミッショナーによるステートメント（声明）でもある）こそが，大統領の政治任用による根深い政治と会計との結びつきや影響を物語る。
（プレジデンシャル・アポイントメント）

○コメントレター：1
　　SEC コミッショナー声明「サステナビリティ基準に関連する IFRS 財団の定款改正案に関する声明」（Peirce（2021a）；Peirce（2021b））
○コメントレター：2
　　SEC コミッショナー声明「財務会計財団の戦略計画案に関する見解」（Peirce and Uyeda（2022a））

　第 1 のコメントレター（SEC コミッショナー声明）は，IFRS 財団がサステナ

ビリティ基準の開発案を盛り込んだ的を絞った定款修正案に対するコメントレターでもある。第2のコメントレター（SECコミッショナー声明）は，アメリカのFAFが，サステナビリティの基準設定に関与する案を盛り込んだ戦略計画案に対するもう1人の共和党系のSECコミッショナーであるマーク・T・ウエダ（Mark T. Uyeda）との連名でのコメントレターでもある。ここではFAFによる新たな戦略計画案を基軸に据えて，SECコミッショナーによる2つのコメントレター（SECコミッショナー声明）を紐解き，サステナビリティのもう1つの次元である「基準開発上の論点」について検討してみたい。

第2節　FAF・FASB・GASBの2015年「戦略計画」
－ミッション，ビジョンおよびバリューと戦略目標－

　金融危機以降，財務会計基準審議会（FASB）にとっての最優先事項は，IASBとのコンバージェンス・プロジェクトであったことは間違いない[2]。コンバージェンス・プロジェクト後のFASBにとっての最優先事項はと言えば，アメリカ会計基準（U.S. GAAP）の改善ないし品質向上である。アメリカ会計基準の簡素化に関するイニシアティブ（simplification initiative. 目標達成のための主体的行動），複雑性の軽減（reducing complexity）および完全な概念フレームワークの必要性などでそれを図るとしてきた[3]。

　FASBは，IASBとのコンバージェンス・プロジェクトによってより比較可能なグローバルな会計基準を持つことの重要な理由を，次のように説明している。この理由説明は，同時にそれがFASBのミッション（使命）にいかに適合するかを語るものでもある。

　■「財務会計基準審議会（FASB）の最優先事項は，アメリカ資本市場における投資家やその他の財務情報の利用者の利益のために財務報告を改善することです。そのために，一般に認められた会計原則（GAAP：会計基準）として知られる最高品質基準を策定するよう努めています。最高品質とは，財務諸表の利用者のニーズに明確で有用かつ目的適合的な情報を提供する一方で，その情報の期待されるベネフィットが，その提供と使用のコストについて正当化するかどうかを考慮した基準を意味します。

　FASBは，より比較可能なグローバルな会計基準を求めること，つまり，世界中で使用されている会計基準の質を向上させ，これらの基準間の差異を削減する

<u>ことは，そのコアとなる（中核的な）ミッションと一致していると考えています</u>。投資家，企業，監査人およびアメリカの財務報告制度のその他の参加者は，国際的に使用されている基準がより緊密に整合することで得られる比較可能性の向上から恩恵を受けます。より比較可能な基準は，財務諸表の利用者と作成者である両者のコストを削減し，世界の資本市場をより効率的にする可能性を秘めています。証券取引委員会（SEC）は，FASB が基準を策定する際に，公益および投資家保護のために，国際的な比較可能性がどの程度必要かまたは適切であるかを検討することを期待しています」(FASB Website, Comparability in International Accounting Standards, Why it is important to have more comparable global accounting standards and how it fits with the FASB's mission. 下線と強調は引用者)。

　企業をはじめ，組織の行く先やその方向性を示す羅針盤の役割を示す言葉に「MVV」，つまり「ミッション・ビジョン・バリュー」(Mission・Vision・Value)がある(4)。
　ミッションとは，一般的に，課された尊い務めや与えられた重大な任務・役割などを言うが，いわば存在意義を説き，その達成を目指すことが問われる。ビジョンとは，展望や理想などを言うが，いわば実現したい未来像を説き，その実現が問われる。そして，バリューとは，共有する価値観や価値基準などを言うが，ビジョンの実現に向けた行動が問われる。この MVV の3つは，「バリュー（V）とビジョン（V）」とが，また「ビジョン（V）とミッション（M）」とが関係性を持ちながら，最終的にはミッションの達成を目指す構図にある。企業などの組織は，これらを言語化して構成員が共有することで中長期的な成果へと繋げるのである。
　FASB を含む，アメリカの会計基準の設定を担う組織の長期のビジョンやミッション，そしてバリューを明らかにしたのが，2015年4月に公表された「戦略計画」(Strategic Plan: FAF, FASB, GASB (2015)：以下，2015年「戦略計画」と言う）である。この2015年「戦略計画」は，アメリカの会計基準設定主体である FASB と政府会計基準審議会（GASB），ならびに，これら両審議会の母体組織であり，監督機関でもある FAF を，1つの集合体として捉え，そのビジョン，ミッションおよびバリューなどを精緻化しているところに特徴がある。
　それでは，FASB を含む3つの基準設定の組織の「MVV」とは何か。
　2015年「戦略計画」において曰く，「私たち〔つまり，FAF, FASB および GASB：引用者〕が共有するミッションは，投資家やその他の財務報告の利用

者に有用な情報を提供するために,財務会計および財務報告の基準を確立および改善し,それらの基準を最も効果的に理解し,適用する方法について利害関係者を教育することである」(p.3)。また,「私たちの共通のビジョンは,財務会計と財務報告における認知されたリーダーとなることである」(p.2)と言う。

このビジョンを実現し,ミッションを遂行するにあたっては,いわゆる行動指針としてのコアとなる(中核的な)バリューに依拠する。基本的なバリューは,これまでの基準開発活動において特定され,明確にされてきており,具体的には次の6つであるとする(pp.4-5)。

(1) 誠実性(ミッションの中心をなすデュー・プロセスを遵守すること)
(2) 客観性(特定の視点または結論に与することなく,異なる見解を評価し,検討すること)
(3) 独立性(会計基準を特定の利害がない環境において開発すること)
(4) 透明性(プロセスへの関与とプロセスへの信頼性を向上するために「太陽の下で」活動すること)
(5) 包括性(幅広い利害関係者の見解を募り,思慮深い注意をもってこうした見解に耳を傾けること)
(6) リーダーシップ(高品質な会計基準の開発を先導すること)

こうした組織としてのMVVを提示した後,2015年「戦略計画」は,とくに共通のミッションを遂行するのに役立つ4つの戦略目標を掲げ,それぞれの目標を説く体系となっている。最後に提示された4つの戦略目標は,①引き続き基準設定における優秀さを実践し,これを推進すること,②基準設定におけるリーダーシップへのコミットメント(実効性ある仕組み)を行動で示すこと,③利害関係者との信頼関係を構築し,これを維持すること,および,④現在および将来の財務報告の問題に関する一般の議論を促進することからなる(pp.5-12)。

第3節　FAFの2022年「戦略計画」
　　　－ミッション，ビジョンおよびバリューと目標－

　混迷する社会や先行きのみえない環境のもとでは，目指すべきビジョンを実現し，ミッションを遂行するために，方策としての戦略を新たに策定することになる。2015年「戦略計画」に続き，新たな「戦略計画」の策定に向けて，FAFはまず2022年5月に「パブリックコメントのための戦略計画（案）」(Strategic Plan Draft for Public Comment：FAF (2022a)。以下，2022年「戦略計画（案）」と言う）を公表した[5]。寄せられたコメントレターの分析などを踏まえ，FAF評議員会は2022年11月15日に新たな「戦略計画」(FAF (2022b)：以下，2022年「戦略計画」という）を承認し，発表している。

　この2022年「戦略計画」の樹立にあたって，この後詳しく検討するように，SECコミッショナーが2022年「戦略計画（案）」での提案などに反対意見を表明したコメントレターを提出したことから，この新たな「戦略計画」は注目に値する。2015年「戦略計画」の樹立の際にはSECコミッショナーからのコメントレターが提出されていなかっただけに，2022年「戦略計画」のデュー・プロセスでは異彩を放つ。

　FAF，FASBおよびGASBを1つの集合体として捉えて策定した2015年「戦略計画」とは異なり，2022年「戦略計画」は，FAFの評議員会とスタッフの活動・責任を反映したものだというところに最大の特徴がある。だからこそ，**図表11－1**に対比して整理したように，2022年「戦略計画（案）」でのミッション，ビジョンおよびバリューという「MVV」は，FAFによるものだということが理解できるだろう。とはいえ，FASBとGASBの両議長も2022年「戦略計画」でのFAFのミッションやビジョンなどを支持している。投資家をはじめとする財務報告の利用者やその他の利害関係者へのオンライン調査とインタビュー，ならびに，2022年「戦略計画（案）」へのコメントレターを通じて，2022年「戦略計画」は樹立されたのである（FAF (2022b), p.3）。

　以下では，新たな戦略計画の樹立に向けたデュー・プロセスでのSECコミッショナーによるコメントレターを検討の端緒とするので，2022年「戦略計画（案）」での提案をベースにみていこう。

　2022年「戦略計画（案）」は，ミッション，ビジョンおよびバリューという

第11章　サステナビリティ報告の基準開発に対するSECコミッショナーの意見発信　229

図表11-1　2015年「戦略計画」と2022年「戦略計画」におけるFAFなどの「MVV」

		2015年「戦略計画」 (戦略計画主体：FAF, FASB, GASB)	2022年「戦略計画」 (戦略計画主体：FAF)
MVV	ミッション	私たちが共有するミッションは，投資家やその他の財務報告の利用者に有用な情報を提供するために，財務会計および財務報告の基準を確立および改善し，それらの基準を最も効果的に理解し，適用する方法について利害関係者を教育することである。	私たちのミッションは，ガバナンスと監督を通じて，財務会計基準審議会（FASB）と政府会計基準審議会（GASB）が，投資家や財務報告のその他の利用者に意思決定に有用な情報を提供する高品質な財務会計と報告基準を確立し，改善し，すべての利害関係者のこれらの基準の理解と作成者の基準の効果的な実施能力を向上させることである。
	ビジョン	私たちの共通のビジョンは，財務会計と財務報告における認知されたリーダー（指導者）となることである。	財務会計財団のビジョンは，両審議会を含む当組織が，アメリカにおける財務会計と報告基準設定のリーダーとして，また世界的に卓越したリーダーおよび協力者として認識され，信頼されるようになることである。
	（コアな）バリュー	①誠実性 ②客観性 ③独立性 ④透明性 ⑤包括性 ⑥リーダーシップ	①アカウンタビリティ（説明責任）を伴う独立性 ②卓越性 ③透明性 ④完全性 ⑤包括性

注：2022年「戦略計画（案）」では，FAFのバリューの順序は，①卓越性，②包括性，③アカウンタビリティ（説明責任）を伴う独立性，④完全性，⑤透明性であった。
出所：FAF, FASB, GASB（2015），pp.2-5およびFAF（2022b），pp.4-5をもとに作成。

「MVV」に続いて，6つの目標（Goal）と各目標での目的（Objective）を盛り込んでいる。**図表11−2**は6つの目標を示しているが，最終的な2022年「戦略計画」の樹立のプロセスで，6つの目標のうち，2つの目標（目標＃2と目標＃3）が修正されている事実をうかがい知ることができる。

時代の変化を捉えて，新しいテクノロジーやダイバーシティ（多様性）などとともに，サステナビリティに関わる目標を新たに組み入れている。6つの目標のなかでとくに注目すべきは，これまでの財務会計や財務報告基準とは異なるサステナビリティ報告基準についての目標＃6だと言ってよい。

図表11−2　2022年「戦略計画（案）」と2022年「戦略計画」での6つの目標

	2022年「戦略計画（案）」	2022年「戦略計画」
目標＃1	公益に資するために，資本市場における独立した基準設定の重要性を促進すること	公益に資するために，資本市場における独立した基準設定の重要性を促進すること
目標＃2	財務会計と財務報告の基準を確実に進化させること	財務会計と財務報告の基準を必要に応じて確実に進化させること
目標＃3	利害関係者からの初期の意見の収集から基準の提供と利用に至るまで，基準設定プロセスをより効果的かつ生産的なものにするために新しいテクノロジーを活用すること	利害関係者からの初期の意見の収集から基準の提供と利用に至るまで，基準設定プロセスをより効果的かつ生産的なものにするために新しいテクノロジーを取り入れ，既存のテクノロジーをさらに活用すること
目標＃4	ダイバーシティ（多様性），公平性および包括性の向上に向けた取組みをさらに強化すること	ダイバーシティ（多様性），公平性および包括性の向上に向けた取組みをさらに強化すること
目標＃5	グローバルな財務報告においてリーダーシップを発揮すること	グローバルな財務報告においてリーダーシップを発揮すること
目標＃6	当該組織が将来のサステナビリティ報告に貢献するための方法を決定するために，利害関係者，規制当局および連邦議会と協力すること	当該組織が将来のサステナビリティ報告に貢献するための方法を決定するために，利害関係者，規制当局および連邦議会と協力すること

出所：FAF（2022a），pp.6-9およびFAF（2022b），pp.6-11をもとに作成。

2022年「戦略計画」がFAFだけのものに絞られたとはいえ，高品質な財務会計と財務報告の基準を確立し，改善するというミッションは引き続き掲げている。

　それでは，なぜFAFは新たに将来のサステナビリティ報告への貢献という目的を盛り込んだのだろうか。

　まずは，サステナビリティに関連する報告の一貫性と比較可能性を高めるために，投資家や財務報告の他の利用者から需要が高まっていることがある。FAFはこの点を認識しつつ，サステナビリティ報告への関与について次のように説明する。すなわち，「グローバルな財務会計と報告基準の設定の品質と完全性へのコミットメント（実効性ある仕組み）を考えると，私たちは，利害関係者，規制当局および連邦議会を積極的に監視し，また関与して，私たちの組織が，サステナビリティ報告に関連する将来の基準設定に必要に応じて建設的な貢献を行なうことができるようにします」（FAF（2022a），p.9）。

　2022年「戦略計画」での6つの目標にはそれぞれ目的も記している。サステナビリティ報告に関する目標＃6には，次頁の**図表11－3**のように，4つの目的が提示されている（FAF（2022a），p.9）。

図表11－3　目標♯6での4つの目的

	2022年「戦略計画(案)」	2022年「戦略計画」
目標♯6に関わる目的	●サステナビリティ報告を取り巻く状況を引き続き評価し，利害関係者であるアメリカ証券取引委員会（SEC），連邦議会および必要に応じてその他の連邦，州，地方の政府機関の意見を求め，関与することで，彼らの視点を理解し，アメリカにおける将来のサステナビリティ報告の枠組みにどのような能力や専門知識を提供できるかを検討すること ●財務会計と財務報告との相互の関連性を含む，サステナビリティ報告の進化に関して利害関係者から何を学んでいるかについて，両審議会との積極的な対話を維持すること ●適切な監督を通じて，GAAPと投資家や財務報告のその他の利用者のサステナビリティ情報のニーズとの間の進化する相互作用について，両審議会が常に情報を得られるようにし，そのために必要なリソースを両審議会に提供すること ●IFRS財団，SECおよびサステナビリティ報告に関与するその他の機関の活動を注意深く監視し，必要に応じて関与すること	●両審議会とともに，サステナビリティ報告を取り巻く状況を引き続き評価し，利害関係者であるアメリカ証券取引委員会（SEC），連邦議会および必要に応じてその他の連邦，州，地方の政府機関の意見を求め，関与することで，彼らの視点を理解し，アメリカにおける将来のサステナビリティ報告の枠組みにどのような能力や専門知識を提供できるかを検討すること ●財務会計と財務報告との相互の関連性を含む，サステナビリティ報告の進化に関して利害関係者から何を学んでいるかについて，両審議会との積極的な対話を維持すること ●適切な監督を通じて，GAAPと投資家や財務報告のその他の利用者のサステナビリティ情報のニーズとの間の進化する相互作用について，両審議会が常に情報を得られるようにし，そのために必要なリソースを両審議会に提供すること ●両審議会とともに，IFRS財団，SECおよびサステナビリティ報告に関与するその他の機関の活動を注意深く監視し，必要に応じて関与すること

出所：FAF（2022a），p.9およびFAF（2022b），p.11をもとに作成。

第4節　SECコミッショナーによるFAFの2022年「戦略計画（案）」に対する反対表明
－FAFによるサステナビリティ基準設定への批判－

　本章の冒頭でも述べたように，FAFの2022年「戦略計画（案）」に寄せられた22通のコメントレターの1つは，SECコミッショナーであるパースとウエダの連名によるコメントレター（Peirce and Uyeda（2022a）；Peirce and Uyeda（2022b））である[6]。両者はいずれも共和党系のSECコミッショナーである。

　パースとウエダがコメントレターで反対意見を表明したのはただ1つ，2022年「戦略計画（案）」における目標＃6（当該組織が将来のサステナビリティ報告に貢献するための方法を決定するために，利害関係者，規制当局および連邦議会と協力すること）に対してである。FAFが，「サステナビリティの基準設定をめぐる激しい争いに足を踏み込むという決定は，魅力的ではあるかもしれませんが，そのビジョンの達成を妨げるものになります。それこそが計画案から目標＃6を削除することを検討していただきたい理由なのです」と説く（Peirce and Uyeda（2022a），p.6）。FAFのビジョンに照らし，サステナビリティ基準の設定活動に参画することに反対意見を表明したのである。

　この反対意見は，ポイントになる見解を紡ぎながら要約すると，次の2つの理由から導き出されている。

□**理由1：会計基準とサステナビリティ基準は根本的に異なること**（Peirce and Uyeda（2022a），pp.2-4：斜体は原文のまま）

　「財務会計の基準設定とは異なり，サステナビリティの基準設定は，十分に研究され確立された専門知識の不足に悩まされています。サステナビリティ基準は，憶測とデータギャップ〔必要なデータと利用できるデータの乖離：引用者〕に基づいて構築されています」。

　「投資家のために会社の正確な財務状況を描くという財務報告の唯一の焦点は，客観的で，監査可能で，定量化可能で，比較可能な指標に役立ちます。

　逆に，サステナビリティ基準は不正確で，一貫性がなく，的を絞っていません」。

　「財務報告は，すべての投資家（定義上は，財務リターンに利害を共有する者）に利益をもたらしますが，サステナビリティ報告は，サステナビリティが現在の意思決定に影響を及ぼす投資家にのみ利益をもたらします。サステナビリティ基準はさまざまな目的を有する幅広い利害関係者を対象としており，その一部

は互いに矛盾する可能性があります。明確な対象者や目的がなければ、サステナビリティ基準の範囲や主題に制限がなくなってしまいます」。

□**理由2：ESG関連の基準設定を導入することは、現行の会計基準と当該会計基準の独立性を守るFAFのインテグリティ（誠実性）が損なわれる可能性があること**（Peirce and Uyeda（2022a），pp.4-6：傍点と下線は引用者）

「正確で一貫したサステナビリティ基準を策定することは言うに及ばず、定義することができないことは、主観性と政治的影響を招くことになります。FAFがESG基準設定ビジネスに参入するとしたら、論争の的となるトピックにいくらでも引き込まれることになるでしょう」。

「FAFは、こうした政治的影響から会計基準設定を守るために尽力してきました。実際に、FAFが多重階層構造になっている重要な理由の1つは、FAF評議員会がFASBとGASBに干渉できることです。当財団〔FAF：引用者〕は、FASBが不当な政治的影響を受けることなく活動できるコクーン（繭）として機能しています」。

「政治的な関心がかなり強い分野での基準設定でFAFを巻き込むことは、組織が過去半世紀にわたって維持してきたインテグリティを損なうことになります」。

「FAFが、直接的であれ間接的であれ、これほど主観的なものに関与することは、アメリカの資本市場にとって非常に重要な現在の財務報告基準設定プロセスの独立性と中立性を危険にさらすことになります。……財務会計の基準設定の独立性を保護しようとするFAFの試みは、本質的に政治的なサステナビリティの基準設定によって弱体化されることになります」。

「目標＃6は、それがいかに正確かつ客観的な財務報告を損なうかを議論していません。これは、FAFが独自に保護する責任を負っています。政治色の強い新たなイニシアティブをとることは、財務会計基準設定の独立性を、その基準を形成しようとする政治的な試みから保護するというFAFの歴史的な目的を損なうことになります」。

興味深いのは、サステナビリティの基準設定は政治的色彩が強いと断じていることだ。上記の理由1にみられる「財務会計の基準設定とは異なり、サステナビリティの基準設定は、十分に研究され確立された専門知識の不足に悩まされています」は、FAF評議員会のメアリー・バース（Mary Barth）副議長による言葉でもある（Barth（2021））。いずれの分野であれ、科学的データや知見をベースにしないもの、または、しにくいものには政治的意図が介入（政治介入）しやすい。

FAFが2022年「戦略計画」にサステナビリティの基準開発に関与する目標＃6を盛り込むこととなった誘因は，主として2つある。まずは，同じく会計基準設定主体を擁するIFRS財団がサステナビリティの基準開発へ参画したことである。さらに，SECが気候関連開示の強化に取り組み始めたことである。現にFAFは2022年「戦略計画」の目標＃6で，「IFRS財団による国際サステナビリティ基準審議会（ISSB）の設立やアメリカ証券取引委員会による上場企業の気候〔関連：引用者〕開示のための規則設定案などといった最近の展開は，将来のサステナビリティ報告の展望を形作っています」（FAF（2022a），p.9）と述べている[(7)]。

　ISSBの設立をはじめ，「気候第一アプローチ」（'Climate-first' Approach：IFRS Foundation（2020），p.12）によるサステナビリティ基準開発については，IFRS財団が先を歩く。この第1の誘因である，IFRS財団によるサステナビリティ基準開発への参画に対しても，SECコミッショナーのパースは一貫した姿勢を示す。FAFによる2022年「戦略計画（案）」に対して表明された反対意見を通じてよりも，むしろISSB設立に伴うIFRS財団の定款修正案に対する意見表明は，より具体的かつ詳細である。FAFとIFRS財団によるいずれのものであれ，重なり合うところがある。ここで耳を傾けてみよう。

第5節　SECコミッショナーによるISSB設立のための IFRS財団定款修正案に対する反対表明
－IFRS財団によるサステナビリティ基準設定への批判－

■「私は，確立された国際会計基準の設定主体である国際会計基準審議会（IASB）と同じ傘下にサステナビリティ基準審議会を設置することの魅力については理解しています。**とは言っても，〔IFRS：引用者〕財団は危険を承知でサステナビリティの基準設定を試みることは避けるべきです。**そうした基準設定の活動は，(ⅰ)サステナビリティの基準と財務報告の基準を不当に同一視することになり，(ⅱ)財団の現行の重要な投資家中心の活動を弱体化することになり，そして(ⅲ)ガバナンス上の深刻な懸念を引き起こすからです」（Peirce（2021a），p.1。下線と強調は引用者）。

　この意見は，SECコミッショナーのパースが，2021年4月にIFRS財団が公表したサステナビリティに関する国際的な報告基準を策定する基準設定主体の設置に向けた公開草案（「IFRSサステナビリティ基準を設定する国際サステナビリ

ティ基準審議会を設立するためのIFRS財団定款の的を絞った修正案」(IFRS Foundation (2021)))に対して発出したコメントレター (Peirce (2021a))の冒頭での要点である。この公開草案に寄せられたコメントレターは176通にのぼるが (IFRS Foundation Website, Exposure Draft and comment letters 参照)[8]、そのほとんどが機関や団体からのものが占めるなかで、SECコミッショナーによるコメントレターの発出は、やはり個人の見解とはいえ異彩を放つ。

そもそもこのISSB設立に向けた公開草案は、IFRS財団の「定款」を修正する次の3つの提案についてコメントを求めたものであった (IFRS Foundation (2021))、par.8)。

(1) IFRS財団のガバナンス構造のもとでIFRSサステナビリティ基準を設定する審議会 (すなわち、ISSB) を創設するために、IFRS財団の目的を拡張すること
(2) 新審議会の構造および機能を示すこと
(3) 「定款」の他の部分を新審議会の創設に整合させること

パースは、IFRS財団のもとにISSBを設置し、IFRSサステナビリティ基準を設定することに反対意見を表明している。まずはその3つの理由を、公開草案とそのもとでのIFRS財団定款 (的を絞った修正案) の関連条項も交えながら (また必要に応じて、IFRS財団の「サステナビリティ報告に関する協議ペーパー」(IFRS Foundation (2020)) の内容も織り込みながら)、端的に整理しておこう。

□**理由1：会計基準とサステナビリティ基準は根本的に異なる** (Peirce (2021a), pp.1-5)

会計基準とサステナビリティ基準を同一視することは、投資家を誤解させるおそれがある。

財務報告の唯一の焦点である投資家のために企業の正確な財務状況を描くことは、客観的で、監査可能で、定量化可能で、しかも比較可能な指標に適している。これに対して、「サステナビリティ」という用語は不正確なだけでなく、サステナビリティの基準設定とサステナビリティ報告の目的はあまねく合意されておらず、また時間が経過しても一貫していない。サステナビリティの基準設定は、財務会計の基準設定よりも主観的で、精度が低く、焦点が絞られておらず、制約のない活動となる。

サステナビリティ基準は，財務報告基準にみられる同じ程度の正確性，比較可能性，客観性および信頼性を広範囲の発行体の報告全体にわたって促進することはない。IASB は「経済的」意思決定に使用するための基準を策定することを任務としているが，「経済的」は明らかに ISSB の任務から外れている（**図表11－4**での IFRS 財団定款の修正案第2条(a)と(b)の波線部を参照されたい）。また，評議員は投資家のニーズについても幅広い見解を採用しているため，ミッションクリープ（当初の目的や目標以上に活動が拡大すること）に繋がる可能性がある。

加えて，IFRS 財団定款の的を絞った修正案の第2条(b)で，ISSB の目的には「マルチステークホルダーのサステナビリティ報告と結合する」という目標が含まれており，投資家以外の利害関係者のニーズに応えることを意図していることが強調されている。IFRS 財団がこうした役割を担う理由として，「サステナビリティ報告に関する協議ペーパー」は財務報告基準とサステナビリティ基準との間のシナジー（相乗効果）を指摘するが（**図表11－5**を参照されたい），詳細には触れていない。

確かに，ISSB は IFRS 財団の傘下で IASB の姉妹組織として，信用と信頼のパティナ（品位，風格）を自動的に享受することになるが，こうした姉妹関係はサステナビリティ基準を特徴づける仮定，曖昧さおよび不確実性を覆い隠

図表11－4　IFRS 財団定款（的を絞った修正案）第2条（一部）

第2条　IFRS 財団の目的は，次のとおりである。	
(a)　IASB を通じて，公益に資するよう，明確に記述された原則に基づく，高品質で理解可能な，強制力のある国際的に認められる財務報告基準の単一のセットを開発すること。これらの基準は，財務諸表その他の財務報告において，高品質で透明性があり，かつ比較可能な情報を要求すべきである。投資者，世界の資本市場の他の参加者及び他の財務情報利用者の適切な**経済的意思決定**に役立つものとするためである。	(b)　ISSB を通じて，公益に資するよう，明確に記述された原則に基づく，高品質で理解可能な，強制力のある国際的に認められるサステナビリティ基準の単一のセットを開発すること。これらの基準は，企業報告において，高品質で透明性があり，かつ比較可能な情報を要求すべきである。投資者，世界の資本市場の他の参加者の**意思決定**に役立ち，マルチステークホルダーのサステナビリティ報告と結合するためである。

出所：IFRS Foundation (2021), IFRS® Foundation *Constitution*, 2 (a) and (b), p.16. 下線は原文のまま，波線部は引用者追記。なお，訳文は企業会計基準委員会によるものを用いている。以下，同様。

図表11－5　IFRS財団「サステナビリティ報告に関する協議ペーパー」での新しいサステナビリティ基準審議会

パート3：新しいサステナビリティ基準審議会	
25．IFRS財団の制度上のガバナンス構造の下でSSB〔サステナビリティ基準審議会：引用者〕を設置するという提案は，財務報告と一体性があり関連付けられたサステナビリティ報告のフレームワークを開発するという目的と，投資者及び財務諸表の他の主要な利用者に役立つというIASB自身の使命を達成することができるであろう。	26．SSBは，IFRS財団の基準設定プロセス，デュー・プロセス手続及びネットワークを活用し手直しすることができる。SSBは，新しいサステナビリティ報告基準の一貫した使用及び適用を促進し，サステナビリティ報告団体，政府，規制当局及び他の利害関係者の間での，一層のコンバージェンスを達成するための国際的な協力及び協調に寄与することができよう。

出所：IFRS Foundation (2020), Part 3 : A new Sustainability Standards Board, pars.25 and 26, pp.8-9.

し，財務報告基準とは区別することになる。サステナビリティ基準と財務報告基準を一体化させるという計画は，シナジーを生み出す可能性は低く，むしろ財務報告を支える基準，ひいては財務報告の客観性，信頼性および比較可能性を損なうことで，投資家が財務報告を分析することをより困難にする可能性が高い。

□**理由2：新しいサステナビリティ基準審議会は，IFRS財団の現行の重要な活動を弱体化するおそれがある**（Peirce（2021a），pp.5-6）

　IFRS財団の傘下に新たな別の審議会を加えることは，IFRS財団に時間，リソース（資源）および注意を必要とさせてしまうことになる。

　つまり，ISSBの設置と監視に費やされる時間が，IASBの監視に向けられなくなってしまう。また，財務会計の専門知識とサステナビリティの専門知識はまったく異なる知識や技能であり，サステナビリティの専門家を評議員会または諮問委員会のメンバーとして迎えることは，会計基準や財務報告の専門知識からの注意を薄める可能性がある。IFRS財団定款（的を絞った修正案）第15条によれば，評議員会にはエグゼクティブ・ディレクターを任命し，その職務契約を締結し，業務の遂行基準を定める権限があるが，エグゼクティブ・ディレクターを任命する際に，IASBとISSBの両審議会と協議しなければならなくなり（**図表11－6**を参照されたい），会計基準設定に対するIFRS財団とエグ

第11章　サステナビリティ報告の基準開発に対する SEC コミッショナーの意見発信　　239

図表11－6　IFRS 財団定款（的を絞った修正案）第15条（一部）

第15条　上記の職務に加えて，評議員会は次のことを行わなければならない。	
(a) <u>IASB 及び ISSB</u> ~~審議会~~メンバーを任命し，その職務契約を締結し，業務の遂行基準を定める。	(b) <u>IASB 及び ISSB</u> ~~審議会~~の議長と協議してエグゼクティブ・ディレクターを任命し，その職務契約及び業績評価基準を設定する。

出所：IFRS Foundation（2021），IFRS® Foundation *Constitution*, 15 (a) and (b), p.19. 下線と取り消し線は原文のまま。

ゼクティブ・ディレクターの注意を薄めることになる。

　さらに，テクニカル・スタッフは IASB と ISSB の両議長に対して説明責任を負うことになるため，テクニカルな会計問題にだけに打ち込む姿勢が弱まってしまうことになる。加えて，IFRS 財団定款（的を絞った修正案）第6条によれば，ISSB への全面的な支援が全評議員会の要件となるため，サステナビリティ報告書と財務報告書を等しく評価しない者は IFRS 財団の役職に就任する資格がなくなり，また第44条で規定する，IFRS 財団が重視するダイバーシティ（多様性）が制限されてしまう（**図表11－7**を参照されたい）。

□理由3：定款の条項案は，新審議会の基準の完全性を損なう可能性がある
　　　　（Peirce（2021a），pp.6-8）

　適切なガバナンス，構造上の保護および財政支援を通じて ISSB の独立性を守ることは，ISSB の信頼性にとって不可欠である。

　新しい基準は既存の基準に取って代わるか，または既存の基準を補完することになりそうで，多額の資金が必要とされており，実質的なグローバルな資本の流れを方向づけることになる。そのため，多くの利害関係者が ISSB の基準設定に影響を与えようとする。

(1)　ガバナンスの問題

　IFRS 財団定款の修正案に組み込まれているいくつかのガバナンスの問題が，懸念を引き起こす。

　IFRS 財団は，ISSB に適用される定款修正が IASB に適用されるものとは同一ではないことを認めたうえで，「新審議会が基準設定において適切なレベルの成熟に至ること及び評議員会の戦略的な方向性の範囲内で技術的専門性を開

図表11−7　IFRS財団定款（的を絞った修正案）第6条・第44条（一部）

評議員会	国際サステナビリティ基準審議会(ISSB)
第6条　**すべての評議員は,** 財務・金融に関する知識を有し <u>要求される期限を守る</u> ことができる能力をもつことを，IFRS財団 <u>並びに</u> 及び，**質の高いグローバルな基準設定主体である IASB 及び ISSB** <s>審議会</s> **に対して，厳格に誓約することが要求される。** 各評議員は，世界の資本市場においてあるいはその他の利用者によって利用される，高品質で国際的な会計基準 <u>及びサステナビリティ基準</u> の導入及び適用に関連する課題について，理解があり，敏感でなければならない。評議員会の構成は，<u>技能，経験及び視点の幅広い組合わせを確保するため，</u> 世界の資本市場及び多様な地域的あるいは職業的背景を幅広く反映するものでなければならない。(中略)	第44条　<u>ISSB のメンバー資格の主たる要件は，専門的能力及び最近の関連性のある専門的経験である。評議員会は，グループとしての ISSB が高品質でグローバルな財務報告基準の開発に寄与できるようにするため，ISSB が技術的専門性及び多岐にわたる国際ビジネスと市場の経験を有する人々（監査人，作成者，利用者，学識者及び市場・金融規制当局者を含む）の最善の組合わせで構成されるように，本定款の付属文書に示されている「ISSB メンバーの要件」に合わせて，ISSB メンバーを選出する。</u>**技能，経験及び視点の幅広い基盤が必要とされ，**したがって，ISSB メンバーは，サステナビリティに関連性のある多様な範囲の専門性及び役割を反映する職業的背景も有している場合がある。(中略)

注：付属文書の「ISSB メンバーの〔選出：引用者〕要件」には，①サステナビリティおよび報告についての証明された専門的能力および知識，②分析能力，③コミュニケーション技術，④慎重な意思決定，⑤サステナビリティ報告を取り巻く環境の認識，⑥対等の精神で協働する能力，⑦インテグリティ（誠実性），客観性および規律性，⑧IFRS財団のミッションおよび公益に対する確約が提示されている（IFRS Foundation (2021), pp.34-35）。
出所：IFRS Foundation (2021), IFRS® Foundation *Constitution*, 6 and 44, p.17, p.27. 下線と取り消し線は原文のまま，強調と波線は引用者追記。

発することを可能にするため」（IFRS Foundation (2021), par.14）には，より低い基準が適切だと説明している。この修正案の第24条と第43条によれば，たとえば，ISSB が現在の IASB で認めているよりも多くの非常勤メンバーで構成することが認められる（**図表11−8**にあるように，非常勤メンバーは，IASBでは14名中3名までであるのに対して，ISSB では「少数」まで，つまり14名中6名まで可能となる）。外部からの雇用が非常勤メンバーの客観性を損なうおそれがあ

第11章 サステナビリティ報告の基準開発に対するSECコミッショナーの意見発信　241

図表11－8　IFRS 財団定款（的を絞った修正案）第24条・第43条（一部）

国際会計基準審議会（IASB）	国際サステナビリティ基準審議会（ISSB）
第24条　国際会計基準審議会（IASB-審議会）は通常は14名のメンバーで構成する。IASB-審議会のメンバーは，第15条(a)に基づいて評議員会により任命される。**3名までは非常勤メンバー**（「非常勤」の表現は，当該メンバーは自分の時間の大半を IFRS 財団との有給雇用関係に置くことを意味する）でもよく，評議員会が制定する独立性に関する適切なガイドラインを遵守しなければならない。（中略）	第43条　国際サステナビリティ基準審議会（ISSB）は通常は14名のメンバーで構成する。ISSBのメンバーは，第15条(a)に基づいて評議員会により任命される。**ISSBメンバーのうち少数は非常勤メンバー**（「非常勤」の表現は，当該メンバーは自分の時間の大半を財団との有給雇用関係に置くことを意味する）でもよく，評議員会が制定する独立性に関する適切なガイドラインを遵守しなければならない。（中略）

出所：IFRS Foundation（2021），IFRS® Foundation *Constitution*, 24 and 43, p.22, pp.26-27. 下線と取り消し線は原文のまま，強調と波線は引用者追記。

るため，利益相反の懸念が高まる[9]。

(2) 構造上の問題

提案された手続上の決定も懸念を引き起こす。

図表11－9に示したように，絶対多数のメンバーによる承認を必要とするIASBの基準とは違って，ISSBの基準は単純多数決による承認だけを必要とする。この低いレベルの承認基準は，サステナビリティ基準に関するコンセンサスを得ることの難しさを暗黙裡に認識している。また，定款修正案には，「実質的な修正が提案されていない領域」がある。デュー・プロセスもその1つで，「新審議会のデュー・プロセスに関する手続の改訂の可能性は別個に検討される」（IFRS Foundation（2021），par.10(f)）ため，基準設定プロセスがどのように機能するかの理解が難しくなっている。

独立性の観点から懸念されるのは，ISSBが「サステナビリティ報告の基準設定に関心を有している関連する利害関係者とのリエゾン関係を確立し維持していく」とする定款修正案の第46条についてである。この条項は，IASBが第27条によって，「各国の会計基準設定主体，他の基準設定主体及び基準設定に関与しているその他の正式な機関とのリエゾン関係を確立し，維持していく」

図表11－9　IFRS 財団定款（的を絞った修正案）第35条・第54条（一部）

国際会計基準審議会（IASB）	国際サステナビリティ基準審議会（ISSB）
第35条　公開草案又は IFRS 会計基準書（IAS®基準書又は解釈指針委員会の IFRIC 解釈指針を含む）の公表には，~~IASB 審議会メンバーのうち8名（総員13名以下の場合）又は9名（総員14名の場合）の承認~~を必要とする。ディスカッション・ペーパーの公表等，IASB のその他の決定事項については，~~IASB 審議会~~メンバーの最低でも60％が直接又は通信手段を介して参加した会議において，出席した~~IASB 審議会~~メンバーの単純過半数を必要とする。	第54条　公開草案又は IFRS サステナビリティ基準書の公表には，**ISSBメンバーの単純過半数の承認を必要**とする。ディスカッション・ペーパーの公表等，ISSB のその他の決定事項については，ISSB メンバーの最低でも60％が直接又は通信手段を介して参加した会議において，出席した ISSB メンバーの単純過半数を必要とする。（中略）

出所：IFRS Foundation (2021), IFRS® Foundation *Constitution*, 35 and 54, p.24, p.28. 下線と取り消し線は原文のまま，強調と波線は引用者追記。

ことを要求されるものよりもはるかに制約のないものとなっており（**図表11－10を参照されたい**），基準設定に不適切な影響を及ぼす余地がある。ISSB が「詳細な調査又は他の作業を各国の基準設定主体又は他の組織に委託することができる」（第55条(e)）というアウトソーシング（外部委託）に関する規定も，独立性についての懸念をもたらす。

「幅広い国際的な基礎を確保するため」の IASB メンバーの地理的構成は，①アジア・オセアニア地域（4名），②欧州（4名），③アメリカ大陸（4名），および，④アフリカ（1名）の4つの地域別配分に加えて，「全体の地理的バランスの確保を条件に，任意の地域から1名」（第26条(e)）の枠を設けているのに対して，ISSB メンバーも4つの地域別配分から構成されるが（IASB と同様に，アフリカは1名とするが，他の3つの地域は3名），「任意の地域から4名」（第45条(e)）としている。こうした裁量を ISSB に与えると，ISSB の独立性と客観性が損なわれる可能性がある。より望ましい構成は，IASB の地理的バランスを再現して，「EU と当財団との間で確立されている特定の関係」（Appendix B, B12）とバランスを取るためにアメリカ大陸の代表者を増やし，また発展途上

図表11－10　IFRS財団定款（的を絞った修正案）第27条・第46条（一部）

国際会計基準審議会（IASB）	国際サステナビリティ基準審議会（ISSB）
第27条　IASB 審議会は，IFRS会計基準の発展を支援し各国の会計基準とIFRS会計基準我々の基準とのコンバージェンスを促進するために，評議員会と協議のうえ，各国の会計基準設定主体，他の基準設定主体及び基準設定に関与しているその他の正式な機関とのリエゾン関係を確立し，維持していくことが期待される。	第46条　ISSBは，サステナビリティ基準の開発を支援し各国及び各地域のサステナビリティ報告基準とIFRSサステナビリティ基準とのコンバージェンスを促進するために，評議員会と協議して，サステナビリティ報告の基準設定に関心を有している関連する利害関係者とのリエゾン関係を確立し維持していくことが期待される。

出所：IFRS Foundation (2021), IFRS® Foundation *Constitution*, 27 and 46, p.23, p.27. 下線と取り消し線は原文のまま。

国への配分を1枠増やすことである。

　ISSBが気候関連事項に関する国際的な基準を開発する必要の緊急性についても懸念がある。

　「公開草案」では，「評議員会は，2021年11月に開催が予定されている国連の気候変動会議（COP26とも呼ばれる）の前に，新審議会に関する最終決定を行うように依然として順調に進んでいる」（Appendix B, B26）と言うが，こうした重要な変更を急いで行なうと，新審議会や最終的に設定される基準に設計上の欠陥が生じる可能性が高まる。ISSBを立ち上げるかどうかについてのIFRS財団の最終決定の前に，すでに当該財団はISSBの議長と副議長の指名を要請までしている。

(3)　財政支援の問題

　さらに，ISSBの財政支援にも懸念がある。

　評議員会は，「当財団のガバナンス構造の下で新審議会を設置するために必要となる新たな資金調達〔とその資金：引用者〕を確保するための作業」（Appendix B, B16）の重要性を認識し，また「当該審議会の将来及び独立性を確保するために広範囲の資金源を求めている」（Appendix B, B18）ものの，資金の出所については特定していない。官民の団体からの寄附に依存するIFRS財団の現行の資金調達の構造でさえ，独立性の課題を示している[10]。IFRS財団は，ISSB

を設立する前に資金調達の問題を解決する必要がある。

　以上のとおり，3つの理由から，パースはIFRS財団にIASBのいわゆる姉妹組織としてISSBを設立する計画の再考を求めているのである。IFRS財団の取組みの原動力となる目的，すなわち，単一のグローバルに認められた，一貫して適用されるサステナビリティ基準は，「善意的だが非現実的であり，この取組みの中心にある重要事項を損なう可能性がある」（Peirce（2021a），p.9）と説き，繰り返し強く反対意見を表明する。

第6節　FAFの2022年「戦略計画（案）」に寄せられたコメントレターの分析

　以上のように，FAFであるかIFRS財団であるかを問わず，サステナビリティ報告基準の設定やESG関連の基準設定の導入には否定的であることに変わりない。投資家や財務報告のその他の利用者の意思決定に有用な情報を提供するための基準開発，あるいは，世界中の金融市場に透明性，アカウンタビリティ（説明責任），効率性をもたらす基準開発などをそれぞれのミッションに掲げる2つの基準の開発・整備の運営母体が，新たにサステナビリティ報告基準の開発に貢献する見解には一点で通底する。

　実のところ，FAFによる2022年「戦略計画（案）」の目標#6への反対意見は，SECコミッショナーであるパースとウエダに限ったものではない。

　2022年「戦略計画（案）」に寄せられたすべてのコメントレターを読み解き，それらの意見を整理すると，**図表11-11**のようになる。目標#6の提案に賛意を表したのは（目標#6への具体的コメントはないものの，2022年「戦略計画（案）」を支持したものも含む），全22通のコメントレターのなかで6通である。10通のコメントレターは，プロジェクトや戦略計画（案）を支持しつつ，具体的な改善・修正勧告意見および要望などを明記している。他方において，目標#6の提案に明確な反対意見を寄せたものも6通ある。

1　賛成意見，改善・修正勧告意見および要望とその特徴

　目標#6の提案に賛意や改善・修正勧告や要望を付して支持を表したのは，会計監査に関わる組織や会計事務所などであることは1つの特徴でもある。

第11章　サステナビリティ報告の基準開発に対する SEC コミッショナーの意見発信　　245

図表11－11　FAF による2022年「戦略計画（案）」の目標＃6に対するコメントレターの賛成意見・反対意見

FAF「パブリックコメントのための戦略計画案」（2022年5月）	
目標＃6	
賛成意見	反対意見
① AICPA（2022）[1] ② Deloitte & Touche LLP（2022） ③ Center for Audit Quality（CAQ）（2022） ④ Financial Executives International's（FEI）Committee on Corporate Reporting（CCR）（2022） ⑤ Accenture plc（2022） ⑥ Bank of America（2022）	① Forrestel（2022） ② Financial Management Standards Board（FMSB）of the AGA（2022） ③ Dan Ebersole（2022） ④ National Association of State Auditors, Comptrollers and Treasurers（NASACT）, the Government Finance Officers Association（GFOA）and the National Conference of State Legislatures（NCSL）（2022） ⑤ SEC Commissioners Hester Peirce and Mark Uyeda（2022） ⑥ Tennessee Comptroller of the Treasury, Department of Audit（2022）
改善・修正勧告意見および要望	
① Financial Reporting Committee of the Institute of Management Accountants（2022） ② King County–Finance & Business Operations Division–Department of Executive Services（2022）[2] ③ American Bankers Association（ABA）（2022） ④ Commonwealth of Virginia–Auditor of Public Accounts（2022） ⑤ Ernst & Young LLP（2022） ⑥ National Association of State Boards of Accountancy（NASBA）（2022） ⑦ KPMG LLP（2022） ⑧ Office of the Washington State Auditor（2022） ⑨ PricewaterhouseCoopers LLP（2022） ⑩ CFA Institute（2022）	

注：(1) 目標＃6に対する具体的コメントはないが，FAF の2022年「戦略計画（案）」は支持している。
　　(2) 目標＃6に対する具体的コメントはないが，地方政府の財務会計と報告基準の問題について提案している。
出所：FAF Website, Comment Letters on May 2022 Working Draft でのコメント・レター（全22通）をもとに作成。

アメリカ公認会計士協会（AICPA）をはじめ，四大会計事務所（Big 4 Accounting Firms：ビッグ4）のデロイト・トウシュ（Deloitte Touche）LLP やプライスウォーターハウスクーパース（PricewaterhouseCoopers（PwC））LLP は，FAF が提案するミッション，ビジョン，バリューおよび戦略目標と目的を支持する，あるいは，FAF がサステナビリティ報告に関連する将来の基準設定に建設的に貢献することを確実なものにするために，構成員である利害関係者，規制当局および連邦議会を積極的に監視し，関与するという戦略計画の目標＃6やその目的の提案に同意している。財務報告に関する高品質の基準設定の厳格さが，気候をはじめとするサステナビリティやその他の企業報告の基準開発にも同じように重要だとするスタンスにある（AICPA（2022），p.1；Deloitte Touche LLP（2022），p.2；PwC LLP（2022），pp.4-5）。

サステナビリティ報告は財務報告と直接関連しているか否かの認識は，賛成意見と反対意見との間で対峙する点でもある。

たとえば，PwC LLP のように，FAF のミッションにはすでに企業報告のより広範な概念が含まれており，非財務情報と財務情報に関する基準間の一貫性を重視する立場からは，それにより投資家の目的適合性を確保できると説く（PwC LLP（2022），pp.4-5）。一方，ワシントン州監査局（Office of the Washington State Auditor）は，サステナビリティ報告は財務会計とは根本的に異なるテーマのもので，さまざまな専門知識が必要であり，財務諸表とは別に報告することで恩恵を受けるとして，IFRS 財団の ISSB と同じように，別の審議会を設立して検討する必要性を説く（Office of the Washington State Auditor（2022），pp.2-3）。

「ビッグ4」の一角を占める KPMG LLP とアーンスト・アンド・ヤング（Ernst & Young）LLP のコメントは，若干異なる。

KPMG LLP は，2022年「戦略計画（案）」をさらに明確化または強化できるとの考えから，4つの提案を行なっている。その1つが目標＃6についてのもので，当該目標を支持する議論と目的には同意しつつも，「アメリカにおけるサステナビリティ報告基準に関する対話において，FAF がどのように発言力と影響力を行使するか，また，それらの基準をどのように開発すべきかを明確にすること」（KPMG LLP（2022），p.1）を提案する。具体的には，目標＃6の最初の目的を，「……彼らの視点を理解し，アメリカにおける将来の可能性のあるサステナビリティ報告のフレームワークの開発に対する両審議会の能力と

専門知識の貢献を監視する」(KPMG LLP (2022), p.4) に修正すべきという。

　Ernst & Young LLP も FAF のミッション, ビジョン, バリューおよび目標を支持するが, 目標の目的の強化を求めている。目標#6については, 高品質のサステナビリティの報告要件を策定するには, 投資家をはじめその他の市場参加者との対話が重要なため, 規制当局, FAF, FASB および GASB に追加のアウトリーチを促している。加えて, FAF と両審議会に対する勧告として, この目標の目的で言及する利害関係者といかに関与するかという戦略を速やかに策定したうえで, 目的に加えるべきとする (Ernst & Young LLP (2022), pp.5-6)。

　国際財務担当経営者協会 (FEI) の企業報告委員会とバンク・オブ・アメリカ (Bank of America) のコメントレターは同一日付で, その論調はほぼ同じである。サステナビリティ報告に関与する他の人々を注意深く監視し, 関与するという FAF の目的に賛意を表する (FEI's CCR (2022), p.4 ; Bank of America (2022), p.3)。総合コンサルティング会社のアクセンチュア (Accenture plc) も同じ趣旨でこの FAF の目的を支持している (Accenture plc (2022), p.2)。

　改善・修正勧告意見および要望には, 上記のもの以外にも, たとえば, FAF と両審議会の役割を明確にすること (Financial Reporting Committee of the Institute of Management Accountants (2022), p.2, p.5), 財務報告の完全性とアカウンタビリティを維持する規定を目的に盛り込むこと (Commonwealth of Virginia, Auditor of Public Accounts (2022), p.2), 財務報告の概念とサステナビリティ報告の間にある投資家の期待ギャップを埋める FAF の指導的役割を果たすこと (ABA (2022), p.2), サステナビリティ・リスクを財務諸表に関連づけるために, サステナビリティのレキシコン (語彙目録) で使用される定義や用語をアメリカ会計基準または IFRS のレキシコンと一貫性のあるものとし, マテリアリティ (重要性) の定義も一致させることなど (CFA Institute (2022), p.8) がある。全米州政府会計委員会 (NASBA (2022), p.2) は, FAF に対して, 監査／証明コミュニティと協力してサステナビリティ情報に関する保証を提供する能力を確保することを求めるが, この点はさすがにアメリカ公認会計士試験 (U.S. CPA 試験) 受験の手続きを委託されている機関からの要望でもある。

2　反対意見とその特徴

　目標#6の提案に対して唱えられた反意ないし異論は, ミッションや権限に

関わらしめて説くところに特徴がある。サステナビリティ報告は，FAF のミッションや権限を越えている（NASACT, GFOA and NCSL（2022）；Tennessee Comptroller of the Treasury, Department of Audit（2022）），あるいは，FASB や GASB の権限の範囲外である（FMSB of the AGA（2022）；Ebersole（2022））というのである。こうした反意ないし異論は，連邦政府や州・地方政府の監査，会計管理，財政担当や財務検査に関わる組織をはじめ，政府会計士協会（全米州監査・会計管理・財務長官協会（NASACT）・政府財政担当官協会（GFOA）・全米州議員協議会（NCSL），州の財務検査官の監査部局，政府会計士協会（AGA）など）や FAF 評議員経験者（ダン・エバーソール（Dan Ebersole））などによるものである。つまり，GASB は，そもそも財務報告とは異なるサステナビリティ報告の基準設定には直接関与しない（すべきでない）との考えに基づくものだと言ってよいだろう。

　実のところ，パースとウエダのコメントレターでの反対意見の表明は，こうした連邦政府や州政府の監査，会計管理，財政担当や財務検査に関わる組織をはじめ，政府会計士協会などがそれまでにすでに回答済みの，①FAF 2022年「戦略計画（案）」へのコメントレターと，②SEC 気候関連開示規則（案）へのコメントレターからの意見を踏まえ，かつそれらを応用しつつ構成したものでもある。

　たとえば，パースとウエダの「会計基準とサステナビリティ基準の根本的な違いを理解することで抑制されるべきです」（Peirce and Uyeda（2022a），p.1）という見解は，サステナビリティ報告が FASB と GASB の権限の逸脱だとの意見に基づいている[11]。同様に，「これらの違い〔つまり，会計基準とサステナビリティ報告基準の根本的な違い：引用者〕は，FAF がサステナビリティの基準設定に関与することに反対する見解を支えています」（Peirce and Uyeda（2022a），pp.1-2）という彼らの見解は，目標＃6 が FAF のミッションの範囲外だとの意見に依拠するものである[12]。こうしたパースとウエダのいずれの見解も，サステナビリティ報告の基準開発は，FAF などの本来の権限やミッションの逸脱と濫用だということに尽きる。

　加えて，パースとウエダは，サステナビリティの報告と開示の性質が「支離滅裂で非常に観念的」（Peirce and Uyeda（2022a），p.3）だとも言う。言い換えれば，一貫性がなく，事実や調査に基づかないとするのである。この「支離滅裂で」と「非常に観念的」な性質だとする見解は，SEC 気候関連開示規則（案）

第11章　サステナビリティ報告の基準開発に対する SEC コミッショナーの意見発信　　249

へのコメントレターで指摘された意見からのものである[13]。

第 7 節　おわりに

　結論を言えば，FAF の戦略計画（案）から「目標 # 6」の削除を求めたパースとウエダの両 SEC コミッショナーによる見解は反映されていない。IFRS 財団定款の的を絞った修正案での第 1 提案（ISSB を創設するための IFRS 財団の目的の拡張に関する提案）へのパースの見解も受け入れられていない。

　とくに，FAF の戦略計画（案）（FAF（2022a））と最終確定した2022年戦略計画（FAF（2022b））を照らし合わせてみると，サステナビリティに関する「目標 # 6」で異なるのは，4 つの目的での 3 ヵ所である。いずれも FASB と GASB に関わる語句に関するもので，第 1 目的での「両審議会とともに」(with the Boards) と「ならびに私たちの両審議会」(and our Boards) の語句の追記，そして第 4 目的での「両審議会とともに」の語句が追記されただけである。

　それでは，どうして FASB と GASB を意味する「両審議会とともに」などの語句だけが追記されたのだろうか。

　戦略計画と言えば，従来は FAF，FASB および GASB の 3 組織による長期のビジョンやミッションなどを表明するものであった。しかし，今般の2022年戦略計画は，FASB や GASB とそのスタッフの活動と責任ではなく，FAF の評議員会とスタッフの活動と責任を反映しようとしたものであり（FAF (2022b), p.2），この点がこれまでの戦略計画とは大きく異なる。FAF，FASB および GASB は単一の組織体を構成し，補完的なミッションを共有しているとはいえ，それぞれの機構の役割は異なる。2022年戦略計画は，FAF の役割に関連する目標を取り扱ったものなのである。

　つまり，2022年戦略計画の主体を基本的には FAF に限定しているため，戦略計画の「目標 # 6」における目的の表明に際しては，必要に応じて，「両審議会とともに」と「ならびに私たちの両審議会」の語句を 3 ヵ所追記しただけにすぎないのである。こうした理解からすれば，たとえ公開草案レベルの戦略計画（案）に対して批判や反対意見がみられたとしても，結局のところ，FAF は22通のコメントレターの分析を踏まえても，サステナビリティ報告に関する「目標 # 6」の基本姿勢とその目的は，事実上，戦略計画（案）からの修正はなく不変であり，原案どおりの姿勢を貫いているのである。

■注

(1) 規制当局が会計基準の内容や中身に介入する,いわゆる「規制当局の口先介入」あるいは「事前介入」が存在する。たとえば日本では,時の金融担当大臣による企業会計基準委員会(ASBJ)への決定への関与を政治の側から強めるとの国会答弁での方針転換の明言や,金融庁・企業会計審議会による「会計基準のコンバージェンスに向けて(意見書)」(2006年7月31日)の公表は,規制当局の口先介入(事前介入)の最たるものとして問題視されている(大日方(2023c),54-57頁)。

ここで検討するSECコミッショナーによる会計基準設定主体およびその財団の目的や戦略などの意見発信は,もちろん特異なことではあるが,あくまでもデュー・プロセスにおけるSECコミッショナー個人によるものであり,必ずしも規制当局による公式のリリース(通牒)や意見書などによる口先介入あるいは事前介入ではない。「もしもアメリカでSECがFASBにたいして同じようなこと(事前介入)をしたら,大騒動に発展するはずである」(大日方(2023c),57頁)ことは間違いない。

(2) 2013年7月1日付でレスリー・F・サイドマンの後任としてFASB議長に就いたラッセル・G・ゴールデン(Russell G. Golden)は,2016年に再任され,2020年6月30日まで務めた。FASB議長に就任する前は,FASBのテクニカル・ディレクターや理事としてコンバージェンスに取り組んできただけに,議長就任時のみならず,第32回SECおよび財務報告協会年次会議でのスピーチでも,FASBの現在と将来の任務に関する見解とともに,FASBの最優先事項はIASBとのコンバージェンス・プロジェクトだと表明している(Golden(2013a))。

(3) 2013年の「最近のSECおよびPCAOBの動向に関するアメリカ公認会計士協会全国会議」(AICPA Conference on Current SEC and PCAOB Developments)におけるFASBのゴールデン議長のスピーチ(Golden(2013b);Golden(2014))が,FASBによるコンバージェンス後のプロジェクトのアジェンダについて語っている。

(4) MVVについては,一般的にピーター・F・ドラッカー(Peter F. Drucker)の書籍やその関連書(たとえば,Drucker(2002)(ドラッカー著,上田訳(2002))や山下(2017))などにみられる。

(5) 先の2015年「戦略計画」も,デュー・プロセスに従って,2014年12月4日にパブリックコメントを求めるために「戦略計画(案)」を公表した。

(6) SECコミッショナーによるスピーチ,声明や証言などでの発言は,慣例として,コミッショナー自身のものであり,SECやSECスタッフを代表して話しているものではない。このコメントレターにはそうした成句は特段ないが,コメントレターでの見解についても基本的にその位置づけは変わらない。

(7) なお,ここでの第2の誘因(SECによる上場企業の気候関連開示のための規則設定案への取組み)については,次章でより具体的に明らかにしてみたい。この点を念頭に置いて,併せて参照されたい。

(8) 公開草案は,コメントレターの取扱いについて次のように記している。「すべてのコメントは公開の記録に記載され,回答者が秘密扱いの要求をしない限り,私たちのWebsite(www.ifrs.org)に掲載される。秘密扱いの要求は,商業的守秘事項などの正当な理由がある場合を除き,通常は認められない」(IFRS Foundation(2021),p.2)。つまり,正当な理由による「秘密扱いの要求」で掲載されていないコメントが存在する可能性はある。コメントレター数は,IFRS財団のWebsiteに通常どおり掲載されたものである。

(9) パースは,この見解に関連して,IFRSの組入れに関するSEC最終スタッフ報告書「ア

第11章　サステナビリティ報告の基準開発に対する SEC コミッショナーの意見発信　　251

アメリカの発行体の財務報告制度への国際財務報告基準の組込みに関する検討のための作業計画」（2012年7月13日：SEC Office of the Chief Accountant（2012））における「IFRS 財団および IASB の人員構成」の次の記述を参考に引用している。「FASB とは異なり，IASB は，既存の雇用契約を解消する必要のない3名以内の非常勤メンバーを含めることが認められている。これは少数のメンバーに限定されており，過去に実際に問題になったことはないようだが，こうした関係が存在すると，客観的な立場とはみなされない個人が審議会に含まれる可能性がある」（SEC Office of the Chief Accountant（2012），p.50）。

(10)　パースは，この見解に関連して，先の IFRS の組入れに関する SEC 最終スタッフ報告書（2012年7月13日：SEC Office of the Chief Accountant（2012））における「IFRS 財団の資金調達」や「資金調達アプローチの4つの特徴」での次の記述を参考に引用している。

■「当委員会は，以前に，IASB は資金の利用可能性と IASB の基準設定プロセスの結果との間に関連性があるとみられたり，実際に関連が生じたりするおそれがあると指摘した」（p.52）。
■「IFRS 財団が大手会計事務所からの資金調達に継続的に依存していることは，IASB の資金調達モデルの妥当性および独立性についての懸念を引き続き生じさせるだろう」（pp.57-58）。

(11)　パースとウエダによるこの見解は，FMSB of the AGA のコメントレターでの「ただし，サステナビリティ報告は，過去の財務諸表における財務報告とは根本的に異なる主題であるため，FASB および GASB の権限の範囲外であると考えます」（p.1）との意見をもとにしている。

(12)　パースとウエダによるこの見解は，次の意見をもとにしている。

まずコールドスプリング建設会社（Cold Spring Construction Company）のリチャード・E・フォレステル Jr.（Richard E. Forrestel Jr.）によるもので，「私の考えでは，サステナビリティ報告は滑りやすい坂道であり，FASB の活動範囲から除外する必要があります。サステナビリティ自体が重要でないと言っているというわけではありませんが，私はそれが〔FASB の所在する：引用者〕ノーウォークにはふさわしくないと考えています。私が危惧しているのは，FASB の将来のアジェンダが，独自のアジェンダを持つ会計士でない人たちにハイジャックされるということです。余計なことはせず本業に専念し，居場所のないものに首を突っ込まないようにしましょう」（Forrestel Jr.（2022），p.1）。

また，全米州監査・会計管理・財務長官協会（NASACT）・政府財政担当官協会（GFOA）・全米州議員協議会（NCSL）によるもので，「サステナビリティ報告の目的は，財務会計や財務報告とは大きく異なるため，目標#6は FAF のミッションの範囲外であると考えています。FAF は，サステナビリティ報告や，適用可能な報告基準を確立するためにどのような組織が責任を負うべきかについての議論に関与することは適切かもしれませんが，GASB がサステナビリティ基準の設定に直接関与することは権限の範囲外であると考えています。投資家はサステナビリティに関する情報が意思決定に有用であると考えるかもしれませんが，サステナビリティに関する情報は一般的に財務報告とは切り離されるべきであると考えています。私たちは，州および地方の年次の包括的財務報告書に固有のサステナビリティ報告基準の確立を支持しません」（NASACT, GFOA and NCSL（2022），p.3）。

(13)　アメリカン・エンタープライズ公共政策研究所（AEI）のベンジャミン・ツィヒャー（Benjamin Zycher）は，GHG（温室効果ガス）の総排出量が非常に観念的（事実や調査に基づかないもの）であることと，地球温暖化に寄与する特定のリスクを単一の企業が計算することが不可能であることを説明している（AEI（2022））。

全米商工会議所資本市場競争力センター（Center for Capital Markets Competitiveness,

U.S. Chamber of Commerce）のトム・クアドマン（Tom Quaadman）は，「本規則案は，データの重大な制限および観念的な影響を背景として，計り知れない見積り，仮定および判断を必要とします」（Quaadman（2022），p.3）。「規則案が義務づけている気候関連のリスク開示の大部分は，非常に推測的で不確実であり，場合によっては必要な情報が入手できず，義務の遵守が機能しないため，現行の規則案は，上場企業全体の開示の一貫性と比較可能性を高めるというSECの目標に届かない」（Quaadman（2022），p.15）。「SECが企業に開示を義務づける内容の多くは，企業が現在行なっているほかのどの開示よりも観念的で不確実なものです」（Quaadman（2022），p.38）との意見を寄せている。

　クアドマンは，その後第2の補足のコメントレター（Quaadman（2023））も寄せている。この補足のコメントレターは，労働省の最終規則の公表と連邦調達規則協議会（The Federal Acquisition Regulatory Council）の規則案の設定通知の公表という新たな規制動向を踏まえてのものであるが，見解の内容は不変である。

第12章

SECコミッショナーの投票行動と財務会計財団（FAF）の戦略計画の策定

第1節 はじめに－問題意識－

　証券取引委員会（SEC）コミッショナーのヘスター・M・パース（Hester M. Peirce：ヘスター・M・ピアース）による意見表明との関わりで，彼女の投票行動についての興味深い記事がある。

　法律アナリストからのレポートやビジネスニュースなどのコンテンツをサブスクリプション方式で展開する『ブルームバーグ・ロー』（*Bloomberg Law*）によれば，「SECコミッショナーのパースは，自らの機関〔であるSEC：引用者〕の執行業務に関して反対と言う傾向がある」（Ramonas and Bennett（2018））という。こうしたSECの執行措置に対する投票行動のスタンスから，「彼女は非常に独断的で，非常に頑固だ（教義主義的だ）」（Ramonas and Bennett（2018））との評価もつきまとう[1]。この評価が正しければ，実はパースの投票行動は，政党政治に伴う行動というよりも個人の資質などによるところが大きいとも考えられうる。

　果たしてこの点はどうなのだろうか。

　パースの投票行動を分析するとともに，なぜ反対票を投じるのかその理由を探ってみることにしよう。その分析結果から，大統領の政治任用（プレジデンシャル・アポイントメント）によるSECコミッショナーの投票行動が政治と会計との関わりをさらに提示するものと期待される。

　そのうえで，アメリカの財務会計財団（FAF）が新たな戦略計画の策定に向

けて公表した2022年の「パブリックコメントのための戦略計画（案）」（FAF (2022a)。以下，2022年「戦略計画（案）」と言う）にあらためて立ち戻り，そもそもこの戦略計画（案）が練られる経緯を紐解き，SEC および SEC コミッショナーの観点からあらためてアメリカの会計規制と基準開発の戦略の策定について検討を加えてみたい。

第2節　パース SEC コミッショナーが反対票を投じる理由

『ブルームバーグ・ロー』による2018年5月8日付の報道記事はパースの心に引っかかったようである。

報道の3日後にコロラド州デンバーで開催された，第50回年次ロッキーマウンテン証券会議（the 50th Annual Rocky Mountain Securities Conference）[2]でのパースのスピーチのタイトルがそれを物語る。「反対の背後にある理由」（"The Why Behind the No": Peirce (2018a)）がスピーチのタイトルである。SEC コミッショナー就任後のパースの賛成票は85％を超えるが，反対票の15％が他のコミッショナーの割合よりも高いという報道記事（Ramonas and Bennett (2018)）について触れ，その理由説明を目的としたものと言ってよい。

また，10月26日に開催された証券訴訟・規制執行セミナー（Annual Securities Litigation and Regulatory Enforcement Seminar）でも，パースは再度この点を取り上げ，「私は必要と思われる場合，法執行勧告に反対票を投じることを躊躇いませんでした」（Peirce (2018b)）と繰り返す。

パースのスピーチから導き出せる反対票を投じる際に考慮する事柄ないし理由は，数値目標と罰則目標の達成に向けた圧力に関わるもので，SEC のミッションを忘れることなく達成することの重要性に基づいている。反対票を投じる理由とその際に考慮する事柄は，これらのスピーチをもとにすると，端的には，以下の3つに集約できる。

1　反対票を投じる理由とその際の考慮事項：その1

1つは，SEC による執行措置も決して統計のゲームであってはならないからである。

執行措置は，SEC のミッションを果たすという最終目標を達成するための

手段である。被害者の視点での犯罪機会論に基づいた犯罪の兆候となる秩序違反重視の姿勢から，些細な法律違反までをも徹底的に取り締まることで重大な犯罪を含むあらゆる犯罪を抑止できるとする「割れ窓理論」ないし「壊れ窓理論」（Broken Windows Theory : Kelling and Wilson（1982））による執行措置の哲学だと，むしろ重大な問題を引き起こすと警告する。その1つが，追及に時間を要する重要な問題を回避する可能性があるため，優先度の高い問題からリソースをそらしてしまうおそれがあると言う。このほか，SECに準拠方法を質問することがかえって犯罪の可能性のメッセージと解されるおそれと化すこと，犯罪の質ではなく件数に対してSECの執行スタッフに報酬を与える悪いインセンティブをもたらすこと，新規公開株（IPO）を模索する企業が潜在的な執行措置にさらされる可能性があるとの思いから，不健全な資本形成環境を助長することになること，さらに企業や個人に不当なコストを課すことになることなどを示す。執行措置の統計を集計した「数字だけで多くのことを語る必要はない」（Peirce（2018a））と言うのである。

　アメリカ人作家のマーク・トウェイン（Mark Twain）の『マーク・トウェイン 完全なる自伝』（*Autobiography of Mark Twain*）で広まったとされる，「嘘には3種類ある：嘘，（ひどいのは）忌まわしい（まっかな）嘘，統計」（There are three kinds of lies : lies, damned lies, and statistics.: Smith and Other Editors of the Mark Twain Project *edit*.（2010），p.228）の言葉を借りて[3]，虚偽以上に最悪の嘘として使用できる統計（の数字）が引き起こす可能性のある害悪を断じる。事例の数より質を重視した執行のアジェンダ，つまり「重大な違反に焦点を当て，罰金（制裁金）の総額と事例の数を軽視する方向に〔SECの：引用者〕執行プログラムを導こうとする」（Peirce（2018b））SEC委員長と法執行局の共同局長の功績を称賛している。当時の（第32代）SEC委員長は，ドナルド・J・トランプ（Donald J. Trump）大統領（共和党）に指名されたジェイ・クレイトン（Jay Clayton）である。また，称えられた当時の法執行局の共同局長は，ステファニー・アヴァキアン（Stephanie Avakian）とスティーブン・R・ペイキン（Steven R. Peikin）であり，いずれもクレイトン委員長が共同責任者として任命した（SEC（2017））。

　元連邦検察官で弁護士であるペイキンが法執行局共同局長として指名されたのは，法律事務所サリバン＆クロムウェル（Sullivan & Cromwell）LLPでのクレイトン委員長の元同僚であったところが大きい。アヴァキアンは，SECの

法執行局長代理からの昇格であった。

　アヴァキアンは，就任後間もなく，最も脆弱な市場参加者である個人投資家の保護が法執行局のミッションであり，これとともにとくにサイバー関連の問題からもたらされる脅威への対処という重要な優先事項に，限られたリソースを割り当てるとの姿勢を表明している（Avakian（2017））。これは方針転換を示唆するものでもある。

　実際にその後より具体的に，アヴァキアンは，次のように執行措置は「件数より質」が重要だと力説する。

　「〔法執行局の共同局長である：引用者〕スティーブと私は，これらの分析が受け入れている前提，つまり数字だけをみれば執行プログラムの成功や影響を適切に測定できるという前提を，根本的に否定しています。SECがある会計年度にもたらした措置の件数や，その年度に得られた判決や命令の金額などの統計は，その限りでは興味深いものですが，それだけではわかりません。簡単に言えば，統計は，その部局の取組みの質，性質，有効性について完全かつ意味のある全体像を提供していません」（Avakian（2018））。

　こうした最悪の嘘として使用できる統計についての一連の見解が強調される背景には，SECの予算凍結に伴い，割れ窓理論による執行措置が続かない可能性があったことに加え，民主党政権時と共和党政権時におけるSECによる執行措置に顕著な差異があるとの指摘がみられるからである。

　たとえば，消費者擁護団体でシンクタンクのパブリック・シチズン（Public Citizen）が，連邦規制当局などが科した罰金に関するデータベース（Violation Tracker）のデータを分析し，報告している。この報告書によれば，SECが5,000ドル以上の罰金を科したのはオバマ政権時には207件であったのに対して，トランプ政権1年目は116件と44％減少していると報告した。執行措置の数に限らず，企業への罰金もオバマ政権時の直近2年間は約29億ドルと約15億ドルであったが，トランプ政権1年目は約9億2,700万ドルと68％減少したと報じる（Public Citizen（2018），p.89）。

　執行措置の件数より質の重要性を説くことは，果たして衒学か韜晦か。ここにもSECの執行措置のあり方に政権と政党が深く関わる。

　確かに金融危機以降，SECがとくに第2期オバマ政権下の2013年から2016年にかけて割れ窓理論の執行哲学に基づいていたのは事実である。そもそも割れ窓理論のアプローチは，1994年にニューヨーク市長に就任して市の治安回復

に取り組んだルドルフ・W・L・ジュリアーニ（Rudolph W.L. Giuliani）と市警本部長のウィリアム・J・ブラットン（William J. Bratton）が採用したことで知られるが，当時のニューヨーク州南部地区の連邦検察官だったのがメアリー・ジョー・ホワイト（Mary Jo White）である（White（2013c））。ホワイトは，同じ連邦検察官のキャリアを持つジュリアーニを継承したとも言える。

　2013年4月にSEC委員長に就任したホワイトは，割れ窓理論がアメリカの証券市場にも適用できるとした。「見過ごされたり無視されたりする些細な違反がより大きな違反を助長する可能性があり，さらに重要なこととして，法律がますます歯抜けの間抜けなガイドラインとして扱われる文化を育むことができてしまう。だから，どんな些細な違反も追及することが大事だと思います」（White（2013c））として，割れ窓理論の適用を事実上宣言したのである。その実施に向けて，ホワイトは速やかに，法執行局局長代理のジョージ・S・カネロス（George S. Canellos）と元連邦検察官で弁護士のアンドリュー・J・セレスニー（Andrew J. Ceresney）を法執行局の共同局長に任命した（SEC（2013b））。セレスニーは2003年から法律事務所デブボイス＆プリンプトン（Debevoise & Plimpton）LLPに加わるが，ホワイトとの同僚でもある。

　そう，法執行局長代理と元連邦検察官で弁護士からなる，SECの法執行局の共同局長体制とその任命は，トランプ政権下のクレイトン委員長がはじめてではない。すでにオバマ政権下でホワイト委員長が政策人事として採用していたものである。

　SECの執行措置の哲学としてベースに割れ窓理論を適用する，または，その適用を取り消すという真逆の展開は，いずれも時の政権下の新たなSEC委員長が，まったく同じ構成，つまり法執行局長代理と旧知の元連邦検察官からなる共同局長体制によって繰り広げられたという点にこそ共通の特徴を見出しうるのである。共和党政権下での政策遂行の強いメッセージが込められていると解してもよいだろう。

　割れ窓理論の執行哲学により，オバマ政権下で執行措置の件数が過去最高となり，罰金が厳格化したことに対して，共和党は批判する立場にある。金融関連の不正疑惑などを調査するSEC法執行局の権限縮小こそ，トランプ政権が目指しているものだった。共和党のトランプ政権に移行することを受けてホワイトがSEC委員長を辞した後，2017年1月23日から新たなSEC委員長が就任するまで（5月4日にクレイトンが新SEC委員長に就任している）委員長代理に

大統領から指名されたのが，SEC コミッショナーのマイケル・S・ピオワー (Michael S. Piwower：共和党系) である。『ウォール・ストリート・ジャーナル』(*The Wall Street Journal*) 紙によれば，ピオワーは，召喚状の発行権限を法執行局のトップに限定するなど，オバマ政権が導入した法執行局の権限縮小の措置を展開する役割を果たしている (Michaels (2017))。バトンを引き継いだクレイトンは，こうした新たな土壌整備のもとで誕生したものでもある。

パースは，割れ窓理論を SEC が採用するのであれば，規制当局の名称を「『制裁』取引委員会」("Sanction" and Exchange Commission) に変更すべきだと言う (Peirce (2018a))。その後の 2022 年 3 月に，SEC が気候関連開示規則案を公表した際の，パースが SEC は「証券環境委員会」(Securities and Environment Commission) ではないとした声明 (Peirce (2022)) は，これと軌を一にする。

すでに本書の第 8 章で触れたように，政権とシンクタンクとの間には政策人材（政治任用者）が通り抜ける「回転ドア」(Revolving Door) がある。アヴァキアンは法律事務所ウィルマーヘイル (WilmerHale) と，ペイキンはサリバン＆クロムウェルと，カネロスは法律事務所ミルバンク (Milbank) LLP と，そしてセレスニーはデブボイス＆プリンプトンとの間での「回転ドア」現象が現れている。シンクタンクに限らず，法律事務所と政権との間にも政策人材の「回転ドア」があることを如実に示すものでもある。

2　反対票を投じる理由とその際の考慮事項：その 2

パースが反対票を投じる際に考慮する第 1 の事柄ないし理由について，割れ窓理論も含めて詳しく検討してきたが，ここであらためて考慮する事項ないし理由に話を戻すことにしよう。

2 つは，険しい道であっても，正々堂々，倫理的に正しいと思われることをする (Taking the High Road) からである。

パースが投票するうえで重要な役割を果たしているのがデュー・プロセスないしデュー・プロセス・オブ・ロー (Due Process of Law：正規の手続き，法の適正過程，適正な手続き) である。「何人も，法の適正な過程によらずに，生命，自由または財産を奪われることはない」(修正第 5 条：傍点は引用者) や「いかなる州も，法の適正な過程によらずに，何人からもその生命，自由または財産を奪ってはならない」(修正第 14 条：傍点は引用者) と規定するように，デュー・プロセスはアメリカ合衆国憲法で用いられている。このデュー・プロセスの基

本原則を遵守することは、SECのミッションを遂行し、誠実さを物語るうえでより効果的である。また、パースはSECコミッショナーの就任に際して合衆国憲法を遵守することをかたく誓ったので、法の執行に関する問題にどのように投票するかの決断には、デュー・プロセスを考慮することが重くのしかかっていると言うのである。

SECは、精力的でありつつも、慎重な執行アプローチを採ることで知られるようにしたいとの思いがパースにはある。そこで注目するのが、デュー・プロセスでの次の4つの課題である。これらは、「執行措置を講じる相手が自らの立場を説明する完全かつ公正な機会を得ていることを保証することが重要である」（Peirce（2018a））との考えに基づいている。

□課題1：執行による規則制定について

　デュー・プロセスは、どのような行為が法律違反となるかを事前に知らせることから始まる。執行プロセスを使って政策を作成することで行政手続法を実行しようとするのは、魅力的ではあるが、間違っている。代わりに、確立された法的義務に基づいてのみ行動を起こすべきだと言う。

□課題2：SECの執行プロセスがSECの権限の範囲を押し広げるためにどの程度利用されているかについて

　連邦規則集（CFR）第17編第2章は、SECに関する各種規定である。そのパート200のサブパートCは倫理規範（Canons of Ethics）であるが、SECコミッショナーの法定義務として、「連邦議会がこの委員会〔すなわち、SEC：引用者〕に委任した規則制定の権限の行使において、委員（メンバー）は、規則制定の権限が法律の適切な範囲内に限定され、かつ、連邦議会が表明した制定法上の目的と一致していることを常に考慮しなければならない」（§200.55）と定める。この規定は、規則制定の効果がある場合は執行にも適用されることを踏まえて、法律の過度な拡大解釈や域外適用の行使などによって適用範囲を逸脱すべきでないと説く。

　SECが権限によって行使する法執行には、民事手続き、行政手続きおよび刑事手続きがある。法執行の捜査時間とコストを考えると、民事訴訟の提起や刑事訴追を求めるよりも、行政手続きによって民事制裁金（課徴金）などを求めたりする和解契約を結ぶのが最も簡単である。ただし、この和解についても、境界線上の事例で新たな法理論の展開を通じてSECの権限を拡大し、和解を頻繁に使用することに苦悩した、SECでの初の女性コミッショナーを務めたロベルタ・サラ・カーメル（Roberta Sarah Karmel）の見解[4]も忘れない。和解は、将来の執行措置の前例となって適用される法律の根拠となるべきではないのである。

□課題3：SECによる調査（捜査）の長期化について

　SECは、10年以上前の事案について投票を求められたり、違反者の隠蔽工作に

よってSECが不正行為に気づかなかったりすることもある。SECが抱えるリソースも限られる。時には，重要な調査（捜査）やさらに差し迫った執行措置が後回しにされることもあるが，見落としや執行が軽すぎるように捉えられる恐怖心などから，SECスタッフが調査（捜査）を終了することに消極的である場合があると言う[5]。執行措置を講じずに調査（捜査）を終えることは失敗と解されることもある。調査（捜査）が長引けば心理的な負担が大きくなる可能性があるが，法執行局にアヴァキアンとペイキンの2人の共同局長が就任したことで，改善の途上にあると言う。

□課題4：法制度における弁護士・依頼人間秘匿特権（Attorney Client Privilege）をどのように扱うかについて

アメリカでは弁護士・依頼人間秘匿特権が法制度上認められているため，依頼人は弁護士との間のやり取りの秘密を保護するために，規制・監督当局の調査（捜査）で関係資料などの証拠開示を拒否できる。この秘匿特権がSECの調査（捜査）を難しくしている。SECにとって秘匿特権を放棄する者に報酬を付与することは魅力的かもしれないが，SECが秘匿特権の放棄を要求したり，奨励したりすべきではなく，また，秘匿特権を放棄する者に減免措置（Cooperation Credit）の報償を与える際の根拠として，シーボード報告書（The Seaboard Report）での事例（SEC（2001b））を判断基準とすべきでないとする。パースは，「われわれ〔SEC：引用者〕が特権をどのように扱ってきたかについての懸念は，執行問題に関する私の投票に影響を与える可能性があります」（Peirce（2018a））と明言している。

以上が，パースが留意するデュー・プロセスの課題の一部である。SECが連邦証券諸法違反の可能性を特定し，法的措置を講じる予定であることを通知する公式文書の「ウェルズ通知」（Wells notice）や白書を読むことが有用だと言う。

3 反対票を投じる理由とその際の考慮事項：その3

3つは，企業に対する罰金の見地からのもので，SECの執行措置による罰金は決して大金であってはならず，その執行措置が意図しない結果をもたらすかどうかということである。パースは，最終的に誰が罰金を支払うことになるかを考えると，罰金を科すべきではないと考えているからである。

というのも，企業の不正行為は，経営者の責任を裏づける証拠を整理するのが難しいこともあり，SECは企業に和解勧告を行なうことが多い。和解時に罰金を実際に支払うのは，最終的には企業の株主となる。企業が罪を犯した場合や，株主が不正行為からの恩恵を受けて他の企業や市場全体に損害を与え，

罰金が不正に得た利益の剝奪として機能する場合を除き，株主が企業経営者の不正行為の代償者となるのは正しくないとした，ジョージ・W・ブッシュ（George W. Bush）政権下の元SECコミッショナーであったポール・S・アトキンス（Paul S. Atkins：共和党系。Atkins（2005））の見解にパースは同意を示す。SECの執行措置は株主が置かれた状況をさらに悪化させないようにする必要があり，企業に対する罰金を科す方法や時期に細心の注意を払うべきだと言うのである。

第3節　FAFの2022年「戦略計画」策定に対するSECの影響力

　そもそもFAFが2022年「戦略計画」を策定する取組みは，FAF評議員会が「戦略計画タスクフォース」（Strategic Planning Task Force）を設置した2020年8月に遡る。その経緯は，簡潔に整理したうえで2022年「戦略計画」（FAF（2022b））に記されている[6]。

　このタスクフォースは，6名のFAF評議員，FASBとGASBの議長と副議長，そしてFAF事務局長をメンバーとして選出した。策定に向けて必要な情報などを入手するためのアウトリーチ（働きかけ）は，利害関係者の意見聴取とその分析にある。タスクフォースが始動したのは2020年秋で，コンサルティング会社にオンライン調査の実施とともに，代表者へのインタビュー調査を託すことからであった。調査による意見を慎重に検討してまとめたタスクフォースの中間報告がFAF評議員会に提出され，FAFのミッションやビジョンの見直しをはじめ，戦略計画に含まれる6つの戦略目標に優先順位が付けられている（FAF（2022b），p.12）。

　こうした一連の取組みのプロセスで，FAFの戦略計画は，当初に比べてその「計画の開発が拡大した」（FAF（2022b），p.12）という事実が記されていることを見逃してはならない。計画が拡大した理由こそ，ほかならぬ「サステナビリティ開示」にある。

　FAF評議員会は，2021年2月の会議でタスクフォースから提出された計画案を検討するなかで，タスクフォースに追加の情報を提供している。この追加情報はSECから得ており，「SECが将来のサステナビリティ開示の可能性について一般からの意見を求めるよう要請したことを受けて」（FAF（2022b），p.12）

の対応である。ここでの「SEC が将来のサステナビリティ開示の可能性について一般からの意見を求めるよう要請」する動きとは，SEC コミッショナーのアリソン・H・リー（Allison H. Lee）が行なったものである。

この動向は，まさに大統領選挙に伴う政治任用が密接に関係している。

2020年のアメリカ合衆国大統領選挙の結果（民主党候補のジョー・バイデンことジョセフ・R・バイデン Jr.（Joseph R. Biden Jr.）が共和党候補のトランプを破りアメリカ大統領に当選）を受けて，ジェイ・クレイトン（Jay Clayton）が SEC 委員長を退任した翌日（12月24日）から新大統領の就任日（2021年1月20日）まで SEC 委員長代理は共和党系のエラッド・L・ロイズマン（Elad L. Roisman）が務めた。新大統領就任翌日（1月21日）から大統領の政治任用によって新たな SEC 委員長が就くまで(7)の期間は，民主党系のリーが SEC 委員長代理を務めている。

SEC コミッショナーとして，リーはとくに「投資家が投資先を選択する際に必要な情報を入手できるよう，充実した完全な情報開示の必要性を強調」（Gensler et al.（2022））してきた。新大統領の誕生で民主党政権に移行することを踏まえて，リーは SEC 委員長代理として，SEC の法執行局の幹部に捜査命令の発行を承認する執行権限の強化による投資家保護（Lee（2021a））をはじめ，一気呵成に次のような気候関連開示の強化にのり出した(8)。

リーSEC 委員長代理による気候関連開示の強化

○「気候関連開示の見直しに関する声明」（2021年2月24日：Lee（2021b））
○声明「気候変動の開示に関する一般からの意見を歓迎」（2021年3月15日：Lee（2021c））
○「気候変動への適応策：SEC における気候および ESG 情報に対する投資家の需要に応える」（2021年3月15日：Lee（2021d））

SEC は2010年に，上場企業に対する自主的なガイドラインである SEC 解釈通達「気候変動関連開示に関する委員会ガイダンス（指針）」（2010年2月2日 SEC 公表：SEC（2010b））を提供してきた。リー委員長代理による「気候関連開示の見直しに関する声明」（2021年2月24日）は，この間の上場企業の取組み状況などの検討をもとに，「過去10年間の発展を考慮した2010年のガイダンスの更新を開始する」（Lee（2021b））ことを表明したものである。SEC の企業財

務局に対して，上場企業の提出書類における気候関連開示に重点を置くよう指示しているのである。

こうした統合開示制度の気候関連開示の規制について要請した企業財務局のスタッフによる評価に資するために，その後の2021年3月15日に発出したリーSEC委員長代理による声明「気候変動の開示に関する一般からの意見を歓迎」(Lee(2021c)) は，15項目からなる「検討事項」（検討を要する問い）を提示したものである[9]。これらの「検討事項」に加えて，SECが気候変動に関する情報開示をいかに規制すべきかのコメントも要請している。この声明から，気候変動について一貫性があり，比較可能で信頼できる情報の開示を促進することを目的とした気候関連開示の規制に向けたSECの問題意識や着眼点などをうかがい知ることができる。

政権移行を見越して，SECがサステナビリティ開示の規制に再度舵を切った事実がここにある。

第4節　おわりに

とても興味深いことに，2022年戦略計画を公表したFAFの評議員会議長は，キャスリーン・L・ケイシー (Kathleen L. Casey) である。そう，ケイシーは，ジョージ・W・ブッシュ (George W. Bush) 大統領による任命を受け，2006年7月17日から2011年8月5日までSECコミッショナーを務めた人物である。しかも，党派は共和党である[10]。

ここで思い出していただきたい。先の第10章でSECコミッショナーによる気候関連開示規制に対する論争や対立構造についてみたように，ケイシーは気候関連問題への開示規制には反対の立ち位置にあった。

ケイシーは，ジョージ・W・ブッシュとバラク・H・オバマ (Barack H. Obama) の両政権下でSECコミッショナーとして従事したが，SECによる最初の気候関連開示規制であるSEC解釈通達「気候変動関連開示に関する委員会ガイダンス」（2010年2月8日）の公表に際して，「残念ながら，この解釈通達は不要であり，投資家保護とは関係のない懸念に対処するものであるため，私はこれを支持することはできません。加えて，証券市場の構造，プロキシーの『プランビング』，証券化，信用格付機関，IFRSなど，SECが直面している重大な問題に照らして，この通達のタイミングと，この通達に貴重なスタッ

フのリソースを割く優先順位に疑問を感じます」(Casey (2010)) と痛烈に批判しており，その立場は明白である。

ケイシーは，2011年にSECコミッショナーを辞した後，金融サービスのコンサルタント会社であるパトマック・グローバル・パートナーズ (Patomak Global Partners) LLCのシニア・アドバイザーに就き，活動している。パトマックは，2002年8月8日から2008年8月1日まで共和党系のSECコミッショナーであったアトキンスが2009年に設立したもので，最高経営責任者を務める。

実のところ，アトキンスとケイシーは，ジョージ・W・ブッシュ大統領の任命を受けている。ケイシーがSECコミッショナーに就任し，アトキンスが退任するまでの間（2006年7月17日から2008年8月1日までの期間），共和党政権下において，彼らはSEC委員長とともに上限の3名からなる共和党系のSECコミッショナーを構成していた。当時のSECコミッショナーによる投票行動で俄然注目を浴びたものの1つが，プロキシー・アクセス (Proxy Access)，つまり公開企業の委任状勧誘に関する規制措置である。

プロキシー・アクセスは，株主総会の招集時に参考資料として送付されるプロキシー・ステートメント（委任状説明書）などにおいて，株主が推薦する取締役候補者を記載することを言う。アメリカでは1947年から2011年まで，株主提案に関するSECのプロキシー規則（1934年証券取引所法第14条(a)；SEC規則14a-8）により，上場企業は，企業の取締役会または類似の統治機関のメンバーの選任に関連するいかなる提案，つまり取締役選任に関する株主提案も委任状勧誘資料から除外することができた (Sharfman (2017), p.5)。

ここでは「2011年まで」という時点が重要である。そう，ケイシーがSECコミッショナーを辞した年なのである。プロキシー・アクセスに関するSECの規制措置は，大きな揺らぎ，ないし揺り戻しをもたらしている。

■注

(1) 一方で，パースは「頑固だ（教義主義的だ）」と呼ぶのは「ある種不公平だ」との意見もあることを紹介している。この意見は，共和党系の元SECコミッショナーのポール・S・アトキンス (Paul S. Atkins) によるものであるが，実はパースはアトキンスの法律顧問を務めたことがある。
(2) ロッキーマウンテン証券会議は，SEC，コロラド州弁護士協会 (CBA) およびコロラド公認会計士協会 (COCPA) の共催によるもので，証券法の最新動向やSECのイニシアティブ（目標達成のための主体的行動）と優先事項などについて議論する場である。
(3) この言葉の発祥について，トウェインはイギリス首相のベンジャミン・ディズレーリ

第12章　SECコミッショナーの投票行動と財務会計財団（FAF）の戦略計画の策定　265

(Benjamin Disraeli) としているが，チャールズ・ウェントワース・ディルケ卿（Sir Charles Wentworth Dilke) をはじめ諸説ある（"Lies, Damned Lies and Statistics," Website: The University of York, Department of Mathematics)。

(4) 「和解は法的結果の不確実性によって動機づけられることが多いが，私見では，SECの検察官は，裁判所が利用した法理論を支持すると誠実に信じる必要があり，SECは，裁判所が支持すると合理的に信じていない理論に基づく和解を受け入れるべきではない」(Karmel (1998), p.42)。

(5) 2006年から2009年にかけてSECの副法務顧問を務めたアンドリュー・N・ヴォルマー (Andrew N. Vollmer) は，SECによる調査（捜査）が長期化する理由は，端的には次のようにSECスタッフの姿勢にあると言う。「とくにマドフ事件以降，捜査が長期化している主な理由は，重大な問題を見落としたり，証券諸法を積極的に執行していないと批判されることを恐れたりして，SECスタッフが調査（捜査）を打ち切ることに消極的だったことにある」(Vollmer (2015), p.343)。

ここで「マドフ事件」とは，ナスダック・ストック・マーケットの創設者でアメリカ証券業協会 (NASD) 会長でもあった，「希代の投資の神様」と言われたバーナード・L・マドフ (Bernard (Bernie) L. Madoff) が首謀したポンジースキーム（ねずみ講式）の金融詐欺事件を言う。ハリー・マルコポロス (Harry Markopolos) がこの詐欺事件に関する証拠を含め，詐欺行為についてSECに何度も告発したが，SECは調査に動こうとせず，結果的に失態をおかしている。

ヴォルマーは，SECの執行を改善する方法として，次の4つを論じている。
  (1) 調査中に提案された，または違反を告発するために使用される法的責任の理論は，十分に解決され，広く受け入れられるべきであり，現行の法律を拡張しようとすべきではない。
  (2) SECスタッフとSECの証拠記録に対する見解は，偏見がなく，客観的で，バランスの取れたものであるべきである。
  (3) 信頼できる証拠が違反の可能性について合理的な疑いを示し，その問題が乏しいリソースを使用するに値する場合，SECは正式な調査を開始する必要がある。SECが事実に勝訴する可能性が高く，法律と手続きが有効な執行目標に役立つ場合には，執行訴訟を開始すべきである。
  (4) 調査期間はもっと短くすべきである。

(6) パブリックコメントを募集するために公表された戦略計画（案）でも，同様に2022年5月までの簡潔な経緯が記されている (FAF (2022a), p.10)。

(7) ゲイリー・ゲンスラー (Gary Gensler) は，2021年2月3日にバイデン大統領にSEC委員長に指名され，4月14日に連邦議会の上院で承認され，4月17日にSEC委員長（民主党系）に就任した。

(8) リーはSEC委員長代理としての声明やスピーチなどを期間中に11回（他のSECコミッショナーとの共同によるものを含む）発しているが，そのうちの3回の声明などが気候変動に関する情報開示の強化についてのものである。

(9) 「検討事項」の一部を端的に要約すれば，たとえば，①気候変動開示の規制に向けたSECの役割および開示の方法と媒体，②気候リスク関連情報の定量化と測定，スコープ1，スコープ2およびスコープ3の温室効果ガス (GHG) 排出量やその削減目標などといった報告すべき指標，開示の階層化やスケール化，③多様な利害関係者が合意した開示基準を開発する長所と短所，④業界ごとの気候変動報告基準を確立する長所と短所，⑤気候関連

開示を要求する最良のアプローチ，などと表現できる。
(10) ケイシーは，その後，2018年1月にFAF評議員会の評議員に就任し，また2020年1月1日から2022年12月31日までの3年間，FAF評議会議長を務めた。ケイシーのFAF評議会議長の就任に際して，クレイトン委員長を含むSECの5名のコミッショナーは，「FAFのリーダーシップの役割を引き受けることに同意したキャスリーン（キャシー）に感謝します」(Clayton *et. al.* (2019))との共同声明を発している。

第13章

SECの設定権限と合衆国最高裁判所のシェブロン法理

第1節　はじめに－問題意識－

　連邦証券諸法と証券取引委員会（SEC）の権限の限界が試されている。
　シャドーバンク（影の銀行）として規模拡大が続く私募ファンドの透明性を強化する1940年投資顧問法に基づく新規則（SEC（2023d））について，ヘッジファンドの業界団体がSECを提訴した。また，暗号資産（仮想通貨）取引所の規制枠組みが明確でないなか，暗号資産が証券（投資契約）に該当するかを判定するハウェイテスト（Howey Test）で暗号資産を取り締まることについて，仮想通貨投資会社や創業者などがSECを逆に提訴した[1]。いずれにも共通するのは，SECは規制する法的権限を逸脱して裁量権を乱用しているとして，撤廃や却下を求める点である。すでに本書第10章でも検討して明らかにしたとおり，気候関連開示の規制も同根の問題を抱えている。
　行政機関（政府機関）の存立意義は関係法令を拠り所とするが，併せて行政機関の委任立法や解釈については，1984年の行政機関の制定法解釈が裁判所の解釈に優位する「シェブロン法理」（Chevron Doctrine）が枠組みを確立してきた。しかし，近年，このシェブロン法理の適用をめぐって混乱が生じている。最も大きな理由は合衆国最高裁判所（SCOTUS）の審理におけるシェブロン法理の枠組みの変容であり，結果的に判決にも直結する。
　本章は，行政機関が策定した行政立法に関する司法審査の枠組み（行政機関の解釈に対する司法の敬譲（deference））として確立されたシェブロン法理とその適用のあり方を中心に据えて，行政機関，ひいてはSECによる制定法の解釈と規制措置の設定権限の問題について紐解いてみたい。

第2節　シェブロン法理の定式化

　シェブロン法理は，ウォーレン・E・バーガー（Warren E. Burger）が合衆国最高裁判所の首席判事を務めた「バーガー・コート」（1969年6月23日から1986年9月26日まで）における1984年6月25日の *Chevron U.S.A., Inc. v. NRDC* 判決で判示されたものである[2]。この事案は，行政機関である環境保護庁（EPA）が1981年に制定した規則（に伴う政策変更）に対して国際的な環境保護団体である自然資源防衛協議会（NRDC）が提訴したものである。

　争点は，連邦議会が制定法で具体化しなかった「固定汚染源」（Major Stationary Sources）という文言に対する行政機関の規則による解釈をめぐってである。

　「広範な汚染物質とその排出源をカバーする，**統一的，全国的な**基準」（Saltzman and Thompson Jr.（2019）（サルズマン・トンプソン Jr. 著，正木ほか編訳（2022），142頁）。強調は原文のまま）とされた連邦法としての「大気浄化法」（Clean Air Act）を踏まえ，EPA は「固定汚染源」の文言の解釈を従来は「個々の汚染物質排出施設」を指すとしていた。その後の1977年改正の大気浄化法は，EPA が制定する「国家環境大気質基準」（NAAQS）を達成しない州に対しては「新しいまたは回収された主要な固定汚染源」を規制する許可プログラムの策定を求めた。これに伴い，EPA は1981年に制定したNAAQSで「固定汚染源」をあたかも単一のバブル（bubble）に包み込まれているかのように取り扱う「事業所全体」を指す新たな解釈を採った。この解釈変更によれば，事業所全体の汚染物質排出量を増加させることがない限り，EPA の許可プログラムを経ることなく汚染源となる装置を新たに設置できることになる。連邦議会が制定する大気浄化法に反して，行政機関である EPA が制定した NAAQS が「バブル」概念を具体化させた，つまり行政機関による制定法解釈のあり方をめぐる裁判である。

　ジョン・P・スティーブンス（John P. Stevens）判事が書き上げた「スティーブンス法廷意見」は，次のように判示する。

　■「行政機関が掌理する法律についての行政機関の解釈を裁判所が審査する場合，裁判所は2つの問題に直面する。第1に，常に問題となるのは，連邦議会がまさ

に争点となる問題を直接的に語っていたかどうかである。もし連邦議会の意思が明白であるなら，問題は決着する。というのも，裁判所は，行政機関と同様に，曖昧ではない表現がされた連邦議会の意思に効力を与えなければならないからである。しかしながら，もし連邦議会がまさに争点となる問題を直接的に設定していないと裁判所が判断したならば，行政機関の解釈がない場合には必然的にそうするように，裁判所が，法律に対して裁判所独自の解釈を単純に課すことはしない。むしろ，もし法律が特定の争点に関して沈黙していたり，あるいは曖昧であったならば，裁判所にとって問題は，行政機関の回答が許容可能な法律解釈に基づいているかどうかである」(*Chevron*, 467 U.S. at 842-843)。

この判示こそがシェブロン法理である。行政機関による行政解釈は「2段階 (two-steps) の審査方式（2段階法理）」[3]として広く理解されており，この審査方式は次のように集約される。

○**第一段階審査**：争点に対し連邦議会が直接語っているかを判断し，連邦議会意図が明確であれば裁判所はその意図どおりの判断を下す。
○**第二段階審査**：争点に対し連邦議会が直接語っていないと判断された場合には，裁判所は行政解釈に対し判断代置をするのではなく，当該行政解釈が許容可能なものか否かを審査する。

第一段階審査では「連邦議会意図」の解釈が，また第二段階審査では「許容可能性」の判断が重要な要素となる。

つまり，第一段階審査では，連邦議会が行政機関による制定法の解釈のありようを制定法で直接的な言明をしているか，または曖昧であるかについて，裁判所は「伝統的な制定法解釈手法」で解釈する。もし制定法での直接的な言明がなかったり曖昧だったりすれば，第二段階審査において行政機関の解釈が制定法の解釈にあたって許容しうるものかを問う。第二段階審査が肯定される場合，たとえ裁判所が行政機関の解釈と異なる解釈が正しいものだと想定できたとしても，裁判所は行政機関の解釈を尊重しなければならない。また，第二段階審査が否定される場合，裁判所は独自の解釈を示すか，行政機関に判断を差し戻すことになる。

このようにシェブロン法理は，裁判所が行政機関の制定法解釈に法的拘束性を許容するという意味で，「シェブロン敬譲」，「敬譲型司法審査」や「裁判所

の敬譲原則」などとも称される。裁判所による行政立法での司法審査の枠組みとして確立され，行政法における最も重要な原則と位置づけられている。

　合衆国最高裁判所の判決は，争点である「固定汚染源」に対する文意のEPAによる行政解釈は，連邦議会からの授権に基づく政策決定として許容可能なものであるとした。つまり，EPAの解釈を肯定し，控訴審へ差し戻している。この判決は，参加判事（9名のうち6名）によるスティーブンス法廷意見の全員一致によるものである[4]。

第3節　政権交代に伴う解釈の変更

　2段階審査方式に加えて，行政法に関する最重要判例とされるシェブロン判決でのスティーブンス法廷意見には注目すべき点がある。辻（2018）はその1つに，「大統領が代われば，行政機関の解釈も大きく変化すること」（6頁），つまり政権交代に伴う解釈の変更を指摘している[5]。

　大気浄化法は，リンドン・B・ジョンソン（Lyndon B. Johnson）大統領（民主党）政権下の1968年12月17日に制定された。大気浄化法は，①6種の基準汚染物質（オゾン，粒子状物質（PM），一酸化炭素（CO），鉛，二酸化硫黄（SO_2），二酸化窒素（NO_2）），②その他の有害大気汚染物質，および，③酸性雨等広域汚染に3分類したうえで各種規制を行なっている。この制定法の核心は，第109条を通じて，公衆衛生と環境に有害な可能性のある基準汚染物質に対する全国統一環境基準となるNAAQSの設定をEPAに義務づけたことである。各州はNAAQSを達成するために州実施計画（SIP）を開発し，EPAによる審査と承認を受ける制度枠組みも構築された。

　基準の根拠である科学的データを5年ごとに見直し，必要に応じてNAAQSが改訂される。先述したように，1981年の改訂は「固定汚染源」の文言の解釈を「個々の施設」からバブル概念での「事業所全体」とした。1981年こそ民主党のジェームズ・E・カーター（James E. Carter）大統領から共和党のロナルド・W・レーガン（Ronald W. Reagan）大統領に政権交代した年度である。行政機関であるEPAの当該文言の解釈が，新たな共和党政権の規制緩和政策に沿ったものへと変容した姿が鮮明に浮かび上がる。

第4節　シェブロン法理の例外原則 – 重要問題の法理 –

1　重要問題の法理の萌芽

　2段階審査方式によるシェブロン法理は，連邦裁判所が行政機関の法律解釈を審査する基準となり，行政訴訟で広く適用されてきた[6]。その一方で，曖昧な法律を解釈する自由を行政機関に与えるシェブロン法理は，大きな政府の批判者から異議が唱えられてきた。

　このシェブロン法理の適用をめぐり，揺らぎ，そして混乱が生じている。シェブロン法理の枠組みからの除外として形成された「重要問題の法理」（Major Questions Doctrine）[7]の適用によるものである。

　そもそも重要問題の法理は，*FDA v. Brown & Williamson Tobacco Corp*（2000年3月21日）でのBrown判決で形成されたものである。合衆国最高裁判所は，食品医薬品化粧品法（FDCA）は保健福祉省（HHS）の食品医薬品局（FDA）に安全性を監督する権限を与えているが，ニコチンは薬物に該当するとしてたばこ製品の販売や広告を規制する権限は有しないと5対4の判決で判示した[8]。重要問題の法理はその根拠として示されたもので，行政機関が特定の「経済的および政治的に重要な」問題を決定しようとする場合，つまり重要な制定法の規定に関わる行政機関の解釈に対しては，裁判所は敬譲を払わないとするものである[9]。

　重要問題の法理は，目的，論拠およびその範囲は不明確ではあるが，行政機関が連邦議会によって与えられた権限を解釈する能力を抑制するための裁判所の強力なツールとなっている（Donovan（2023），p.2326）。

　図表13−1は，重要問題の法理を適用した事案を整理したものである。

図表13－1　重要問題の法理を適用した合衆国最高裁判所事案の判決と多数意見・少数意見

政権				
	MCI Telecomms. Corp. v. AT&T 判決（1994年6月17日）：5対3			

政権	指名大統領		多数意見（法廷意見・同調）	少数意見（反対意見・同調）
Bill Clinton	共和党 8	民主党 1	Scalia（保：執），Rehnquist（保），Kennedy（中），Thomas（保），Ginsburg（リ）	Stevens（リ：執），Blackmun（リ），Souter（リ）
	FDA v. Brown & Williamson Tobacco Corp. 判決（2000年3月21日）：5対4			
	指名大統領		多数意見（法廷意見・同調）	少数意見（反対意見・同調）
	共和党 7	民主党 2	O'Connor（中：執），Rehnquist（保），Scalia（保），Kennedy（中），Thomas（保）	Breyer（リ：執），Stevens（リ），Souter（リ），Ginsburg（リ）
George W. Bush	Whitman v. Am. Trucking Ass'ns, Inc. 判決（2001年2月27日）：全会一致			
	指名大統領		多数意見（法廷意見・同調）	
	共和党 7	民主党 2	Scalia（保：執），Rehnquist（保），O'Connor（中），Thomas（保），Kennedy（中），Ginsburg（リ），Stevens（リ），Souter（リ：第3部除く），Breyer（リ：第2部除く）	
	Gonzales v. Oregon 判決（2006年1月17日）：6対3			
	指名大統領		多数意見（法廷意見・同調）	少数意見（反対意見・同調）
	共和党 7	民主党 2	Kennedy（中：執），Stevens（リ），O'Connor（中），Souter（リ），Ginsburg（リ），Breyer（リ）	Scalia（保：執），Roberts（保），Thomas（保：執）
Barack H. Obama	Util. Air Regul. Grp.（UARG）v. EPA 判決（2014年6月23日）：5対4，7対2			
	指名大統領		多数意見（法廷意見・同調）	少数意見（反対意見・同調）
	共和党 5	民主党 4	Scalia（保：執），Roberts（保），Kennedy（中） ○PSDプログラム適用のトリガー規則：Thomas（保），Alito（保） ○BACTが要求される「規制に服する汚染物質」：Ginsburg（リ），Breyer（リ），Sotomayor（リ），Kagan（リ）	○PSDプログラム適用のトリガー規則：Breyer（リ：執），Ginsburg（リ），Sotomayor（リ），Kagan（リ） ○BACTが要求される「規制に服する汚染物質」：Alito（保：執），Thomas（保）

	King v. Burwell 判決（2015年6月25日）：6対3			
	指名大統領		多数意見（法廷意見・同調）	少数意見（反対意見・同調）
	共和党 5	民主党 4	Roberts（保），Kennedy（中），Ginsburg（リ），Breyer（リ），Sotomayor（リ），Kagan（リ）	Scalia（保：執），Thomas（保），Alito（保）
Joe Biden	*Alabama Association of Realters v. HHS* 判決（2021年8月26日）：6対3			
	指名大統領		多数意見（法廷意見・同調）	少数意見（反対意見・同調）
	共和党 6	民主党 3	Roberts（保），Thomas（保），Alito（保），Gorsuch（保），Kavanaugh（保），Barrett（保）	Breyer（リ・執），Sotomayor（リ），Kagan（リ）
	National Federation of Independent Business v. OSHA 判決（2022年1月13日）：6対3			
	指名大統領		多数意見（法廷意見・同調）	少数意見（反対意見・同調）
	共和党 6	民主党 3	Roberts（保），Thomas（保），Alito（保），Gorsuch（保・執），Kavanaugh（保），Barrett（保）	Breyer（リ・執），Sotomayor（リ），Kagan（リ）
	West Virginia v. EPA 判決（2022年6月30日）：6対3			
	指名大統領		多数意見（法廷意見・同調）	少数意見（反対意見・同調）
	共和党 6	民主党 3	Roberts（保・執），Thomas（保），Alito（保），Gorsuch（保），Kavanaugh（保），Barrett（保）	Kagan（リ・執），Breyer（リ），Sotomayor（リ）

注：(1) 判事の「保」は保守派，「中」は中道派および「リ」はリベラル派を意味する。また，「執」は法廷意見および反対意見の執筆者を意味する。
(2) O'Connor 判事（中）は *MCI Telecomms. Corp. v. AT&T* 判決での審理と判断に参加していない。
出所：CRS（2022）で例示された9判例について，JUSTIA U.S. Supreme Court の各判決要旨（Syllabus）をもとに作成。

2 シェブロン法理の適用のターニング・ポイント

合衆国最高裁判所でのシェブロン法理の適用に関するターニング・ポイント（転換点）は，シェブロン法理の例外原則である重要問題の法理の適用の一貫性の欠如を生み出した2014年の UARG 判決と2015年の King 判決にある。両判決は簡潔に次にように整理できる（*UARG*, 573 U.S.（2014）; *King*, 576 U.S.（2015）; 森田（2017），81-93頁；坂田（2015）参照）。

■*Util. Air Regul. Grp. (UARG) v. EPA* 判決（2014年6月23日）

　2007年の *Massachusetts v. EPA* 判決が「大気浄化法」での大気汚染物質の定義に温室効果ガス（GHG）を含むと判示したことを受け，EPA は当該法律に基づき移動発生源と固定発生源の排出規制に着手した。電力業界団体や一部州などが出訴し，EPA によるいわゆる「トリガー規則」（GHG を排出する固定発生源に対して制定した大気質の重大な悪化防止（PSD）プログラムのもとでの許可の取得を義務づける規則）と「調整規則」（すでに他の汚染物質の排出に基づいて PSD プログラムのもとでの許可の取得の対象となっている固定発生源に対して，PSD 許可の排出基準値を GHG に合わせて調整する規則）の設定権限の違法性が争点となった事案である。

　合衆国最高裁判所はこの *Util. Air Regul. Grp. (UARG) v. EPA* 判決で，EPA のトリガー規則の規制権限を否定し（5対4），調整規則の規制権限を肯定した（7対2）。

■*King v. Burwell* 判決（2015年6月25日）

　2010年に制定された「医療保険改革法」は，適正な価格での最適な医療保険に加入できる機会を確保するために「医療保険取引所」（Health Insurance Exchange）を創設し運営することを各州に要求した。この取引所を通じた保険加入の財政支援として，特定の者に対して保険料支出の税額控除が付与された。また，州政府が当該取引所を創設しない場合は，連邦政府（保健社会福祉長官）が代替的な取引所を創設し運営することを求めている。

　税額控除が認められるためには，内国歳入法第36条Bは，納税者が「医療保険改革法の第1311条に基づき各州によって創設された取引所を通じて保険に加入する」ことを規定している。その一方で，財務省の外局である内国歳入庁が制定した規則（Health Insurance Premium Tax Credit）は，州政府と連邦政府が創設したいずれの取引所も税額控除は利用可能であると規定している。これを踏まえ，ヴァージニア州の住民が出訴し，内国歳入庁の規則の違法性が争点となった事案である。

　下級裁判所のコロンビア特別区連邦地方裁判所はシェブロン法理の第一段階審査で訴えを退けたが，連邦第4巡回区控訴裁判所はシェブロン法理の第二段階審査に基づき内国歳入庁の解釈の合理性を認め，判断が分かれた。連邦政府が創設した取引所についても税額控除が利用可能かは，「経済的および政治的に重要な」問題である。合衆国最高裁判所はこの *King v. Burwell* 判決で，内国歳入法の規定が曖昧であることを認定し，内国歳入庁の解釈を支持して規則を適法と認めた（6対3）。

　注意を要するのは，2015年の King 判決は内国歳入庁の解釈に何ら敬譲を払わず，シェブロン法理のステップ0と呼ばれる適用可否審査で重要問題の法理を適用して，シェブロン法理の枠組みが適用されない例外的な事案と認識され

ていることである（森田（2017），91-92頁）。重要問題の法理の適用にさらなる混乱をもたらすこととなった。

3 「重要問題の法理カルテット」の代表的訴訟
　　　―行政機関の規制権限への挑戦―

　ところで，合衆国最高裁判所は，2022年より前の事案の多数意見でこの「重要問題の法理」の用語を使用したことはない。しかし，最近の事案ではこの用語の使用が顕著である（CRS（2022），p.1）。重要問題の法理はシェブロン法理の例外原則だけに，合衆国最高裁判所による当該重要問題の法理の適用のあり方は，実のところシェブロン法理の枠組みを変容させる可能性を併せ持つ。

　ここでは CRS（2022）での例示に基づき，合衆国最高裁判所がシェブロン法理の「重要問題の法理」を新たに編み出したとされる最近の3つの重要な訴訟(10)について確認しておこう。

　連邦議会が緊急経済対策として制定した「コロナウイルス支援・救済・経済保証法」（CARES 法：2020年3月27日）による賃貸物件のテナント立ち退きの一時停止措置期間後に，HHS の疾病対策予防センター（CDC）が当該禁止措置を更新した。この CDC の立ち退き禁止の法定権限を争点とした *Alabama Association of Realters v. HHS* 判決（2021年8月26日）は，パンデミック中にCDC には全国的に一時停止を課す権限を欠いていると判示した。

　National Federation of Independent Business v. OSHA 判決（2022年1月13日）は，特定の従業員に COVID-19ワクチン接種を義務づける労働安全衛生局（OSHA）の「COVID-19ヘルスケア緊急暫定基準」の適用について争われた。合衆国最高裁判所の6名の判事が参加したキュリム（法的に新たな論点はないとの意義を有する裁判所としての判断（per curiam））ごとの意見では，OSHA の緊急暫定基準を据え置き，また OSHA のワクチン接種義務は違法な権力行使で法定権限を越えていると判断した。

　West Virginia v. EPA 判決（2022年6月30日）では，合衆国最高裁判所は，オバマ政権下で大気浄化法に基づき EPA による GHG 排出削減に関する政策であるクリーン・パワー・プラン（Clean Power Plan）で採用した，石炭火力から天然ガス火力への発電シフトによる GHG 排出量の上限を策定する権限がEPA にはないと判示した。ジョン・G・ロバーツ Jr.（John G. Roberts Jr.）首席判事が *West Virginia v. EPA* 判決での意見ではじめて「重要問題の法理」

の名のままで適用し，連邦議会がEPAに対して発電シフト手法を各州に導入させるような権限まで付与していないと結論づけたものである（その他5名の判事が同意）。この合衆国最高裁判所の判決は，気候関連開示規制を主導する民主党政権下のSECに冷や水を浴びせた格好だ。

以上の最近の重要な訴訟からもうかがえるように，重要問題の法理は，行政機関の規制権限に「ますます説得力のある挑戦を生み出す」（Donovan（2023），p.2326）と言われる所以である。

第5節　おわりに

SECは2022年3月にSEC規則案「投資家のための気候関連開示の強化と標準化」（SEC（2022a））を提示した。この最終規則の日程が順次先延ばしされ，最終規則化されずにきた。

すでに本書第10章で考察したように，SECには気候政策の設定権限がないとする見解には，元来SECには気候関連開示を要求する権限がないとするものと，連邦議会による追加承認なく気候関連開示の規制の権限はないとするものがある。

気候関連開示の規制は，連邦議会がSECにではなくEPAに委ねているとすれば，そもそもシェブロン法理が確立されたのはEPAによる制定法の解釈にあった。EPAによる環境関連の制定法の解釈をめぐっては，2022年の *West Virginia v. EPA* 判決でシェブロン法理の例外原則である重要問題の法理を適用して権限付与は否定された。また，気候関連開示の規制について，もし連邦議会がSECに権限を委ねていないとすれば，制定法の解釈の許容性がシェブロン法理の第二段階審査に委ねられ，制定法の解釈の許容性が認められる可能性はある。ただし，ここでも重要問題の法理の適用のあり方が問われ，シェブロン法理の枠組み自体を変容させうる。

加えて，ここにきて合衆国最高裁判所は，漁業会社のローパー・ブライト（Loper Bright）による *Loper Bright Enterprises v. Raimondo* の事案[11]で乱用されたシェブロン法理を再検討する請願を認めた。

レーガン政権下のシェブロン判決時，アン・ゴーサッチ・バーフォード（Anne Gorsuch Burford）がEPA長官だった。その子息のニール・M・ゴーサッチはドナルド・J・トランプ（Donald J. Trump）大統領の指名を受けて合衆国

最高裁判所の判事となった。ただし，連邦政府の法権限に懐疑的でシェブロン法理に反対する意見を持つ。同様に批判する者の多くが合衆国最高裁判所判事でもある。合衆国最高裁判所の正当性の確保が問われるなか，行政機関が策定した行政立法に係る司法審査の枠組みが，シェブロン判決後40年目で新たな局面を迎える——シェブロン法理が破棄されるか，あるいはその適用範囲が限定される可能性を秘める。

■注
（1） 暗号資産は証券（投資契約）かまたはコモディティ（商品）かという定義問題が，SECと商品先物取引委員会（CFTC）の管轄権（1934年証券取引所法または商品取引所法の適用範囲）の問題に結びついている。
（2） シェブロン法理の紹介やさまざまな研究については，たとえば，筑紫（2005），今本（2009），Pierce（2012），Chp.5（ピアース Jr. 著，正木訳（2017），第5章），海道（2017），福永（2017），森田（2017），辻（2018），佐古（2021）などを参照されたい。
（3） もっとも，多くの裁判所で「シェブロン2段階」審査方式として用いているが，シェブロン判決は必ずしも「2段階」という言葉を用いているわけではない（辻（2018），1頁）。
（4） ジョン・P・スティーブンス（保守派），ウォーレン・E・バーガー（リベラル派），ウィリアム・J・ブレナン Jr.（William J. Brennan Jr.：リベラル派），バイロン・R・ホワイト（Byron R. White：中道派），ハリー・A・ブラックマン（Harry A. Blackmun：リベラル派），ルイス・F・パウエル Jr.（Lewis F. Powell Jr.：中道派）が法廷意見に加わった。保守派のウィリアム・H・レンキスト（William H. Rehnquist）とリベラル派のサーグッド・マーシャル（Thurgood Marshall）は当該事案の審理と判断に参加しておらず，また中道派のサンドラ・デイ・オコナー（Sandra Day O' Connor）は審理に参加したが判断には加わっていない。なお，その後1986年の *Young v. Community Nutrition Institute* 判決ではこれら3名の判事も参加してシェブロン判決の内容をあらためて確認している（海道（2017），（注）81）。なお，シェブロン判決については，たとえば，Breyer（1986）やMerrill（1992）などの批判がある。
（5） シェブロン判決で2段階審査方式，法の制定過程，政権交代に伴う解釈の変更，現代規則制定権限の根拠，行政機関の専門性などが述べられているという（辻（2018），3-8頁）。
（6） Shane and Walker（2014）によれば，シェブロン法理は法令検索・判例データベースの「ウェストロー」（Westlaw）で入手可能な6万8,000件以上の情報源（1万3,500件以上の司法判断，4万1,000件以上の裁判所提出書類，1万2,000件近くの法律論評記事や二次資料）で引用されている。
（7） 「重要問題特例」，「重要問題テーゼ」，「主要な問題」などとも称される。
（8） なお，その後のオバマ政権下で制定された「家族喫煙防止およびたばこ規制法」（2009年6月22日）によりFDAにたばこ産業を規制する権限が与えられた。
（9） 「われわれは連邦議会がこのような経済的および政治的に重要な政策決定を行政機関に委任する方法については，ある程度の常識に従って判断しなければならない」（529 U.S. 120 at 133）。「MCI〔すなわち，*MCI Telecomms. Corp. v. AT&T* 判決：引用者〕の場合と同様に，われわれは，連邦議会が曖昧な方法でそのような経済的および政治的に重要な

決定を行政機関に委任することを意図しないと確信している」(529 U.S. 120 at 160)。
(10)　Sohoni (2022) は，これら3つの訴訟に，メディケアとメディエイド参加施設の従業員にCOVID-19ワクチン接種の義務化規制に関する2022年の *Biden v. Missouri* 判決を加えて「重要問題の法理カルテット」と位置づけている。「重要問題の法理カルテット」という文言は，*West Virginia v. EPA* 判決でのニール・M・ゴーサッチ（Neil M. Gorsuch）判事の意見にみられる。
(11)　連邦水域における海洋漁業管理を目的として1976年に制定されたマグナソン・スティーブンス漁業保存管理法（MSFCMA）により，商務省の国立海洋漁業局（NMFS）が乱獲防止などの漁業規制の執行（データ収集）のために漁船に連邦監視員の乗船を義務づけた。この連邦監視員の費用を船舶側が負担することをめぐる係争が，2020年2月の *Loper Bright Enterprises v. Raimondo* である。

権力分立と会計規制の政治力学

「われら合衆国の国民は、より完全な連邦を形成し、正義を樹立し、国内の平穏を保障し、共同の防衛に備え、一般の福祉を増進し、われらとわれらの子孫のために自由の恵沢を確保する」――合衆国憲法は前文でその目的の国民主権を謳う。こうした国民の権利を不当な国家権力の行使から守り、恣意的な権力行使を防ぐために、国家権力を分立された立法府（上院と下院で構成される連邦議会）、行政府（行政府の長である大統領）および司法府（合衆国最高裁判所と下位（下級）裁判所）は、相互に牽制し合う機能を果たしている。

大統領の所属政党と連邦議会の上下両院の多数派政党の関係が、統一政府または分割政府のいずれの状態にあるかは、政策形成に深く結びつく。公害訴訟などの政策形成訴訟には、事案の紛争解決と新たな政策形成の機能もみられるが、一般的に司法裁判所の判決は政策を提起するものではない。判事の事後的な判断による判決が、政策への牽制を果たす。いかなる政治理念ないしイデオロギーの判事で構成されるかが、判決を左右する最大の要因である。

ただし、行政国家のもとで行政機関への権限付与のありようが問われ、見解は分かれる。

ここまで解明してきたように、行政機関である証券取引委員会（SEC）による会計規制を含む政策の形成も、権力分立の構図のもとで、大統領の政治任用（プレジデンシャル・アポイントメント）、連邦議会の行政監視および合衆国最高裁判所などの判決で牽制される。そもそも行政機関の独立性は高くなく、大統領の政治任用によるSECコミッショナーの政策選好も行政府の考えにほぼ一致する傾向にあるとされてきた。本書で検討したIFRS導入の会計規制、高頻度取引の監督強化規制およびサステナビリティ情報の開示規制などには権力分立の牽制機能が随所にみられた。また、四半期開示廃止は、企業の短期主義と経営者の業績予想に関わる論争と絡み合い

ながら，アメリカ合衆国大統領選挙時の選挙公約が（その実現の可否は別として）大統領就任後の政策形成に向けた対応を講じていた。

　必ずしも形成されたすべての政策に適合するわけではないが，大統領，連邦議会の上下両院の多数派政党および合衆国最高裁判所の判事の政治理念が，政策の命運を決する。政策アジェンダの設定をめぐる政治力学がここにみられる。

　行政機関の政策過程を別の視点から認識し直すことも有益である。

　論者によって政策過程の構成要素には違いがある。従来，一般的な政策過程モデルと言えば，たとえばJones（1970）やBrewer and Deleon（1983）などによって展開された「アジェンダ・セッティング（設定），政策形成と正当化，実施，評価」というように，政策過程を一連の段階を順次進んでいく，いわゆる「段階モデル」（Stage Heuristic Model）であった。

　公共政策や環境政策の代表的研究者であるポール・A・サバティア（Paul A. Sabatier）が指摘するように，段階モデルはその有用性を終え，より優れた理論的枠組みに取って代わった。というのも，段階モデルでは各段階の因果的要因を特定できず，段階の相互関係を解明できないことをはじめ，連続して起こる段階の順序が正確でないことなどが問題視されたからである（Sabatier（1999），p.7）[1]。

　一般的であったこの段階モデルを否定し，より優れた理論的枠組みに取って代わったモデルの1つが，「特定の問題が検討を要する政策課題として顕在化するまでの過程に着目する」（笠（1988a），49頁）アジェンダ・アプローチのなかで，「ほぼ同時並行的に独立して流れ，結合していくモデルとして再定義」（キングダン著，笠訳（2017），訳者あとがき，345頁）して提唱された，ジョン・W・キングダン（John W. Kingdon）の「政策の窓（Policy Window）」モデルである[2]。

　ここまで分析・検討した公共政策としてのSECによる政策のなかで，第Ⅰ部でのIFRS導入の会計規制について，「政策の窓」モデルを通じて分析し，再整理して描き出してみよう。

第1節 「政策の窓」モデルによる再整理

1 政策過程の3つの流れ

　公共政策立案過程を分析するためのアプローチとしての多重ストリーム（流れ）フレームワーク(3)は，キングダンが提唱した「政策の窓」モデルによるものである。キングダンは，大統領制のもとでのアメリカの連邦政府による第2次世界大戦後から1980年代までの保険と運輸の分野の政策形成に関する事例研究を展開するうえで，この「政策の窓」モデルを提示した。政策過程におけるアジェンダ・セッティング（アジェンダ設定，議題設定）と政策案の作成にとくに着目する。

　キングダンの問題意識は，なぜ政策変化が生じるのか，またなぜある主題が他の主題より目立つのかの2つにある。このアジェンダ設定と選択肢の特定に影響を及ぼす要因は，①活発な参加者と，②アジェンダ項目や選択肢特定の過程にあるとする（Kingdon（2011），p.15（キングダン著，笠訳（2017），31頁））。

　「政策の窓」モデルの特徴は，「組織化された無秩序（カオス）」に焦点を当て，政策過程を連邦政府内の3つの流れからなるとすることにある。つまり，互いに独立しておおむね分離している，①問題の流れ（Problem Stream：問題を認識する流れ），②政策の流れ（Policy Stream：政策をつくり磨き上げる流れ），および，③政治の流れ（Political Stream）という3つの流れが，ある決定的な時点で合流し，問題と政策提案と政治が結びついて「政策の窓が開く」（The Policy Window Opens：大きな政策変更が生じる）とするのである（Kingdon（2011），p.19（キングダン著，笠訳（2017），35-36頁））(4)。

　まずキングダンが，アジェンダ設定の過程での重要なアクターとして，政権を構成する大統領，大統領に責任を負う大統領府のスタッフ，および，大統領に責任を負う省庁の政治的被任用者の三者を位置づけていることを理解しておくことが重要である。そう，大統領制のもとでの「大統領の政治任用」による政治的被任用者は重要なアクターなのである。

　問題の流れでは，問題が認識される。問題が政府の意思決定者の注目を集めるのは，政治的圧力や直感の類いによるものではない。ある程度体系的な「指標」，焦点となる出来事，危機およびシンボル（象徴），および，フィードバッ

クの３つの要因が，問題の存在を示唆すると言う。一般的には，すべての状況が問題とみなされるわけではなく，「状況が問題となるためには，その状況を変えるために何かすべきであると人々が確認しなくてはならない」(Kingdon (2011), p.114 (キングダン著，笠訳 (2017), 155頁))。また，アジェンダとして目立たせておくためには，時間，労力，アクターの動員，政治的資源の支出が必要だとする (Kingdon (2011), p.104 (キングダン著，笠訳 (2017), 143頁))。

政策の流れのなかには，政策のアイデアが「政策の原子スープ」(Policy Primeval Soup) と喩えたコミュニティのなかを漂っている。この政策コミュニティのさまざまなアクター（連邦議会議員やスタッフ，行政機関の人々や専門家など）がアイデアを持ち合わせているのである。

アイデアが生き残るための基準ないし条件がある。技術的実現可能性，政策コミュニティ内における価値受容性，将来の制約の可能性の３つである (Kingdon (2011), pp.131-139 (キングダン著，笠訳 (2017), 177-188頁))。各基準ないし条件が求めるのは，①アイデアを観測気球としてではなく，政策形成者の意図を正確に技術的に実行可能な形に具体化できること，②政策形成者の価値観と合致していること，そして，③採用された提案に対して政策コミュニティ内部においてコストが許容範囲内にあるとする「予算の制約」，提案が政治家が賛成する相当の可能性があり，最終的には一般市民に容認されるとする「一般市民の黙認」といった制約が加わってくるということである。なお，第２の基準で言う政策形成者の価値観の構成要素として，保守またはリベラルといったイデオロギー，連邦政府の規模や役割，公平原則や効率性の原則などがある。

政治の流れは，問題の流れや政策の流れとは異なる特性を備えて独立性が高く，アジェンダ・セッティング（設定）に影響を及ぼす第３の流れとして位置づける (Kingdon (2011), pp.145-146 (キングダン著，笠訳 (2017), 195-196頁))。国民全体の雰囲気，組織化された政治勢力（圧力団体の活動），政府そのもののなかで起きる出来事（選挙結果，連邦議会における党派やイデオロギーの分布，政権交代）などによって，政策形成者による政策アジェンダの受入れ姿勢が左右される。とくに「新しい顔は新しい問題提起につながる」ことになり，政権交代が最も強力な交代効果を持つ (Kingdon (2011), p.154 (キングダン著，笠訳 (2017), 206頁))。

キングダンは，政策の流れと政治の流れでの合意形成のあり方に違いがあることを指摘する。端的には，説得過程と取引過程との対照性として言い表せる。

つまり、政策の流れのなかの合意形成は、説得と生き延びたアイデアの拡散の過程を通じて行なわれるのに対して、政治の流れのなかの合意形成は、取引に支配されるのである（Kingdon（2011），pp.159-160（キングダン著、笠訳（2017），213頁））。

2 政策の窓と3つの流れの合流

アジェンダは問題の流れまたは政治の流れによって設定され、政策のなかで選択肢が生まれる。問題の流れ、政策の流れ、そして政治の流れは、ある決定的な時点で合流するとアジェンダが決定され、解決策が問題に結びつき、これらが政治勢力と結合する。この結合は政策の窓（お気に入りの提案や問題の概念を推進する好機）が開いたときが最も生じやすい。「問題が認識され、解決策が発展して政策コミュニティで利用できるようになり、政治の変化が政策転換の好機をつくりだし、潜在的制約が緩む」（Kingdon（2011），p.165（キングダン著、笠訳（2017），221-222頁））決定的な時点で3つの流れが合流するのである。この合流の帰結こそが、政策変化をもたらす。

最終的に政策が実現されるのは、政策過程での偶発性という性格を有する窓の開放にかかっている。「基本的に窓は、政治の流れの変化（政権交代、議席の入替わりによる議会内の党派やイデオロギー分布の変化、国民の雰囲気の変化など）によって、新しい問題が政府公職者や彼らに近い人々の注目を集めることで開く」（Kingdon（2011），p.168（キングダン著、笠訳（2017），225頁））。ただし、「政策の窓はめったに開かず、開いてもすぐに閉じてしまう。しかし、……公共政策の大きな変化は政策の窓という機会が出現した結果として生じている」（Kingdon（2011），p.166（キングダン著、笠訳（2017），223頁））。

窓には「問題の窓」（Problem Windows）と「政治の窓」（Political Windows）がある（Kingdon（2011），pp.173-175（キングダン著、笠訳（2017），232-234頁））。

問題の窓は、たとえば政府にとって切迫した問題（緊急課題）によって開くことがある。政治の窓は、政治の流れのなかの出来事、たとえば政権交代、国民の雰囲気、選挙による連邦議会への新メンバーの加入などによって開く。

また、問題の窓と政治の窓には関係がある。問題の窓が開くとき、その問題の解決策として生み出された選択肢が政治的に受け入れられれば、この選択肢はかなりうまくいく。政治の窓が開くとき、政治家などの参加者は、提案された解決策を結びつけることのできる問題をみつけようとする。

3　政策起業家

キングダンは,「政策起業家」(Policy Entrepreneur) の概念をもとに, 3つの流れの合流を促す活動や役割についても論じている。

政策起業家は,「物質, 目的, 連帯など将来見込まれる多様な利益と引き換えに, アジェンダの位置を上げるために時間, エネルギー, 名声, 金銭など自らの資源をすすんで投入する主唱者」(Kingdon (2011), p.179 (キングダン著, 笠訳 (2017), 239頁)) であり, たとえば, 閣僚, 連邦議会の議員, 官僚およびロビイストなどを言う。政策起業家は, 政策の流れのなかの軟化プロセスで提案を主唱するだけでなく, 自らの目的を追求して参加者の間で交渉したり決定的な合流をつくりだしたりするなど仲介も行なう (Kingdon (2011), p.183 (キングダン著, 笠訳 (2017), 243-244頁))。つまり, 政策起業家は, 解決策を問題に, 提案を政治的勢いに, 政治的出来事を政治問題に結びつけ, 流れを偶発的にではなく人為的に合流させる機能や役割を果たすのである。

キングダンは, 結合において成功する起業家の資質には3つあることをフィールドワークから導き出した。第1に, 聞くに値するなんらかの主張を持っていること, 第2に, 政治的コネや交渉力があること, そして第3に, 粘り強さがあることである (Kingdon (2011), pp.180-181 (キングダン著, 笠訳 (2017), 241頁))。とくに最も重要な資質は第3のもので,「真の粘り強さ」が必要だと説く。講演, 政策方針書の作成, 重要人物への書簡の送付, 法案の起草, 連邦議会の委員会や行政府の委員会での証言など, 自己の主張を推進するためなら手法や場所を選ばず, 多くの時間を費やせる者が政策起業家として成功することを導き出したのである。

以上の導き出された内容などを踏まえて, 公共政策立案過程を分析するためのアプローチとして提唱された「政策の窓」モデルについて,「結論」として次のように取りまとめている。

■「問題, 政策, 政治という別々の流れはある決定的な時点で合流する。解決策は問題に合流し, それら両方が好意的な政治勢力に合流する。このような結合は, 政策の窓すなわちお気に入りの提案や問題の概念を推す機会が開くとき, 最も起こりやすい。

政策の窓は，説得力のある問題の出現によって，または政治的流れの中の出来事によって開く。つまり『問題の窓』と『政治の窓』が存在することになる。アジェンダと選択肢を区別する議論に戻ると，政府アジェンダは問題の流れや政治の流れの中で設定され，選択肢は政策の流れの中で生み出される。

　要となる結合は政策選択肢の結合である。お気に入りの選択肢を主唱する起業家たちがこの結合を担う。彼らは自分の提案の準備を整えた状態で，2つのうち1つ，つまり自分の提案を解決策として結びつけることができる問題が漂ってくるか，政権交代など彼らの提案を受け入れる雰囲気をもたらす展開が政治の流れの中で生じるのを待つ。窓の中には，ほぼ予定通りに開くものもあれば，全く予測できないものもある。しかしいずれにせよ窓はすぐに閉じる。機会はやってくるが通り過ぎていくのである。機会を逃すと次の機会まで待たなくてはならない。

　政府アジェンダは問題の流れまたは政治の流れの中の出来事によって設定されるが，決定アジェンダを設定するには，さらに利用可能な選択肢が重要になる。よく練られ実行可能性のある提案が政策の流れの中で利用可能であれば，対応する問題は決定アジェンダになる確率が高まる。言いかえると，ある項目が決定アジェンダになる見込みは，問題，提案，そして政治的受容性という3つの要素がすべて1つのパッケージとして結合したとき，劇的に大きくなるのである。

　最後に，ある領域での成功は隣接領域での成功確率を増大させる。重要な出来事は隣接領域に波及する。なぜなら，政治家たちは以前利益をもたらした同じ馬に乗れば報酬を得られることに気づき，勝利した連合を新しい問題に移すことができ，前例から類推して議論することができるからである」(Kingdon (2011), pp.194-195 (キングダン著，笠訳 (2017), 259-260頁))。

第2節　「政策の窓」モデルのIFRS導入に向けた会計規制への適用可能性

　アメリカでのIFRS導入に向けた会計規制が公共政策として，いかに窓が開いて決定したのか——政策過程の実相を理解するために，第Ⅰ部(第1章から第6章)で解明した内容をもとに分析結果(**図表終－1**)を取りまとめておこう。

　IFRS導入に向けた会計規制が喫緊の政策アジェンダとなるためには，次の条件が揃っていなければならない(由里(1997a)，84頁参照)。

(1) 練り上げられた政策案が存在すること
(2) 「政策の窓」，つまり「問題の窓」と「政治の窓」が開いていること

　アメリカにおけるIFRS導入に向けた会計規制の政策は，①SECに登録する

図表終-1 「政策の窓」モデルのSECによるIFRS導入に向けた会計規制への適用

大統領（政党）		Bill Clinton（民主党）		George W. Bush（共和党）
政策起業家	SEC委員長	Levitt Jr.	Pitt	Donaldson
	主任会計士, 連邦議会議員ほか	Sutton主任会計士, Turner主任会計士	Herdman主任会計士	Nicolaisen主任会計士
政策の窓			政権交代1年目	
問題の流れ		証券市場の国際化, 「高品質の会計基準」	アメリカ同時多発テロ, エンロン・ワールドコムの会計不正	企業不祥事によるSECの権威失墜
政策の流れ		1996年基本政策, 1996年全米証券市場改革法（NSMIA）, コンセプト・リリース「国際会計基準」	SOX法, 「覚書：ノーウォーク合意」による会計基準のコンバージェンス, 外国民間発行体の調整表作成・開示要件	調整表作成・開示要件の撤廃勧告案, 高品質な会計基準のコンバージェンス, SECの規制措置強化
政治の流れ		IASCのコア・スタンダード作業計画とIOSCOの承認, EUのIAS強制適用, 連邦議会のIASC基準支持, NSMIA全会一致	政権交代, PCAOB委員長の任命, EUのIFRS適用命令（IAS適用規則）	Bush大統領とDonaldson委員長の強い絆（ボーンズマン）, SECコミッショナー間の対立構造

出所：本書第Ⅰ部（第1章から第6章）で解明した内容とKingdon（2011）（キングダン著, 笠訳（2017））をもとに作成。

	Barack H. Obama (民主党)			Donald J. Trump (共和党)
Cox	Schapiro	Walter	White	Clayton
Hewitt 主任会計士，Schumer 上院議員，Bloomberg ニューヨーク市長，Paulson Jr. 財務長官，McCreery EU 委員，全米商工会議所	Beswick（副）主任会計士	Beswick 主任会計士	Schnurr 主任会計士，Warren 上院議員	Bricker 主任会計士
	政権交代1年目			政権交代1年目
アメリカ資本市場の健全性の維持と競争力の強化，世界金融危機，マドフ事件	金融危機対応の規制強化，マドフ事件，フラッシュ・クラッシュ，SEC の組織再生化		ドッド＝フランク法と新規事業活性化法の法規制の完成	アメリカ第一主義
SEC-CESR 作業計画（会計基準の相互承認戦略），IFRS を使用する外国民間発行体に対する調整表作成・開示要件の撤廃，アメリカの発行体に対する IFRS 適用に向けたロードマップ規則案，ラウンドテーブル，2008年緊急経済安定化法	フラッシュ・クラッシュ関連の規制措置，アメリカ金融改革法（ドッド＝フランク法），コンバージェンスとグローバル会計基準を支持する SEC 声明，SEC スタッフ・ペーパー，コンドースメント・アプローチ	IFRS 適用の推進	IFRS の使用に関する代替案（第4の選択肢）	自国の利益と社会経済の立て直しの優先，政治枠組みと国際合意の否定
大統領と EU 議長等による「U.S.-EU サミット」，EU による第三国の会計基準の同等性評価	政権交代，SEC コミッショナー間の対立構造			政権交代，アメリカ第一主義によるトランピズムの政策

外国民間発行体に対する政策と，②アメリカの発行体に対する政策からなる。

1　外国民間発行体に対するIFRS導入に向けた政策

アメリカが外国民間発行体に対するIFRSの利用を認め，その際に調整表作成・開示要件を撤廃した公共政策（SECの会計規制）の大きな変化は，政策の窓という機会が出現した結果として生じたものである。問題の流れ，政策の流れ，そして政治の流れが合流して政策の窓が開いた，コックス委員長にとって最も大きな変化をもたらした規制措置の1つにあげられる。

そもそもIFRS導入に向けた会計規制の素地ないし基盤は，SECのアーサー・レビットJr.（Arthur Levitt Jr.）委員長の在任時に形成されていた。「1996年基本政策」（政策声明）（1996年4月11日）の公表により，証券監督者国際機構（IOSCO）と国際会計基準委員会（IASC）が合意した国際会計基準（IAS）のコア・スタンダードの作業計画が成功裏に完了すれば，SECがこのコア・スタンダードの受入れを検討することを示した意義は大きい。また，金融市場における効率性と資本形成を促進することなどを目的として，党派間の対立もなく成立した「1996年全米証券市場改革法」（NSMIA）を通じて，連邦議会が高品質な国際会計基準を支持表明した事実こそ，アメリカのIFRS導入に向けた会計規制の政策形成を勢いづけたと言って間違いない。NSMIA第509条(5)に基づく報告書（1997年10月）を取りまとめ，「IASC基準の受入れ」と「グローバル化する資本市場に向けた世界的な金融構造の形成」に向けて，SECがコンセプト・リリース（概念通牒）「国際会計基準」（2000年2月16日）を公表することで，今日のIFRS会計基準の導入に向けた会計規制の政策形成が始動したのである。

2002年サーベンス・オックスリー法（SOX法）の制定は，会計基準のコンバージェンスの根拠規定を盛り込んでおり，SECの働きかけにより財務会計基準審議会（FASB）と国際会計基準審議会（IASB）は「覚書：ノーウォーク合意」を締結し，コンバージェンスが促進された。もとより，アメリカの資本市場の競争力の強化に向けた政界や経済界の取組みをはじめ，「U.S.-EUサミット」などの後押しもある。

ドナルド・T・ニコライセン（Donald T. Nicolaisen）主任会計士による外国民間発行体に対する調整表作成・開示要件の撤廃に向けた政策の青写真は，こうした経緯から策定されたもので，外国民間発行体に対するIFRS導入の政策

形成に向けた抜本的転換を図る役割を果たし、その恩恵も大きい。「公共政策は単一のアクターが創造するものではない。……実際、アイデアはどこからでもやってくるものであり、ある項目がアジェンダとして顕在化した決定的要因は源ではなく、源とは何の関係もない政府内の雰囲気や特定のタイプのアイデアに対する受容性の高さだったりする」(Kingdon (2011), pp.71-72 (キングダン著、笠訳 (2017), 101-102頁))。ニコライセン主任会計士が個人的に取りまとめた調整表作成・開示要件の撤廃に向けたロードマップの持つ特性を言い表している。

外国民間発行体に対する IFRS 導入に向けた政策については、問題の流れ、政策の流れおよび政治の流れという3つの流れは、コックスが SEC 委員長に就任した時点でほぼ合流していた。政策決定者としてのコックス委員長が、積極的な政治手腕を発揮して、「過程内の流れをうまく結びつけ」(Buhr (2012), p.1581)、問題と政策提案と政治が結びつくことで「政策の窓」が開いたのである。政策実現におけるターニング・ポイントは「2007年11月15日」であった。

2 アメリカの発行体に対する IFRS 導入に向けた政策

しかし、アメリカの発行体に対する IFRS 導入については、公共政策（SEC の会計規制）の大きな変化は生じなかった。先にみたように、キングダンは「窓の中には、ほぼ予定通りに開くものもあれば、全く予測できないものもある。しかしいずれにせよ窓はすぐに閉じる。機会はやってくるが通り過ぎていく」と言う。コックス委員長は自らの提案を解決策として結びつけることができる問題が漂っていたが、アメリカ合衆国大統領選挙による政権交代によって逆に提案を受け入れる雰囲気をもたらす展開が政治の流れのなかで萎んでしまったのである。

政治の流れとしては、2人の民主党系の SEC コミッショナー（2007年9月18日に退任したロエル・C・カンポス（Roel C. Campos）と2008年1月31日に退任したアネット・L・ナザレス（Annette L. Nazareth））の後継者指名をめぐってジョージ・W・ブッシュ（George W. Bush）大統領と上院の民主党多数派との間で対立が生じた。SEC がフルコミッションの状況でないなか、超党派の支持を得て大規模な規制改革を正当化できず、コックス委員長のもとでの政策決定のペースが鈍化している（Becker, et al. (2023), p.9）。

後任の SEC コミッショナーとして新たにエリス・B・ウォルター（Elisse B.

Walter）とルイス・A・アギラール（Luis A. Aguilar）が就任し，また共和党系のポール・S・アトキンス（Paul S. Atkins）に代わりトロイ・A・パレデス（Troy A. Paredes）が就任した2008年8月1日に，SECコミッショナーは5名体制となった。大統領選挙を控え，また現政権のもとでSEC委員長を退任する予定のコックスにとっては，2つ目のアメリカの発行体に対するIFRS導入の政策に取り組むにはあまりにも時間的制約が大きかったのも事実である。加えて，アメリカの発行体に対するIFRS導入に向けたロードマップの規則案の策定にあたって，民主党系のSECコミッショナーから異議が唱えられ，政策案の練り上げが難航する。

政策形成の流れを大きく変えたのは，住宅バブルの崩壊により経営が悪化し，2008年9月15日に連邦倒産法第11章の適用を申請したリーマン・ブラザーズ（Lehman Brothers Holdings Inc.）の破綻である。世界金融危機へと連なる大収縮が始まる。「金融危機はIFRSに関するすべての検討を停止させた」（Becker, et al.（2023），p.10）。政治の流れと政策の流れが合流せず，分岐して乖離が続く。SECにとっては金融危機対応の政策形成こそが喫緊の問題となり，新たな問題の窓が開いた。

コックスがSEC委員長を辞した後，2014年の第33回「SECと財務報告協会年次大会」（SEC and Financial Reporting Institute Conference）の基調講演で，「国際財務報告基準（IFRS）を葬り去らなければならない」と発言したことは，窓は閉じて機会が通り過ぎていったことを物語るものでもある。

ここでもキングダンの次の言葉が思い浮かぶ。「政府アクターがかかわる場合，アジェンダの変化は次のいずれかの方法で生じる。現職の当局者が自らの優先順位を変えて新しいアジェンダを推すか，そのような地位の人物が代わることによってアジェンダに新しい優先順位がもたらされるかである」（Kingdon（2011），p.153（キングダン著，笠訳（2017），205頁））。政権交代によって，また金融危機対応という喫緊の問題が生じたことで，新たなSEC委員長にとってはIFRS導入に向けた会計規制のあり方が優先順位でなくなったのである。

SECによる政策のなかで，IFRS導入に向けた会計規制について再整理したが，あいにく本書で分析した他の会計規制については扱っていない。気候関連開示規制を含むサステナビリティ情報の開示規制は，権力分立のもとで行政機関の設定権限が司法上問われ，政策決定の全容が不透明だからであるが，当該

開示規制も「政策の窓」モデルによって今後検討すべき課題として残る。本書の主題としたもの以外にも，委任状勧誘に関するプロキシー・アクセス（Proxy Access），暗号資産（仮想通貨）などというさまざまなSECの会計規制がある。これらの会計規制の政策について検討し，その政治力学を明らかにすべき課題が残る。

また，公共政策の決定過程については，改訂・政策の窓モデルや新・政策の窓モデル（小島（2002）；小島・平本（2020）；小島・平本（2022））などが導き出され，これらモデルを駆使して事例研究の精度を高める課題も積み残されている。会計の政策過程に関する事例研究の分析結果を積み上げていかなければならない。

第3節　重要な判例に基づく法理と政治理念

合衆国最高裁判所は，毎年10月の第1月曜日から始まる会期から開廷するが（28 US Code §2），2023年10月期（2023年10月2日から2024年10月6日まで）に言い渡された判決は，独立行政機関のあり方を大きく変革させるものが続く。

合衆国最高裁判所が2023年10月期中の2024年6月の2日間で立て続けに下した判決（図表終－2）は，SECの執行権限をはじめとする連邦政府の行政機関ないし規制官僚機構の権限や権力に関わるものである。合衆国最高裁判所判事の政治理念を反映したアメリカ司法の保守化傾向が一気に強まった。

■*SEC v. Jarkesy* 判決（2024年6月27日）
　　SECが証券詐欺の被告ジョージ・R・ジャークシー（George R. Jarkesy）に対して「ドッド＝フランク　ウォール・ストリート改革および消費者保護法」（Dodd-Frank Wall Street Reform and Consumer Protection Act）の民事罰を行政手続きで執行することは，陪審裁判を保証する憲法修正第7条を侵害しているとの判決を下した。憲法修正第7条により，被告には陪審裁判を受ける権利が与えられるとした。

この訴訟の基本的な争点は，ヘッジファンド創設者の被告に憲法修正第7条が規定する「コモンロー訴訟」，すなわち損害賠償請求事件として賠償裁判を受ける権利があるかどうかにある。

ジョン・G・ロバーツ Jr.（John G. Roberts Jr.）首席判事による「ロバーツ法廷意見」は，「この事案では，救済策はほとんど決定的なものである。被告の

図表終-2　連邦規制官僚機構の権限や権力に関わる合衆国最高裁判所事案の判決と多数意見・少数意見

政権	SEC v. Jarkesy 判決（2024年6月27日）：6対3			
Joe Biden	指名大統領		多数意見（法廷意見・同調）	少数意見（反対意見・同調）
	共和党 6	民主党 3	Roberts（保・執），Thomas（保），Alito（保），Gorsuch（保），Kavanaugh（保），Barrett（保）	Sotomayor（リ・執），Kagan（リ），Jackson（リ）
	Loper Bright Enterprises v. Raimondo 判決（2024年6月28日）：6対2			
	指名大統領		多数意見（法廷意見・同調）	少数意見（反対意見・同調）
	共和党 6	民主党 3	Roberts（保・執），Thomas（保），Alito（保），Gorsuch（保），Kavanaugh（保），Barrett（保）	Kagan（リ・執），Sotomayor（リ）

注：(1) 判事の「保」は保守派および「リ」はリベラル派を意味する。また，「執」は法廷意見および反対意見の執筆者を意味する。
(2) Ketanji B. Jackson 判事は，*Loper Bright Enterprises v. Raimondo* 判決での審理と判断に参加していない。
出所：JUSTIA U.S. Supreme Court の各判決要旨（Syllabus）をもとに作成。

詐欺容疑に対して，SEC は金銭的救済の一形態である民事罰を求めている。金銭的救済には法的救済と衡平法上の救済があるが，金銭的損害賠償は典型的なコモンロー上の救済である」ことを確認した。そのうえで，重要なことは，「民事罰は，保証ではなく，処罰と抑止を目的としている。したがって，民事罰は『コモンロー上の救済の一種であり，司法裁判所においてのみ執行されるもの』」（*SEC v. Jarkesy*, 603 U.S. at Ⅱ, A, 2）であるとして，被告には陪審裁判を受ける権利があるとの判決（6対3の多数意見）を導き出した。

行政手続きを通じて罰金などを科す規制当局は，SEC[5]に加えて商品先物取引所（CFTC）や通貨監督庁（OCC）などに限られる。とはいえ，*SEC v. Jarkesy* 判決は，行政裁定の機能を有する行政機関にとって，その運営に影を落とす可能性が高まる。

■*Loper Bright Enterprises v. Raimondo* 判決（2024年6月28日）
　行政手続法は，政府機関が法定権限の範囲内で行動したかどうかを判断する際に，裁判所が独自の判断を下すことを義務づけており，法律が曖昧であるという理由だけで行政機関の法律解釈に従うことはできないとして，1984年の *Chevron v.*

Natural Resource Defense Council 判決は却下された。

　行政機関，ひいては SEC による制定法の解釈と規制措置の設定権限の問題についての検討を通じて，行政機関が策定した行政立法に関する司法審査の枠組み（行政機関の解釈に対する司法の敬譲）として確立された「シェブロン法理」（Chevron Doctrine）について，本書の第13章第5節の「おわりに」は次の文章で締めた。

　■「行政機関が策定した行政立法に係る司法審査の枠組みが，シェブロン判決後40年目で新たな局面を迎える——シェブロン法理が破棄されるか，あるいはその適用範囲が限定される可能性を秘める」。

　この秘めていた可能性が現実のものとなった——40年の歴史のある行政法の基礎であるシェブロン法理は覆され，破棄された。
　ここでもロバーツ首席判事が書き上げた「ロバーツ法廷意見」は，次のように判示する。

　■「おそらく最も根本的なこととして，シェブロン（*Chevron*）の推定は誤っている。政府機関には法令上の曖昧さを解決する特別な権限がないからである。権限があるのは裁判所である」（*Loper Bright Enterprises v. Raimondo*, 603 U.S. at Ⅲ. B. 1）。
　■「曖昧さがたまたまテクニカルな問題に関係していたとしても，連邦議会が法令を権威を持って解釈する権限を裁判所から取り上げて，それを行政機関に与えたということにはならない。連邦議会は，裁判所が法令上のテクニカルな問題を扱うことを期待している」（*Loper Bright Enterprises v. Raimondo*, 603 U.S. at Ⅲ. B. 2）。

　合衆国最高裁判所がシェブロン法理を覆した今般の判決は，SEC が2024年3月に最終規則化した「投資家のための気候関連開示の強化と標準化」（SEC (2024a)）による今後の規制のあり方に影響を及ぼす。
　この SEC の最終規則は，各州の共和党と民主党の検事総長が対峙する形で，またビジネス界の利害関係者なども巻き込んで第8巡回区控訴裁判所での訴訟となった（Ramonas (2024)）。原告は，①恣意的で予見困難であり，連邦政府機関の規則制定手続きを定める行政手続法（APA）に違反する（企業にはすでにマテリアルな（重要性がある）情報の開示が義務づけられているが，最終規則は

それ以外の情報開示をさらに求めている）、②言論の自由等を保障する憲法修正第1条に違反する（企業は政治的論争が紛糾している問題について、意に反してコストのかかる言論活動を強いられる）、③SECの規則制定権限を越えている（気候関連情報開示は「多大な経済的・政治的重要性」を有する問題であり、これを規制する明確な連邦議会の承認を得ていないため、「重要問題の法理」(Major Questions Doctrine) に抵触する）と主張する。

一方、環境保護団体は、規制が弱すぎるとして逆にSECを訴えている。

最終規則の最大の争点となるのが、証券規制か環境規制かという問題であり、1934年から連邦議会に付与されたSECの設定権限が問われる。*Loper Bright Enterprises v. Raimondo* 判決は、こうした主張をさらに強めることになる。

合衆国最高裁判所判事の政治理念に沿った一連の判決（6対3の *SEC v. Jarkesy* 判決と6対2の *Loper Bright Enterprises v. Raimondo* 判決）は、行政機関ないし規制能力を制限し、弱体化することは免れず、連邦政府の行政機関による行動をめぐって訴訟が急増することは間違いない。シェブロン法理を覆したことは、ロバーツ・コートの遺産として歴史に刻まれる。

かねてより権力分立と行政機関をめぐる論争が繰り広げられてきたが、行政権が肥大化した行政国家の憲法上の位置づけもしくは立憲的正統性が、いまなお問われている。合衆国最高裁判所の判事による司法判断が深く関わる。

アメリカ公法史における重要な判例に基づく法理は、なにもシェブロン法理に限ったものではない。*J.W. Hampton, Jr. & Co. v. United States* 判決（1928年）や *Gundy v. United States* 判決（2019年）で示された、合衆国憲法第1編第1節の立法権を行政機関に委任することを禁じる「非委任法理」(Non-delegation Doctrine) がある。また、規則や法令の行政解釈に対する司法の敬譲には、*Auer v. Robbins* 判決（1997年）による「アウアー法理」(Auer Doctrine) がある。

合衆国憲法は、「この憲法によって付与されるすべての立法権は、上院と下院で構成される合衆国連邦議会に属する」（第1編第1節）として、権力分立のもとで、そもそも立法権は連邦議会に専属するものと定め、その委任を制限する。そうしたなかでも、「行政機関は、『公益』を促進するため、あるいは『実践的』『道徳的』な、または『公衆衛生を守るために必要な』規制を行うように求める法令に基づき、しばしば広範な裁量権を行使する」(Sunstein and Vermeule (2020), pp.119-120 (サンスティーン、ヴァミュール著、吉良訳 (2024)、123

頁))。合憲か違憲かという立憲的正統性の最終判断が問われ続ける。

　J.W. Hampton, Jr. & Co. v. United States の事案は，1922年関税法で定められた輸入関税を調整する権限が連邦議会から大統領に委任されたことについて争われたもので，合衆国最高裁判所は，大統領に委譲された権限と裁量は立法の性格を帯びていないとして，連邦議会は憲法に違反していないと判示した。ウィリアム・H・タフト（William H. Taft）首席判事が，「連邦議会が立法行為によって，そのような税率を決定する権限を与えられた個人または団体が準拠するよう指示される明瞭な原理を定める場合，かかる立法行為は禁止された立法権の委任ではない」（J.W. Hampton, Jr. 276 U.S. at 409）とした。つまり，連邦議会が立法権を行政府に委任するのは，連邦議会が行政府への指針としての「明瞭な原理」を示す場合にのみ合憲だとする判例である。これは行政機関の裁量権を抑制する必要があるとされてきた。

　その後の合衆国最高裁判所の *Gundy v. United States* 判決は，「性犯罪者登録および通知法」（Sex Offender Registration and Notification Act）の一部規定によって司法長官が登録要件に関わる規則を公布したことは，非委任法理に違反しないとした。この判決は，連邦議会が行政府への広範な権限委譲に大きな影響を及ぼす可能性があったが，そうした展開とはなっていない。ただし，ニール・M・ゴーサッチ（Neil M. Gorsuch）判事の反対意見を契機に非委任法理の議論が活発化している。「ゴーサッチの主張は，現代の行政権限の多くが違憲であることを意味するかもしれない。彼の考え方では，大気浄化法，労働安全衛生法，国家交通・自動車安全法の主要な条項が無効とされうる」（Sunstein and Vermeule（2020），p.120（サンスティーン，ヴァミュール著，吉良訳（2024），123頁）とも言われている。

　シェブロン法理は，行政機関の制定法解釈に対する司法の敬譲，つまり曖昧な法令の解釈権限についてのものであった。それに対して，アウアー法理は，行政機関の自らの規則解釈に対する司法の敬譲，つまり行政機関自らが作成した規則の文言が明らかに誤っているか，規則と矛盾していない限り，曖昧な規則の解釈権限についてのみ敬譲されるものである。合衆国最高裁判所は，2019年の *Kisor v. Wilkie* 判決でアウアー法理を再確認し，「その結果，行政機関自身によるルール解釈への司法敬譲に対する大規模な異議申立てを一掃した」（Sunstein and Vermeule（2020），p.125（サンスティーン，ヴァミュール著，吉良訳（2024），128頁））。

シェブロン法理の覆(くつがえ)しを足掛かりに，合衆国最高裁判所が立法権を行政機関に委任することを禁じる「非委任法理」の包括的な解釈への期待も高まる。行政機関であるSECの制定法解釈の権限や規則解釈の権限はもとより，会計規制の政策に関わる行政権限が，時の合衆国最高裁判所判事の司法判断によって大きく揺らぎ，変容する可能性を秘めている。

政策課題として意思決定者に認識されるまでの過程を分析するアジェンダ・アプローチは，政策決定過程における「前決定」過程を対象とした（笠（1988））。これに対して，合衆国最高裁判所判事による司法判断は，判決を通じて政策形成に直接寄与しないが，形成された政策を対象として牽制する。そのため，政策決定過程を広義に捉えれば，この過程における「後決定」過程を対象とするものと解することもできる。そうだとすれば，SECによる会計規制の政策は，政策決定過程における「前決定」過程と「後決定」過程にわたり，時を超えて決まって政治理念やイデオロギーによる政治力学を反映しながら形成され，また権力分立のもとでの正統性が問われているのである。

■注

(1) 政策過程の理論構築にあたり，サバティアは「唱道連携（唱道連合，政策理念連合）モデル」（Advocacy Coalition Framework）を展開した。唱道提携モデルは，アイデアと唱道提携グループの政策形成を結びつけ，外部変化によって生じる唱道連携グループの変化を描くものであるが，突然の予期せぬ大きな政策変化を必ずしも十分に説明できないという問題点を有する（小島・平本（2020），13頁）。
(2) 「政策の窓」モデルには，2つの長所が指摘されている（小島・平本（2020），16頁）。第1に，政策形成過程の大部分が説明可能であること，第2に，直感的に理解可能であり，新制度論や唱道連携モデル等の他の理論的枠組みに比して利用への参入障壁が低いことである。キングダンの「政策の窓」モデルの紹介については，たとえば，笠（1988b），由里（1997a），小島（2001），西岡（2001），宮川（2002），松川（2012），稲生（2022）などを参照されたい。
(3) Multiple Stream Approaches (Herweg et al. (2017))，Multiple Streams Approach (Jones et al. (2016); Zahariadis (2014)) あるいは Multiple Stream Model (Ackrill and Kay (2011); Zahariadis (2003)) などと呼称される。
(4) こうした3つの独立した流れからなる「政策の窓」モデルの過程について，キングダンも言うように，政策アジェンダの形成とそこから最終的な選択が行なわれる選択肢の決定は，整然としておらず，きっちりともしておらず，かなり流動的なものである（Kingdon (2011), p.222（キングダン著，笠訳（2017），295頁））。
(5) 『ウォール・ストリート・ジャーナル』（*The Wall Street Journal*）紙の調査によれば，SECが2010年1月から2015年3月までSECの行政法判事（ALJ）の判決に対する控訴（SECが審理する控訴）で，被告の56人のうち53人（95％）についてSECに有利な判決を下し，

他の 5 件は SEC の内部の判事に差し戻され,再審理されたという (Eaglesham (2015))。その一方で,Velikonja (2017) は,こうした『ウォール・ストリート・ジャーナル』紙による調査結果や行政裁定の批判者の主張に反して,SEC が行政法判事による単独審理を起こすことは稀であり,SEC は被告に不利な偏見などを持っていないとする研究成果を示している。

〈参考文献〉

●欧文

AccountingToday (2012), "IASB Chair Thinks SEC Will Decide Soon on IFRS," June 27, 2012.

Ackerman, A. (2011), "Schapiro to Stay at SEC Through Next Fall," *The Wall Street Journal*, October 11, 2011.

Ackerman, A. (2012), "Money-Fund Vote Is Sought," *The Wall Street Journal*, June 22, 2012.

Ackerman, A. (2015), Mary Jo White Responds to Sen. Warren Criticisms of SEC, *The Wall Street Journal*, July 10, 2015.

Ackerman, A. and R. Tracy (2017), Paul Atkins Trump's Regulatory Adviser, Likely to Remain at Consulting Firm, *The Wall Street Journal*, January 12, 2017.

Ackrill, R. and A. Kay (2011), Multiple Streams in EU Policy-Making: The Case of the 2005 Sugar Reform, *Journal of European Public Policy*, Vo. 18 No. 1, January 2011.

Aguilar, L.A. (2014), Statement at Open Meeting on Regulation SCI, November 19, 2014.

Alliance of Concerned Investors (AOCI) (2020a), Letter from the Alliance of Concerned Investors to SEC Chair Jay Clayton et al., October 26, 2020.

AOCI (2020b), Letter Signed by 28 Organizations to the U.S. Securities and Exchange Commission: Re: File No. PCAOB-2020-01, Revisions to Auditor Independence Standards, December 16, 2020.

AOCI (2020c), Reforms of the Auditing Profession; Improving Quality, Transparency, Governance and Accountability, December 28, 2020.

AOCI (2021a), Letter from Former PCAOB Investor Advisory Group Members to SEC Chair Gary Gensler Regarding Reform of the Public Company Accounting Oversight Board (PCAOB), April 19, 2021.

AOCI (2021b), Letter Signed by Mr. Turner and 33 Individuals to SEC Chair Gary Gensler, June 7, 2021.

AOCI (2021c), Comment Letter from Alliance of Concerned Investors to FASB Technical Director, File Reference No. 2021-004, September 22, 2021.

Atkins, P.S. (2003), Statement by SEC Commissioner: Remarks at Open Meeting Regarding Shareholder Access Proposal, October 8, 2003.

Atkins, P.S. (2005), Speech by SEC Commissioner: Remarks before the Atlanta Chapter of the national Association of Corporate Directors, February 23, 2005.

Attain (2015), EDGAR® Public Dissemination Service—New Subscriber Document, Updated February 23, 2015.

Aubin, D. (2012), Deloitte Hires Former U.S. SEC Chief Accountant, Reuters, December 6, 2012.

Avakian, S. (2017), Speech by the Co-Director, Division of Enforcement, The SEC Enforcement Division's Initiatives Regarding Retail Investor Protection and Cybersecurity, October 26, 2017.

Avakian, S. (2018), Speech by the Co-Director, Division of Enforcement, Measuring the Impact of the SEC's Enforcement Program, September 20, 2018.

Barber, L. (2020), *The Powerful and the Damned,* WH Allen, Penguin Random House : London, p.348（ライオネル・バーバー著，高遠裕子訳（2021），『権力者と愚か者－FT 編集長が見た激動の15年』日本経済新聞出版）．

Barth, M. (2021), Remarks at the University of Texas at Austin Texas ScholarWorks, "Special Track Session for the 2nd Annual UT PhD Symposium : Standard Setting, ESG, Climate," August 16, 2021.

Barton, D. (2011), Capitalism for the Long Term, *Harvard Business Review*, March 2011.

Becker, K., H. Daske, C. Pelger, and S.A. Zeff (2023), IFRS Adoption in the United States : An Analysis of the Role of the SEC's Chairs, *Journal of Accounting and Public Policy*, Vol. 42 No. 3, May-June 2003.

Beswick, P.A. (2010), Speech by SEC Staff : Remarks before the 2010 AICPA National Conference on Current SEC and PCAOB Developments, December 6, 2010.

Bielstein, M., J. Kroeker, M. LaMonte, B. Laux, and L. Seidman (2012), Status of Adopting International Standards—Should We or Shouldn't We?, The Eleventh Annual Financial Reporting Conference, Baruch College, The City University of New York, May 3, 2012.

Bradford, A. (2020), *The Brussels Effect : How the European Union Rules the World*, Oxford University Press（アニュ・ブラッドフォード著，庄司克宏監訳（2022），『ブリュッセル効果 EU の覇権戦略－いかに世界を支配しているのか』白水社）．

Brandeis, L. (1914), *Other People's Money and How the Bankers Use It*, Frederick A. Stokes Company, 1914.

Brewer, G. and P. Deleon (1983), *The Foundations of Policy Analysis*, Monterey : Brooks/Cole.

Breyer, S. (1986), Judicial Review of Questions of Law and Policy, *Administrative Law Review*, Vol. 38 No. 4, Fall 1986.

Buhr, K. (2012), The Inclusion of Aviation in the EU Emissions Trading Scheme : Temporal Conditions for Institutional Entrepreneurship, *Organization Studies*, Vol. 33 No. 11, November 2012.

Bureau of International Information Programs, United States Department of State (2004), Outline of the American Legal System, December 2014（米国大使館／アメリカンセンター・レファレンス資料室（2012），『米国司法制度の概説』）．

Business Roundtable (2018), Business Roundtable Supports Move away from Short-Term Guidance, June 7, 2018.

Business Roundtable (2019), Statement on the Purpose of a Corporation, August 19, 2019.

Business Wire (2016), Open Letter : Commonsense Principles of Corporate Governance, July 2016.

Camfferman, K. and S.A. Zeff (2007), *Financial Reporting and Global Capital Markets : A History of the International Accounting Standards Committee, 1973-2000*, New York : Oxford University Press.

Camfferman, K. and S.A. Zeff (2015), *Aiming for Global Accounting Standards : Internation-*

al Accounting Standards Board, 2001-2011, New York: Oxford University Press.

Campos, R.C. (2002), Statement by SEC Commissioner: New Public Company Accounting Oversight Board, October 25, 2002.

Campos, R.C. (2006), Speech by SEC Commissioner: Remarks before the 31st Annual Conference of IOSCO in Hong Kong, Panel 3: Bond Markets—Should Their Transparency be Enhanced?, June 8, 2006.

Carrigan, C. and C. Coglianese (2016), Capturing Regulatory Reality: Stigler's *The Theory of Economic Regulation*, Research Paper No. 16-15: University of Pennsylvania law School Institute for Law and Economics.

Casey, K.L. (2007), Speech by SEC Commissioner: Remarks at the 35th Annual AICPA national Conference on Current SEC and PCAOB Developments, December 10, 2007.

Casey, K.L. (2010), Speech by SEC Commissioner: Statement at Open Meeting—Interpretive Release Regarding Disclosure of Climate Change Matters, January 27, 2010.

Clayton, J. (2018a), Testimony United States Senate Committee on Banking, Housing, and Urban Affairs, "Virtual Currencies: The Oversight Role of the U.S. Securities and Exchange Commission and the U.S. Commodity Futures Trading Commission," February 6, 2018.

Clayton, J. (2018b), Statement on Investing in America for the Long Term, August 17, 2018.

Clayton, J. (2018c), Testimony on "Oversight of the U.S. Securities and Exchange Commission," Before the U.S. Senate Committee on Banking, Housing, and Urban Affairs, December 11, 2018.

Clayton, J. (2019), Statement at the SEC Staff Roundtable on Short-Term/Long-Term Management of Public Companies, Our Periodic Reporting System and Regulatory Requirements, July 18, 2019.

Clayton, J. and P. McHenry (2022), Opinion Commentary: The SEC's Climate-Change Overreach, *The Wall Street Journal*, March 20, 2022.

Clayton, J., R.J. Jackson Jr., H.M. Peirce, E.L. Roisman, A.H. Lee (2019), Statement on Appointment of New Chair and Five New Members of the Financial Accounting Foundation Board of Trustees, and Appointment of Next Chair of the Financial Accounting Standards Board, December 19, 2019.

Cohen, M.D. (1998), Amateur Government, *Journal of Public Administration Research and Theory*, Vol. 8 No. 4, October 1998.

Cohen, M.D., J.G. March, and J.P. Olsen (1972), A Garbage Can Model of Organizational Choice, *Administrative Science Quarterly*, Vol. 17 No. 1, march 1972.

Commission on the Regulation of U.S. Capital Markets in the 21st Century (An Independent, Bipartisan Commission Established by the U.S. Chamber of Commerce) (2007), Report and Recommendations, March 2007.

Committee on Capital Markets Regulation (2006), Interim Report of the Committee on Capital Markets Regulation, November 30, 2006.

Committee on Governmental Affairs (2000), United States Senate, 106th Congress, 2d Session, United States Government Policy and Supporting Positions, November 8, 2000.

Committee on Government Reform and Oversight (1996), House Committee Print 104th Congress-United States Government Policy and Supporting Positions (Plum Book), November 4, 1996.

Committee on Homeland Security and Governmental Affairs (2008), United States Senate, 110th Congress, 2d Session, Policy and Supporting Positions, November 12, 2008. pp.197-199.

Committee on Homeland Security and Governmental Affairs (2016), United States Senate, 114th Congress, 2d Session, United States Government Policy and Supporting Positions, December 1, 2016. pp.213-216.

Committee on Oversight and Governmental Reform (2012), U.S. House of Representatives, 112th Congress, 2d Session, United States Government Policy and Supporting Positions, December 1, 2012. pp.197-200.

Committee on Oversight and Reform (2004), U.S. House of Representatives, 108th Congress, 2d Session, United States Government Policy and Supporting Positions, November 22, 2004. pp.213-215.

Committee on Oversight and Reform (2020), U.S. House of Representatives, 116th Congress, 2d Session, United States Government Policy and Supporting Positions, December 2020. pp.209-212.

Congressional Research Service (CRS) (2022), In Focus: The Major Questions Doctrine, Updated November 2, 2022 by Bowers, K.R..

Corporate Crime Reporter (2018), Lynn Turner Wants to Break up the Big Four, February 15, 2018.

Council of Institutional Investors (CII) (2021), Letter from Council of Institutional Investors General Counsel Jefferey P. Mahoney to SEC Chairman Gary Gensler, April 22, 2021.

Cox, C. (2005a), Speech by SEC Chairman: Statement to the SEC Staff, August 4, 2005.

Cox, C. (2005b), Speech by SEC Chairman: Statement at Open Meeting Regarding Extension of Section 404 Compliance Date for Smaller Companies and Amendments to Accelerated Filing Requirements, September 21, 2005.

Cox C. (2005c), Speech by SEC Chairman: Remarks at the 12th XBRL International Conference, November 7, 2005.

Cox, C. (2005d), Speech by SEC Chairman: Remarks Before the 2005 AICPA National Conference on Current SEC and PCAOB Developments, December 5, 2005.

Cox, C. (2006a), Speech by SEC Chairman: Videotaped Remarks at Corporate Directors Forum, January 31, 2006.

Cox, C. (2006b), Speech by SEC Chairman: Address to the New York Financial Writers Association, June 8, 2006.

Cox, C. (2006c), Speech by SEC Chairman: The Promise of Interactive Data, December 5, 2006.

Cox, C. (2007a), Speech by SEC Chairman: Opening Statement at the Commission Open Meeting, April 4, 2007.

Cox, C. (2007b), Speech by SEC Chairman: Address to the American Academy in Berlin and the American Chamber of Commerce in Germany, April 26, 2007.

Cox, C. (2007c), Speech by SEC Chairman: Address to the Security Traders Association 11th Annual Washington Conference, May 9, 2007.

Cox, C. (2007d), Speech by SEC Chairman: 'Plain language and Good Business,' Keynote Address to the Center for Plain language Symposium, October 12, 2007.

Cox, C. (2008a), Speech by SEC Chairman: Remarks before the U.S. Chamber of Commerce, April 18, 2008.

Cox, C. (2008b), Speech by SEC Chairman: 'International Financial Reporting Standards: The Promise of Transparency and Comparability for the Benefit of Investors around the Globe', May 28, 2008.

Cox, C. (2014), How America's Participation in International Financial Reporting Standards Was Lost, Keynote Address to the 33rd Annual SEC and Financial Reporting Institute Conference, June 5, 2014.

Cox, C., Atkins, P.S., Campos, R.C., Nazareth, A.L., and K.L. Casey (2007), Testimony Concerning A Review of Investor Protection and market Oversight with the Five Commissioners of the Securities and Exchange Commission, Before House Committee on Financial Services Full Committee Hearing, June 26, 2007.

Cummings, J., Y. Dreazen and M. Schroeder (2002), SEC Chairman Pitt Resigns Amid Webster Controversy: The Embattled Chief's Missteps Left Him (The Full Text of Harvey Pitt's Letter of Resignation), *The Wall Street Journal*, November 6, 2002.

Davis Polk & Wardwell LLP (2010), Summary of the Dodd-Frank Wall Street Reform and Consumer Protection Act, Enacted into Law on July 21, 2010, July 21, 2010.

Davis Polk & Wardwell LLP (2013), Dodd-Frank Progress Report, July 2013.

Day, K. (2002), SEC's Head Accountant Resigns, *The Washington Post*, November 9, 2002.

Degett, D., J.D. Dingell, E. Markey, B. Frank, T. Allen, and C. Maloney (2004), Comment on Proposed Rule: Security Holder Director Nominations, June 24, 2004.

Deseve, G.E., (2009), *The Presidential Appointee's Handbook*, Washington, D.C.: Brookings Institution Press.

Dimon, J. and W.E. Buffett (2018), Short-Termism is Harming the Economy: Public Companies Should Reduce or Eliminate the Practice of Estimating Quarterly Earnings, *The Wall Street Journal*, June 8, 2018.

Donaldson, W.H. (2003), Speech by SEC Chairman: Introductory Remarks at the October 8 Opening Meeting: Proxy Access Proposal, October 8, 2003.

Donaldson, W.H. (2004), Closing Statement by SEC Chairman at July 14, 2004 Open Meeting, July 14, 2004.

Donaldson, W.H. (2005), Speech by SEC Chairman: Farewell Remarks to SEC Staff, June 29, 2005.

Donovan, M. (2023), Ripple Effect: The SEC's Major Questions Doctrine Problem, *Fordham Law Review*, Vol. 91 No. 6, May 2023.

Douglas, W.O. (1938), Address of William O. Douglas, Chairman, Securities and Exchange Commission, at the Dinner of the Association of Stock Exchange Firms at the Commodore Hotel, May 20, 1938.

Drucker, P.F. (2002), *Managing in the Next Society*. New York: St Martins Pr. (ドラッカー, P・F 著, 上田惇生訳 (2002), 『ネクスト・ソサエティ－歴史が見たことのない未来が始まる』ダイヤモンド社).

Dye, R.A., and S. Sunder (2001), Why Not Allow FASB and IASB Standards to Compete in the U.S.?, *Accounting Horizons*, Vol. 15 No. 3, September 2001.

Eaglesham, J. (2015), SEC Wins with In-House Judges, *The Wall Street Journal*, May 6, 2015.

Erhardt, J.A. (2005), Speech by SEC Staff: Remarks before 2005 AICPA National Conference on Current SEC and PCAOB Developments, December 5, 2005.

Erhardt, J.A. (2006), Speech by SEC Staff: Remarks before the 2006 AICPA National Conference on Current SEC and PCAOB Developments, December 11, 2006.

Erhardt, J.A. (2014), Remarks before the 2014 AICPA National Conference on Current SEC and PCAOB Developments, December 8, 2014.

Filler L. (1987), *Dictionary of American Conservatism*, New York: Philosophical Library, Inc..

Financial Accounting Foundation (FAF) (2022a), Strategic Plan Draft for Public Comment, May 2022.

FAF (2022b), Financial Accounting Foundation Strategic Plan, November 2022.

FAF, Financial Accounting Standards Board (FASB), Governmental Accounting Standards Board (GASB) (2015), Strategic Plan, April 2015.

FASB (1999), *Report of the FASB: International Accounting Standard Setting: A Vision for the Future*, Connecticut: FASB.

FASB (2015), News Release 09/16/15 FASB Appoint Paul A. Beswick and Robert B. Malhotra to the Emerging Issue Task Force, September 16, 2015.

FASB (2021a), FASB Staff Educational Paper: Intersection of Environmental, Social, and Governance Matters with Financial Accounting Standards, March 19, 2021.

FASB (2021b), Invitation to Comment Agenda Consultation, June 24, 2021.

Frizell, S. (2015), Transcript: Read the Full Text of Hillary Clinton's Campaign Launch Speech, *TIME*, June 13, 2015.

Fromson, B.D. (1997), The Quiet Crusader at the SEC: Can Chairman Arthur Levitt Jr. Claim Major Victories for Investors?, *The Washington Post*, September 28, 1997.

Gallagher, D.M. (2014), Statement at Open Meeting on Regulation SCI, November 19, 2014.

Gensler, G. (2021), Public Statement: Remarks Before the Aspen Security Forum, August 3, 2021.

Gensler, G., H.M. Peirce, C.A. Crenshaw, and M.T. Uyeda (2022), Statement on Departure of Commissioner Allison Herren Lee, July 15, 2022.

Gerig, A. (2015), High-Frequency Trading Synchronizes Prices in Financial Markets, DERA (The Division of Economic and Risk Analysis of the SEC) Working Paper Series, January 21, 2015.

Glassman, C.A. (2002), Statement by SEC Commissioner: New Public Company Accounting

Oversight Board, October 25, 2002.

Glassman, C.A. (2003), Statement by SEC Commissioner: Remarks before on Proposed Rules for Shareholder Access to Company Proxy material, October 8, 2003.

Glassman, C.A. (2006), Speech by SEC Commissioner: "Complexity in Financial Reporting and Disclosure Regulation", Remarks before the 25th Annual USC Leventhal School of Accounting SEC and Financial Reporting Institute Conference, June 8, 2006.

Golden, R.G. (2013a), Remarks of Russell G. Golden, Member, Financial Accounting Standards Board, 32nd Annual SEC and Financial Reporting Institute Conference, University of Southern California Leventhal School of Accounting, Pasadena, California, May 30, 2013.

Golden, R.G. (2013b), Remarks of Russell G. Golden, Chairman, Financial Accounting Standards Board, AICPA Conference on Current SEC and PCAOB Developments, Washington, DC, December 10, 2013.

Golden, R.G. (2014), Remarks of Russell G. Golden, Chairman, Financial Accounting Standards Board, AICPA Conference on the SEC, PCAOB, and FASB, Washington, DC, December 9, 2014.

Goldschmid, H.J. (2002), Statement by SEC Commissioner: New Public Company Accounting Oversight Board, October 25, 2002.

Goldschmid, H.J. (2003), Statement by SEC Commissioner: Remarks on Proposed Rules for Shareholder Access to Company Proxy Material, October 8, 2003.

Goldschmid, H.J. (2005a), Speech by SEC Commissioner: Remarks before the Council of Institutional Investors 2005 Spring Conference, April 11, 2005.

Goldschmid, H.J. (2005b), Speech by SEC Commissioner: Amendments to Investment Company Act of 1940: Remarks before the SEC Open Meeting, June 29, 2005.

Gordon, M. (2013), Senate Confirms White to Head SEC, *Boston.com*, April 8, 2013.

Grasso, R.A. (1996), Globalization of the Equity Markets, *Fordham International law Journal*, Vol. 20 Issue 4, January 1996.

Greenhouse, L. (2019), Supreme Court Justice John Paul Stevens, Who Led Liberal Wing, Dies at 99, *The New York Times*, July 16, 2019.

Group of Twenty (G 20) (2010), The Seoul Summit Document, G 20 Seoul Summit 2010, November 12, 2010.

Hanks, S. (2003), Chapter 14-Globalization of World Financial Markets: Perspective of the U.S. Securities and Exchange Commission, *International Finance and Accounting Handbook, Third Edition*, edited by F.D.S. Choi, New Jersey: John Wiley & Sons, Inc..

Hanrahan, T. (2008), Volcker Joins List of Obama Backers, *The Wall Street Journal*, January 31, 2008.

Herdman, R.K. (2001), Speech by SEC Staff: Advancing Investors' Interests, December 6, 2001.

Herdman, R.K. (2002), Speech by SEC Staff: Improving Standard Setting To Advance the Interests of Investors, April 11, 2002.

Herweg, N., N. Zahariadis, and R. Zohlnhöfer (2017), The Multiple Streams Framework: Foundations, Refinements, and Empirical Applications, in edited by Weible, C.M. and P.

Sabatier, *Theories of the Policy Process 4th ed.*, New York: Westview Press.

Herz, B. (2019a), Reflections on the Career of Donald T. Nicolaisen: Speak Softly with Great Impact, *The CPA Journal-The Voice of the Profession*, October 2019.

Herz, B. (2019b), Reflections on the Career of Donald T. Nicolaisen: Speak Softly with Great Impact, *The CPA Journal: The Voice of the Profession*, November 2019.

Herz, R.H. (2013), *Accounting Changes: Chronicles of Convergence, Crisis, and Complexity in Financial Reporting*, (AICPA: Durham, NC) (ロバート（ボブ）・H・ハーズ著，杉本徳栄・橋本尚訳（2014），『会計の変革－財務報告のコンバージェンス，危機および複雑性に関する年代記』同文舘出版).

Hewitt, C. (2008), Speech by SEC Staff: IFRS and U.S. Companies, May 29, 2008.

Higgins, K.F. (2016), International Developments-Past, Present and Future, Keynote Address at PLI-Fifteenth Annual Institute on Securities Regulation in Europe, January 21, 2016.

Ho, S. (2021), Gensler Quietly Drops Quarterly Reporting from SEC Rulemaking Agenda, *Thomson Reuters*, June 21, 2021.

Hogue, H.B. and M.P. Carey (2021), CRS Report R44083・Version 6・Updated, *Appointment and Confirmation of Executive Branch Leadership: An Overview*, Updated March 17, 2021.

Hopkins, C. (2013), SEC Nominees Stein, Piwowar Approved by Senate Banking Committee, *Bloomberg Businessweek*, July 18, 2013.

Hunt Jr., I.C. (1996), Remarks of Isaac C. Hunt Jr., The Impact of the SEC on Financial Reporting, Ohio Council-Institute of management Accountants 22nd Annual professional Development Conference, Kent State University, April 19, 1996.

Hunt, Jr. I.C. (2000a), Speech by SEC Commissioner: "International Accounting Standards-The Rules of the Game," February 17, 2000.

Hunt, Jr. I.C. (2000b), Speech by SEC Staff: Current SEC International Accounting and Selective Disclosure Developments, May 15, 2000.

IFRS Foundation (2020), Consultation Paper on Sustainability Reporting, September 2020.

IFRS Foundation (2021), Exposure Draft: Proposed Targeted Amendments to the IFRS Foundation *Constitution* to Accommodate an International Sustainability Standards Board to Set IFRS Sustainability Standards, April 2021.

Jackson, Jr., R.J. and J.R. Mitts (2014), How the SEC Helps Speedy Traders, Working Paper No. 501 in the Columbia Law School Working Paper Series, November 6, 2014.

Johnson, S. (2007), Senate Pokes Holes in SEC's IFRS Push, *CFO.com*, October 25, 2007.

Johnson, T. and M. Crapo (2014a), Letter to U.S. Securities and Exchange Commission Chair Mary Jo White, November 3, 2014.

Johnson, T. and M. Crapo (2014b), Letter to U.S. Securities and Exchange Commission Chair Mary Jo White, December 8, 2014.

Jones, C. (1970), *An Introduction to the Study of Public Policy*, Belmont: Wadsworth.

Jones, M.D., H.L. Peterson, J.J. Pierce, N. Herweg, A. Bernal, H.L. Raney, and N. Zahariadis (2016), A River Runs Through It: A Multiple Streams Meta-Review, *The Policy Studies*

Journal, Vol. 44 No. 1, February 2016.

Karmel, R.S. (1998), Creating Law at the Securities and Exchange Commission: The Lawyer as Prosecutor, *Law and Contemporary Problems*, Vol. 61 No. 1, Winter 1998.

Kaufman, E.E. (2009), Re: Comprehensive Review of Market Structure Issues—Letter to U.S. Securities and Exchange Commission Chairman Mary L. Schapiro, August 21, 2009.

Kaufman, E.E. (2010), Re: Ongoing Market Structure Review—Letter to U.S. Securities and Exchange Commission Chairman Mary L. Schapiro, August 5, 2010.

Kelling, G.L. and J.Q. Wilson (1982), Broken Windows–The Police and Neighborhood Safety, *The Atlantic*, March 1982.

Kingdon, J.W. (1984), *Agendas, Alternatives, and Public Policies*, Littele, Brown and Co.. (Kingdon, J.W. (2011), *Agendas, Alternatives, and Public Policies, Second Edition*, Longman（ジョン・キングダン著, 笠京子訳（2017）, 『アジェンダ・選択肢・公共政策－政策はどのように決まるのか』勁草書房）).

Kracher, B. and R.R. Johnson (1997), Repurchase Announcements, Lies and False Signals, *Journal of Business Ethics*, 16, November 1997.

Kroeker, J.L. (2007), Speech by SEC Staff: Remarks before the Leventhal School of Accounting: SEC and Financial Reporting Institute, May 31, 2007.

Kroeker, J.L. (2011), Remarks Before the 2011 AICPA National Conference on Current SEC and PCAOB Developments, December 5, 2011.

Labaton, S. (2002), S.E.C.'s Embattled Chief Resigns In Wake of Latest Political Storm, *The New York Times*, November 6, 2002.

Lasswell, H.D. (1971), *A Pre-view of Policy Science*, Policy Science Book Series.

Lee, A.H. (2021a), Statement of Acting Chair Allison Herren Lee on Empowering Enforcement to Better Protect Investors, February 9, 2021.

Lee, A.H. (2021b) Statement on the Review of Climate-Related Disclosure, February 24, 2021.

Lee, A.H. (2021c), Statement: Public Input Welcomed on Climate Change Disclosures, March 15, 2021.

Lee, A.H. (2021d), Speech by SEC Commissioner: A Climate for Change: Meeting Investor Demand for Climate and ESG Information at the SEC, March 15, 2021.

Lee, A.L. (2021e), Remarks at the PRI/LSEG Investor Action on Climate Webinar, October 20, 2021.

Leung, R. (2003), CBS News 60 Minutes: Skull and Bones, October 2, 2003.

Levitt Jr., A. (1993), Remarks of Chairman Arthur Levitt: On the Occasion of His Swearing In, July 27, 1993.

Levitt Jr., A. (1996), Remarks by Arthur Levitt at the 24th Annual National Conference on Current SEC Developments, American Institute of Certified Public Accountants, The Accountant's Critical Eye, December 10, 1996.

Levitt Jr., A. (1997), Remarks by Arthur Levitt, Chairman, U.S. Securities and Exchange Commission: The Importance of High Quality Accounting Standards, Inter-American Development Bank, September 29, 1997.

Levitt Jr., A. (1998), Remarks by Chairman Arthur Levitt, Securities and Exchange Commission : The "Numbers Game," NYU Center for Law and Business, September 28, 1998.

Levitt Jr., A. (2002), *Take on the Street : What Wall Street and Corporate America Don't Want You to Know, What You Can Do to Fight Back*, New York : Pantheon Books（アーサー・レビット著，小川敏子訳（2003），『ウォール街の大罪－投資家を欺く者は許せない！』日本経済新聞社）.

Lewis, D.E. (2008), *The Politics of Presidential Appointments : Political Control and Bureaucratic Performance*, New Jersey : Princeton University Press（デイヴィッド・ルイス著，稲継裕昭監訳，浅尾久美子訳（2009），『大統領任命の政治学－政治任用の実態と行政への影響』ミネルヴァ書房）.

Lewis, M. (2014), *Flash Boys : A Wall Street Revolt*, New York : W.W. Norton & Company Ltd.（マイケル・ルイス著，渡会圭子・東江一紀訳（2014），『フラッシュ・ボーイズ－10億分の1秒の男たち』文芸春秋）.

Liptak, A. (2019), John Paul Stevens : Canny Strategist and the 'Finest Legal Mind' Ford Could Find, *The New York Times*, July 19, 2019.

Long, H. (2015), America's Problem : 'quarterly capitalism'?, CNN BUSINESS, August 20, 2015（「アメリカの問題：『四半期資本主義』？」CNN Business，2015年8月20日）.

Longley, M., K. Scannell, S. Pulliam, and S. Craig (2010), SEC Chief's Big Bet on Goldman, *The Wall Street Journal*, May 17, 2010.

Mackintosh, J. (2018), In the Long Run, Fear of Short-Termism Is Mostly Bunk—Is the economy suffering from CEOs pushed by investors to focus only on the next quarter? The evidence shows it isn't, *The Wall Street Journal*, May 10, 2018.

Mahoney, J. (2001), *The Legacies of Liberalism : Path Dependence and Political Regimes in Central America*, Baltimore : The Johns Hopkins University Press.

Mahoney, P.G. (2021), The Economics of Securities Regulation : A Survey, University of Virginia School of Law, Law and Economics Research Paper Series 2021-14, August 2021.

Makenzie, G.C. (2001), The State of the Presidential Appoint, Mackenzie, G. C edited, *Innocent Until Nominated* : The Breakdown of the Presidential Appointment Process, Washington, D.C. : Brookings Institution Press.

Martens, P. (2013), Senate Banking Fails to Approve Mary Jo White for Full Term at SEC, *Wall Street on Parade*, March 21, 2013.

Martens, P. and R. Martens (2017), Mary Jo White Seriously Misled the U.S. Senate to Become SEC Chair, *Wall Street on Parade*, February 16, 2017.

Mason, J. (2008), Three Former U.S. SEC Chairmen Endorse Obama, Reuters, May 14, 2008.

McGann, J.G., (2021), 2020 Global Go To Think Tank Index Report, University of Pennsylvania, Think Tanks and Civil Societies Program.

McKinsey & Company (commissioned by Michael R. Bloomberg and Charles E. Schmer) (2007), Sustaining New York's and the US' Global Financial Services Leadership, January 22, 2007.

Merrill, T.W. (1992), Judicial Deference to Executive Precedent, *The Yale Law Journal*, Vol. 101 No. 5, March 1992.

Merrill, T.W. (2022), *The Chevron Doctrine : Its Rise and Fall, and the Future of the Administrative State*, Cambridge : Harvard University Press.

Michaels, D. (2017), SEC Chief Scales Back Powers of Enforcement Staff-Action Revokes Subpoena Authority from about 20 Senior Officials, Limits It to Division Director, *The Wall Street Journal*, February 16, 2017.

Michaels, D., M. Rapoport, and J. Maloney (2018), Trump Asks SEC to Study Six-Month Reporting for Public Companies, *The Wall Street Journal*, August 17, 2018.

Millegan, K. ed. (2003), *Fleshing Out Skull & Bones : Investigations into America's Most Powerful Secret Society*, Trine Day（クリス・ミレガン＆アントニー・サットン他著，北田浩一訳（2004），『闇の超世界権力スカル＆ボーンズ』徳間書店）.

Moe, T.M. (1985), "Control and Feedback in Economic Regulation : The Case of the NLRB", *American Political Science Review*, Vol. 79 No. 4, December 1985.

Moe, T.M. and S.A. Wilson (1994), Presidents and the Politics of Structure, *Law and Contemporary Problems*, Vol. 57 No. 2, Spring 1994.

Nicolaisen, D.T. (2005), A Securities Regulator Looks at Convergence, *Northwestern Journal of International Law & Business*, Vol. 25 No. 3, Spring 2005 (Nicolaisen, D.T. (2005), Statement by SEC Staff : A Securities Regulator Looks at Convergence, April 2005).

Office of the Clerk, U.S. House of Representatives (2024), Nominees for the Offices of United States Senator and United States Representative in the One Hundred Nineteenth Congress from Official Sources for the Election of November 5, 2024.

Parker, A. (2005), The SEC under Chairman Cox, *Financial Times*, June 29, 2005.

Patterson, S. (2014a), Firm Stops Giving High-Speed Traders Direct Access to Releases, *The Wall Street Journal*, February 20, 2014.

Patterson, S. (2014b), High-Frequency Trading Leads to Lawsuit Against Exchanges-Suit Seeks Class-Action Status ; a Test of Exchanges' Legal Immunity, *The Wall Street Journal*, September 9, 2014.

Paulson Jr., H.M. (2006), Press Release : Remarks by Treasury Secretary Henry M. Paulson, On the Competitiveness of U.S. Capital Markets Economic Club of New York, New York, NY, November 20, 2006.

Paulson Jr., H.M. (2007), Press Release : Opening Remarks by Treasury Secretary Henry M. Paulson, Jr. At Treasury's Capital markets Competitiveness Conference Georgetown University, March 13, 2007.

Paulson Jr., H.M. (2008), Press Release : Remarks by Secretary Henry M. Paulson, Jr. on Blueprint for Regulatory Reform, March 31, 2008.

Paulson Jr., H.M. (2010), *On the Brink : Inside the Race to Stop the Collapse of the Global Financial System*, New York : Grand Central Publishing（ヘンリー・ポールソン著，有賀裕子訳（2010），『ポールソン回顧録』日本経済新聞出版社）.

Peirce, H.M. (2018a), Speech by the SEC Commissioner : The Why Behind the No : Remarks at the 50th Annual Rocky Mountain Securities Conference, May 11, 2018.

Peirce, H.M. (2018b), Speech by the SEC Commissioner : Lies and Statistics : Remarks at the 26th Annual Securities Litigation and Regulatory Enforcement Seminar, October 26,

2018.

Peirce, H.M. (2021a), Re : Proposed Targeted Amendments to the IFRS Foundation *Constitution* to Accommodate an International Sustainability Standards Board to Set IFRS Sustainability Standards, 01 July 2021 (Peirce, H.M. (2021b), Statement by the SEC Commissioner : Statement on the IFRS Foundation's Proposed Constitutional Amendments Relating to Sustainability Standards, July 1, 2021).

Peirce, H.M. (2021c), Statement on the Commissioner's Order Approving Proposed Rule Changes, as Modified by Amendments No. 1 to Adopt Listing Rules Related to Board Diversity Submitted by the NASDAQ Stock Market LLC, August 6, 2021.

Peirce, H.M. (2022), Statement by the SEC Commissioner : We are Not the Securities and Environment Commission—At Least Not Yet, March 21, 2022.

Peirce, H.M. (2023), Statement by SEC Commissioner : Comments on Proposed Expansion of Regulation SCI, March 15, 2023.

Peirce, H.M. and M.T. Uyeda (2022a), RE : Draft Financial Accounting Foundation Strategic Plan, July 22, 2022 (Peirce, H.M. and M.T. Uyeda (2022b), Statement by the SEC Commissioners : Comment on the Financial Accounting Foundation Draft Strategic Plan, July 22, 2022).

Peltzman, S. (1976), Toward a More General Theory of Regulation, *The Journal of Law and Economics*, Vol. 19 No. 2, August 1976.

Peterson, J. (2003), SEC Steps Up Access to Proxy Process, *Los Angeles Times*, October 9, 2003.

Pfiffner, J.P. (2001), Presidential Appointments : Recruiting Executive Branch Leaders, Mackenzie, G.C. edited, *Innocent Until Nominated* : The Breakdown of the Presidential Appointment Process, Washington, D.C. : Brookings Institution Press.

Pierce, Jr., R.J. (2012), *Administrative Law, 2nd (Concepts & Insights)*, St. Paul : West Academic Publishing (リチャード・J・ピアース Jr. 著, 正木宏長訳 (2017), 『アメリカ行政法』勁草書房).

Pitt, H.L. (2001), Speech by SEC Chairman : Remarks at the SEC Historical Society Major Issues Conference, November 14, 2001.

Pitt, H.L. (2002a), Speech by SEC Chairman : Remarks at the *Financial Times*' Conference on Regulation & Integration of the International Capital markets, October 8, 2002.

Pitt, H.L. (2002b), Speech by SEC Chairman : A Single Capital Market in Europe : Challenges for Global Companies, October 10, 2002.

Piwowar, M.S. (2013), Statement of Michael S. Piwowar Commissioner-Designate U.S. Securities and Exchange Commission before the U.S. Senate Committee on Banking, Housing, and Urban Affairs, June 27, 2013.

Piwowar, M.S. (2014), Statement at Open Meeting on Regulation SCI, November 19, 2014.

Porter, M.E. (1992), Capital Disadvantage : America's Failing Capital Investment System, *Harvard Business Review*, September-October, 1992.

Previts, G.J. (1978), The SEC and its Chief Accountants : Historical Impressions, *Journal of Accountancy*, August 1978.

Previts, G.J., H.M. Roybark and E.N. Coffman (2003), Keeping Watch! Recounting Twenty-Five Years of the Office of Chief Accountant, U.S. Securities and Exchange Commission, 1976-2001, *ABACUS*, Vol. 39 No. 2, June 2003.

Primack, D. (2018), Pepsi CEO Explains What She Told Trump about Financial Reporting, Axios, August 17, 2018.

Protess, B. and S. Craig (2012), As Official Drops Out, S.E.C. Race Shifts, *The New York Times*, November 28, 2012.

Public Citizen (2018), Corporate Impunity : "Tough on Crime" Trump Is Weak on Corporate Crime and Wrongdoing, July 2018.

Ramonas, A. (2024), Democratic Attorneys General Rally Behind SEC Climate Rule (1), *Bloomberg Law News*, April 5, 2024.

Ramonas, A. and J. Bennett (2018), SEC's Newest Republican Emerges as One-Woman Party of 'No,' *Bloomberg Law*, May 8, 2018.

Richards, L. (2000), Speech by SEC Staff : Self-Regulation in the New Era, NRS Fall 2000 Compliance Conference, September 11, 2000.

Robbins, A. (2002), *Secrets of the Tomb : Skull and Bones, the Ivy League, and the Hidden Paths of Power*, New York : Back Bay Books / Little, Brown and Company, 2002（アレクサンドラ・ロビンス著，太田龍監訳（2004），『スカル＆ボーンズ－秘密クラブは権力への通路』成甲書房）．

Rogers, J.L., Skinner, D.J., and S.L.C. Zechman (2014), Run EDGAR Run : SEC Dissemination in a High-frequency World, Chicago Booth Paper No. 14-36, October 2014.

Roisman, E.L. (2021), Statement on the Commissioner's Order Approving Exchange Rules Relating to Board Diversity, August 6, 2021.

Rosenfeld, E. (2015), Hillary Clinton Proposes Sharp Increase in Short-term Capital Gains Taxes, CNBC, July 24, 2015（「ヒラリー・クリントンが短期キャピタルゲイン税の急増を提案」CNBC，2015年7月24日）．

Rutherglen, G. (2020), Self-Portrait in a Complex Mirror : Reflections on *The Making of a Justice : Reflections on My First 94 Years* by John Paul Stevens, *Virginia Law Review Online*, Vol. 106, April 2020.

Sabatier, P.A. (1999), The Need for Better Theories, edited by Sabatier, P.A., *Theories of the Policy Process*, New York : Westview Press.

Saltzman, J. and B.H. Thompson Jr. (2019), *Environmental Law and Policy 5th Edition*, St. Paul : West Academic Publishing（ジェームズ・サルズマン，バートン・H・トンプソンJr. 著，正木宏長・上床悠・及川敬貴・釼持麻衣編訳（2022），『現代アメリカ環境法』尚学社）．

Savage, C. (2024), Weakening Regulatory Agencies Will Be a Key Legacy of the Roberts Court, *The New York Times*, June 28, 2024.

Scannell, K. and S. Craig (2008), SEC Chief Under Fire as Fed Seeks Bigger Wall Street Role-Cox Draws Criticism for Low-Key Leadership During Bear Crisis, *The Wall Street Journal*, June 23, 2008.

Scannell, K. and D. Gauthier-Villars (2008), Cox to Press Global Rules : SEC Chief Seeks,

The Wall Street Journal, May 28, 2008.

Schapiro, M.L. (2009a), Letter to Edward E. Kaufman, September 10, 2009.

Schapiro, M.L. (2009b), Speech by SEC Chairman: Statement on Dark Pool Regulation before the Commission Open Meeting, October 21, 2009.

Schapiro, M.L. (2010a), Speech by SEC Chairman: Statement on Money Market Funds Before the Open Commission Meeting, January, 27, 2010.

Schapiro, M.L. (2010b), Speech by SEC Chairman: Strengthening Our Equity Market Structure, September 7, 2010.

Schapiro, M.L. (2011), Testimony on "Financial Regulatory Reform: The International Context", Before the United States House Committee on Financial Services, June 16, 2011.

Schapiro, M.L. (2012a), Interview with Arthur Levitt to Air on Blooming Radio, January 5, 2012.

Schapiro, M.L. (2012b), Speech by SEC Chairman: Remarks at the SIFMA C&L Conference, March 20, 2012.

Schapiro, M.L. (2012c), Testimony on "Perspective on Money Market Mutual Fund Reforms", Before the Committee on Banking, Housing, and Urban Affairs of the United States Senate, June 21, 2012.

Schnurr, J. (2014), Remarks before the 2014 AICPA National Conference on Current SEC and PCAOB Developments, December 8, 2014.

Schnurr, J. (2015a), Remarks before the 2015 Baruch College Financial Reporting Conference, May 7, 2015.

Schnurr, J. (2015b), Remarks at the 34th Annual SEC and Financial Reporting Institute Conference, June 5, 2015.

Schnurr, J. (2015c), Remarks at the AICPA National Conference on Banks and Savings Institutions, September 17, 2015.

Schumer, C.E. (2009), Letter to U.S. Securities and Exchange Commission Chairman Mary Shapiro, July 24, 2009.

Schumer, C.E. and M.R. Bloomberg (2006), To Save New York, Learn From London, *The Wall Street Journal*, November 1, 2006.

Securities and Exchange Commission (SEC) (1981), Release Nos. 33-6360 ; 34-18274 ; 39-677, Proposed Rule: Integrated Disclosure System for Foreign Private Issuers, *SEC Docket*, Vol. 24 No. 1, December 8, 1981.

SEC (1985), Securities Act of 1933 Release No. 33-6568 ; File No. S7-9-85, Facilitation of Multinational Securities Offerings, SEC Issue Date: February 28, 1985, *SEC Docket*, Vol. 32 No. 11, March 12, 1985.

SEC (1987), Internationalization of the Securities Markets: Report of the Staff of the U.S. Securities and Exchange Commission to the Senate Committee on Banking, Housing and Urban Affairs and the House Committee on Energy and Commerce, July 27, 1987.

SEC (1988), Securities Act of 1933 Release No. 33-6807 ; 34-26284, IC-16636 ; IA-1143 ; S7-25-88, Regulation of International Securities Markets, SEC Issue Date: November 14, 1988, *SEC Docket*, Vol. 42 No. 5, December 6, 1988.

SEC (1996), SEC Statement Regarding International Accounting Standards, *SEC News Digest*, Issue 96-67, April 11, 1996.

SEC (1997), Pursuant to Section 509 (5) of the National Securities Markets Improvement Act of 1996 : Report on Promoting Global Preeminence of American Securities Markets, October 1997.

SEC (2000a), Release Nos. 33-7801 ; 34-42430 ; International Series No. 1215 ; File No. S7-04-00, Concept Release : International Accounting Standards, SEC Issue Date : February 16, 2000, *Federal Register*, Vol. 65 No. 36, February 23, 2000.

SEC (2000b), For Immediate Release 2000-11 : SEC Approves Concept Release on International Accounting Standards, February 16, 2000.

SEC (2001a), For Immediate Release 2001-95 : Robert K. Herdman Is New SEC Chief Accountant, September 19, 2001.

SEC (2001b), Securities Exchange Act of 1934 Release No. 44969 / October 23, 2001 ; Accounting and Auditing Enforcement Release No. 1470 / October 23, 2001 ; Report of Investigation Pursuant to Section 21(a) of the Securities Exchange Act of 1934 and Commission Statement on the Relationships of Cooperation to Agency Enforcement Decisions.

SEC (2002a), For Immediate Release 2002-153 : Commission Announces Founding Members of Public Company Accounting Oversight Board, October 25, 2002.

SEC (2002b), For Immediate Release 2002-154 : Actions by FASB, IASB Praised, October 29, 2002.

SEC (2003a), For Immediate Release 2003-28 : Statement of the Commission Regarding Selection Process for Chairperson for the Public Company Accounting Oversight Board (PCAOB), March 4, 2003.

SEC (2003b), For Immediate 2003-63 Release : SEC Unanimously Approves William J. McDonough as Chairman of Public Company Accounting Oversight Board, May 21, 2003.

SEC (2003c), For Immediate Release 2003-97 : Donald Nicolaisen Named SEC Chief Accountant, August 14, 2003.

SEC (2003d), Release No. 34-48626 ; IC-26206 ; File No. S7-19-04, Proposed Rule : Security Holder Director Nominations, SEC Issue Date : October 14, 2003, *Federal Register*, Vol. 68 No. 205, October 23, 2003.

SEC (2003e), Release No. 34-48745 ; File Nos. SR-NYSE-2002-33, SR-NASD-2002-77, SR-NASD-2002-80, SR-NASD-2002-138, SR-NASD-2002-139, and SR-NASD-2002-141, Self-Regulatory Organizations ; New York Stock Exchange, Inc. and National Association of Securities Dealers, Inc. ; Order Approving Proposed Rule Changes (SR-NYSE-2002-33 and SR-NASD-2002-141) and Amendments No. 1 Thereto ; Order Approving Proposed Rule Changes (SR-NASD-2002-138, SR-NASD-2002-80, SR-NASD-2002-138 and SR-NASD-2002-139) and Amendments No. 1 to SR-NASD-2002-80 and SR-NASD-2002-139 ; and Notice of Filing and Order Granting Accelerated Approval of Amendment Nos. 2 and 3 to SR-NYSE-2002-33, Amendment Nos. 2, 3, 4 and 5 to SR-NASD-2002-141, AmendmentNos. 2 and 3 to SR-NASD-2002-80, Amendment Nos. a, 2, and 3 to SR-NASD-2002-138, and Amendment No. 2 to SR-NASD-2002-139, Relating to

Corporate Governance, SEC Issue Date: November 4, 2003, *Federal Register*, Vo. 68 No. 218, November 12, 2003.

SEC (2004a), Release No. IC-26323; File No. S7-03-04, Proposed Rule: Investment Company Governance, SEC Issue Date: January 15, 2004, *Federal Register*, Vol. 69 No. 15, January 23, 2004.

SEC (2004b), Release Nos. 34-49211; IC-26348; File No. S7-19-03, Notice of Roundtable Discussion; Request for Comment: Security Holder Director Nominations, SEC Issue Date: February 9, 2004, *Federal Register*, Vol. 69 No. 29, February 12, 2004.

SEC (2004c), Release No. 34-49325; File No. S7-10-04, Proposed Rule: Regulation NMS, SEC Issue Date: February 26, 2004, *Federal Register*, Vol. 69 No. 46, March 9, 2004.

SEC (2004d), For Immediate Release 2004-75: SEC-CESR Set Out the Shape of Future Collaboration, June 4, 2004.

SEC (2004e), Release No. IA-2266; File No. S7-30-04, Proposed Rule: Registration Under the Advisers Act of Certain Hedge Fund Advisers, SEC Issue Date: July 20, 2004, *Federal Register*, Vol. 69 No. 144, July 28, 2004.

SEC (2004f), Release No. IC-26520; File No. S7-03-04, Final Rule: Investment Company Governance, SEC Issue Date: July 27, 2004, *Federal Register*, Vol. 69 No. 147, August 2, 2004.

SEC (2004g), 2004-2009 Strategic Plan, August 5, 2004.

SEC (2004h), Release No. IA-2333; File No. S7-30-04, Final Rule: Registration Under the Advisers Act of Certain Hedge Fund Advisers, SEC Issue Date: December 2, 2004, *Federal Register*, Vol. 69 No. 237, December 10, 2004.

SEC (2005a), U.S. Securities and Exchange Commission Annual Report—2005 Performance and Accountability Report, January 1, 2005.

SEC (2005b), For Immediate Release 2005-55: SEC Adopts Amendments to Form 20-F Related to the First-Time Adoption of International Financial Reporting Standards, April 13, 2005.

SEC (2005c), For Immediate Release 2005-62: Chairman Donaldson Meets with EU Internal Market Commissioner McCreevy, April 21, 2005.

SEC (2005d), For Immediate Release 2005-82: SEC Chairman William H. Donaldson to Step Down on June 30, June 1, 2005.

SEC (2005e), Release No. 34-51808; File No. S7-10-04, Final Rule: Regulation NMS, SEC Issue Date: June 9, 2005, *Federal Register*, Vol. 70 No. 124, June 29, 2005.

SEC (2005f), For Immediate Release 2005-176: SEC Votes to Propose Rules on Tender Offers, Foreign Issuer Deregistration; Also Votes to Adopt Filing Acceleration Changes, December 14, 2005.

SEC (2005g), For Immediate Release 2005-177: Meeting Between Chairman Christopher Cox and CESR Chairman Arthur Docters van Leeuwen, December 15, 2005.

SEC (2006a), U.S. Securities and Exchange Commission Annual Report-2006 Performance and Accountability Report, January 1, 2006.

SEC (2006b), For Immediate Release 2006-17: Accounting Standards: SEC Chairman Cox and EU Commissioner McCreevy Affirm Commitment to Elimination of the Need for Reconciliation Requirements, February 8, 2006.

SEC (2006c), For Immediate Release 2006-30: SEC Chairman Christopher Cox Gets Clean Bill of Health, February 28, 2006.

SEC (2006d), For Immediate Release 2006-130: SEC and CESR Launch Work Plan Focused on Financial Reporting, August 2, 2006.

SEC (2006e), Release Nos. 33-8762; 34-54976; File No. S7-24-06, Proposed Rule Management's Report on Internal Control Over Financial Reporting; Proposed, SEC Issue Date: December 20, 2006, *Federal Register*, Vol. 71 No. 248, December 27, 2006.

SEC (2007a), U.S. Securities and Exchange Commission Annual Report—2007 Performance and Accountability Report, January 1, 2007.

SEC (2007b), The Transcript of the Roundtable on the International Financial Reporting Standards "Roadmap", March 6, 2007.

SEC (2007c), For Immediate Release 2007-62, SEC Commissioners Endorse Improved Sarbanes-Oxley Implementation to Ease Smaller Company Burdens, Focusing Effort on 'What Truly Matters', April 4, 2007.

SEC (2007d), For Immediate Release 2007-72, SEC Announces Next Steps Relating to International Financial Reporting Standards, April 24, 2007.

SEC (2007e), For Immediate Release 2007-101: SEC Approves New Guidance for Compliance with Section 404 of Sarbanes-Oxley, May 23, 2007.

SEC (2007f), Release Nos. 33-8809; 34-55928; FR-76; File No. S7-24-06, Final Rule: Amendments to Rules Regarding Management's Report on Internal Control Over Financial Reporting, SEC Issue Date: June 20, 2007, *Federal Register*, Vol. 72 No. 123, June 27, 2007.

SEC (2007g), Release Nos. 33-8810; 34-55929; FR-77; File No. S7-24-06, Commission Guidance Regarding management's Report on Internal Control Over Financial Reporting Under Section 13(a) or 15(d) of the Securities Exchange Act of 1934, SEC Issue Date: June 20, 2007, *Federal Register*, Vol. 72 No. 123, June 27, 2007.

SEC (2007h), Release Nos. 33-8818; 34-55998; International Series Release No. 1302; File No. S7-13-07, Proposed Rule: Acceptance from Foreign Private Issuers of Financial Statements Prepared in Accordance With International Financial Reporting Standards Without Reconciliation to U.S. GAAP, SEC Issue Date: July 2, 2007, *Federal Register*, Vol. 72 No. 132, July 11, 2007.

SEC (2007i), Staff Observations in the Review of IFRS Financial Statements, July 2, 2007.

SEC (2007j), Release Nos. 33-8831; 34-56217; IC-27924; File No. S7-20-07, Concept Release on Allowing U.S. Issuers to Prepare Financial Statements in Accordance With International Financial Reporting Standards, SEC Issue Date: August 7, 2007, *Federal Register*, Vol. 72 No. 156, August 14, 2007.

SEC (2007k), Staff Comments on Annual Reports Containing Financial Statements Prepared for the First Time on the Basis of International Financial Reporting Standards, Updated November 13, 2007.

SEC (2007l), Release Nos. 33-8879; 34-57026; International Series Release No. 1306; File No. S7-13-07, Final Rule: Acceptance from Foreign Private Issuers of Financial Statements Prepared in Accordance with International Financial Reporting Standards without Reconciliation to U.S. GAAP, SEC Issue Date: December 21, 2007, *Federal Register*, Vol. 73 No. 3, January 4, 2008.

SEC (2008a), U.S. Securities and Exchange Commission Annual Report-2008 Performance and Accountability Report, January 1, 2008.

SEC (2008b), For Immediate Release 2008-137: Elisse B. Walter Sworn in as SEC Commissioner, July 9, 2008.

SEC (2008c), For Immediate Release 2008-179: SEC Announces Successor to EDGAR Database- "IDEA" Will Make Company and Fund Information Interactive, August 19, 2008.

SEC (2008d), Immediate Release 2008-265: John White, Director of Division of Corporate Finance, to Leave SEC After Leading Unprecedented Rulemaking to Enhance Disclosure to Investors, November 6, 2008.

SEC (2008e), Release Nos. 33-8982; 34-58960; File No. S7-27-08, Proposed Rule: Roadmap for the Potential Use of Financial Statements Prepared in Accordance With International Financial Reporting Standards by U.S. Issuers, SEC Issue Date: November 14, 2008, *Federal Register*, Vol. 73 No. 226, November 21, 2008.

SEC (2008f), For Immediate Release 2008-300: SEC Approves Interactive Data for Financial Reporting by Public Companies, Mutual Funds, December 18, 2008.

SEC (2009a), Release Nos. 33-9005; 34-59350; File No. S7-27-08, Proposed Rule: Roadmap for the Potential Use of Financial Statements Prepared in Accordance with International Financial Reporting Standards by U.S. Issuers, SEC Issue Date: February 3, 2009, *Federal Register*, Vol. 74 No. 25, February 9, 2009.

SEC (2009b), Release Nos. 33-9046; 34-60089; IC-28765; File No. S7-10-09, Proposed Rule: Facilitating Shareholder Director Nominations, *Federal Register*, Vol. 74 No. 116, June 18, 2009.

SEC (2009c), Release No. IC-28807; File No. S7-11-09, Proposed Rule: Money Market Fund Reform, SEC Issue Date: June 30, 2009, *Federal Register* Vol. 74 No. 129, July 8, 2009.

SEC (2009d), Release No. 34-60684; File No. S7-21-09, Elimination of Flash Order Exception from Rule 602 of Regulation NMS; Proposed Rule, SEC Issue Date: September 18, 2009, *Federal Register*, Vol. 74 No. 183, September 23, 2009.

SEC (2009e), Release No. 34-60997; File No. S7-27-09, Regulation of Non-Public Trading Interest; Proposed Rule, SEC Issue Date: November 13, 2009, *Federal Register*, Vol. 74 No. 224, November 23, 2009.

SEC (2009f), Release Nos. 33-9086; 34-61161; IC-29069; File No. S7-10-09, Proposed Rule: Facilitating Shareholder Director Nominations, *Federal Register*, Vol. 74 No. 242, December 18, 2009.

SEC (2010a), Release No. 34-61358; File No. S7-02-10, Concept Release on Equity Market Structure, SEC Issue Date: January 14, 2010, *Federal Register*, Vol. 75 No. 13, January 21, 2010.

SEC (2010b) Release Nos. 33-9106; 34-61469; FR-82, Commission Guidance Regarding Disclosure Related to Climate Change, SEC Issue Date: February 2, 2010, *Federal Register*, Vol. 75 No. 25, February 8, 2010.

SEC (2010c), Release Nos. 33-9109; 34-61578, Commission Statement in Support of Convergence and Global Standards, Appendix: Work Plan for the Consideration of Incorporating International Financial Reporting Standards into the Financial Reporting System for U.S. Issuers, February 24, 2010.

SEC (2010d), Release No. IC-29132; File Nos. S7-11-09, S7-20-09, Money Market Fund Reform; Final Rule, *Federal Register* Vol. 75 No. 42, March 4, 2010.

SEC (2010e), For Immediate Release 2010-111: Statement on the Supreme Court's Decision in FEF v. PCAOB, June 28, 2010.

SEC (2010f), Release Nos. 33-9136; 34-62764; IC-29384; File No. S7-10-09, Final Rule: Facilitating Shareholder Director Nominations, SEC Issued Date: August 25, 2010, *Federal Register*, Vol. 75 No. 179, September 16, 2010.

SEC (2010g), Release No. IC-29497; File No. 4-619, President's Working Group Report on Money Market Fund Reform, SEC Issue Date: November 3, 2010, *Federal Register*, Vol. 75 No. 215, November 8, 2010.

SEC (2012a), Release No. 34-67457; File No. S7-11-10, Consolidated Audit Trail; Final Rule, SEC Issue Date: July 18, 2012, *Federal Register*, No. 77 No. 148, August 1, 2012.

SEC (2012b), *U.S. Securities and Exchange Commission—Fiscal Year 2012 Agency Financial Report*, November 15, 2012.

SEC (2012c), For Immediate Release 2012-240: SEC Chairman Mary Schapiro to Step Down Next Month, November 26, 2012.

SEC (2012d), The SEC—Revitalized, Reformed and Protecting Investors, SEC Accomplishments under Chairman Schapiro, Modified: November 26, 2012.

SEC (2013a), For Immediate Release 2013-56: Mary Jo White Sworn in as Chair of SEC, April 10, 2013.

SEC (2013b), Press Release: George Canellos and Andrew Ceresney Named Co-Directors of Enforcement, April 22, 2013.

SEC (2013c), For Immediate Release 2013-69: SEC Names Anne K. Small as General Counsel, April 23, 2013.

SEC (2013d), For Immediate Release 2013-118: Julie M. Riewe and Marshall S. Sprung Named Co-Chiefs of Asset Management Unit, July 1, 2013.

SEC (2013e), For Immediate Release 2013-153: Geoffrey Aronow Named Chief Counsel and Senior Policy Advisor in Office of International Affairs, August 9, 2013.

SEC (2013f), For Immediate Release 2013-217: SEC Launches Market Structure Data and Analysis Website, October 9, 2013.

SEC (2014), Release No. 34-73639; File No. S7-01-13, Regulation Systems Compliance and Integrity; Final Rule, SEC Issue Date: November 19, 2014, *Federal Register*, Vol. 79 No. 234, December 5, 2014.

SEC (2015), Release No. 34-74581; File No. S7-05-15, Exemption for Certain Exchange

Members; Proposed Rule, SEC Issue Date: March 25, 2015, *Federal Register*, Vol. 80 No. 63, April 2, 2015.

SEC (2016a), Supplementary News Material: Concept Release on International Accounting Standards—Summary and Questions, February 16, 2000.

SEC (2016b), For Immediate Release 2016-238: SEC Chair Mary Jo White Announces Departure Plan—Strengthened Protections for Investors and Our Markets Through Transformative Rule making and Vigorous Enforcement, November 14, 2016.

SEC (2016c), SEC Accomplishments: April 2013—October 2016, November 21, 2016.

SEC (2017), Press Release: SEC Names Stephanie Avakian and Steven Peikin as Co-Directors of Enforcement, June 8, 2017.

SEC (2018), Release No. 33-10588; 34-84842; File No. S7-26-18, Request for Comment on Earnings Release and Quarterly Reports, SEC Issued Date December 18, 2018, *Federal Register*, Vol. 83 No. 245, December 21, 2018.

SEC (2021a), For Immediate Release 2021-13: Allison Herren Lee Named Acting Chair of the SEC, January 21, 2021.

SEC (2021b), Release No. 34-92600; File No. SR-NASDAQ-2021-057, Self-Regulatory Organizations; The Nasdaq Stock Market LLC; Notice of Filing and Immediate Effectiveness of Proposed Rule Change to Amend NOM's Options Regulatory Fee, SEC Issue Date August 6, 2021, *Federal Register*, Vol. 86 No. 153, August 12, 2021.

SEC (2021c), Release Nos. 34-93783; IC-34440; File No. S7-21-21, Proposed Rules: Share Repurchase Disclosure Modernization, SEC Issue Date: December 15, 2021, *Federal Register*, Vol. 87 No. 31, February 15, 2022.

SEC (2022a), Release Nos. 33-11042; 34-94478; File No. S7-10-22, The Enhancement and Standardization of Climate-Related Disclosures for Investors; Proposed Rule, SEC Issue Date: March 21, 2022, *Federal Register*, Vol. 87 No. 69, April 11, 2022.

SEC (2022b), Press Release: SEC Proposes to Enhance Disclosures by Certain Investment Advisers and Investment Companies About ESG Investment Practices, May 25, 2022.

SEC (2023a), Release No. 34-97142; File No. S7-06-23, Cybersecurity Risk Management Rule for Broker-Dealers, Clearing Agencies, Major Security-Based Swap Participants, the Municipal Securities Rulemaking Board, national Securities Associations, National Securities Exchanges, Security-based Swap Data Repositories, Security-Based Swap Dealers, and Transfer Agents; Proposed Rule, SEC Issue Date: March 15, 2023, *Federal Register*, Vol. 88 No. 65, April 5, 2023.

SEC (2023b), Release No. 34-97143; File No. S7-07-23, Regulation Systems Compliance and Integrity; Proposed Rule, SEC Issue Date: March 15, 2023, *Federal Register*, Vol. 88 No. 72, April 14, 2023.

SEC (2023c), Release Nos. 33-11216; 34-97989; File No. S7-09-22, Cybersecurity Risk management, Strategy, Governance, and Incident Disclosure; Final Rule, SEC Issue Date: July 26, 2023, *Federal Register*, Vol. 88 No. 149, August 4, 2023.

SEC (2023d), Release No. IA-6383; File No. S7-03-22, Private Fund Advisers; Documentation of Registered Investment Adviser Compliance Reviews, SEC Issue Date: August 23,

2023, *Federal Register*, Vol. 88 No. 177, September 14, 2023.

SEC (2024a), Release Nos. 33-11275; 34-99678; File No. S7-10-22, The Enhancement and Standardization of Climate-Related Disclosures for Investors: Final Rules, SEC Issued Date: March 6, 2024, *Federal Register*, Vol. 89 No. 61, March 28, 2024.

SEC (2024b), Fiscal Year 2025 Congressional Budget Justification Annual Performance Plan; Fiscal Year 2023 Annual performance Report, March 11, 2024.

SEC Advisory Committee on Improvements to Financial Reporting (2008), Final Report of the Advisory Committee on Improvements to Financial Reporting to the United States Securities and Exchange Commission, August 1, 2008.

SEC Division of Corporation Finance (2011), A Securities and Exchange Commission Staff Paper, Work Plan for the Consideration of Incorporating International Financial Reporting Standards into the Financial Reporting System for U.S. Issuers—An Analysis of IFRS in Practice, November 16, 2011.

SEC Historical Society (2005a), Handwritten Note to SEC Chairman William Donaldson from President Bush, June 14, 2005.

SEC Historical Society (2005b), Interview with Mike Sutton Conducted by Gary Previts, on June 14, 2005.

SEC Historical Society (2005c), Interview with Lynn Turner, June 16, 2005 Conducted by Gary Previts.

SEC Historical Society (2010), Interview with Donald Nicolaisen Conducted on December 10, 2010 by Kenneth Durr.

SEC Historical Society (2015), Interview with Isaac C. Hunt Jr. Conducted on July 21, 2015 by Will Thomas.

SEC Historical Society (2020), U.S. Securities and Exchange Commission Office of the Chief Accountant—Chief Accountants, January 2020.

SEC Office of Inspector General (SEC OIG) (2022), The Inspector General's Statement on the SEC's Management and Performance Challenges, October 13, 2022.

SEC Office of Investor Education and Assistance (1998), A Plain English HandBook: How to Create Clear SEC Disclosure Documents, August, 1998.

SEC Office of the Chief Accountant (2011a), A Securities and Exchange Commission Staff Paper, Work Plan for the Consideration of Incorporating International Financial Reporting Standards into the Financial Reporting System for U.S. Issuers—Exploring a Possible Method of Incorporation, May 26, 2011.

SEC Office of the Chief Accountant (2011b), A Securities and Exchange Commission Staff Paper, Work Plan for the Consideration of Incorporating International Financial Reporting Standards into the Financial Reporting System for U.S. Issuers—A Comparison of U.S. GAAP and IFRS, November 16, 2011.

SEC Office of the Chief Accountant (2012), Final Staff Report: Work Plan for the Consideration of Incorporating International Financial Reporting Standards into the Financial Reporting System for U.S. Issuers, July 13, 2012.

SEC Office of the Chief Accountant and Division of Corporation Finance (2010), Progress

Report: Work Plan for the Consideration of Incorporating International Financial Reporting Standards into the Financial Reporting System for U.S. Issuers, October 29, 2010.

SEC Staff of the Division of Trading and Markets (2013), Equity Market Structure Literature Review, Part I: Market Fragmentation, October 7, 2013.

SEC Staff of the Division of Trading and Markets (2014), Equity Market Structure Literature Review, Part II: High Frequency Trading, March 18, 2014.

Seligman, J. (2006), Foreword: In Honor of Harvey J. Goldschmid, *Columbia Law Review*, Vol. 106 No. 7, November 2006.

Shane, P.M. and C.J. Walker (2014), Forword: *Chevron* at 30: Looking Back and Looking Forward, *Fordham Law Review*, Vol. 83 No. 2, November 2014.

Sharfman, B.S. (2017), What Theory and the Empirical Evidence Tell Us About Proxy Access, *Journal of Law, Economics & Policy*, Vol. 13 No. 1, Winter 2017.

Sherry, S. (2009), Influence and Independence: The Role of Politics in Supreme Court Decisions, United States Department of State, Bureau of International Information programs, *The U.S. Supreme Court Equal Justice Under the Law*, Vol. 14 No. 4 (スザンナ・シェリー (2009),「影響力と独立性－最高裁判決における政治の役割」, 米国大使館レファレンス資料室／アメリカンセンター・レファレンス資料室『連邦最高裁判所　法の下の平等な正義』第14巻第10号, 2009年10月).

Simpson, A.L. (1987), Letter to President Reagan from U.S. Senator Alan Simpson recommending Arthur Levitt as SEC Chairman, May 4, 1987.

Smith, H.E. and Other Editors of the Mark Twain Project *edit.* (2010), *Autobiography of Mark Twain, Volume 1: The Complete and Authoritative Edition*, Berkeley: University of California Press (カリフォルニア大学マーク・トウェインプロジェクト編, 和栗了・市川博彬・永原誠・山本祐子・浜本隆三訳 (2013),『マーク・トウェイン　完全なる自伝 Volume 1』柏書房).

Sohoni, M. (2022), The Major Questions Quartet: Comment on *Alabama Ass'n of Realters, National Federation of Independent Business, Biden v. Missouri*, and *West Virginia v. EPA*, *Harvard Law Review*, Vol. 136 No. 1, November 2022.

Solomon, D. and J.D. McKinnon (2004), Bush's Donaldson Dilemma: SEC Chairman and Family Friend Wants, *The Wall Street Journal*, December 20, 2004.

Solomon, D. and J.D. McKinnon (2005), Donaldson Ends an SEC Tenure Marked by Active Regulation: Rules on Trading and for Hedge, *The Wall Street Journal*, June 2, 2005.

Sommer, Jr. A.A. (1984), Good People, Important Problems and Workable Laws, Delivered to the Securities and Exchange Commission, SEC Historical Society, 1984.

Stein, K.M. (2013), Nominee to be a Commissioner of the United States Securities and Exchange Commission before the United States Senate Committee on Banking, Housing, and Urban Affairs, June 27, 2013.

Stein, K.M. (2014), Statement at Open Meeting on Regulation Systems Compliance & Integrity (SCI), November 19, 2014.

Stigler, G.J. (1971), The Theory of Economic Regulation, *The Bell Journal of Economics and Management Science*, Vol. 2 No. 1, Spring, 1971.

Stoll, J.D. (2019), For CEOs, It's a Whole New Job—Along with Having to Deal with Globalism, Nationalism, Trade Wars, AI, Big Data and Cybersecuritiy, CEOs are Increasingly, *The Wall Street Journal*, December 19 2019.

Strauss, P.L. (2008), Overseers or "The Deciders": The Courts in Administrative Law, *The University of Chicago Law Review*, Vol. 75 No. 2, Spring 2008.

Sunstein, S. and A. Vermeule (2020), *Law and Leviathan: Redeeming the Administrative State*, Cambridge: Belknap Press of Harvard University Press（キャス・サンスティーン，エイドリアン・ヴァミュール著，吉良貴之訳（2024），『法とリヴァイアサン－行政国家を救い出す』勁草書房）.

Sutcliff, R. (1981), *The Sword and the Circle: King Arthur and the Knights of the Round Table*, London: The Bodley Head（ローズマリ・サトクリフ著，山本史郎訳（2001），『アーサー王と円卓の騎士：サトクリフ・オリジナル』原書房）.

Sutton, M.H. (1996a), Remarks by Chief Accountant, Office of the Chief Accountant, at the 1996 AICPA Conference on SEC Developments, February 15, 1996.

Sutton, M.H. (1996b), Remarks by Chief Accountant, Office of the Chief Accountant, at the New York University Leonard M. Stern School of Business, The Role of Financial Reporting in US Capital Markets, November 25, 1996.

Technical Committee of the International Organization of Securities Commissions (IOSCO) (2011), Final Report: Regulatory Issues Raised by the Impact of Technological Changes on Market Integrity and Efficiency, October 2011.

The Department of the Treasury (2007), Review by the Treasury Department of the Regulatory Structure Associated with Financial Institutions, *Federal Register*, Vol. 72 No. 200, October 17, 2007.

The Department of the Treasury (2008), Blueprint for a Modernized Financial Regulatory Structure, March 2008.

The Presidential Task Force on market Mechanisms (1988), Report of the Presidential Task Force on market Mechanisms, January 1988.

The United States Committee on Banking, Housing, and Urban Affairs (2013), Johnson Statement on Senate Confirmation of Nominees, August 1, 2013.

The United States Senate (2003), Hearing before the Committee on Banking, Housing, and Urban Affairs United States Senate One Hundred Eighth Congress, First Session on Nomination of William H. Donaldson, Of New York, To be a Member of the U.S. Securities and Exchange Commission, February 5, 2003.

The United States Senate (2009), Nominations of: Mary Schapiro, Christina D. Romer, Austan D. Goolsbee, Cecilia E. Rouse, and Daniel K. Tarullo, Hearing Before the Committee on Banking, Housing, and Urban Affairs United States Senate, One Hundred Eleventh Congress, January 15, 2009.

The United States Senate (2013), Nominations Hearing Before the Committee on Banking, Housing, and Urban Affairs United States Senate March 12, 2013.

The Wall Street Journal (2002), Using Judge Webster, *The Wall Street Journal*, October 24, 2002.

The Washington Post (2002), A test for Mr. Bush, *The Washington Post*, October 24, 2002.

The White House (2002), For Immediate Release: President Names William Donaldson as Chairman of the SEC, December 10, 2002.

The White House (2005), For Immediate Release: President Nominates Congressman Chris Cox as SEC Chairman, June 2, 2005.

The White House (2007a), For Immediate Release, 2007 U.S., -EU Summit Economic Progress Report, April 30, 2007.

The White House (2007b), For Immediate Release, Press Briefing by Senior Administration Officials on the U.S. -EU Summit, April 30, 2007.

The White House (2009), For Immediate Release: Jan 20—Subcabinet Nominations, January 20, 2009.

The White House (2012), Office of the Press Secretary, For Immediate Release: Statement by President Obama on the Departure of SEC Chairman Mary Schapiro, November 26, 2012.

The White House (2013a), Office of the Press Secretary, For Immediate Release: Remarks by the President at a Personnel Announcement, January 24, 2013.

The White House (2013b), For Immediate Release: Presidential Nominations Sent to the Senate, February 7, 2013.

The White House, Office of the Press Secretary (2009), For Immediate Release: Obama Announces Economic Advisory Board, February 6, 2009.

Thomas, Jr., L. and D.B. Henriques (2002), Man in the News; A Wall Street Insider for the S.E.C. —William Henry Donaldson, *The New York Times*, December 11, 2002.

Thompson, R. (2004), One-on-One with William H. Donaldson, *Harvard Business School, Alumni, Stories*, December 1, 2004.

Turner, L.E. (1998a), Speech by SEC Staff: Continuing High Traditions, November 6, 1998.

Turner, L.E. (1998b), Speech by SEC Staff: "A Vision for the 21st Century", December 9, 1998.

Turner, L.E. (1999), Speech by SEC Staff: The Year of the Accountant, June 14, 1999.

Turner, L.E. (2001), Speech by SEC Staff: We're Good But We Can Be Better, August 12, 2001.

Turner L. and R. Kuttner (2021), The Financial Reforms We Need—A Conversation with former SEC Official Lynn Turner, One of the Great Crusaders for Fair and Transparent Markets, The American Prospect, February 18, 2021.

U.S. Chamber of Commerce (2014), The Future of Financial Reporting, December 3, 2014.

U.S. Department of the Treasury (2003), Press Release: Statement by Treasury Secretary John Snow Following Today's Meeting of the President's Working Group on Financial Markets, November 14, 2003.

U.S. Department of the Treasury (2005), Press Release: Statement of Treasury Secretary John W. Snow on the Resignation of SEC Chairman William H. Donaldson, June 1, 2005.

U.S. Department of the Treasury (2009), Charter for the President's Economic Recovery Advisory Board, February 26, 2009.

U.S. Government Publishing Office (2013), Hearing before the Committee on Banking, Housing, and Urban Affairs, United States, One Hundred Thirteenth Congress First Session on the Nomination of Richard Cordray, of Ohio, to be Director of the Bureau of Consumer Financial Protection and Mary Jo White, of New York, to be a Member of the Securities and Exchange Commission, March 12, 2013.

U.S. Government Publishing Office (2015), Committee on Banking, Housing, and Urban Affairs United States, Legislative Calendar, One Hundred Thirteen Congress 2013-2014, Final Calendar.

U.S. Government Publishing Office (2017), Hearing before the Committee on Banking, Housing, and Urban Affairs, United States, One Hundred Fifteenth Congress First Session on the Nomination of Jay Clayton, of New York, to be a Member of the Securities and Exchange Commission, March 23, 2017.

U.S. Senate, Subcommittee on Reports, Accounting and Management of the Committee on Government Operations (1976), *The Accounting Establishment : A Staff Study*, 94 Congress 2d Session, December 1976.

University of Rochester (2017), University Statement on EEOC Matter, September 9, 2017.

Uyeda, M.T. (2023), Statement by SEC Commissioner : Statement on Proposed Amendments to Regulation Systems Compliance and Integrity, March 15, 2023.

Velikonja, U. (2017), Are SEC's Administrative Law Judges Biased? An Empirical Investigation, *Washington Law Review*, Vol. 92 No. 1.

Vermeule, A. (2014), *The Constitution of Risk*, Cambridge : Cambridge University Press（エイドリアン・ヴァミュール著，吉良貴之訳（2024），『リスクの立憲主義−権力を縛るだけでなく，生かす憲法へ』勁草書房）.

Vollmer, A.N. (2015), Four Ways to Improve SEC Enforcement, *Securities Regulation Law Journal*, Vol. 43 No. 4, Winter 2015.

Wagner, A. (2021), Press Release : Wagner Introduces Modernizing Disclosures for Investors Act, May 24, 2021.

Wallman, S.M.H. (1996), Remarks of Commissioner Steven M.H. Wallman before the Institute of International Bankers, March 4, 1996.

Walter, E.B. (2008), Speech by SEC Commissioner : Roadmap for the Potential Use of Financial Statements Prepared in Accordance with International Financial Reporting Standards from U.S. Issuers, August 27, 2008.

Walter, E.B. (2009a), Speech by SEC Commissioner : "SEC Rulemaking—' Advancing the Law' to Protect Investors," October 2, 2009.

Walter, E.B. (2009b), Speech by SEC Commissioner : Remarks before the AICPA National Conference on Current SEC and PCAOB Developments, December 9, 2009.

Walter, E.B. (2012), Speech by SEC Commissioner : Remarks Before the Financial Accounting Foundation's 2012 Annual Board of Trustees Dinner, May 22, 2012.

Walter, E.B. (2013a), Speech by SEC Chairman : Harnessing Tomorrow's Technology for Today's Investors and Markets, February 19, 2013.

Walter, E.B. (2013b), Keynote Luncheon Speech, 32nd Annual SEC and Financial Reporting

Institute Conference, May 30, 2013.

Warren C. (1922), *The Supreme Court in United States History, Volume One*, Boston: Little, Brown and Company.

Warren, E. (2015), Senator Warren Letter to SEC Chair White Details Concerns with Lax Agency Enforcement, Slow Rulemaking, June 2, 2015.

Warren, E. (2016a), Senate Warren Calls on President to Immediately Designate New SEC Chair to Replace Mary Jo White, October 14, 2016.

Warren, E. (2016b), Warren to President-Elect Trump: You are Already Breaking Promises by Appointing Slew of Special Interests, Wall Street Elites, and Insiders to Transition Team, November 15, 2016.

Watts, R.L. and J.L. Zimmerman (1978), Towards a Positive Theory of the Determination of Accounting Standards, *The Accounting Review*, Vol. 53 No. 1, January, 1978.

Watts, R.L. and J.L. Zimmerman (1986), *Positive Accounting Theory*, New Jersey: Prentice Hall, Inc. (R.L. ワッツ・J.L. ジマーマン著, 須田一幸訳 (1991), 『実証理論としての会計学』白桃書房).

Watts, R.L. and J.L. Zimmerman (1990), Positive Accounting Theory: A Ten Year Perspective, *The Accounting Review*, Vol. 65 No. 1, January 1990.

Weingast, B.R. (1984), The Congressional-Bureaucratic System: A Principal Agent Perspective (with Applications to the SEC), *Public Choice*, Vol. 44 No. 1, January 1984.

White, M.J. (2013a), Speech by SEC Chairman: Regulation in a Global Financial System, Investment Company Institute (ICI) General Membership Meeting, May 3, 2013.

White, M.J. (2013b), Speech by SEC Chairman: Focusing on Fundamentals: The Path to Address Equity market Structure, October 2, 2013.

White, M.J. (2013c), Speech by SEC Chairman: Remarks at the Securities Enforcement Forum, October 9, 2013.

White, M.J. (2014a), Speech by SEC Chairman: Remarks at the Financial Accounting Foundation Trustees Dinner, Washington D.C., May 20, 2014.

White, M.J. (2014b), Speech by SEC Chairman: Enhancing Our Equity Market Structure, June 5, 2014.

White, M.J. (2014c), Statement at Open Meeting on Regulation SCI, November 19, 2014.

White, M.J. (2014d), Letter to Senate Banking Committee Chairman Tim Johnson and Ranking Member Mike Crapo, December 23, 2014.

White, M.J. (2015), Speech by SEC Chairman: Keynote Address at the 2015 AICPA National Conference: "Maintaining High-Quality, Reliable Financial Reporting: A Shared and Weighty Responsibility," Washington D.C., December 9, 2015.

White, M.J. (2016), Speech by SEC Chairman: Keynote Address, International Corporate Governance Network Annual Conference: Focusing the Lens of Disclosure to Set the Path Forward on Board Diversity, Non-GAAP, and Sustainability, Keynote Address via Videoconference International Corporate Governance Network Annual Conference San Francisco, California, June 27, 2016.

White, M.J. (2017), Speech by SEC Chairman: A U.S. Imperative: High-Quality, Globally

Accepted Accounting Standards, January 5, 2017.
Williamson, E. (2017), In Memoriam: Issac C. Hunt Jr. '62, Former SEC Commissioner and Dean of Two law Schools, University of Virginia School of Law News and Media, November 2, 2017.
Yglesias, M. (2015), Hillary Clinton Wants to Take on "Quarterly Capitalism" —Here's What That Means, *Vox*, July 24, 2015.
Younglai, R. (2009), Cox's Reign Seen Denting Own Image, SEC's Future, *Reuters*, January 5, 2009.
Zahariadis, N. (2003), *Ambiguity and Choice in Public Policy: Political Decision Making in Modern Democracies*, Washington, D.C.: Georgetown University Press.
Zahariadis, N. (2014), "Ambiguity and Multiple Streams," edited by Sabatier, P.A. and C.M. Weible, *Theories of the Policy Process 3rd ed.* Boulder: Westview Press.
Zeff, S.A. (2021), *Evolution of U.S. Regulation and the Standards-Setting Process for Financial Reporting: 1930s to the Present*, Foundations and Trend® in Accounting, Vol. 15 Issue 3, 2021.
Zeff, S.A. and M.E. Persson (2020), Donaldson T. Nicolaisen: An Internationalist SEC Chief Accountant (1944-2019), *Accounting Horizons*, Vol. 34 No. 2, June 2020.
Zuckerman, S. and Z. Coile (2002), Wall Street Figure Tapped to Head SEC / Donaldson's 'Mission' to Police Corporations, San Francisco Chronicle (SFGATE), December 11, 2002.

●和文

飯沼健真（1988），『アメリカ合衆国大統領』（講談社現代新書）講談社。
五十嵐武士・久保文明編（2009），『アメリカ現代政治の構図−イデオロギー対立とそのゆくえ』東京大学出版会。
一般財団法人自治体国際化協会（CLAIR）（2002），「米国における情報公開制度の現状」，『CLAIR REPORT』第226号，2002年5月。
稲生信男（2022），「ジョン・キングダン『政策の窓』モデルについての一考察−意義・論評・展望(1)」，『早稲田社会科学総合研究』第19巻第1号，2022年3月。
今本啓介（2009），「アメリカ合衆国における行政機関による制定法解釈と司法審査(2)−法規命令・行政規制二分論の再検討をめざして」，『商学討究』第60巻第2・3号，2009年12月。
大石桂一（1995），「米国の会計基準設定団体における投票行動の分析とその意義−会計規制の捕囚理論に関連して」，『経済論究』第93号，1995年11月。
大石桂一（2000），『アメリカ会計規制論』白桃書房。
大川昌男（2007），「米国資本市場の競争力に関する最近の議論について−SOX法制定から5年を経て」，『金融研究』第26巻法律特集号，2007年12月。
大崎貞和（2004）「レギュレーションNMS提案について−米国における株式市場規制見直しの動き」，『資本市場クォータリー』第7巻第4号，2004年春。
大鹿智基（2023），『非財務情報の意思決定有用性−情報利用者による企業価値とサステナビリティの評価』中央経済社。
大嶽秀夫（1990），『政策過程』（現代政治学叢書11）東京大学出版会。
大墳剛士（2014），「米国市場の複雑性とHFTを巡る議論」，JPXワーキング・ペーパー特別

レポート，2014年7月10日．
岡山裕（2020），『アメリカの政党政治－建国から250年の軌跡』中央公論新社．
大日方隆（2023a），『日本の会計基準　Ⅰ－確立の時代』中央経済社．
大日方隆（2023b），『日本の会計基準　Ⅱ－激動の時代』中央経済社．
大日方隆（2023c），『日本の会計基準　Ⅲ－変容の時代』中央経済社．
大日方隆編著（2012），『金融危機と会計規制－公正価値測定の誤謬』中央経済社．
海道俊明（2017），「行政機関による制定法解釈とChevron法理㈠」，『神戸法學雑誌』第66巻第3・4号，2017年3月．
川西安喜（2012），「SECのスタッフ・ペーパー『実務におけるIFRSの分析』を読む」第1回～第4回，『週刊経営財務』第3062号，2012年4月23日，第3063号，2012年5月7日，第3066号，2012年5月28日，第3067号，2012年6月4日．
草野厚（2012），『政策過程分析入門［第2版］』東京大学出版会．
久保文明（2018），「アメリカの大統領制」，東京財団政策研究所監修，久保文明・阿川尚之・梅川健編『アメリカ大統領の権限とその限界－トランプ大統領はどこまでできるか』日本評論社所収．
久保文明編著（2009），『オバマ大統領を支える高官たち－政権移行と政治任用の研究』日本評論社．
久保文明編（2010），『アメリカ政治を支えるもの－政治的インフラストラクチャーの研究』日本国際問題研究所．
経済産業省（2014），「『持続的成長への競争力とインセンティブ～企業と投資家の望ましい関係構築～』プロジェクト（伊藤レポート）最終報告書」，2014年8月．
小池洋次（2022），『アメリカの政治任用制度－国際公共システムとしての再評価』東洋経済新報社．
小島廣光（2001），「問題・政策・政治の流れと政策の窓－NPO法の立法過程の分析に向けて」，『經濟學研究』第51巻第3号，2001年12月．
小島廣光（2002），「改訂・政策の窓モデルによるNPO法立法過程の分析」，『經濟學研究』第52巻第2号，2002年9月．
小島廣光・平本健太（2020），「政策形成と非営利法人制度改革－新・政策の窓モデル」，『經濟學研究』第70巻第1号，2020年6月．
小島廣光・平本健太（2022），『非営利法人制度改革の研究－新・政策の窓モデルによる実証分析』北海道大学出版会．
小林節（2005），「米国における政治任用の実態から学ぶこと：わが国における政治任用の展望を考える」，人事院『平成16年度　年次報告書』所収．
坂田隆介（2015），「医療保険加入にかかる税額控除が連邦創設のエクスチェンジにも利用可能とする内国歳入庁の定めた規則をChevron敬譲の適用を否定して適法と認めた事例－King v. Burwell. 576 U.S._（2015）」，『立命館法学』2015年第4号（第362号），2015年12月．
佐古麻理（2021），「Chevron法理と米国制定法の解釈原理⑴（2・完）」，『大阪経大論集』第72巻第2号，2021年7月，第72巻第3号，2021年9月．
清水葉子（2013），「HFT，PTS，ダークプールの諸外国における動向－欧米での証券市場間の競争や技術革新に関する考察」，金融庁金融研究センター　ディスカッションペーパー2013-2，2013年5月．

杉田浩治 (2007),「米国『資本市場規制に関する委員会』の第1回報告内容」,『証券レビュー』第47巻第1号, 2007年1月.

杉本徳栄 (2009),『アメリカSECの会計政策－高品質で国際的な会計基準の構築に向けて』中央経済社.

杉本徳栄 (2012a),「政権交代と政治主導について」,『企業会計』第64巻第8号, 2012年8月.

杉本徳栄 (2012b),「IFRS強制適用問題の種間托卵化」『国際会計研究学会年報』2011年度第2号（通号30号）, 2012年9月.

杉本徳栄 (2012c),「シャピロSEC委員長の規制措置とIFRS適用問題」,『會計』第182巻第4号, 2012年10月.

杉本徳栄 (2013),「IFRS適用問題を巡るSECコミッショナーの構図」,『會計』第184巻第5号, 2013年11月.

杉本徳栄 (2016),「SEC主任会計士室とIFRSのイニシアティブ」,『商学論究』第63巻第3号, 2016年3月.

杉本徳栄 (2017),『国際会計の実像－会計基準のコンバージェンスとIFRSsアドプション』同文舘出版.

杉本徳栄 (2022),「気候関連開示規制をめぐる政治的駆け引きとSECの設定権限」,『會計』第202巻第6号, 2022年12月.

杉本徳栄 (2024),「SECの設定権限と合衆国最高裁判所のシェブロン法理」,『會計』第205巻第4号, 2024年4月.

杉本徳栄 (2025),「合衆国最高裁判所のシェブロン法理の却下とSECの設定権限」,『會計』第207巻第3号, 2025年3月.

砂田一郎 (2004),『アメリカ大統領の権力－変質するリーダーシップ』(中公新書) 中央公論新社.

関雄太 (2007),「『21世紀の米国資本市場規制に関する委員会』が見た課題」,『資本市場クォータリー』第10巻第4号, 2007年春.

関雄太・岩谷賢伸 (2007),「米国資本市場の競争力低下と規制改革を巡る議論－資本市場規制に関する委員会中間報告」,『資本市場クォータリー』第10巻第3号, 2007年冬.

高寺貞夫 (2002),「会計基準設定過程への議会の関与とその機能変化」,『大阪経大論集』第53巻第3号, 2002年9月.

滝田洋一 (2015),「『四半期資本主義』批判, クリントン提案が招く市場波乱」,『日本経済新聞』2015年8月5日.

筑紫圭一 (2005),「アメリカ合衆国における行政解釈に対する敬譲型司法審査（下・完）－Chevron原則の意義とその運用」,『上智法學論集』第48巻第2号, 2005年1月.

辻雄一郎 (2018),『シェブロン法理の考察』日本評論社.

辻雄一郎 (2023),『行政機関の憲法学的統制－アメリカにおけるコロナ, 移民, 環境と司法審査』日本評論社.

辻雄一郎・牛嶋仁・黒川哲志・久保はるか編著 (2021),『アメリカ気候変動法と政策－カリフォルニア州を中心に』勁草書房.

辻川尚起 (2002),「会計規制の存在理由を問う研究の諸相(1)」,『香川大学経済論叢』第75巻第2号, 2002年9月.

辻川尚起 (2003),「会計規制の存在理由を問う研究の諸相（2・完）」,『香川大学経済論叢』

第75巻第4号，2003年3月。
角ケ谷典幸（2015），「日本における IFRS 適用をめぐる見解の多様性－企業会計審議会の議事録の内容分析を手がかりにして」『国際会計研究学会年報』2014年度第1号（通号35号），2015年7月。
鶴光太郎（2016），経済教室「エコノミクストレンド，企業の短期主義，再び注目」『日本経済新聞』2016年1月18日。
東京財団（2010），政策研究報告「オバマ政権の主要高官人事分析」2010年。
東京財団政策研究所監修，久保文明・阿川尚之・梅川健編（2018），『アメリカ大統領の権限とその限界－トランプ大統領はどこまでできるか』日本評論社所収。
トゥビーン・ジェフリー著，増子久美・鈴木淑美訳（2013），『ザ・ナイン－アメリカ連邦最高裁の素顔』河出書房新社。
中野剛志（2017a），『真説・企業論－ビジネススクールが教えない経営学』講談社。
中野剛志（2017b），「日本経済『長期停滞』の本当の原因～アメリカに学んではいけない！－短期主義がイノベーションを潰す」講談社 Website，2017年5月24日。
中野剛志（2021），『変異する資本主義』ダイヤモンド社。
中山和久（1950），「ブランダイス判事のアメリカ法史に於ける意義」，『早稲田法学会誌』第2巻，1950年6月。
中山俊宏（2023），『理念の国がきしむとき－オバマ・トランプ・バイデンとアメリカ』千倉書房。
那須耕介（2023），『法，政策，そして政治』勁草書房。
西岡晋（2001），「医療政策過程分析の枠組み：『政策の窓』モデルの可能性」，『早稲田政治公法研究』第67号，2001年8月。
根岸毅（1972），「H・D・ラスウェル著『政策科学序論』」，『法學研究：法律・政治・社会』第45巻第8号，1972年8月。
廣瀬淳子（2013），「アメリカ連邦議会の行政監視－制度と課題」，『外国の立法』（国立国会図書館調査及び立法考査局）No. 255，2013年3月。
福永実（2017），「アメリカにおける制定法解釈と立法資料(7)」，『広島法学』第41巻第1号，2017年6月。
淵田康之（2012），「短期主義問題と資本市場」，『野村資本市場クォータリー』第16巻第2号，2012年秋号。
船橋洋一（2019），『シンクタンクとは何か－政策起業力の時代』（中公新書）中央公論新社。
前嶋和弘（2012），「予算をめぐる連邦議会の対立激化と2012年選挙のゆくえ」，『国際問題』No. 609，2012年3月。
待鳥聡史（2009a），「分割政府の比較政治学－事例としてのアメリカ」，『年報政治学』第60巻第1号，2009年。
待鳥聡史（2009b），『＜代表＞と＜統治＞のアメリカ政治』（講談社選書メチエ）講談社。
待鳥聡史（2016），『アメリカ大統領制の現在－権限の弱さをどう乗り越えるか』NHK 出版。
松尾直彦（2010），『Q&A アメリカ金融改革法－ドッド＝フランク法のすべて』金融財政事情研究会。
松川憲忠（2012），「キングダンの政策の窓モデル」，岩崎正洋編著『政策過程の理論分析』三和書籍所収。

松橋和夫（2004），「アメリカ連邦議会上院における立法手続」，『レファレンス』No. 640，2004年5月。
宮川公男（2002），『政策科学入門［第2版］』東洋経済新報社。
三宅裕樹（2010），「米国で実施されたMMF規制の包括的な改革」，『資本市場クォータリー』第13巻第4号，2010年春号。
宮田智之（2017a），『アメリカ政治とシンクタンク－政治運動としての政策研究機関』東京大学出版会。
宮田智之（2017b），「トランプ政権とシンクタンク－岐路に立つ保守派，巻き返すリベラル派」，『UP』東京大学出版会，2017年9月。
宮田智之（2018），「第6章　トランプ時代の保守系シンクタンク」，平成29年度外務省外交・安全保障調査研究事業『トランプ政権の対外政策と日米関係』公益財団法人日本国際問題研究所，2018年3月所収。
森田崇雄（2017），「『重要問題』に係る行政機関の制定法解釈とChevron敬譲」，『關西大學法學論集』第67巻第3号，2017年9月。
モンテスキュー著，野田良之・稲本洋之助・上原行雄・田中治男・三辺博之・横田地弘訳（1989），『法の精神（上）（中）（下）』岩波文庫。
安井明彦（2015），「ヒラリーが挑む『四半期資本主義』：大統領選に向けキャピタルゲイン課税の改革を提案」みずほ総合研究所，2015年8月5日。
山下淳一郎（2017），『ドラッカー5つの質問』あさ出版。
由里宗之（1997a），「金融制度改革論議と『政策の窓』：政策過程論的アプローチ」，『経営研究』第47巻第4号，1997年2月。
由里宗之（1997b），「米国議会の金融制度改革論議の動向：政策過程論的アプローチ」，『経営研究』第48巻第1号，1997年5月。
笠京子（1988a），「政策決定過程における『前決定』概念㈠」，『法學論叢』第123巻第4号，1988年7月。
笠京子（1988b），「政策決定過程における『前決定』概念㈡・完」，『法學論叢』第124巻第1号，1988年10月。
渡辺将人（2020），『メディアが動かすアメリカ－民主政治とジャーナリズム』筑摩書房。

●JUSTIA U.S. Supreme Court

- Alabama Association of Realtors v. HHS, 141 S. Ct. 2485 (2021) (per curiam)
- Auer v. Robbins, 519 U.S. 452 (1997)
- Barenblatt v. United States, 360 U.S. 109 (1959)
- Biden v. Missouri, 595 U.S._(2022)
- Biden v. Texas, 597 U.S._(2022)
- Chevron U.S.A., Inc. v. NRDC, 467 U.S. 837 (1984)
- Eastland v. United States Servicemen's Fund, 421 U.S. 491, 509 (1975)
- FDA v. Brown & Williamson Tobacco Corp., 529 U.S. 120 (2000)
- Free Enterprise Fund v. Public Company Accounting Oversight Board 561 U.S. 477 (2010)
- Gonzales v. Oregon, 546 U.S. 243 (2006)
- Gundy v. United States, 588 U.S._(2019)

- Industrial Union Department v. American Petroleum Institute, 448 U.S. 607 (1980)
- J.W. Hampton, Jr. & Co. v. United States, 276 U.S. 394 (1928)
- King v. Burwell, 576 U.S. 473 (2015)
- Kisor v. Wilkie, 588 U.S._(2019)
- Loper Bright Enterprises v. Raimondo, 603 U.S._(2024)
- McGrain v. Daugherty 273 U.S. 135, 177, 181-182 (1927)
- MCI Telecommunications Corp. v. American Telephone & Telegraph Co., 512 U.S. 218 (1994)
- National Federation of Independent Business v. Department of Labor, Occupational Safety & Health Administration, 595 U.S._(2022)
- Nixon v. Administrator of General Services, 433 U.S. 435 (1977)
- SEC v. Jarkesy, 603 U.S._(2024)
- Utility Air Regulatory Group v. EPA, 573 U.S. 302 (2014)
- Watkins v. United States, 354 U.S. 178 (1957)
- West Virginia v. Environmental Protection Agency, 597 U.S._(2022)
- Whitman v. American Trucking Associations, Inc., 531 U.S. 457 (2001)

●**Comments on Climate Change Disclosures (SEC Website)**
Schatz, B. and S. Whitehouse (2021) (June 10, 2021), Toomey, P. *et al.* (2021) (June 13, 2021), Warren, E. and S. Casten (2021) (June 11, 2021).

●**Comments for The Enhancement and Standardization of Climate-Related Disclosures for Investors (SEC Website)**
American Enterprise Institute (AEI) (2022) (June 17, 2022), Breeden, R.C. *et al.* (2022) (June 17, 2022), Budd, T. *et al.* (2022) (April 11, 2022), Castor, K. *et al.* (2022a) (June 17, 2022), Castor, K. *et al.* (2022b) (June 28, 2022), Cato Institute (2022) (June 17, 2022), Center for American Progress (CAP) (2022) (June 17, 2022), Coates, J.C. (2022) (June 1, 2022), Comer, J. *et al.* (2022) (May 4, 2022), Competitive Enterprise Institute (CEI) *et al.* (2022a) (June 16, 2022) · CEI (2022b) (June 17, 2022), Cramer, K. *et al.* (2022) (April 5, 2002), Cunningham, L.A. *et al.* (2022) (April 25, 2022), Fitzpatrick, B.K. (2022) (June 15, 2022), The Heritage Foundation (2022) (June 17, 2022), Hoeven, J. *et al.* (2022) (June 10, 2022), Huizenga, B. *et al.* (2022) (March 18, 2022), Institute for Policy Innovation (IPI) (2022) (June 16, 2022), Markey, E.J. *et al.* (2022) (June 17, 2022), McHenry, P. *et al.* (2022) (June 15, 2022), Quaadman, T. (2022) (June 16, 2022), Quaadman, T. (2023) (February 27, 2023), Reed, J. *et al.* (2022) (June 17, 2022), Rose, J. *et al.* (2022) (May 25, 2022), Schatz, B. *et al.* (2022) (June 17, 2022), Toomey, P. *et al.* (2022) (June 15, 2022), Whitehouse, S. *et al.* (2022) (March 15, 2022), Working Group on Securities Disclosure Authority (2022) (June 16, 2022), World Resources Institute (WRI) (2022a) (June 17, 2022) · WRI (2022b) (June 17, 2022).

●**Comment Letters on the FASB's May 2022 Working Draft (FAF/FASB Website)**
Accenture plc (2022) (July 22, 2022), American Bankers Association (ABA) (2022) (July 20,

2022), American Institute of Certified Public Accountants (AICPA) (2022) (June 30, 2022), Bank of America (2022) (July 22, 2022), Center for Audit Quality (CAQ) (2022) (July 22, 2022), CFA Institute (2022) (August 31, 2022), Commonwealth of Virginia, Auditor of Public Accounts (2022) (July 1, 2022), Deloitte Touche LLP (2022) (July 22, 2022), Ebersole, D. (2022) (July 17, 2022), Ernst & Young LLP (2022) (July 22, 2022), Financial Executives International's (FEI) Committee on Corporate Reporting (2022) (July 22, 2022), Financial Management Standards Board (FMSB) of the Advance. Grow. Accelerate. (AGA) (2022) (June 24, 2022), Financial Reporting Committee of the Institute of Management Accountants (2022) (June 23, 2022), Forrestel, Jr., R.E. (2022) (May 24, 2022), King County—Finance & Business Operations Division—Department of Executive Services (2022) (July 19, 2022), KPMG LLP (2022) (July 22, 2022), National Association of State Auditors, Comptrollers and Treasurers (NASACT), the Government Finance Officers Association (GFOA) and the National Conference of State Legislatures (NCSL) (2022) (July 21, 2022), National Association of State Boards of Accountancy (NASBA) (2022) (July 16, 2022), Office of the Washington State Auditor (2022) (July 22, 2022), Peirce, H.M. and M.T. Uyeda (2022) (July 22, 2022), PricewaterhouseCoopers (PwC) LLP (2022) (July 28, 2022), Tennessee Comptroller of the Treasury, Department of Audit (2022) (July 27, 2022).

索　引

人　名

アーヴィング・M・ポラック …………… ii
アーサー・ドクターズ・ファン・リュー
　ヴェン ………………………………… 97
アーサー・レビット・シニア …………… 40
アーサー・レビット Jr.
　………………… 34, 37, 58, 89, 165, 288
アーロン・レヴィ ………………………… ii
アイザック・C・ハント Jr. ………… 48, 55
アネット・L・ナザレス ………………… 289
アラン・B・レベンソン …………………… ii
アラン・K・シンプソン ………………… 55
アラン・グリーンスパン ………………… 88
アリソン・H・リー ………………… 213, 262
アルバート・A・ゴア Jr. ………………… 57
アルファンス・A・ゾマー Jr. …………… i
アレクサンドラ・ロビンス ……………… 82
アン・K・スモール ……………………… 131
アン・ゴーサッチ・バーフォード ……… 276
アン・ワグナー …………………………… 209
アンソニー・M・ケネディ ……………… 14
アントニン・G・スカリア ……………… 14
アンドリュー・J・セレスニー ………… 257
アンドリュー・N・ヴォルマー ………… 265
アンドリュー・ジャクソン ……………… 28
アンドリュー・バー ……………………… 193
ウィラード・ミット・ロムニー ……… 126
ウィリアム・H・ウェブスター ………… 64
ウィリアム・H・タフト …………… 68, 295
ウィリアム・H・ドナルドソン
　……………………………… 38, 67, 86, 97
ウィリアム・H・レンキスト ……… 14, 277
ウィリアム・J・クリントン
　………………………… 37, 57, 109, 158
ウィリアム・J・ブラットン …………… 257
ウィリアム・J・ブレナン Jr. ………… 277
ウィリアム・J・マクドノー …………… 69
ウィリアム・O・ダグラス ……………… 33
ウィリアム・W・ウェルンツ ………… 193
ウィリス・D・グラディソン Jr. ……… 64
ウォーレン・E・バーガー ……… 15, 268, 277
ウォーレン・E・バフェット …………… 196
ウォルター・J（ジェイ）・クレイトン
　………………… 38, 164, 206, 213, 255, 262
エイミー・V・コニー・バレット ………… v
エド・I・コッチ ………………………… 40
エドモンド・M・ハンラハン …………… 165
エドワード・E・カウフマン …………… 176
エドワード・J・マーキー ……………… 76
エラッド・L・ロイズマン ………… 166, 262
エリザベス・ウォーレン ……………… 160
エリス・B・ウォルター
　……………………… 38, 143, 154, 180, 289
カーマン・G・ブラウ …………………… 187
カイラ・J・ジラン ……………………… 64
カラ・M・ステイン ……………………… 131
キャスリーン・L・ケイシー …… 123, 148, 263
キャロライン・A・クレンショー ……… 213
キャロリン・J・マロニー ……………… 76
クラレンス・トーマス …………………… 14
クリストファー（クリス）・J・ドッド … 131
クリストファー・コックス
　…………………… 38, 86, 118, 137, 154, 167
ゲイリー・ゲンスラー

索 引

································ iv, 38, 154, 185, 207, 213, 265
コンラッド・W・ヒューイット ······ 142, 192
サーグッド・マーシャル ····················· 277
サミュエル・A・アリート Jr. ················ 14
サリー・L・クラウチェック ················ 158
サンディ・バートン ····························· ii
サンドラ・デイ・オコナー ···················· 277
G・カルビン・マッケンジー ··················· 19
J・カーター・ビーズ Jr. ······················· 55
ジェームズ・A・ガーフィールド ············· 28
ジェームズ・E・カーター ···················· 270
ジェームズ・G・マーチ ······················· 24
ジェームズ・J・カフリー ···················· 165
ジェームズ・L・クローカー ················· 146
ジェームズ・M・ランディス ·················· 53
ジェームズ・シュナー（シュヌアー）······ 148
ジェームズ・ダイモン ························ 196
ジェーン・B・アダムズ ······················· 49
シェラッド・ブラウン ························ 160
ジェラルド・R・フォード Jr. ············ 38, 82
ジェローム・H・パウエル ··················· 185
シドニー・H・メンデルソン ··················· ii
ジミー・カーター Jr. ···················· 38, 112
ジャクソン・M・デイ ························ 191
ジャック・M・フィールズ Jr. ················ 52
ジャック・リード ······························ 131
シャルル・ド・モンテスキュー ················ 1
ジュリー・A・エルハルト ············· 70, 168
ジュリー・M・リーヴェ ····················· 131
ジョエル・セリグマン ························· 63
ジョージ・H・W・ブッシュ ········ 38, 57, 68
ジョージ・H・ウォーカー ···················· 68
ジョージ・J・スティグラー ··················· 18
ジョージ・R・ジャークシー ················ 291
ジョージ・S・カネロス ····················· 257
ジョージ・W・ブッシュ
············· 37, 57, 86, 154, 165, 261, 263, 289
ジョセフ（ジョー）・R・バイデン Jr.
··························· iv, 38, 185, 207, 213, 262

ジョセフ（ジョン）・P・ケネディ ······ ii, 53
ジョナサン・J・ブッシュ ····················· 68
ジョン・C・バートン ························ 193
ジョン・D・ディンゲル Jr. ··················· 76
ジョン・F・ケリー ····························· 68
ジョン・G・ロバーツ Jr. ······ vi, 14, 275, 291
ジョン・H・ビッグス ························· 64
ジョン・P・スティーブンス ······ 14, 268, 277
ジョン・Q・アダムズ ························· 58
ジョン・R・エヴァンス ························ ii
ジョン・W・キングダン ················ 24, 280
ジョン・W・ホワイト ··················· 129, 142
ジョン・アダムズ ······························ 58
ジョン・シャド ································ 55
シンシア・A・グラスマン ············· 74, 143
スコット・A・タウブ ·················· 146, 191
スザンナ・シェリー ···························· 29
スティーブ・T・ムニューシン ·············· 168
スティーブ・バノン ··························· 195
スティーブン・M・H・ウォールマン
··· 51, 55
スティーブン・R・ペイキン ················ 255
スティーブン・ブレイヤー ···················· 14
ステファニー・アヴァキアン ················ 255
ソニア・M・ソトマイヨール ·················· 14
ダイアナ・デゲット ···························· 76
ダニエル・K・タルーロ ····················· 154
ダニエル・L・ゲルツアー ···················· 64
ダニエル・M・ギャラガー ····· iv, 125, 127, 163
チャールズ・D・ニーマイヤー ··············· 64
チャールズ・E・シューマー ··········· 91, 176
チャールズ・ウェントワース・ディルケ 265
チャールズ・ウォーレン ······················· 29
チャールズ・マクリービー ···················· 97
デイヴィッド・E・ルイス ···················· 20
ディオン ·· iii
デイビッド・S・ルーダー ··················· 112
デイビッド・トゥイーディ ···················· 63
デイビッド・マルパス ······················· 168

ティム・P・ジョンソン	131, 173
ティモシー・F・ガイトナー	167
ティモシー・M・ケイン	209
デニス・R・ベレスフォード	142
テリー・M・モー	20
テレサ・グッディ・ギジェン	iv
トーマス・A・ダシュル	167
トーマス・H・アレン	76
トーマス（トム）・J・ブライリー Jr.	52
トーマス・W・ウィルソン	2
ドナルド・J・トランプ	11, 38, 154, 185, 200, 213, 255, 276
ドナルド・T・ニコライセン	69, 97, 143, 191, 288
トラビス・ヒル	iv
トロイ・A・パレデス	123, 127, 290
トロイ・パレデス	63
ニール・M・ゴーサッチ	v, 276, 278
ネルソン・A・ロックフェラー	67
ハーヴェイ・J・ゴールドシュミット	64
ハーヴェイ・L・ピット	ii, 38, 165, 219
バーナード・L・マドフ	117, 265
バーニー・フランク	76
バイロン・R・ホワイト	277
パトリック・マクヘンリー	214
バラク・H・オバマ	iv, 38, 107, 118, 186, 200, 263
ハリー・A・ブラックマン	277
バリー・R・ウェインガスト	20
ハリー・S・トルーマン	165
ハロルド・D・ラスウェル	22
ハロルド・M・ウィリアムズ	38
ピーター・F・ドラッカー	250
ヒュー・F・オーウェンズ	ii
ヒラリー・R・クリントン	200
フィリップ・A・ルーミス Jr.	ii
フィリップ・R・ロックナー Jr.	219
ブライアン・ブルックス	iv
プラトン	iii
フランク・H・マーカウスキー	52
フランクリン・D・ルーズベルト	33, 165
プレスコット・S・ブッシュ	68
ブレット・M・カバノー	v, 15
ヘスター・M・パース（ピアース）	iv, 214, 224, 253
ベンジャミン・ディズレーリ	264
ヘンリー・A・キッシンジャー	67
ヘンリー・M・ポールソン Jr.	94
ポール・A・サバティア	280
ポール・A・ベスウィック	107, 148
ポール・A・ボルカー Jr.	112
ポール・S・アトキンス	iv, 74, 168, 219, 261, 290
ポール・S・サーベンス	83
マーク・T・ウエダ	225
マーク・トウェイン	255
マーシャル・S・スプラング	132
マイケル・D・クラポ	161, 174
マイケル・D・コーエン	24
マイケル・E・ポーター	196
マイケル・G・オックスリー	83
マイケル・H・サットン	42, 46, 90
マイケル・R・ブルームバーグ	91
マイケル・S・ピオワー	131
マイケル・マン	42
マニュエル・H・ジョンソン Jr.	81
ミルトン・フリードマン	206
メアリー・J・ミラー	158
メアリー・L・シャピロ	38, 107, 117, 154, 176
メアリー・ジョー・ホワイト	38, 81, 129, 154, 174, 257
メアリー・トーカー	49
メアリー・バース	234
ヨハン・P・オルセン	24
リー・A・ピカード	ii
リチャード・A・グラッソ	91
リチャード・C・ブリーデン	38, 219

リチャード・E・フォレステル Jr. ……… 251
リチャード・G・ケッチャム ………… 158
リチャード・M・ニクソン …………… i
リチャード・Y・ロバーツ …………… 219
リン・E・ターナー ……… 46, 189, 193
リンダ・クイン ………………………… 41
リンドン・B・ジョンソン …………… 270
ルイス・A・アギラール … 125, 127, 163, 290
ルイス・F・パウエル Jr. ……………… 277
ルイス・M・アイゼンバーグ ………… 168
ルイス・ロス …………………………… 63
ルース・B・ギンズバーグ …………… 14
ルドルフ・W・L・ジュリアーニ …… 257
レイ・ギャレット Jr. …………………… ii
ロエル・C・カンポス ……… 97, 146, 289
ローレンス・H・サマーズ …………… 167
ロデリック・M・ヒルズ …………… ii, 38
ロナルド・W・レーガン
  …………… ii, 12, 70, 87, 154, 197, 270
ロバート・B・スティビンス ………… iv
ロバート・E・ヒーリー ……………… 187
ロバート・H・ハーズ ………………… 61
ロバート・H・ボーク ………………… vi
ロバート・J・ドール ………………… 57
ロバート・K・ハードマン ……… 62, 191
ロバート・クザミ ……………… 121, 158

英　数

1787年憲法 ……………………………… 108
1933年証券法 …………………………… 2
1934年証券取引所法 …………………… 2
1934年証券取引所法規則 …………… 198
1946年立法府改革法 …………………… 4
1966年情報公開法（情報自由法）…… 109
1996年基本政策（政策声明）…… 41, 288
1996年全米証券市場改革法第509条(5)に基づくアメリカ証券市場のグローバルな優位性の促進に関する報告書 ………… 43
2002年上場企業会計改革および投資家保護法（2002年サーベンス・オックスリー法）……………………… 13, 58, 146, 288
2004年－2009年戦略計画 ……………… 72
2008年緊急経済安定化法 ……… 106, 115
2015年「戦略計画」…………………… 226
2022年「戦略計画（案）」……… 244, 254
2022年「戦略計画」…………………… 228
2段階の審査方式（2段階法理）……… 269
3つの重要な目的 ……………………… 55
3つの重要な要素 ……………………… 42
AOCI …………………………………… 189
Auer v. Robbins 判決 ………………… 294
Biden v. Missouri 判決 ……………… 15
Biden v. Texas 判決 ………………… 15
CARES 法 ……………………………… 275
CESR ……………………………… 60, 97
CESR-Fin ……………………………… 99
CFTC …………………………………… 112
COP26 ………………………………… 243
COVID-19 …………………………… 275
EDGAR ………………………………… 98
EPA …………………………………… 220
ESG …………………………………… 223
EU による第三国の同等性評価 ……… 100
FINRA ………………………………… 123
GEN ……………………………………… 10
GHG …………………………………… 251
Gundy v. United States 判決 ……… 294, 295
IDEA …………………………………… 98
IFRS 会計基準 ………………………… 224
IFRS 財団 ……………………………… 224
IFRS サステナビリティ開示基準 …… 224
IMF …………………………………… 167
J.W. Hampton, Jr. & Co. v. United States 判決 ………………………………… 294
King v. Burwell 判決 ………………… 274
Loper Bright Enterprises v. Raimondo 判決 …………………………………… 292, 294

MVV	72
NA	10
NEC	167
OSHA	275
PA	10
PAS	10
SC	10
SCOTUS	267
SDGs	223
SEC	i, 3, 13, 33, 117, 137, 153, 171, 185, 197, 213, 223, 253, 267, 279
SEC v. Jarkesy 判決	291, 294
SEC-CESR 作業計画	100
SECおよび公開企業会計監視委員会（PCAOB）の最近の動向に関するアメリカ公認会計士協会（AICPA）全国会議	141
SEC解釈通達「気候変動関連開示に関する委員会ガイダンス（指針）」	123, 214, 262
SEC規則案「投資家のための気候関連開示の強化と標準化」	213
SEC主任会計士室	186
SECスタッフ・ペーパー	119
SECスピークス	141
SEC調整表作成・開示要件の撤廃勧告のロードマップ	70
SECと財務報告協会年次大会	141, 290
SECの最近の動向に関するAICPA全国会議	47
SEC歴史協会	vii, 80
TA	10
Twitter	203
U.S.-EUサミット	100
Util. Air Regul. Grp. (UARG) v. EPA 判決	274
West Virginia v. EPA 判決	275
X	203
XBRL	98
XS	10

あ行

アーニングスガイダンス	195
アウアー法理	294
アナウンスメント効果	198
アメリカ合衆国憲法	108
アメリカ金融改革法	120
アメリカ公認会計士協会	19
アメリカ第一主義	167
アメリカの発行体がIFRSに準拠して作成した財務諸表の使用可能性についてのロードマップ；規則案	118
アメリカン・エンタープライズ公共政策研究所	217, 251
アメリカン進歩センター	217
安全港規定	198
ウェルズ通知	260
『ウォール街の大罪』	39
エネルギー商業委員会	5
エンドースメント・アプローチ	149
エンロン・ショック	13
エンロン事件	13
オバマケア	202
「覚書：ノーウォーク合意」	60, 71

か行

下位裁判所	12
改訂・政策の窓モデル	26
回転ドア	189, 258
下院	3
鍵となる3要素	55
数合わせゲーム	39
合衆国最高裁判所	12, 267
過程論モデル	24
株式市場構造諮問委員会	181
「株式市場構造に関するコンセプト・リリース（概念通牒）」案	178

官職交代制 ………………………………… 9
機関 ………………………………………… 27
「気候関連開示の見直しに関する声明」… 262
気候第一アプローチ …………………… 235
技術革新が市場の健全性・効率性に及ぼす
　影響により生じる規制上の課題：最終報
　告書 …………………………………… 173
規制の虜 …………………………………… 18
規制の捕囚 ………………………………… 18
共通目論見書アプローチ ………………… 54
業績予想 ………………………………… 195
銀行・住宅・都市問題委員会 …………… 5
銀行の市場取引規制規則 ……………… 166
金融サービス委員会 ……………………… 5
金融市場に関する大統領作業部会 ……… 78
金融取引業規制機構（FINRA）………… 172
クォータリー・キャピタリズム ……… 200
経済規制の理論 …………………………… 18
敬譲型司法審査 ………………………… 269
ケート研究所 …………………………… 217
ゲーム理論モデル ………………………… 24
権利章典 ……………………… 33, 108, 115
公益説 ……………………………………… 18
公開企業会計監視委員会 ………………… 64
公開企業の委任状勧誘 ………………… 264
公共選択モデル …………………………… 24
交差投票 …………………………………… 8
高頻度取引 ……………………………… 171
合理性モデル ……………………………… 24
コート・パッキング案 …………………… vi
国際財務報告基準に関する趣意書 ……… 63
互恵的アプローチ ………………………… 54
ごみ箱モデル ……………………………… 24
コモンロー訴訟 ………………………… 291
コロナウイルス支援・救済・経済保証法
　………………………………………… 275
壊れ窓理論 ……………………………… 255
混合スキャニング・モデル ……………… 24
コンセプト・リリース（概念通牒）「国際
会計基準」……………………… 45, 288
コンテクスト志向性（文脈性）………… 22
コンドースメント・アプローチ …… 107, 149
コンバージェンス ………………………… 60
コンバージェンス・アプローチ ……… 149
コンバージェンス・プロジェクト …… 225
コンバージェンスとグローバル会計基準を
　支持する SEC 声明 ……………… 118, 140

さ　行

サードウェイ …………………………… 217
サーベンス・オックスリー法 … 13, 58, 146
最終スタッフ報告書 …………… 148, 157
財政の崖 ………………………… 126, 135
裁判所の敬譲原則 ……………………… 269
財務会計財団（FAF）………… 223, 253
サステナビリティ ……………… 223, 236
サステナビリティ報告に関する協議ペー
　パー …………………………………… 236
三権分立の原理 …………………………… 27
三権分立論 ………………………………… 1
シーボード報告書 ……………………… 260
シェブロン敬譲 ………………………… 269
シェブロン法理 …………… vi, 267, 269, 295
シグナリング効果 ……………………… 198
自己株式取得 …………………………… 198
自社株買い ……………………………… 198
システム論モデル ………………………… 24
四半期資本主義 ………………………… 200
資本市場競争力会議 ……………………… 95
重要問題テーゼ ………………………… 277
重要問題特例 …………………………… 277
重要問題の法理 ………………… 271, 294
重要問題の法理カルテット …… 275, 278
主要な問題 ……………………………… 277
上院 ………………………………………… 3
商業委員会 ………………………………… 5
証券開示権限に関するワーキング・グルー

プ ………………………………… 220
証券環境委員会 ……………………… 214
『証券規制』 ……………………………… 63
証券市場の国際化 ……………………… 34
証券取引委員会 …… i, 3, 13, 33, 117, 137, 153,
　　171, 185, 197, 213, 223, 253, 267, 279
勝者独占方式 …………………………… 57
情報公開法 …………………………… 108
ショートターミズム ………………… 195
書面事務削減法 ………………………… 2
新・政策の窓モデル …………………… 26
シンクタンク ………………………… 217
スーパーチューズデー ……………… 199
スカル・アンド・ボーンズ …………… 82
スコープ（Scope）1 ………………… 222
スコープ2 …………………………… 222
スコープ3 …………………………… 222
スコット・ハバート・ソントン委員会中間
　　報告 …………………………… 113
ストック・オプション制度 ………… 197
スポイルズ・システム ………………… 28
政策科学 ………………………………… 22
政策起業家 …………………………… 284
政策決定モデル ………………………… 24
政策の原子スープ …………………… 282
政策の流れ …………………………… 281
「政策の窓」モデル ……………… 24, 280
政治任用職 ……………………………… 10
政治の流れ …………………………… 281
政治の窓 ……………………………… 283
制度的企業家 …………………………… 26
制度論モデル …………………………… 24
セーフ・ハーバー・ルール ……… 197, 198
世界人権宣言 ……………………… 108, 115
全米市場システム …………………… 177
全米商工会議所・21世紀のアメリカ資本市
　　場規制に関する委員会の報告・提言書
　　………………………………… 113
全米商工会議所資本市場競争力センター

　　………………………………… 251
全米労働関係法 ………………………… 20
戦略・国際問題研究センター ……… 217
戦略計画タスクフォース …………… 261
相互承認戦略 …………………………… 90
相互目論見書アプローチ ……………… 54
増分主義モデル ………………………… 24

た 行

短期主義 ……………………………… 195
大統領の政治任用 …… iv, 9, 37, 66, 108, 185,
　　217, 224, 253, 279
ダブル・スタンダード ………………… 85
ダブルGAAPシステム …………… 85, 131
段階モデル …………………………… 280
地域的アプローチ ……………………… 35
調整表作成・開示要件の撤廃 ……… 101
底辺への競争 ………………………… 156
テクノロジーの高度化 ………………… 34
デモス ………………………………… 217
デュー・プロセス ……………… 224, 258
デュー・プロセス・オブ・ロー …… 258
点呼投票 ………………………………… 52
統一政府 …………………………… vi, 8
投資家のための気候関連開示の強化と標準
　　化 ……………………………… 293
同等性条項 …………………………… 100
独立行政機関 …………………………… 2
ドッド＝フランク　ウォール・ストリート
　　改革および消費者保護法 …… 120, 160
トランピズム ………………………… 166
虜理論 ………………………………… 18

な 行

二元的GAAPシステム …………… 85, 131
ニューアメリカ財団 ………………… 217
ニューディール政策 …………………… 2

ニューヨーク経済クラブ 114

は 行

バーガー・コート 15, 268
パーパス（存在意義） 223
発声投票 52
パリ協定 213
非委任法理 294
ビジネス・ラウンドテーブル 196
被政治任用者トラッカー 19
ビッグ・エイト 19
ビッグ4 246
秘密結社「スカル・アンド・ボーンズ」 ... 68
フーヴァー戦争・革命・平和研究所 217
ブラックマンデー（暗黒の月曜日） 199
フラッシュ・オーダー 176
フラッシュ・クラッシュ 172
フラッシュ・ボーイズ 175
ブリュッセル効果 99
フルコミッション 163
ブルッキングス研究所 19
ブレイディ委員会 88
プレジデンシャル・アポイントメント
　　 ... iv, 9, 37, 66, 108, 185, 217, 224, 253, 279
プロキシー・アクセス 74, 264
分割政府 8
ヘリテージ財団 217
ペンドルトン法 28
方法多様志向性（多様性） 22
ボーキング vi
ボーンズマン 68
捕囚理論 18
ポリティカル・アポインティ 10
ボルカー・ルール 166

ま 行

マドフ事件 265
ミッション・ビジョン・バリュー 226
ミッションクリープ 237
メトカーフ委員会報告書 18
問題志向性 22
問題の流れ 281
問題の窓 283

や 行

有力メンバー 76
憂慮する投資家同盟 189
ヨーロッパ証券規制当局委員会 97

ら 行

ラウンドテーブル 104
リアリズム法学 33
利益団体説 18
猟官制 9
レギュレーション SCI 172, 181
レギュレーション S-P 181
レギュレーション全米市場システム 182
ローズベルト研究所 217
ロチェスター大学セクハラ事件 80
ロッキーマウンテン証券会議 264

わ 行

ワグナー法 20
割れ窓理論 255

<著者紹介>

杉本　德栄（すぎもと　とくえい）

関西学院大学大学院経営戦略研究科教授・博士（経済学）東北大学
1988年　神戸商科大学大学院経営学研究科博士後期課程単位取得退学
1988年　鹿児島経済大学経済学部専任講師，助教授
1994年　龍谷大学経営学部助教授，教授
1997年　博士（経済学）東北大学
1986年　延世大学校（Yonsei University）商経大学大学院留学（～1987年）
1999年　Duke University, The Fuqua School of Business Research Scholar（～2000年）
2005年より現職

これまで，公認会計士試験試験委員，税理士試験試験委員，文部科学省 中央教育審議会専門委員，会計教育研修機構理事，国際会計研究学会会長，会計大学院協会理事長・相談役等を歴任。

〔主要著書等〕

『価値のための会計－賢明なる投資家のバリュエーションと会計』（2021年，白桃書房，共訳）

『国際会計の実像－会計基準のコンバージェンスとIFRSsアドプション』（2017年，同文舘出版）

『事例分析 韓国企業のIFRS導入』（2011年，中央経済社，共編著）

『アメリカSECの会計政策－高品質で国際的な会計基準の構築に向けて』（2009年，中央経済社）

『開城簿記法の論理』（1998年，森山書店）

など，そのほかに分担執筆・論文多数。

SEC会計規制の政治力学

2025年3月30日　第1版第1刷発行

著者　杉　本　德　栄
発行者　山　本　　　継
発行所　㈱　中　央　経　済　社
発売元　㈱中央経済グループ
　　　　パブリッシング

〒101-0051　東京都千代田区神田神保町1-35
電話　03 (3293) 3371 (編集代表)
　　　03 (3293) 3381 (営業代表)
https://www.chuokeizai.co.jp
印刷／昭和情報プロセス㈱
製本／誠　製　本　㈱

©2025
Printed in Japan

＊頁の「欠落」や「順序違い」などがありましたらお取り替えいたしますので発売元までご送付ください。(送料小社負担)
ISBN978-4-502-52391-5　C3034

JCOPY〈出版者著作権管理機構委託出版物〉本書を無断で複写複製（コピー）することは，著作権法上の例外を除き，禁じられています。本書をコピーされる場合は事前に出版者著作権管理機構（JCOPY）の許諾を受けてください。
JCOPY〈https://www.jcopy.or.jp　eメール：info@jcopy.or.jp〉

IFRS財団公認日本語版!
IFRS® サステナビリティ開示基準

IFRS財団 編　　サステナビリティ基準委員会　監訳
　　　　　　　　公益財団法人財務会計基準機構

中央経済社刊　定価12,100円　B5判・768頁　ISBN978-4-502-51321-3

2023年12月31日現在の基準一式を収めた必備の書!

収録内容

IFRS S1号
Part A
サステナビリティ関連財務情報の開示に関する全般的要求事項
Part B
「サステナビリティ関連財務情報の開示に関する全般的要求事項」に関する付属ガイダンス
Part C
結論の根拠

IFRS S2号
Part A
気候関連開示
Part B
「気候関連開示」に関する付属ガイダンス
「気候関連開示」の適用に関する産業別ガイダンス
Part C
結論の根拠

中央経済社
東京・神田神保町1-35
電話 03-3293-3381
FAX 03-3291-4437
https://www.chuokeizai.co.jp

▶価格は税込です。掲載書籍はビジネス専門書Online https://www.biz-book.jp からもお求めいただけます。